ÉLÉMENTS ET THÉORIE

DE

L'ARCHITECTURE

COURS PROFESSÉ A L'ÉCOLE NATIONALE ET SPÉCIALE
DES BEAUX-ARTS

PAR

J. GUADET

INSPECTEUR GÉNÉRAL DES BATIMENTS CIVILS
PROFESSEUR ET MEMBRE DU CONSEIL SUPÉRIEUR
A L'ÉCOLE DES BEAUX-ARTS

TOME I

PARIS
LIBRAIRIE DE LA CONSTRUCTION MODERNE
AULANIER ET Cie, ÉDITEURS
13, Rue Bonaparte, 13
(En face de l'École des Beaux-Arts.)

ÉLÉMENTS ET THÉORIE
DE
L'ARCHITECTURE

MACON, PROTAT FRÈRES, IMPRIMEURS.

ÉLÉMENTS ET THÉORIE

DE

L'ARCHITECTURE

COURS PROFESSÉ A L'ÉCOLE NATIONALE ET SPÉCIALE
DES BEAUX-ARTS

PAR

J. GUADET

INSPECTEUR GÉNÉRAL DES BATIMENTS CIVILS
PROFESSEUR ET MEMBRE DU CONSEIL SUPÉRIEUR
A L'ÉCOLE DES BEAUX-ARTS

TOME I

PARIS

LIBRAIRIE DE LA CONSTRUCTION MODERNE

AULANIER et Cⁱᵉ, ÉDITEURS

13, Rue Bonaparte, 13

(*En face de l'École des Beaux-Arts.*)

PRÉFACE

L'origine de ce livre est double; il a même, en quelque sorte, deux auteurs.

Depuis 1872, j'ai toujours eu l'honneur et la grave responsabilité d'enseigner l'architecture; pendant vingt-deux ans, chargé de la direction d'un atelier de plus en plus nombreux, j'ai pu constater combien les connaissances premières, les bases, faisaient trop souvent défaut à nos élèves: lacune que rien ne peut ensuite combler. C'est un vif regret pour un professeur lorsqu'il voit un jeune homme bien doué, ardent et travailleur, arriver mal préparé aux études, n'apportant qu'une instruction de hasard et de circonstances, un bagage indigeste, et pas même l'idée, pas même la notion lointaine du caractère sérieux et élevé des études, pas une préparation méthodique, pas une ouverture d'esprit sur les horizons d'art. Si le sol est vierge encore, si le jeune homme n'a pas, du moins, reçu de ces prétendus commencements d'instruction qui ne sont, trop souvent, qu'une souillure indélébile, tout espoir est permis: la tâche du professeur sera laborieuse, mais fructueuse. Si le pauvre élève arrive déjà formé, comme on dit, le plus souvent, hélas! le professeur à qui on le présente devrait, dans sa conscience, répondre: il est trop tard!

Cela, tous ceux qui ont enseigné le savent, et ne me contrediront certes pas. A quoi donc cela tient-il?

À beaucoup de raisons, évidemment, mais avant tout, peut-être, à celle-ci : il n'y a pas de livre usuel fait pour ceux qui commencent à étudier l'architecture, non plus que pour ceux qui entreprennent la tâche de leur en enseigner les éléments. Ce livre de l'élève et du maître, j'avais voulu le tenter, et j'en avais commencé la préparation : travail considérable, mais intéressant et utile, que je pourrais peut-être mener à bien, après plus de vingt années d'enseignement et d'expérience des lacunes dont souffrent nos élèves.

Ce livre, dans ma pensée, devait s'appeler LES ÉLÉMENTS DE L'ARCHITECTURE.

Mais depuis, j'ai été chargé, à l'école des Beaux-Arts, du Cours de Théorie de l'Architecture. Ce cours, que j'ai commencé en 1894, comporte l'enseignement des principes de l'architecture. Son programme général, que je transcris ici, est le suivant :

ÉCOLE NATIONALE ET SPÉCIALE DES BEAUX-ARTS
PROGRAMME DU COURS DE THÉORIE DE L'ARCHITECTURE

« Ce cours a pour objet l'étude de la composition des édifices, dans
« leurs éléments et dans leurs ensembles, au double point de vue de
« l'art et de l'adaptation à des programmes définis, à des nécessités maté-
« rielles.

« Dans la première partie, on étudiera successivement les éléments
« proprement dits, c'est-à-dire les murs, les ordres, les arcades, les
« portes, les fenêtres, les voûtes, les plafonds, les combles, etc.; puis les
« éléments plus complexes, tels que les salles, les vestibules, les porches,
« les portiques, les escaliers, les cours, etc.

« Dans la seconde partie, après avoir établi les principes généraux
« de composition, on étudiera les principaux genres d'édifices : religieux,

« civils, militaires, d'utilité publique et d'habitation privée, donnant de
« chacun d'eux les exemples les plus remarquables à toutes les époques
« et dans tous les pays, montrant à quels besoins ils répondaient, expo-
« sant ensuite comment et dans quelle mesure ces besoins se sont
« modifiés pour arriver aux exigences actuelles et aux programmes
« les plus récents. »

La matière, on le voit, est des plus vastes, à la fois élémentaire et transcendante, car il n'y a pas d'études d'art qui ne soient de hautes études.

En vue de ce cours, j'ai dû — pourquoi ne le dirais-je pas ? — étudier à nouveau ce que j'étudiais depuis déjà quarante ans, condenser en formules tangibles ce qui, souvent, n'est qu'un instinct, résumer l'expérience acquise, non pas tant pour moi-même que pour mes jeunes auditeurs, dont le nombre toujours croissant à mes leçons a été la meilleure récompense de mes efforts.

Et, naturellement, j'ai dû remanier et compléter ce que j'avais d'abord préparé pour les seuls commençants, et, tout en remontant toujours aux éléments, bases de toutes les études, aborder des sujets que je m'étais d'abord interdits, tandis que d'autre part je ne pouvais, dans ce cours, que rappeler les éléments, m'y référer avec insistance, mais non les exposer en détail comme partie intégrante de cet enseignement.

On m'a souvent demandé déjà si je ne publierais pas ce cours. Certes, il y aurait, là encore, matière à un livre intéressant, dont le titre tout naturel serait :

Théorie de l'Architecture.

Livre utile, oui, mais incomplet aussi, car il y manquerait précisément la matière fondamentale, les éléments. Si le livre que je préparais comme professeur d'atelier devait s'arrêter trop tôt peut-être, — ce qui est un défaut facilement réparable — celui que je préparerais comme professeur de théorie ne commencerait qu'à la seconde étape du chemin à parcourir.

Et voilà pourquoi le livre vraiment utile aux élèves, qu'ils soient débutants ou déjà avancés dans leurs études, doit être une fusion de ces deux programmes : l'exposition des éléments — les théories qui s'en dégagent. J'ai donc pris le parti de fondre en une seule mes deux préparations, d'ajouter en sous-œuvre les premiers éléments au cours de théorie : chose d'autant plus logique que les lignes de démarcation sont, en pareille matière, bien arbitraires, et que si un cours a le droit d'être incomplet lorsqu'il suppose des études antérieures déjà faites, le livre doit être complet, au contraire, lorsqu'il a surtout en vue les études premières, ces études si importantes d'où découle tout le reste, comme dans une exploration tout dépend du choix heureux du premier sentier.

Dès lors, ce livre devait recevoir le titre qui résulte naturellement de cette double destination, et s'appeler :

Éléments et théorie de l'Architecture.

Mais théorie initiale seulement, car, pour la dernière partie et la plus élevée de la théorie, c'est-à-dire la composition générale des édifices, ce serait dépasser le cadre que je me suis donné. Si, plus tard, j'aborde ce sujet, ou si quelque autre l'aborde à son tour, ce sera un autre ouvrage, et il y aura alors à voir comment il pourra être conçu. Aujourd'hui, je me limite, et je dois me limiter : les études d'architecture sont trop vastes pour être enfermées en deux ou trois volumes ; et pour passer en revue les œuvres et non plus seulement les moyens de l'architecture, ce n'est plus un livre élémentaire qu'il faudrait.

Or, je tiens à bien marquer le caractère très voulu de cet ouvrage : c'est un livre élémentaire. De même que dans l'enseignement des lettres il y a les leçons transcendantes de littérature d'un Villemain ou d'un

Nisard, et plus modestement les livres de classes, qui peuvent, après tout, être signés d'un Burnouf ou d'un Quicherat, c'est bien le livre élémentaire, le livre de classe, à la portée des débutants, que je prétends publier.

Et pourquoi? — Parce qu'il manque, je le répète encore une fois.

Oui, je l'affirme, depuis que j'ai l'honneur d'enseigner l'architecture, il m'est arrivé bien souvent une chose assez anormale. Des jeunes gens se destinant à l'étude de notre art — ou leurs parents — me demandaient l'indication d'un livre élémentaire qui pût les guider dans leurs premiers travaux, ou les y préparer si le moment n'était pas encore venu de spécialiser leurs études. La même question a été évidemment posée à tous ceux qui s'occupent d'enseignement, et tous nous avons dû répondre de même : cet ouvrage n'existe pas. On trouve bien des Vignole, qui présentent une théorie telle quelle ou plutôt des tableaux de proportion, des ordres d'architecture; on trouve des livres excellents, comme les traités de Rondelet ou de Léonce Reynaud, mais qui ne sont pas élémentaires; on trouve enfin des dictionnaires où les matières élémentaires se trouvent à côté des discussions d'ordre plus élevé. Mais ces livres, excellents à consulter plus tard comme répertoire, ne peuvent présenter l'ordre logique des études, puisqu'ils obéissent au hasard de l'ordre alphabétique : ils définissent d'abord l'abaque, qui n'est certes pas la première chose à connaître, et c'est après plusieurs volumes qu'on rencontrera le mur, qui certes doit apparaître dans les études avant l'abaque.

Tout art, toute science a cependant ses livres élémentaires, ses guides du débutant; et si la logique et l'enchaînement s'imposent quelque part, c'est bien lorsqu'il s'agit d'initier à une étude nouvelle des jeunes gens qui n'en ont pas encore l'idée. Pourquoi donc cette lacune?

Sans doute, le catalogue des publications architecturales est riche; des hommes de grand talent ont fait connaître les plus beaux monuments, les uns, comme Penrose, en s'attachant à un édifice merveilleux dont aucun détail n'a échappé à leur analyse; d'autres, comme Letarouilly, consacrant leur vie entière à retracer les édifices d'une ville incomparable dans les arts; d'autres procédant par parallèles et traitant à fond tout ce qui touche à une famille d'édifices; enfin, nous avons de très nombreuses monographies, soit des œuvres du passé, soit de monuments contemporains. Tout cela réuni forme une bibliothèque précieuse, un répertoire des plus riches, et sous ce rapport notre art n'a rien à envier à aucune autre branche de connaissances.

Oui, l'on comprend facilement que des artistes épris de leur art, séduits par un magnifique sujet, parfois par la nouveauté de l'inédit, aient voulu, avant tout, fixer dans une présentation définitive et complète la reproduction de l'œuvre à laquelle ils s'étaient donnés. Cela est plus tentant que la modeste composition d'un ouvrage didactique, surtout destiné aux débutants. Dans l'enseignement même, ce qui charme et intéresse le plus, c'est la leçon ou plutôt le conseil adressé aux élèves les plus avancés, ce n'est pas l'instruction des commençants. Et peut-être faut-il l'expérience de l'enseignement pour voir combien doit être nécessaire le livre dont je signale l'absence.

D'ailleurs, cette expérience fait voir aussi combien un tel livre est difficile à composer. Entre artistes riches d'études, nous nous entendons à demi-mot; ici, il faut parler une langue inconnue des lecteurs; il faut tâcher de toujours démontrer et ne compter ni sur l'impression qui ne peut encore être éveillée, ni sur le goût qui n'est encore que latent; il faut procéder comme pour une science, et cependant c'est un art qu'il faut faire voir; enfin il faut éviter l'aridité qui rebute, initier aux jouissances artistiques encore confuses, promettre et faire entrevoir plutôt que livrer; inspirer confiance et susciter l'ardeur, mais, en somme, dire à

PRÉFACE

ses jeunes lecteurs : « *Subissez mon livre, puisqu'il le faut, ensuite vous entrerez dans la terre promise!* »

Si donc j'ai entrepris ce travail, vraiment fait pour effrayer, c'est que j'étais bien convaincu de son utilité, surtout si je sais rester dans mon sujet : les éléments théoriques de l'architecture. Peut-être faut-il indiquer ce que j'entends par ces mots.

L'architecture n'a qu'une raison d'être, bien nette, bien visible : construire. Ce mot résume toutes les fonctions de l'architecte, car, conserver, entretenir, réparer, restaurer, c'est encore construire.

Construire est à la fois le but de l'architecte et le moyen dont il dispose; et à l'origine étymologique du mot architecte, nous trouvons ce sens précis, qui est une définition : maître constructeur.

Mais si la construction joue un grand rôle dans l'architecture, elle n'apparaît, au début des études et dans les recherches d'art, que par ses lois générales et élémentaires, par ses nécessités; au contraire, l'étude scientifique de ses moyens, de ses problèmes, le contrôle de ses combinaisons, ne peut venir que plus tard, lorsque l'élève a déjà des notions suffisantes des formes et des ressources de l'architecture : tout d'abord, il faut lui montrer ce qui est constructible; plus tard, il verra par quels moyens il pourra en assurer la construction, c'est-à-dire la réalisation d'une chose qu'il doit avoir d'abord conçue.

Aussi, les études que je propose aux débutants sont préalables à celle de la construction, et ne comportent que les notions de constructibilité; je leur montrerai d'ailleurs que de ces notions dérivent les formes d'architecture; mais je ne leur exposerai pas la science de la construction. Ils la trouveront d'ailleurs dans le livre si précieux du regretté professeur M. Brune : je n'ai aucunement à aborder les sujets qu'il a traités d'une façon définitive.

Je n'arriverai pas non plus, je l'ai déjà dit, jusqu'à la composition même, c'est-à-dire jusqu'à la solution du programme. Composer, c'est faire emploi de ce qu'on sait. La composition a ses matériaux, comme la construction a les siens, et ces matériaux, ce sont précisément les Éléments de l'Architecture.

Au surplus, la composition échappe aux règles et aux formules, elle s'acquiert évidemment, mais ne comporte guère d'enseignement théorique. Elle est toute personnelle, et la part du bonheur y est grande : tel qui, aujourd'hui, trouvera sur un programme donné une composition très heureuse, n'aurait peut-être rien trouvé hier ou demain.

Le rôle certain de l'enseignement est donc de préparer à la composition, d'en amasser les matériaux, et telle doit être la destination des premières études qu'on ne saurait trop approfondir. Les élèves ont beaucoup trop, au début, l'impatience de la composition : parce que, aux épreuves d'admission de l'École des Beaux-Arts, on leur demande une esquisse, ils voudraient apprendre sans préparation à faire une esquisse, c'est-à-dire une petite composition. Mauvaise méthode, forcément stérile, et qui rappelle trop les procédés des établissements de préparation aux examens, ce qu'on appelle les fours à candidats.

Dans la composition la plus modeste, un petit corps de garde par exemple, il y aura toujours des murs, des portes, des fenêtres, une corniche, une toiture, etc. Que pourra donc faire sur ce sujet celui qui ne sait ce qu'est ni une porte, ni une croisée, ni une corniche ? Or, Messieurs les Commençants qui vous hâtez de composer, vous ne le savez pas. Apprenez-le donc.

C'est là, évidemment, le premier objet des études ; sous la réserve toutefois que jamais une partie quelconque des études ne doit être considérée comme terminée. On enseignera à l'élève comment il pourra, sans faire de faute grossière, établir une porte ou une fenêtre ; mais, toute sa vie, s'il est vraiment un artiste, il aura l'ambition d'apprendre à faire une porte ou une fenêtre; il verra que l'antiquité, puis les Bramante, les San Gallo, et, de nos jours, les Duc ou les Duban, ont bien fait voir quelle est la difficulté et la noblesse de cette étude, que j'appelle élémentaire parce que ce sont là réellement des éléments, mais qui n'est pas moins élevée qu'aucune autre.

Seulement, ces hauteurs nous échappent, nous ne pouvons enseigner que ce qui se démontre par la logique ou par une autorité incontestée et traditionnelle. L'au-delà de l'enseignement ne nous appartient pas.

Mais l'exposition des éléments théoriques de l'architecture ne serait cependant pas complète, si elle se limitait à ce programme. Entre les éléments de l'architecture, tels que la porte ou la fenêtre, et la composition générale, il y a place pour les éléments de la composition. Un exemple fera comprendre ce qu'il faut entendre par là.

Un architecte est chargé, je suppose, d'établir un projet de groupe scolaire. Le programme est plus ou moins chargé, la configuration, et souvent l'insuffisance du terrain, les accès, les voisinages, des prescriptions particulières lui rendront l'étude de son plan plus ou moins laborieuse, plus ou moins parfaite : cela c'est la composition. Mais il y aura des choses qu'il devra savoir au préalable: ce qu'est une classe, un préau, une cantine, une salle de dessin, etc. Ceci, ce sont les éléments de la composition, et c'est ce que nous pouvons, jusqu'à un certain point, enseigner.

Voilà donc le but modeste de ce livre.

Comme méthode, je chercherai à passer toujours du simple au composé, du connu à l'inconnu; j'aspire à montrer que dans l'architecture tout procède de la déduction. L'étudiant doit refaire ce qu'a fait avant lui le labeur des siècles : connaître d'abord les premiers besoins, les premiers moyens, les premiers témoignages d'art; plus tard, les éléments complexes et raffinés, créés pour des besoins plus complexes eux aussi :

il doit voir qu'entre ces éléments simples et composés il y a un enchaînement, un progrès graduel qui sera aussi le sien; il verra ainsi le développement logique de son art, il comprendra la marche séculaire de cette œuvre à laquelle toutes les civilisations ont coopéré et qui continue à obéir à l'éternelle loi du mouvement et de la transformation.

Aussi, je n'admets pas, pour nos études, de point de départ conventionnel, et si je ne craignais de paraître pédant, en employant un mot trop ambitieux, je dirais que notre méthode doit être la vérification du progrès expérimental.

Une pareille méthode ne saurait être exclusive. Je puis avoir comme tout artiste mes préférences et mes aversions, mais je n'ai jamais compris comme professeur la propagande étroite ni l'excommunication.

Je ne conçois ni l'enseignement qui au nom de l'antique exorcise le moyen âge, ni celui qui, au nom du moyen âge, se renferme entre deux écrans ou deux murailles de la Chine, dont l'une lui cache le passé, l'autre l'avenir.

Nihil humani a me alienum puto, cela peut se traduire pour nous : rien d'artistique ne doit rester hors de nos études.

Mais je n'ai pas à aborder ce qui ne saurait être pour nous qu'une curiosité de dilettantisme ou une énigme, non plus que les exceptions dues à des fantaisies souvent charmantes, mais que leur caractère exceptionnel même laisse en dehors des études théoriques.

Modestement — et cela est déjà laborieux, croyez-le, — j'ouvre devant les élèves l'inventaire dressé aussi méthodiquement que je le puis du patrimoine acquis de l'architecture; je dis aux élèves : « Connaissez d'abord, vous choisirez ensuite; connaissez avec l'enseignement, vous choisirez avec votre liberté. »

Ici, je pressens bien les objections :

Votre méthode, dira-t-on, n'est qu'un mot, et un mot scientifique;

l'art ne procède pas ainsi, il est fait d'inspirations et de trouvailles, et en emprisonnant l'élève dans vos déductions, vos enchaînements, vous faussez ses idées et ses aspirations ; qu'il fasse comme nous, qu'il voie, qu'il se mêle à tout, qu'il explore, au hasard peut-être, il lui en restera quelque chose, tout cela se tassera, se classera ; en forgeant il deviendra forgeron, et un beau jour il arrivera à se dégager artiste de tous ses essais et de tout ce que, sans le savoir, il aura reçu de l'atmosphère ambiante des études artistiques.

— Sans doute, et moi aussi je dirai : rien ne vaut pour le débutant la fréquentation d'artistes véritables, les exemples, la bienfaisante contagion, l'ambition même prématurée, l'émulation même présomptueuse, le rêve même chimérique. A qui n'a pas l'ardeur et la confiance, il faut dire : laissez là les études artistiques, elles ne sont pas faites pour vous ! Et je serais désolé qu'on crût que je travaille pour les contents de peu, pour ceux qui n'ont pas reçu en don ces deux péchés capitaux qu'il faut avant tout souhaiter à l'artiste : l'orgueil et l'ambition. Mais mes lecteurs ne sont que des commençants, et seront encore des commençants quand ils arriveront à la fin de ce livre. Plus tard, ils pousseront leurs études, ils entreront dans la libre carrière des hardiesses, des essais personnels, des trouvailles peut-être. Certes, l'enseignement a ses limites : personne n'a pu enseigner à Ictinus comment on fait un Parthénon, car ce serait ce maître qui l'aurait fait ; ce n'est pas l'enseignement qui suffit à faire concevoir la façade de Notre-Dame, les coupoles de Saint-Pierre ou des Invalides, la Place de la Concorde. Mais il faut que les auteurs de ces belles choses disposent de matériaux, manient des éléments éprouvés. Je ne prétends pas au rôle de guide pour tout le voyage ; seulement, à ceux qui partent après moi, j'indique le bagage à emporter.

Et puis, d'autre part, je sais que seul on n'étudie pas facilement les arts ; les préceptes, les livres ne suffisent pas ; dès le début, il faut le conseil et l'exemple. A Paris, nous avons des ateliers qui répondent à ce besoin ; ailleurs, le jeune étudiant est plus abandonné. C'est quelquefois dans la maison paternelle, parfois dans une école modeste qu'il devra faire ses premiers essais ; et souvent, il faut bien le dire, le guide, le professeur improvisé, sera incertain lui-même, dépourvu, et le débutant sera livré au hasard de quelques modèles, bons ou mauvais, qu'on pourra lui procurer sans suite et sans choix. Aussi, sans faire, comme dans les livres classiques élémentaires, le volume du maître en contre-partie à celui de l'élève, je compte bien que mon livre sera aussi profitable au dirigeant qu'au dirigé, et je voudrais qu'il pût être considéré comme une sorte d'ouvrage d'École normale pour les premières études d'architecture.

Nous voyons trop souvent, je le répète, des jeunes gens mal préparés, mal commencés, des années perdues ; parfois même il y a plus que du temps perdu, il faudrait désapprendre ce qu'on a appris, et il est trop tard ; certains commencements vicieux pèsent sur toute une carrière. On peut donc à la fois gagner du temps et se mieux préparer : dans nos longues études, cela est d'importance capitale.

Puis encore il faut regarder en face les réalités. Or, à notre époque, on demande à l'architecte d'être l'homme sérieux et instruit. A l'architecte moderne, il faut du goût, du sentiment artistique, de l'imagination fertile, mais il faut aussi du savoir, de la critique, de la fécondité de ressources en face de programmes toujours plus complexes. Ce que nos pères avaient à résoudre comme difficultés et comme exigences n'est rien à côté de tous les problèmes qui s'imposent à nous ; nous devons connaître et savoir de plus en plus. L'architecte aujourd'hui est ou doit être un homme très multiple : homme de science pour tout ce qui concerne la construction et ses applications ; homme de science aussi par

PRÉFACE

la connaissance profonde de tout le patrimoine de l'architecture ; artiste enfin dans toute la supériorité d'un art qui concentre, domine et associe les autres arts. Il n'est pas de plus noble carrière, mais il n'en est pas de plus ardue : il n'y faut rien moins que le concours des facultés les plus diverses, les préparations les plus sérieuses dans le domaine de la pensée, de la science, de l'art.

J'ai essayé de me rendre utile dans une partie de cette préparation en exposant ce qui peut et doit s'enseigner sans engager la liberté des études ultérieures. A chacun d'ailleurs le maître de son choix, le conseiller et le confident dévoué dans l'essor de la composition : là, il faut le contact direct de l'élève et du maître, la collaboration quotidienne, la pénétration réciproque et personnelle ; là, on n'est plus l'élève d'une École ou d'un livre, on est uniquement le disciple d'un artiste. Cet enseignement, tout d'amitié, de respect et de confiance, échappe à toute règle qui ne serait pas confiance, respect, amitié ; le jeune artiste en reçoit tout ce qu'il peut recevoir d'autrui, et il n'aura jamais assez de reconnaissance pour son souvenir.

Après cela, il ne lui restera plus qu'un seul juge et un seul conseiller : lui-même. Tout ce qu'on peut lui souhaiter alors, c'est de confirmer la loi du progrès en dépassant ses maîtres.

LIVRE PREMIER

INTRODUCTION AU COURS DE THÉORIE DE L'ARCHITECTURE

LES

ÉTUDES PRÉPARATOIRES

*Instruction préalable. — Instruments.
Dessin d'architecture. — Dessin en général.*

CHAPITRE PREMIER

INSTRUCTION PRÉALABLE

SOMMAIRE. — Nécessité d'études préalables. — Instruction générale. — Études scientifiques; mathématiques; géométrie descriptive. — Applications à l'architecture. — Tracé des ombres. — Notions de perspective. — Le dessin et le modelage.

Jeune homme, l'âge est venu de choisir une profession : vous vous êtes décidé pour l'architecture. C'est bien; si cette carrière est difficile entre toutes, cet art est du moins très beau, il est par excellence l'art utile et l'art créateur; il est aussi, plus qu'aucun autre, l'art des longues études, du savoir multiple, des sérieuses méditations.

Mais vous êtes impatient et, je l'espère, enthousiaste: vous avez admiré nos cathédrales, nos châteaux, nos théâtres, nos palais de justice, nos hôtels de ville, et, dès demain, vous rêvez de composer à votre tour des édifices merveilleux, de jeter sur le papier des plans de monuments qui seront la symphonie de la pierre et du marbre.

Doucement. — Ce n'est que dans les romans qu'on voit des éclosions spontanées de génies qui devinent tout sans avoir rien appris, et dépassent, par simple intuition, tous les efforts et tous les résultats de l'expérience. La réalité est plus austère. Les grands artistes, les hommes de génie en tête, ont toujours été les hommes des longues et profondes études, formés par une discipline rigoureuse de l'intelligence, s'identifiant patiemment les éléments, les moyens, le patrimoine acquis de leur art, s'élevant de la faculté de comparer au droit de choisir, parvenant enfin à l'originalité puissante, cette gloire de l'artiste, par la supériorité du savoir, la rigueur de la méthode, la trempe de l'esprit, la progression dans l'amour de leur art, à mesure qu'ils en pénétraient de plus en plus, et chaque jour davantage, les plus intimes beautés.

Vos études seront longues, sachez-le bien; elles seront d'ailleurs de plus en plus attachantes, et si les débuts en sont parfois arides, si toujours elles doivent être élevées et difficiles, plus tard du moins elles ne vous présenteront que de nobles et attrayantes difficultés — pourvu que la base en soit solide, que le point de départ en soit bien orienté. Il est donc nécessaire que vous connaissiez vous-même le plan de vos études, les étapes de la route à parcourir. Effrayé, il est temps encore de vous dédire : si vous persévérez, votre effort sera conscient, et vous aurez virilement mérité les jouissances que l'art réserve à ses fidèles.

Et d'abord, à l'architecte, il faut un savoir préalable qui n'est pas l'architecture encore; ce sera le bagage et le fourniment. Vous avez fait, au lycée ou dans une école, des études générales assez bonnes, je suppose; vous êtes bachelier, deux fois, peut-être. Tant mieux; les études littéraires vous serviront directement, car, plus tard, vous aurez autant à écrire qu'à dessiner; surtout, elles vous ont ouvert l'esprit, vous ont appris à penser; votre intelligence s'est élevée, vous saurez lire avec fruit, raisonner avec méthode, réfléchir par vous-même et discerner la vérité du paradoxe ou du sophisme. Que si cette base première vous fait plus ou moins défaut, rien n'est perdu, mais vous aurez à assurer par vous-même la culture de votre intelligence. Ayez seulement de votre art une assez haute idée pour comprendre que la lecture d'une tragédie de Corneille n'est pas sans profit pour l'architecte.

Avec les sciences, nous touchons plus immédiatement, tout au moins plus visiblement, à l'architecture. Les études scientifiques habituent à la logique et à la rigueur du raisonnement; elles développent la faculté d'enchaînement des idées, elles suggèrent la méthode, elles sont la saine gymnastique d'un esprit qui veut analyser et vérifier, elles créent la volonté de l'examen et du contrôle. Pascal déniait la faculté de raisonner à qui n'était pas quelque peu géomètre. Pratiquement, d'ailleurs, la science vous sera nécessaire dans vos études, nécessaire dans votre carrière; toutefois, son rôle sera secondaire, car ce n'est pas elle qui vous donnera l'imagination, l'ingéniosité artistique, l'invention ni le goût; mais, sans elle, vous ne pourriez qu'imparfaitement mettre en valeur ces qualités, réaliser vos conceptions, ni même les étudier à fond. Puis, par une loi impérieuse de progrès dans tout ce qui intéresse la vie humaine, notre architecture devient chaque jour plus scientifique, et vous serez des arriérés si vous ne devenez pas plus savant que nous qui sommes plus savants que nos devanciers.

Soyez d'abord mathématicien le plus que vous pourrez; au minimum, il vous faut l'arithmétique, la géométrie, l'algèbre élémentaire; la géométrie surtout vous sera indispensable, car votre art agit avant tout sur des surfaces ou des volumes géométriques, et il serait bien téméraire d'aborder l'étude de l'architecture avant de posséder cette science. Vous devrez apprendre aussi la trigonométrie, la géométrie analytique (courbes du second degré), la statique et, s'il se peut, les éléments de l'analyse. Ces dernières sciences ne vous seront pas indispensables au début de vos études, et vous pouvez les réserver pour un peu plus tard. Cependant, comme tout cela peut s'apprendre partout, mieux vaut compléter tout d'abord, s'il se peut, votre bagage mathématique, car une fois familier avec les études essentiellement concrètes de l'architecture, vous deviendrez plus rebelle à l'abstraction, qui est l'essence des mathématiques.

Partout aussi vous pourrez étudier la physique générale et acquérir des notions de chimie. Sachez-en le plus que vous pourrez, sans toutefois y dépenser trop d'un temps que d'autres études réclament. Les principes fondamentaux et les grandes lois vous suffiront quant à présent, et vous étudierez plus tard les particularités qui se rattachent plus directement à votre art.

Mais une science que vous devrez étudier de la façon la plus approfondie, c'est la géométrie descriptive. Malheureusement, l'enseignement en est peu répandu, et ordinairement trop sommaire pour vous. Il vous faudra compter beaucoup sur vous-même pour l'étudier, avec un bon traité pour guide. Cette science n'a, en réalité, rien de difficile pour qui possède la géométrie élémentaire; ce n'est, à proprement parler, qu'une méthode de représentation; mais avec elle commence l'habileté de la main, et comme dessin linéaire rien ne vaut l'exécution parfaite des *épures* de géométrie descriptive.

Sachez bien que tout ce que vous dessinerez, vos plans, vos façades, vos coupes, ce sera de la géométrie descriptive, souvent très simple, parfois assez difficile. Certes, on s'en est longtemps passé, puisque cette science ne date que d'un siècle, et les grands architectes d'autrefois n'en dessinaient ni moins bien ni moins exactement. Il leur manquait seulement la clef méthodique des procédés qu'ils employaient empiriquement; et leur mérite n'en était que plus grand : vous à qui est donnée cette facilitation qui leur faisait défaut, sachez en profiter, et pour cela non seulement étudiez la géométrie descriptive, mais pratiquez-la.

C'est en effet une science de pratique, et tout en apprenant la théorie, vous devez vous exercer à son application. N'étudiez aucune question sans faire vous-même rigoureusement l'épure correspondante, sur des données différentes de celles de l'épure de votre livre. Vous vous ferez ainsi vous-même un atlas personnel de géométrie descriptive, et en même temps vous aurez pris l'habitude du tracé rigoureux et correct, du dessin précis et inflexible.

Habituez-vous aussi à saisir les applications architecturales de cette étude. La géométrie descriptive vous parlera théoriquement de lignes, de plans, de cylindres, de cônes, de sphères : à vous de trouver les exemples. Ainsi, dans les toitures vous verrez les intersections de plans; l'intersection d'un parallélipipède par un plan oblique se réalisera par la pénétration d'une souche de cheminée dans un toit; dans les voûtes, les fûts de colonnes, vous trouverez des exemples applicables aux divers problèmes sur les cylindres, les cônes, les sphères; vous découvrirez les surfaces de révolution dans les bases et chapiteaux des colonnes, etc., etc. Et ainsi, dans vos promenades même, vous commencerez à voir l'architecture non plus seulement comme un curieux inconscient, mais déjà avec quelque compétence pour analyser ses éléments et ses moyens. On a tellement reconnu la nécessité de cette étude, que, depuis quelques années, on demande, pour l'admission à l'École des Beaux-Arts, une épure de projections architecturales, comme application de la géométrie descriptive.

Exercez-vous particulièrement aux problèmes qui visent le

tracé des ombres, sans quoi vous ne sauriez plus tard étudier ni rendre les effets de saillies et le relief de vos compositions.

Mais je regarderais comme prématuré d'étudier dès maintenant les applications spéciales de la géométrie descriptive comprises sous le nom de stéréotomie — coupe des pierres et charpente; — il faut, pour ces études, quelques notions d'architecture que vous ne possédez pas encore.

Si vous le pouvez, apprenez quelques premiers principes de perspective. Ce n'est pas d'une urgence immédiate; et d'ailleurs la perspective est bien peu de chose à apprendre quand on connaît bien la géométrie descriptive et les formes de l'architecture. Mais, d'un autre côté, il n'est vraiment pas possible de dessiner si l'on ne possède pas les premières notions de la perspective.

Mais, direz-vous, on me parle de lettres, d'histoire, de sciences, — et le dessin ? Je ne l'oublie pas, croyez-le bien, mais j'ai voulu vous exposer d'abord les parties plus sévères de vos études : je veux que vous sachiez que le droit aux études artistiques, ce charme privilégié, est une récompense qu'il faut avoir méritée.

Du dessin, une seule chose est à dire : vous ne serez jamais assez dessinateur. Étudiez le dessin d'une façon sérieuse et sévère, non pour faire des images agréables, mais pour serrer de près une forme et un contour; apprenez à connaître votre modèle, quel qu'il soit, à le rendre fidèlement; soyez, en un mot, un dessinateur loyal, chose plus rare que vous ne pensez. Seule l'étude du dessin vous rendra sensible aux proportions, à ces nuances extrêmement délicates qui défient le compas et que l'œil cependant perçoit; elle vous donnera la fécondité, l'imagination, la richesse artistique. Cela est si vrai que, par un phénomène constant, nous voyons toujours les plus habiles dessinateurs devenir les compositeurs les plus féconds, les plus doués d'imagination et d'ingéniosité, aussi bien pour concevoir les dispositions d'un plan que pour projeter une façade décorative ; et cela doit être, car en art tout se tient, et le dessin est la pierre angulaire de tous les arts.

Et, sachez-le bien, vous n'arriverez à bien dessiner l'architecture, à bien exécuter un dessin géométrique, que si vous êtes suffisamment dessinateur, au sens ordinaire du mot. En voulez-vous la preuve ? Supposez deux architectes mesurant un même motif d'architecture, d'architecture purement géométrique, sans ornementations ni sculptures. Tous deux ont apporté la même précision dans leurs relevés, la même exactitude dans leurs tracés ; mais l'un est dessinateur, l'autre non. Le dessin du premier sera la représentation fidèle et vraie du modèle, celui du second n'en rendra ni le caractère ni la forme même.

L'étude du dessin se complétera par celle du modelage, autre forme du dessin ; car, en dessinant, en modelant, ce n'est pas la main qu'on exerce, c'est l'œil, la faculté de voir juste et vrai ; seulement, tandis que le dessin vous apprend à voir l'apparence des objets, le modelage vous apprend à en voir la réalité, et vous prépare plus directement encore au sens de l'architecture.

Quant au dessin géométral ou d'architecture, j'en parlerai plus loin.

Tel est, dans son ensemble, le plan des études préparatoires, études qu'on peut faire partout où se donne l'enseignement secondaire. Il n'est point besoin pour cela d'une école spéciale, il vaut mieux, au contraire, n'aborder l'étude de l'architecture que bien armé de ces études préalables. Et alors, l'esprit préparé à la méthode qui régira plus tard vos études, vous serez également intéressé par leur côté scientifique et leur côté artistique, et vous pourrez faire de rapides progrès, car vous n'aurez ni mauvaises habitudes à perdre, ni débuts défectueux à oublier : vous aurez marché droit dès le départ, et, pour continuer de suivre la ligne droite, il vous suffira de marcher devant vous.

CHAPITRE II

DES INSTRUMENTS DE DESSIN
ET DE LEUR EMPLOI

SOMMAIRE. — Les Instruments de travail. — Indications pratiques. — Papier à dessin. — Usage de la planche, du T, des équerres, des compas, etc. — Le trait. — L'encre de Chine. — Pratique du lavis.

Quelques mots d'abord de votre outillage :

Il vous faudra deux planches à dessin, une *grand-aigle* ($1^m10 \times 0^m75$), une *demi-grand-aigle* ($0^m75 \times 0^m55$). Vous pouvez encore en avoir une *quart grand-aigle* ($0^m55 \times 0^m375$). Ces planches devront être encadrées, c'est-à-dire tout le tour en bois dur, et le milieu en bois tendre; les planches simplement emboîtées, c'est-à-dire avec du bois dur aux deux bouts seulement, ne sont jamais assez précises. Les meilleurs bois sont le charme pour les cadres, et le peuplier pour le remplissage. Il ne faut pas de nœuds qui font tordre le bois, et le bois doit être choisi d'aussi droit fil que possible, d'ailleurs bien ajusté et bien plan.

Vous éviterez sur vos planches les coups, le soleil, l'humidité, tout ce qui pourrait les faire jouer, et quand vous vous apercevrez que les côtés n'en sont plus droits, faites-les ajuster, sans quoi vous n'auriez plus de parallèles dans vos dessins.

Vous aurez un **T** *grand-aigle*, un *demi-grand-aigle*, un *quart grand-aigle*, en bois de poirier ou alisier, de droit fil, de bois bien homogène. Évitez aussi les coups, et ne vous servez jamais d'un **T** ni pour coller ni pour couper votre papier. Il faut que la lame en reste toujours parfaitement droite, sans entailles ni meurtrissures.

Deux équerres, l'une longue, l'autre à 45 degrés. Il se fait maintenant de bonnes équerres soit en bois, soit en caoutchouc durci ou *ébonite* ; le bois doit en être choisi comme celui du **T**. Que les unes et les autres ne soient pas trop minces; leur épaisseur doit être à peu près celle d'une lame de **T**. Les équerres qui conservent le mieux leur ajustage sont les équerres assemblées (fig. 1). Cet outillage se complétera par un mètre pliant et un double décimètre en buis; ce dernier gradué en millimètres. La division en demi-millimètres est inutile et ne fait que gêner.

Fig. 1.

La boîte de compas devra être bien choisie, il faudra y mettre le prix ; de bons instruments vous dureront toute la vie et vous rendront le travail facile. Ne vous encombrez pas d'une grande boîte lourde et embarrassante ; le mieux est la *pochette*, légère et portative (fig. 2).

Vous y trouverez :

Un compas dit *à pointes sèches*, qui sert à mesurer, diviser, etc. — Un compas à cercles ou *compas balustre*, à branches *articulées*, pour tracer les cercles. — Le tire-ligne et le porte-crayon qui s'adaptent à ce compas. — Un balustre à ressort pour tracer les cercles d'un très petit rayon. — Une rallonge pour le compas à cercle. — Deux tire-lignes. — Une clef pour serrer ou desserrer les têtes de compas, qui ne doivent être ni trop dures ni trop lâches.

Ces instruments se font en cuivre jaune ou en métal blanc; l'un est aussi bon que l'autre.

Ayez soin que vos instruments soient proprement tenus; ne laissez pas l'encre sécher dans vos tire-lignes.

Ce sont les crayons de mine de plomb dont vous aurez à vous servir, soit crayons proprement dits, soit porte-mines. Achetez-les de bonne qualité, par exemple des *Faber*, dont il y a quatre numéros : n° 1, très tendre; n° 2, tendre; n° 3, assez dur; n° 4, très dur. Vous emploierez chaque numéro suivant le cas, sous cette seule règle qu'il faut toujours pouvoir se servir de son crayon légèrement, sans graver dans le papier. Ainsi le n° 4 est excellent pour tracer des axes, des lignes limites très précises; le n° 2 et le n° 1 seront plutôt pour *crayonner*, chercher à main-levée.

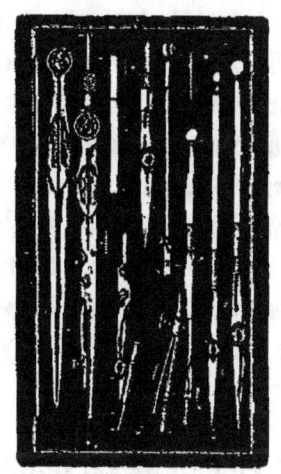

Fig. 2.

Vous aurez quelques godets de porcelaine; un bâton d'encre de Chine, qui, pour être bonne, doit être dure, brillante, d'une teinte noire un peu rousse et non bleue, ne produisant ni grains ni dépôts en la délayant; deux pinceaux de grosseur moyenne, gardant bien la pointe lorsqu'ils sont mouillés, emmanchés aux deux bouts du même manche; des plumes à dessin avec porte-plume de la grosseur de vos crayons, et légers; de la colle à bouche; de la gomme élastique douce, mais ni gomme grise dure, ni gomme-grattoir qui abîment le papier; une éponge douce.

Comme couleurs, il vous suffit d'une pastille de carmin et d'une de bleu de Prusse, pour teinter, suivant l'usage, les parties en coupe. Mais je ne saurais trop vous recommander de n'avoir pas, quant à présent, de boîte de couleurs. Vous ne pouvez croire combien la maladie du barbouillage, quand on ne sait pas encore modeler un dessin, donne d'habitudes déplorables, et empêche d'acquérir les qualités maîtresses du dessin, la netteté et le modelé.

Plusieurs sortes de papier vous seront nécessaires. Pour les dessins qui doivent rester au trait, les épures, etc., le papier *Bulle* jaune ou rosé est excellent et très bon marché, il faut seulement ne pas trop le fatiguer par la gomme, et ne pas choisir celui qui est mou. N'employez pas le *vergé*, dont les stries contrarient le tracé linéaire. Pour le lavis, il n'y a réellement que le papier *Whatman* anglais, excellent, et qui n'a d'autre défaut que son prix élevé. Pour les croquis, vous aurez du *Bulle* ou du *Canson* et du papier quadrillé; enfin, comme papier calque, achetez du *dioptique*. Tenez votre papier au sec, à l'abri de la poussière.

L'emploi de cet outillage appelle quelques recommandations, en vue des bonnes habitudes à prendre dès le début :

Je vous recommande d'abord de bien proportionner à votre taille votre table de dessin et la pente que vous donnerez à votre planche. On dessine tantôt assis, tantôt debout; dans une position comme dans l'autre, il importe de ne pas subir de courbure fatigante, et surtout d'éviter les dépressions du buste qui pourraient être fâcheuses pour la santé, surtout si la croissance n'est pas terminée. Lorsqu'il s'agit d'un jeune homme délicat, je dirais volontiers aux parents de faire contrôler par leur médecin cette installation matérielle. En tous cas, il vaut toujours mieux que la planche à dessin ne soit pas à plat, et qu'on puisse se courber le moins possible en s'en servant. Les tréteaux mobiles (fig. 3) sont excellents à ce point de vue.

Imposez-vous le soin de toujours enlever de vos planches les restes d'anciennes collures; vous les mouillez légèrement, et, quand elles sont bien détrempées, vous les enlevez avec une lame quelconque qui gratte sans couper, et vous essuyez bien la planche, sur laquelle vous ne collerez une nouvelle feuille que lorsqu'elle sera bien sèche. Pour coller cette feuille, mouillez-la, à l'envers, partout également, et par deux fois, si vous voyez qu'elle ne s'étend pas à plat; puis enlevez l'eau avec une éponge ou un linge sec, de telle sorte que votre feuille soit humide et détendue, mais non mouillée. Alors vous la collez tout autour en commençant par les quatre milieux, au moyen d'une traction suffisante, puis les angles et enfin les parties intermédiaires. Vous aurez ainsi une feuille

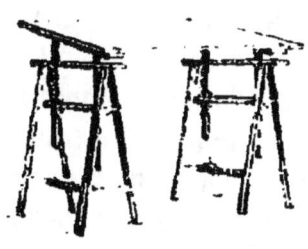

Fig. 1.

bien et rapidement tendue, et votre dessin ne se déformera pas au décollage. Attendez pour dessiner que votre feuille soit parfaitement sèche.

Le T vous servira pour tracer les horizontales et sera la base de l'équerre pour les verticales. Vous ne l'emploierez que *sur un seul sens*, sa tête dirigée par votre main gauche. Pour les verticales, vous faites glisser l'équerre sur le T, le côté perpendiculaire de l'équerre étant à sa gauche. Il faudra donc que le jour soit pour vous en face et plutôt un peu à votre gauche. Le jour du haut est très mauvais pour le dessin d'architecture. T et équerres doivent toujours être très propres. Vos crayons seront finement taillés, vous vous en servirez légèrement, en tenant le crayon aussi droit que possible. Lorsqu'on le couche le long du T ou de l'équerre, on risque de tracer des lignes qui s'écartent et ne soient pas droites. Rappelez-vous que les traits de crayon sont des lignes d'opération qu'il faudra effacer sans qu'on ait à demander à la gomme un effort qui détériore le papier. Si les traits de crayon doivent être recouverts de traits à l'encre, il importe également qu'ils soient très légers, car l'encre prend mal sur un trait de crayon trop appuyé.

Pour appointer le crayon lorsqu'il n'a pas encore besoin d'être retaillé, on se sert utilement d'une petite lime très douce, ou de papier de verre très fin.

Les points de compas doivent être aussi peu appuyés que possible et ne pas faire trou dans le papier. Arrangez-vous pour ne marquer un point au compas que lorsque sa branche est normale à votre papier; obliquement, vous manquez de précision et vous abimez le papier. De même pour le compas à cercle : articulez-en les branches de façon que la pointe-pivot et le crayon ou tire-ligne soient normaux au dessin. C'est pour cela que les compas à tracer qui ne sont pas articulés ne valent rien.

Le tire-ligne sera employé comme le crayon, aussi droit que possible, et légèrement. Si vous appuyez trop sur le papier, vous le coupez, et si vous appuyez trop contre la règle, vous fermez le tire-ligne sans le savoir. Il faut de plus que l'encre soit toujours fluide dans le tire-ligne; renouvelez-la donc souvent et nettoyez fréquemment les branches avec de l'eau et un petit chiffon. Mêmes soins pour la plume à dessin. N'employez jamais ni vos tire-lignes ni vos plumes à dessin pour l'encre à écrire.

Le tire-ligne et la plume vous donneront le dessin définitif, après quoi vous effacez vos lignes de crayon. Vous arriverez bientôt à ne faire au crayon que les tracés nécessaires, bien des traits dans un dessin peuvent se faire immédiatement à l'encre, entre des lignes limites au crayon; c'est à l'intelligence du dessinateur à faire l'application de cette méthode à chaque dessin; il est inutile de faire d'abord tout le dessin une première fois au crayon pour ensuite le repasser à l'encre, travail purement mécanique et fastidieux, qui n'arrive qu'à fatiguer le dessinateur et son papier.

L'encre de Chine devra être délayée dans un godet rigoureusement propre; ne redélayez jamais de l'encre séchée dans le godet. Un soin particulier doit d'ailleurs être apporté à l'emploi de l'encre de Chine.

Pour l'encre *au trait*, il faut qu'elle soit assez noire sans pousser jusqu'au pâteux; renouvelée plusieurs fois par jour, surtout en été; le godet d'encre doit être recouvert afin d'éviter la poussière.

Pour les teintes, des soins analogues sont nécessaires. Après avoir délayé dans un godet de l'encre assez noire, laissez-la reposer, et tenez le godet recouvert. C'est là que vous prendrez ensuite ce qu'il faudra pour vos teintes, en ramassant avec le pinceau à la surface, sans remuer le fond et en mêlant, dans un autre godet, à plus ou moins d'eau. Ainsi donc, ne passez jamais une teinte avec l'encre de premier délayage ou, en d'autres termes, ne vous servez jamais pour une teinte du godet dans lequel vous avez tourné l'encre de Chine. Une fois votre teinte composée dans le second godet, bien mélangée avec l'eau, ayez soin, chaque fois que vous imbibez le pinceau, de ne pas remuer, mais de prendre à la surface, et arrangez-vous pour avoir assez de teinte sans arriver au fond du godet : les fonds de godet, c'est-à-dire le dépôt que laisse même la meilleure encre, ne doivent jamais être employés pour le lavis.

Pour les teintes peu étendues, vous pouvez au lieu d'un godet employer du papier à teinte, c'est-à-dire un morceau quelconque de papier non buvard qui vous sert ainsi de godet.

L'habileté dans le lavis ne s'acquiert que par la pratique; cependant, quelques conseils sont encore utiles ici. Si, malgré tous les soins de propreté que vous aurez pris pendant le tracé, emploi de sous-mains, et — détail de ménage qui a son importance — emploi de vêtements propres et ne déteignant pas, si votre papier n'est plus blanc et vous paraît un peu graissé, donnez-lui un coup d'éponge avec une éponge très douce et de l'eau parfaitement propre, mais très légèrement et en mouillant partout. Séchez ensuite à l'éponge aussi légèrement que possible, sans frotter sur le trait que vous risqueriez d'effacer en partie. Vous pouvez ensuite commencer le lavis, lorsque la feuille n'est plus mouillée, mais tandis qu'elle est encore humide, ce n'en sera que mieux pour la première teinte.

Ces divers soins paraissent méticuleux; en réalité, ils sont bien faciles, et ainsi vous obtiendrez un lavis transparent, des teintes unies et sans dépôt, tout ce qui fait le charme d'un modelé propre et frais.

L'emploi du pinceau comporte toute une pratique personnelle qui s'acquiert par l'usage; tout ce qu'on peut dire, c'est que votre teinte doit toujours rester mouillée partout où vous avez à la continuer : une teinte qui sèche trop vite et inégalement, tel est l'écueil des débutants. Il faut donc pencher légèrement votre planche dans le sens où vous passez la teinte, descendre cette teinte bien droit, sans qu'un côté avance plus que l'autre, et la conduire lentement, par séries d'environ un à deux centimètres, mais en reprenant cinq ou six centimètres plus haut. Votre pinceau aura ainsi passé plusieurs fois partout, et vous verrez votre teinte se sécher graduellement à partir du haut, en suivant parallèlement votre travail, et sans que cette dessiccation vous gagne de vitesse. Laissez plutôt les bords de la teinte un peu en arrière, d'un coup de pinceau; l'encre coulera ainsi vers le milieu, et vous éviterez les *cernures*, c'est-à-dire les dépôts noirs sur les bords.

En résumé, votre teinte doit être passée de façon à ce que le papier soit mouillé abondamment et également.

Pour les teintes *fondues*, soit que vous dégradiez du noir au clair ou du clair au noir, faites en sorte que la dégradation soit continue, et, pour cela, modifiez votre teinte par addition d'eau ou de noir à chaque fois que vous avancez, et en veillant à ce que ces additions soient bien proportionnées. Il est très difficile d'ailleurs de réussir une teinte bien fondue sur du papier encore blanc; il vaut donc mieux commencer par passer une teinte plate qui servira de dessous à la teinte fondue.

Le pinceau veut une grande légèreté de main. Affaire d'habitude, et aussi de bonnes habitudes. Il ne faut jamais que le bras droit supporte le corps; ce bras ne doit pas lui-même appuyer sur le dessin; le petit doigt de la main droite doit seul être en contact avec le papier. Le pinceau, tenu à peu près comme un crayon, par le pouce, l'index et le médius, doit être très libre de ses mouvements et effleurer seulement le papier, de la *pointe* et non du *ventre*. Toujours à peu près également imbibé, si vous voyez qu'il soit trop chargé de teinte, retirez-en, et quand vous arrivez à la fin de la teinte, comme il faut compter avec ce qui descendra, tenez votre pinceau de plus en plus sec en le passant sur du papier buvard. Laissez votre planche inclinée tant que la teinte n'est pas séchée. Si vous avez une seconde teinte à repasser sur la première, assurez-vous bien qu'elle n'est plus mouillée, sans quoi tout serait perdu.

Évitez d'ailleurs de passer un grand nombre de teintes de suite au même endroit, vous pourriez faire crever le papier par la traction des parties sèches et tendues.

L'éponge peut adoucir des teintes trop noires, enlever les cernures; mais c'est un remède dont il ne faut pas abuser. S'il vous arrive d'éponger, que ce soit à grande eau, très légèrement et patiemment; l'eau sera très propre, et il faut commencer par mouiller — toujours à grande eau — le surplus de votre papier avant de mouiller l'endroit teinté. Autrement, l'éponge enlevant une partie de la teinte la répand sur le papier blanc et le salit. Après avoir épongé, ramassez soigneusement l'eau, en lavant constamment l'éponge dans de l'eau propre.

Mais avant tout, n'oubliez pas que la première qualité d'un lavis est la netteté. Vous devez *dessiner* au pinceau aussi nettement et avec la même précision qu'en vous servant du crayon. Pour acquérir cette rectitude, pour éviter ce qu'on appelle les *baroches*, la pratique est nécessaire; vous n'y arriverez pas du premier coup, mais que cela ne vous décourage pas, bientôt vous saurez vous servir du pinceau avec adresse et élasticité.

Un dernier avis aux débutants. On est fier d'avoir terminé son premier lavis, on s'empresse alors de le décoller. Or, si les teintes ne sont plus mouillées, le papier cependant n'est pas encore sec dans ses fibres, et le dessin ainsi décollé prématurément gondole. Attendez au moins un jour avant de décoller un dessin.

CHAPITRE III

DU DESSIN D'ARCHITECTURE

SOMMAIRE. — Le dessin géométral. — Ses exigences. — Échelles. — Le plan. — La coupe. — L'élévation. — Nécessité de plusieurs projections pour une représentation complète. — Les axes. — Dessin par les axes : exemples. — Aplombs et saillies. — Lignes limites des contours. — Projections obliques. — Développements.
Des croquis. — Méthode à suivre. — Croquis de mémoire. — Choix des croquis.

Le dessin d'architecture est le dessin *géométral*; le dessin géométral est le dessin exact, on peut dire le dessin par excellence. Tandis que le dessin pittoresque représente seulement l'aspect des objets, tels qu'ils paraissent, le dessin géométral les représente tels qu'ils sont. Ainsi, par exemple, la fig. 4 ci-après représente un *chapiteau* en perspective, et la fig. 5, le même chapiteau en *géométral*. Seul, ce mode de dessin permet la réalisation identique d'une conception ou la reproduction identique d'une chose déjà réalisée. Aussi s'impose-t-il à tous les arts comme à toutes les industries qui vivent de créations, qu'il s'agisse de machines ou d'orfèvrerie, d'artillerie ou de mobilier, de construction ou de décoration, de fortifications ou d'architecture.

Sa qualité première sera donc l'exactitude absolue, la précision parfaite. Aucun soin ne sera exagéré pour atteindre cette exactitude, car malgré tout il y aura toujours entre le dessin et la précision idéale la différence d'une ligne tracée à la ligne mathématique. Toute la méthode en fait de dessin géométral consiste donc à

Fig. 4. — Chapiteau du Temple de Mars-Vengeur à Rome, représenté en perspective.
(D'après M. d'Espouy.)

écarter le plus possible les chances d'inexactitude, et lors même qu'il s'agit simplement de reproduire un dessin déjà fait, soit à la même échelle, soit à une échelle différente, la marche logique dans les méthodes et procédés est loin d'être indifférente. Elle est non moins importante pour le profit de l'étude que suppose l'exécution d'un dessin, à moins d'être un travail purement machinal.

Le premier principe à cet égard, celui qui fera de l'exécution d'un dessin un travail d'intelligence en même temps qu'un exercice de l'œil et de la main, c'est de s'identifier avec son modèle, de refaire à votre tour, par les mêmes moyens, ce qu'a dû faire celui que vous copiez. Si vous reproduisez un dessin, cherchez comment l'auteur du modèle a dû procéder, et faites de même; si vous traduisez en dessin une œuvre réelle d'architecture, cherchez comment son auteur a dû la dessiner pour en assurer l'exécution, et procédez de même.

Quels seront pour cela les moyens? Les diverses projections, qui se résument en plans, en coupes, en élévations. Notez bien cet ordre, car il est l'ordre logique. Ces

Fig. 5. — Chapiteau du temple de Mars-Vengeur, représentation en géométral.

dessins seront établis au moyen des *échelles*, proportion adoptée entre le modèle et le dessin.

Les échelles les plus simples doivent être préférées : un centimètre, un décimètre par mètre. La proportion purement décimale prête peu aux erreurs. Mais des raisons matérielles peuvent exiger d'autres échelles ; elles seront en général doubles ou moitiés de celles-là : ainsi cinq millimètres ou deux centimètres, cinq ou vingt centimètres par mètre.

Le plan est une coupe ou section d'un édifice faite à une hauteur variable par un plan horizontal qui coupe les murs, piliers, cloisons, etc. On suppose ce plan passant à une hauteur convenable pour faire voir toutes les particularités de la construction, les murs, les portes et fenêtres, piliers, colonnes ou pilastres, les cheminées, etc. Vous pouvez considérer le plan comme une empreinte à plat qui serait prise sur la construction en cours arrivée à un même niveau dans la hauteur d'un étage. Ainsi, fig. 6 vous représente une partie de construction élevée au-dessus du sol, et la même construction s'exprime *en plan* par la fig. 7.

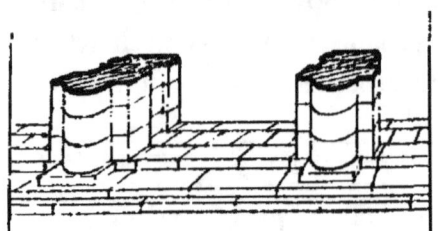

Fig. 6. — Perspective.

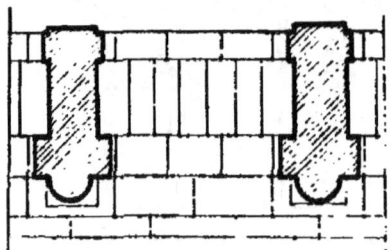

Fig. 7. — Plan.

Sur le plan fictif, la construction elle-même se traduit par ses sections horizontales : c'est un élément invariable ; mais on peut y projeter soit ce qui est au-dessous, soit ce qui se trouve au-dessus. Dans le premier cas, *le plan* montrera les portions d'architecture qui font saillie sur le bas des murs ou piliers, tels que moulures de bases ou de socles, marches, perrons, etc. C'est ce qu'on appelle d'un terme général les lignes de retraite. Ou bien dans le second cas, il montrera les voûtes ou plafonds, entablements ou corniches. On présentera les deux projections, ou moitié de chacune, lorsque l'intérêt réside aussi bien dessus que dessous.

La coupe est une section d'un édifice ou partie d'édifice par un plan vertical : elle est verticalement ce que le plan est horizontalement. Et de même, elle doit avant tout faire voir les intersections de ce plan imaginaire avec la construction. Ces *traces*

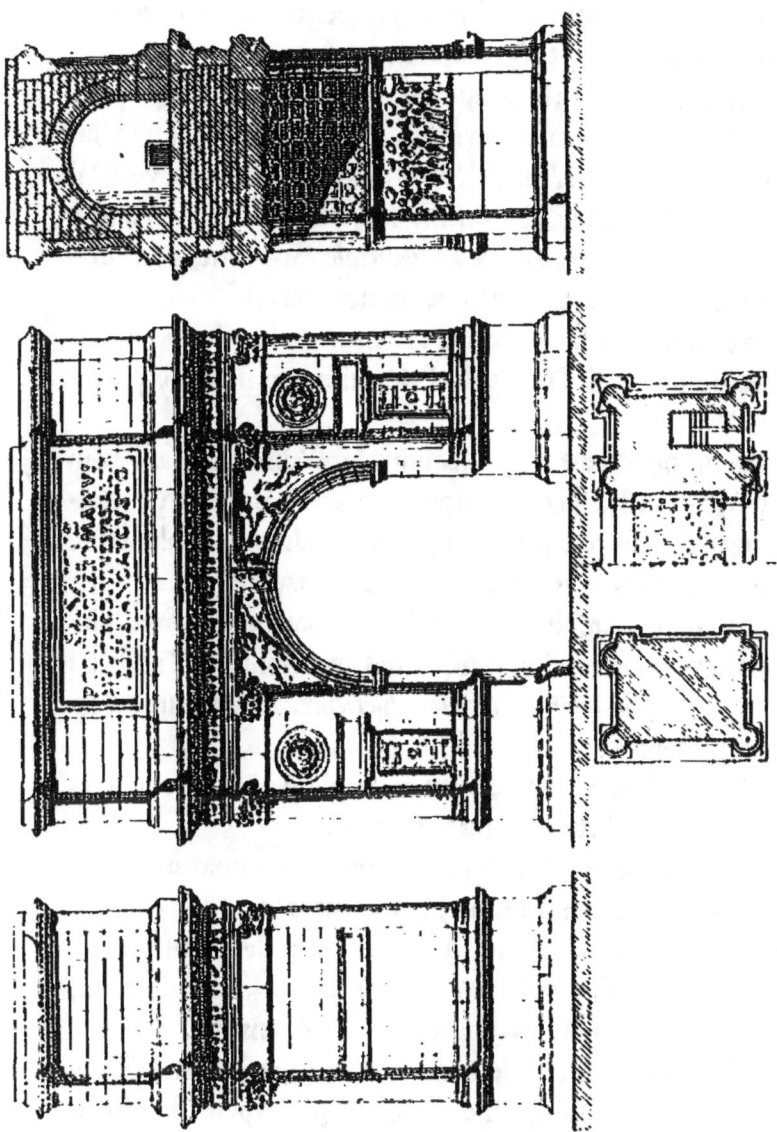

Fig. 8. — Arc de Titus à Rome.

constituent ce qu'on appelle les *parties en coupe*. Puis, comme dans le plan, on fera sur ce *plan de coupe* la projection de tout ce qui, dans l'édifice, peut en effet s'y projeter.

Ceci montre qu'une seule coupe est rarement suffisante pour rendre compte de tout l'intérieur d'un édifice, il en faut généralement au moins deux. L'une, déterminée par un plan vertical perpendiculaire à la façade, se nomme *coupe longitudinale*; l'autre, parallèle à la façade, est une *coupe transversale*. Souvent, de nombreuses coupes secondaires sont encore nécessaires.

Une coupe limitée à la section d'un mur de façade, pour servir de point de départ à l'étude de l'élévation, se nomme plutôt *profil*.

L'*élévation* ou *façade* est la projection de l'édifice sur un plan vertical extérieur. Elle peut comprendre des parties très éloignées les unes des autres, par exemple la façade principale d'une église, et plus loin les bras de la croix ou transept.

Sauf le cas d'une architecture uniforme partout, il faut plusieurs élévations pour rendre compte des extérieurs de l'édifice : *façade principale*, *façade latérale*, *façade postérieure*. Ces termes s'expliquent d'eux-mêmes.

Voici, sur un édifice complet, un exemple de plans, coupe et façade : c'est l'arc de Titus à Rome (fig. 8).

Comme vous le voyez, il ne faut pas moins de quatre dessins pour rendre compte de ce monument très simple.

Le plan, pris à une hauteur qui permette de montrer les colonnes en section, fait voir par moitié les socles, piédestaux, bases, etc., et par moitié les voûtes et entablements. Ici, une seule façade latérale suffit, les deux étant identiques, et une façade postérieure est inutile puisqu'elle ne ferait que répéter la principale. Mais la façade latérale est nécessaire, car elle ne résulte pas nécessairement des autres dessins. La coupe longitudinale suffit également, car ses éléments, joints à ceux des façades, permettent de tout déterminer. Comme on le voit, c'est d'après la composition de l'édifice à représenter qu'on verra combien de dessins ou de projections sont nécessaires, et quels sont les plus utiles à donner.

Dessin par les axes. Le mot *axe* reviendra souvent dans vos études; l'axe est la clef du dessin et sera celle de la composition. Il importe donc de le bien définir.

Vous savez ce qu'est un axe en géométrie : ce n'est qu'une ligne, la ligne de partage en deux parties égales d'une figure plane symétrique, ou la ligne des pôles dans une surface de révolution ou un solide régulier, tel qu'un prisme droit à base régulière. En architecture, l'idée d'axe est plus large : elle s'étend à tout l'ensemble d'un plan vertical séparant les deux moitiés d'une symétrie. Aussi, quoique sa représentation graphique se borne à une ligne droite, n'oubliez pas que ce n'est pas une simple ligne. Prenons pour exemple une église : si vous en dessinez le plan, l'axe de ce plan sera bien une ligne droite partageant en deux le tracé du plan, mais cette ligne elle-même ne sera que la projection du plan médian qui est l'axe d'ensemble du monument; et vous direz justement que les clefs des voûtes, les lustres qui en descendent, le centre de la grande rose ou de la fenêtre d'abside sont *dans l'axe* de l'église. Remarquez d'ailleurs que la ligne droite qui est l'axe de votre plan, celle qui est l'axe de votre façade principale ou postérieure, celle qui est l'axe de votre coupe transversale, ne sont que les traces dans chacun de ces dessins, d'un même plan vertical. Voilà votre *axe principal*.

Mais il y en aura d'autres : parallèlement à celui-ci, vous aurez les axes des bas côtés, et entre deux, les axes des piliers. Transversalement, vous trouverez les axes du transept, ceux de chaque travée, puis les axes rayonnants des chapelles, etc., etc.

Et si vous avez à dessiner le plan de cette église, c'est en plaçant d'abord et avant tout ces divers axes avec toute la précision possible que vous arriverez à *construire* votre plan. De plus, vos axes une fois placés avec soin, et vérifiés, les chances d'inexactitude deviennent minimes.

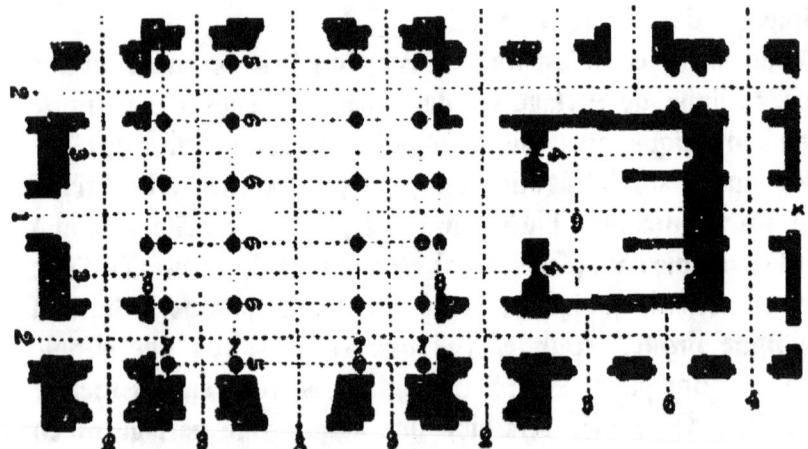

Fig. 9. — Plan du vestibule de l'Hôtel des Monnaies, d'après un relevé de M. Dauphin.

Il faut donc, dans un dessin d'architecture, *procéder avant tout par les axes*.

Cette méthode étant d'importance capitale, je crois devoir l'expliquer par des exemples. Commençons par le dessin d'un plan, qui sera, je suppose, celui du beau vestibule de l'Hôtel des Monnaies à Paris (fig. 9).

Après avoir tracé l'axe 1, qui est l'axe principal du monument, vous remarquez que les cinq travées du pavillon milieu sont également espacées. Dès lors, vous placez d'abord les axes extrêmes 2 — 2, puis, en divisant en parties égales, vous trouvez les intermédiaires 3 — 3. Vous diminuez ainsi les chances d'erreurs, car si vous placiez 1, 3, 2, l'erreur possible serait doublée. Passant à la partie latérale, vous placez de même l'axe extrême 4, puis 5, et vous divisez en deux l'espace 4 — 5, ce qui vous donne l'axe 6. Voilà les principaux axes des travées.

Viendront ensuite les axes des rangs de colonnes, 7 — 7. Vous les disposez par rapport aux axes 3 — 3 ; enfin les axes 8 — 8, par rapport aux axes extrêmes 7 — 7, en contrôlant d'après les axes 2 — 2.

Dans le sens longitudinal, vous opérerez de même, en plaçant d'abord l'axe 1, puis les extrêmes 2 — 2 ; par division, vous obtiendrez 3 — 3, et reportant de chaque côté de ces axes 1, 2, 3 leur demi-distance, vous obtiendrez les axes 5 — 6 des colonnes. Les axes secondaires se placeront par les mêmes méthodes.

Enfin, vous ferez bien de contrôler ces diverses opérations en vérifiant l'équidistance des axes secondaires symétriques par rapport à l'axe central, et en général par des opérations différentes de celles qui auront servi à les placer.

En étudiant bien ce plan, et les diverses manières de le tracer, vous vous convaincrez que vous arriverez ainsi à plus d'exactitude, et que la méthode de disposition des axes est loin d'être indifférente. C'est là que s'exerce l'intelligence du dessinateur.

Et à ce sujet, je vous dirai qu'un plan est plus difficile à bien dessiner que vous ne le supposez, plus difficile peut-être que toute autre chose. C'est dans les plans surtout que l'exactitude est impérieuse, et vous ferez bien, pour vous familiariser avec le dessin d'architecture, de vous exercer tout d'abord au dessin de plans.

Passons aux coupes. Si vous prenez ce même exemple de l'Hôtel des Monnaies, vous verrez facilement que l'architecte n'a pu étudier complètement sa composition qu'à l'aide de coupes assez nombreuses. Mais deux sont surtout nécessaires, les deux coupes suivant les axes principaux de symétrie, dans le sens transversal et longitudinal.

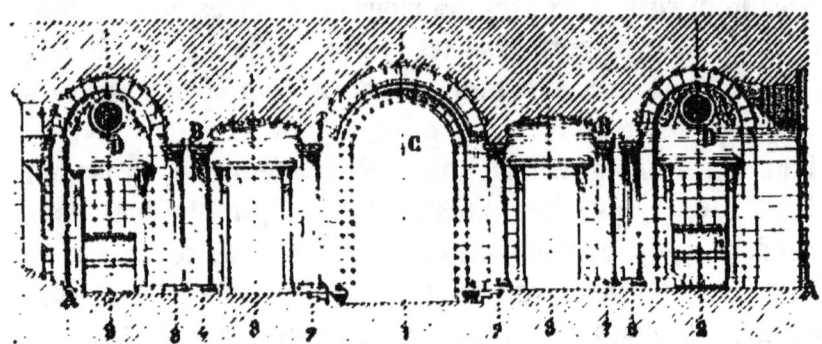

Fig. 10. — Hôtel des Monnaies. Coupe transversale.

Fig. 10 *bis*. — Hôtel des Monnaies. Coupe longitudinale.

Si vous devez les dessiner toutes deux, examinez d'abord laquelle détermine ou commande l'autre. Vous verrez que, dans ce cas, c'est la coupe transversale (parallèle à la façade). L'autre, la coupe longitudinale, n'est que la projection des éléments de la première. Vous devrez donc commencer votre dessin par la coupe transversale (fig. 10).

Tout d'abord, vous placerez vos axes ainsi que vous l'avez fait en plan, 1, 2—2, 3—3, 7—7, 8—8; puis vous les vérifierez de même. Ainsi, unité de méthode dans les dessins de plans et de coupes.

Quant aux profils, aux parties en coupe, vous avez d'abord à déterminer les hauteurs des éléments essentiels. En prenant pour point de départ le sol A—A, placez immédiatement la ligne supérieure des chapiteaux de colonne B--B, puis les centres de voûtes C—D.

En vous servant ensuite de ces lignes maîtresses, vous dessinerez successivement le détail. Ainsi, pour vos colonnes, placez les hauteurs de bases par rapport à votre sol A—A; vos hauteurs des chapiteaux ainsi que des architraves, par rapport à votre ligne B—B. Il est évident, en effet, que si vous faisiez partir toutes vos mesures de hauteur du sol A—A, la moindre inexactitude déformerait sensiblement vos chapiteaux, tandis que la hauteur totale de la colonne A—B une fois déterminée, vous ne pouvez guère vous tromper sur la petite hauteur de la base ou sur celle du chapiteau, et en admettant une très légère inexactitude, elle sera inappréciable sur toute la longueur du fût de la colonne. Vous devrez d'ailleurs contrôler vos hauteurs par des vérifications toujours possibles.

Ces indications suffiront pour vous faire voir la méthode; votre intelligence devra en faire l'application, et je n'ai pas besoin de vous dire comment vous devrez dessiner la coupe longitudinale.

Dessins en élévation. — Dans tout ce qui précède, le dessin, même pour les parties en élévation, peut procéder par les axes. Mais dans une élévation il n'en est pas toujours ainsi, il y a des profils, en coupe ou façade, qui doivent se tracer d'après des aplombs conventionnels. Prenons pour exemple un fragment d'ordre dorique, emprunté au Parthénon (fig. 11).

Pour reproduire ce dessin, il faut bien mesurer les saillies en les rapportant à une verticale unique. Or, ici, l'axe de la colonne ne vous donnerait pas un point de départ logique, car sauf la colonne, il ne détermine rien. Il vaut mieux procéder comme a dû faire l'auteur du relevé, qui a dû tendre un fil à plomb, nécessairement extérieur, et mesurer ses distances depuis cet aplomb. Mais cet aplomb vous servira seulement pour vos profils et pour placer l'axe de la colonne ; vous dessinerez ensuite par les axes tout ce qui comporte cette méthode : ainsi vous placerez les axes A de la colonne B -- B des triglyphes C — C des métopes ; D, de la tête de lion, etc. Pour les hauteurs, portez d'abord les grandes divisions : chapiteau total, architrave totale, frise totale, corniche totale ; puis rattachez chaque détail de hauteur à ces divisions premières.

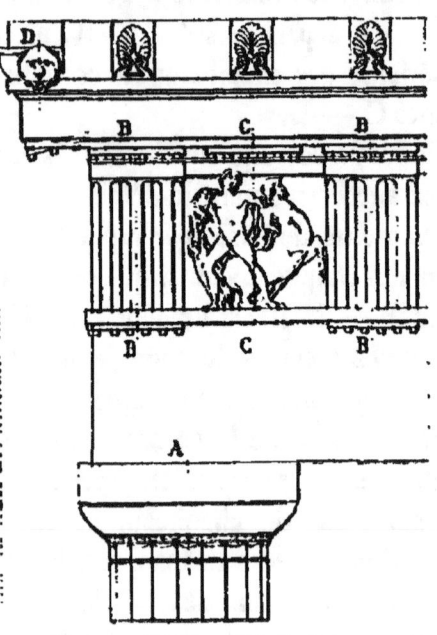

Fig. 11. — Entablement du Parthénon.

Les canaux des triglyphes, les gouttes, doivent être tracés d'après leurs axes respectifs. Quant aux cannelures de la colonne, qui ne peuvent être tracées qu'à l'aide d'une projection, ne les copiez pas, projetez-en le plan en divisant la circonférence en vingt parties.

Étudiez bien votre modèle tout d'abord. Ainsi, dans l'exemple que je vous propose, un examen sérieux vous fera voir que l'architrave est légèrement inclinée, tandis que la frise ne l'est pas. Si d'ailleurs vous avez la facilité de voir soit un moulage de ce que vous dessinez, soit un exemple analogue en réalité, ne perdez pas cette occasion de vous en pénétrer. Je ne saurais trop le répéter, le dessin d'architecture ne doit pas se borner à un exercice de main, il doit être pour vous l'occasion d'une étude réelle de ce que vous dessinez.

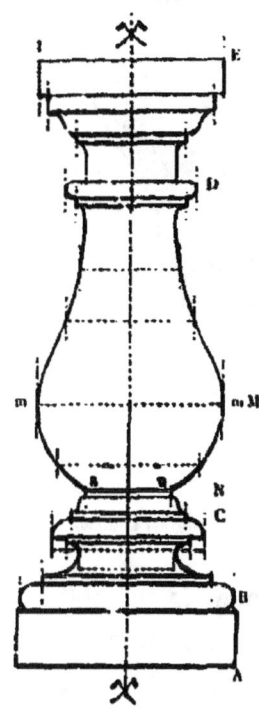

Fig. 12.

Lignes limites. — Vous savez ce qu'en géométrie on appelle les *abscisses* et les *ordonnées*. Pour toute partie de dessin dont les éléments ne sont pas des lignes géométriques telles que la droite ou le cercle, la méthode des abscisses et des ordonnées s'impose, par exemple pour un profil, une série d'ornements courbes tels que des oves, etc. Mais il importe de bien les choisir. Prenons d'abord un exemple fort simple, un balustre (fig. 12). Il est évident que vous le dessinerez par rapport à son axe, puis vous placerez d'abord les divisions générales AB (socle), BC (base ou piédouche), C—D (fût), D—E (chapiteau), après quoi vous placerez les lignes secondaires des moulures. Mais entre C et D, par exemple, le profil du fût peut beaucoup varier, et vous ne pourrez le dessiner qu'au moyen d'horizontales. Pour cela, au lieu de prendre des divisions arbitraires, tracez la *ligne limite* de grosseur *m—m*, distinguez son point d'application M et reportez cette opération sur votre dessin ; de même pour la ligne *n*—*n* et le point N qui vous donneront le plus petit diamètre. Et ne marquez pas ces points par un simple point de crayon, ayez soin au contraire de tracer au crayon vos lignes limites partout où vous opérerez, et de ne les effacer qu'après avoir passé à l'encre. Ces lignes vous guideront et vous donneront la certitude du dessin.

Voici un autre exemple, un fragment de corniche, avec ornements divers, provenant du temple de la Concorde, à Rome (fig. 13). Les lignes d'opérations marquées sur le dessin ci-contre, et que vous devrez conserver au crayon jusqu'à ce que votre tracé soit complet, vous montreront suffisamment la méthode à suivre sans que j'aie à répéter ce que je viens d'expliquer.

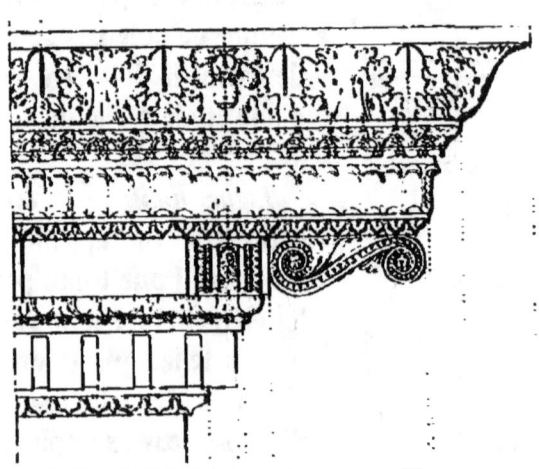

Fig. 13. — Entablement du temple de la Concorde, à Rome.

En somme, le dessin d'architecture, tout de précision, exige tout d'abord une méthode raisonnée, et des habitudes méthodiques. Le dessin y gagne tout, y compris la facilité. Mais la méthode ne peut être que générale ; et dans ses applications, c'est l'intelligence du dessinateur qui reconnaîtra chaque fois quelle doit être la marche logique du principal au secondaire. Et encore, tout cela ne sera que le mécanisme du dessin ; il faudra y mettre encore le goût, la finesse, le sentiment ; pour tout cela, il n'y a qu'un précepte : c'est en forgeant qu'on devient forgeron.

Projections obliques. — Il arrive souvent que dans une façade ou une coupe des motifs d'architecture se présentent obliquement par rapport au plan principal de projection. Ainsi, dans un édifice circulaire, une série de fenêtres semblables se projetteront en façade suivant des angles différents, par conséquent suivant des largeurs différentes : seules les hauteurs ne varieront pas.

Il est nécessaire de vous familiariser avec ces conditions de dessin qui pourront se présenter fréquemment. C'est là surtout que la géométrie descriptive vous sera précieuse, car tout cela se résume à des changements de plans de projection ou à des rabattements, développements, etc.

Mais s'il y a là une petite difficulté, il se trouve aussi un grand profit. Pour bien projeter un motif suivant un angle quelconque, il faut le bien connaître, l'analyser à fond ; et tel arrangement d'architecture que vous aurez dessiné en projection normale ne vous livrera en réalité ses secrets que lorsqu'il vous faudra le dessiner en projection oblique.

Je vous recommande donc, comme exercice très utile, de compléter par des projections obliques vos dessins en projection normale; c'est un bon exercice de dessin, mais surtout c'est une excellente préparation à l'architecture ; en vous forçant à analyser votre modèle, cette étude vous oblige à voir *dans l'espace*, à saisir les saillies, à comprendre la position des détails. Vous opérez sur le réel et non plus seulement sur l'image ; et bientôt vous verrez combien cet exercice vous aura été utile.

Je donne ici comme exemple une des fenêtres du 1er étage du palais Farnèse, à Rome, projetée normalement, puis sur un angle quelconque (fig. 14). Il est évident que seule la projection normale permet l'étude des proportions ; mais il est évident aussi que la projection oblique fait mieux voir, à un commençant

Fig. 15. — Travée des Loges de Raphaël au Vatican.

surtout, quelle est la composition de cette fenêtre, quelles sont les saillies, etc.

Dans le même ordre d'idées, traduisez des projections en développements, ou réciproquement, notamment pour des des-

Fig. 14. — Fenêtre du premier étage du palais Farnèse.

sins de voûtes. Il est évident en effet que la décoration d'une voûte cylindrique, d'une voussure, ou d'un mur circulaire, concave ou convexe, ne peut s'étudier qu'en développement; mais que, dans l'ensemble d'un dessin, cette même décoration se traduit en projection. Voici, par exemple, un dessin représentant une travée des Loges de Raphaël, au Vatican (fig. 15, *planche hors texte*). Les arcades en coupe sont représentées d'une part en projection, d'autre part en développement ; la voûte est représentée en développement.

Tout cela peut se résumer d'un mot : étudiez le dessin d'architecture en architectes. Habituez-vous à voir dans le dessin l'objet dessiné ; il faut que bientôt l'image ne soit plus pour vous qu'un langage, et que vous voyiez en réalité la chose, tout comme le compositeur de musique, en jetant sur le papier les arabesques de sa partition écrite, l'entend réellement ; tout comme vous-même, en lisant dans un livre des caractères d'imprimerie, vous ne voyez même plus le signe matériel pour vous livrer à l'émotion de la parole entendue.

Des Croquis.

Tout ce qui précède a trait aux dessins exacts, mesurés, faits sur la planche avec l'équerre et le compas. Je vous ai fait voir de mon mieux le rôle de l'intelligence dans ces dessins. Mais vous dessinerez autrement encore, *en croquis*, et là vous ne devrez rien qu'à vous-mêmes.

Aussi le croquis sera-t-il le moyen le plus rapide de progresser dans votre art, car vous ne pouvez faire le croquis d'une chose quelconque sans l'avoir attentivement examinée, pénétrée en tous sens, analysée à fond, ni rendre tout cela sans l'intelligence et la possession de votre sujet. Non seulement vous devez en saisir la composition, en distinguer les éléments, mais il faudra en fixer les rapports sans autre secours que l'étude attentive des proportions. Ni compas ni mètre, l'œil seul comme unique instrument de mesure et d'évaluation proportionnelle.

Rien n'est charmant et attachant comme le croquis, mais l'habitude ne s'en improvise pas ; il faut au contraire en avoir fait beaucoup avant d'arriver à la fraîcheur et à la sûreté : la pratique seule vous servira; mais je puis du moins vous donner dès maintenant quelques conseils sur la méthode, et sur le choix des croquis utiles.

Et d'abord, ne faites pas de croquis en vue d'une collection de documents; faites-les pour le profit d'étude que vous en tirerez, *pour apprendre à voir*. Vous pourrez conserver vos albums comme souvenirs de vos études, mais dites-vous bien que le profit serait le même pour votre instruction si vos croquis disparaissaient à mesure : tout croquis fini vous a rendu le service qu'il vous pouvait rendre.

Faites-les d'après la réalité que vous apprendrez ainsi à voir, et non d'après des images; faites-les tels que l'exigera votre modèle, avec les plans, les coupes, les élévations qu'il comportera, non pour en rendre compte à d'autres, mais pour vous garantir que vous l'aurez étudié intégralement. Vous devez vous interdire toute mesure, afin d'arriver à faire de votre œil un véritable instrument de précision.

Vos croquis devront être faits en géométral, vous vous habituerez ainsi *à voir en géométral*, fussiez-vous placé très obliquement, par exemple si vous voulez dessiner l'entablement supérieur d'un édifice.

Plus tard, vous ferez des croquis en perspective, mais seulement quand vous aurez l'habitude certaine du géométral. Si dès maintenant vous voulez faire quelques croquis perspectifs, que ce soit seulement à l'appui de croquis géométraux, et pour ainsi dire en supplément.

Au début, vous ferez bien de vous servir de papier quadrillé, qui vous facilitera la rectitude; mais dès que vous pourrez vous affranchir de ce guidage, n'employez plus que le papier blanc.

Un croquis doit être léger, clair; si vous mettez des ombres, que ce soit pour exprimer les saillies, mais sans noirs et sans prétentions au modelé : le dessin avant tout.

Enfin, si vous êtes courageux, je ne saurais trop vous recommander un exercice excellent, le croquis de mémoire. Vous allez voir votre modèle, vous vous en pénétrez le mieux possible; rentré chez vous, essayez-en le croquis. Je vous prédis que la mémoire vous trahira, vous resterez court. Retournez, revoyez plus et mieux, deux fois, trois fois, s'il le faut, vous arriverez enfin à un croquis assez juste que vous irez alors contrôler et corriger, s'il y a lieu.

Je vous soumets ici un exemple de croquis sur papier quadrillé, dont le motif sera un fragment d'architecture de la salle des Cariatides, au Louvre (fig. 16).

Voyons maintenant le choix de vos croquis :

Pour que ce travail vous soit vraiment utile, il faut qu'il suive vos études, qu'il en soit l'application; ou plutôt vos études seront en partie double : à l'atelier ou chez vous, le travail graphique; dehors, devant la réalité, le croquis s'exerçant sur des objets aussi identiques que possible, tout au moins similaires. « Doucement, » vous ai-je dit au début; n'exagérez pas votre ambition, et n'allez pas de primesaut aborder le croquis d'une façade de cathédrale ou de palais. Mais vous dessinez un entablement, je suppose : or, vous trouverez toujours à votre portée un entablement analogue, sinon identique, plusieurs même. Voilà vos croquis.

Si vous êtes dans un atelier, si vous assistez aux études de camarades, aux leçons d'un maître, vous verrez et entendrez bien des choses qui, sur le papier, seront un peu lettre morte pour vous. Mais les exemples existent; si vous les ignorez, on peut vous les indiquer; allez les voir, allez comprendre devant eux, la leçon incomprise : voilà encore vos croquis.

Enfin, plus tard, vous arriverez vous-même à composer et étudier d'abord des éléments, plus tard des ensembles. Vous con-

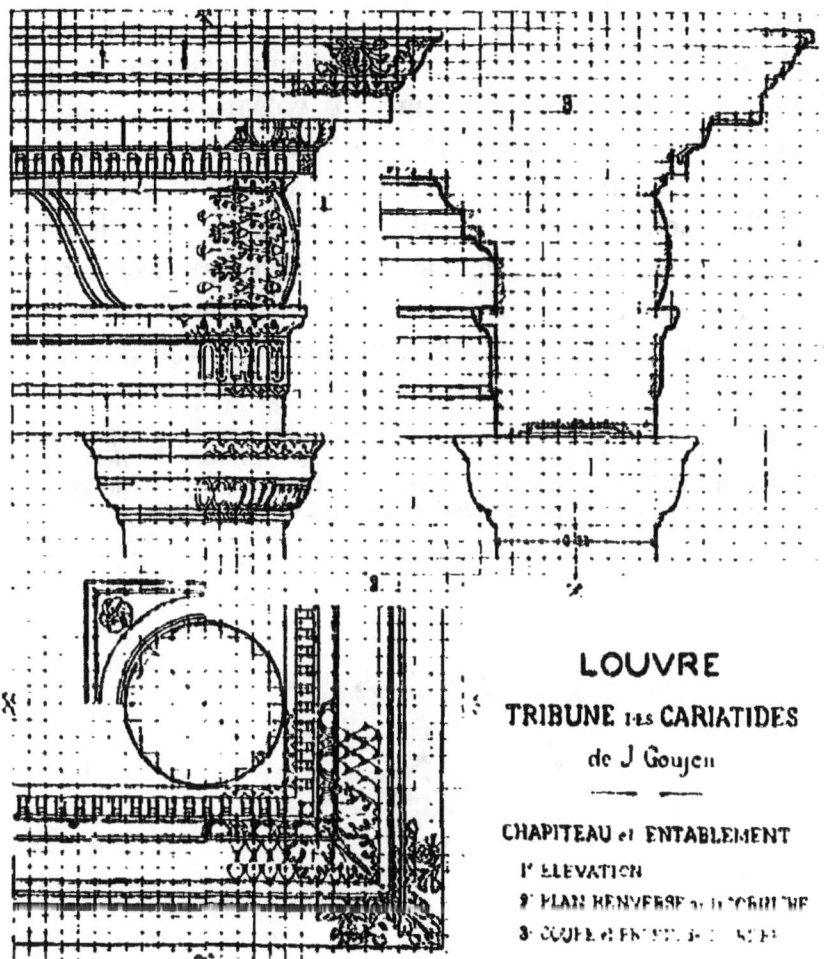

Fig. 16. — Exemple de croquis à main levée sur papier quadrillé.

sulterez les livres, vous recevrez des conseils, voilà pour l'école ou l'atelier. Mais le livre de la réalité est encore et toujours là pour vous faire comprendre et vous confirmer ces enseignements, par l'autorité des beaux exemples et la vérité supérieure de ce qui est. Je vous dirai encore : voilà vos croquis.

Je vous demande donc le parallélisme d'étude entre l'atelier et la réalité, entre la planche à dessin et l'album. Cette méthode est féconde, et si vous la suivez, vous serez étonné vous-même de l'allure de vos progrès. Mais il faut de la volonté, et beaucoup en manquent. Des travailleurs même se consacrent exactement, docilement, à la tâche indiquée, à la leçon reçue, sans y ajouter ce travail personnel d'initiative raisonnée : paresse d'esprit, en somme, et insuffisance de volonté. Ne négligez pas ce moyen puissant de progrès, et si vous n'en voyez pas tout de suite la portée, allez de confiance : bientôt vous vous en féliciterez[1].

[1]. Je suis tellement convaincu de l'importance de cette méthode, que, ayant à proposer pour le cours de théorie d'architecture à l'École des Beaux-Arts, un mode d'emploi d'une libéralité annuelle, j'ai demandé que cet encouragement fût attribué à la plus intelligente collection de croquis faits, sur les matières traitées dans le cours, devant la réalité.

CHAPITRE IV

DU MODELÉ EN GÉNÉRAL ET DU LAVIS

SOMMAIRE. — Le modelé. — Ombres à 45°. — Ombre et lumière. — Valeurs. — Ombres portées, ombres propres, reflets. — Modelé des parties en lumière; des ombres. — Exemples. — Rendu des distances.

Le dessin n'est complet que si, à la mise en place, c'est-à-dire au trait, il superpose le modelé, c'est-à-dire l'expression de la forme. Toute manière de modeler est bonne, si le modelé est juste. Pour nous, toutefois, le lavis est le procédé le plus ordinaire pour modeler un dessin d'architecture; mais d'ailleurs les méthodes de modelé sont les mêmes, qu'il s'agisse de lavis ou de rendu à la plume, au crayon, ou par procédés mixtes.

On ne peut pas dire que le modelé ait des règles absolues, et tous les partis pris seront bons, si l'effet est rendu, si les reliefs et les formes sont représentés.

Il y a cependant des principes généraux qui peuvent et doivent guider dans le modelé d'un dessin.

Ombres à 45°. — C'est une habitude invariable de supposer les rayons lumineux suivant une direction dont les projections horizontale et verticale fassent un angle de 45° avec *la ligne de terre*. Le rayon lumineux ne fait donc pas, en réalité, un angle de 45° avec les plans de projection : sa direction est celle de la diagonale d'un cube dont les faces seraient respectivement parallèles et perpendiculaires aux deux plans de projection.

Ce tracé a deux avantages : l'épure est plus facile, ce qui est bien à considérer, car le tracé des ombres est souvent long et compliqué, et les largeurs d'ombres sont égales aux saillies ; par conséquent, la largeur de ces ombres permet de saisir sans autre dessin le relief d'un corps d'architecture par rapport à un autre.

Le tracé des ombres est souvent difficile ; je vous rappelle que c'est une des parties essentielles de la géométrie descriptive, que vous trouverez d'ailleurs dans des traités spéciaux (notamment : Pillet, *Tracé des ombres*). Quant aux indications qui échappent à l'épure, telles que les ombres de parties décoratives, c'est le sentiment des saillies qui vous permettra de leur donner une valeur juste traduite par une indication intelligente : c'est une question d'expérience acquise.

Valeurs. — Après avoir tracé vos ombres, vous passez partout la *teinte d'ombre*. Voilà votre lavis partagé en ombres et lumières.

Or, comme premier principe, il faut que cette distinction d'ombre et de lumière subsiste toujours : les ombres seront modelées, les lumières seront modelées ; mais on devra toujours voir ce qui est ombre, ce qui est lumière. Dans un même dessin — à moins de grandes interpositions d'espaces entre des plans différents — les parties les plus teintées des lumières doivent rester moins foncées que les parties les plus reflétées d'ombres.

D'autre part, le dessin géométral, ne disposant pas des illusions de la perspective pour rendre compte des distances et des saillies, est astreint à un modelé plus expressif, puisque ce sont *les valeurs* de teintes qui, seules, indiqueront ces distances.

Ainsi, pour faire venir en avant ou faire reculer un plan par rapport à un autre, la seule ressource sera de les teinter différemment. Observez ce qui se passe à cet égard dans la nature : tandis qu'un objet placé près de vos yeux se modèle vivement, un objet éloigné se modèle beaucoup moins, et, à la limite, à l'horizon, vous ne voyez plus qu'une masse sans détails, confondue dans un gris estompé. Ainsi, plus l'objet est près de vous, plus il se modèle, plus il y a de différences entre les ombres et la lumière; au contraire, plus il est éloigné, et plus lumières et ombres tendent à se confondre. Vous aurez donc, en principe, au premier plan, des ombres vigoureuses, des lumières éclatantes; au dernier plan, des ombres tranchant peu sur des lumières assombries; entre deux, des proportions intermédiaires d'ombres et de lumières. Et ces effets, très réels dans les grandes distances, nous devons les observer dès qu'il faut faire sentir plusieurs plans; dans quelle proportion? Là est la question de mesure et d'habileté.

Ainsi, je résumerai la règle des valeurs entre des plans différents — par exemple, lorsque, dans une façade, vous avez des avant-corps et des parties de fond — par ce principe : au fond, peu de modelé; à mesure que vous vous approchez du premier plan, modelé de plus en plus accentué.

Mais que sera ce modelé? Il sera double : modelé des ombres, modelé des lumières; et, ici, la convention tient une assez large place : j'essayerai pourtant de la rattacher le plus possible à la nature.

D'abord, regardez bien, et vous verrez qu'il n'y a pas, dans la nature, de *teintes plates*; toute lumière, toute ombre est modelée, c'est-à-dire dégradée, mais les ombres plus sensiblement que les lumières. Et quelle est la raison de ces dégradations d'ombres?

Les *reflets*, c'est-à-dire les éclairages indirects renvoyés sur l'objet ombré, par le voisinage d'autres objets éclairés.

Or, si vous supposez un corps cylindrique tel qu'un fût de colonne, vous pourrez avoir sur ce cylindre des ombres *portées* et des ombres *propres*. Les ombres portées sont celles qui résultent de l'interception, par un autre solide, de rayons lumineux, qui, sans cela, auraient éclairé le cylindre; les ombres propres sont celles qui résultent de l'absence de lumière sur la partie du cylindre qui, par position, ne peuvent recevoir les rayons lumineux.

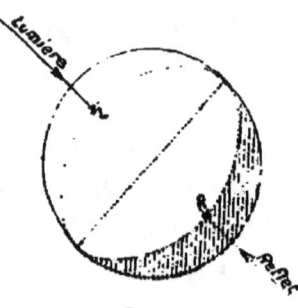

Fig. 17.

Naturellement, les ombres portées sont moins reflétées. En effet, le rejaillissement ou rebondissement de lumière qui crée les reflets provient de corps éclairés, très divers dans la nature, mais qui, en théorie, ne peuvent être considérés que comme des foyers secondaires de rayons lumineux dont *la résultante* sera une direction identique, mais inverse, à celle de la lumière. A certains égards, on peut dire que, entre les phénomènes de reflets et les phénomènes d'élasticité, il y a identité. Ainsi, tandis que votre éclairage se fera suivant une direction à 45° de haut en bas, et (conventionnellement) de gauche à droite, la direction des reflets sera à 45°, de bas en haut, et de droite à gauche.

Cette convention théorique, trop absolue, mais nécessaire, sera pour vous la règle du modelé. Commençons par les lumières, où les nuances sont plus faciles à comprendre :

Voici un solide en pierre blanche, par exemple une sphère (fig. 17). Il est facile de comprendre que l'éclairage le plus vif s'applique au point mathématique d'intersection de la surface avec le rayon lumineux dont le prolongement passerait par le centre; puis, autour de ce pôle de lumière, l'angle des rayons lumineux avec la surface diminue constamment, suivant des zones parallèles, ayant le point lumineux pour pôle, jusqu'à ce qu'ils deviennent tangents à la sphère suivant un grand cercle dont le point lumineux sera encore le pôle, et qui sera la ligne séparative d'ombre et de lumière. La lumière ira donc en s'atténuant de ce pôle à cet équateur.

Dans l'ombre, ce sera l'inverse; le reflet maximum sera à l'autre extrémité du diamètre passant par le point lumineux, et l'ombre ira en diminuant d'intensité, depuis le cercle séparateur d'ombre et de lumière jusqu'à ce pôle de reflet.

Mais si un corps quelconque projette une ombre portée sur la partie éclairée de la sphère, cette ombre portée sera forcément moins reflétée et, par conséquent, plus intense que l'ombre propre, et d'autant plus intense qu'elle frappera sur une partie plus éclairée de la sphère.

De là, deux règles de modelé : Il ne peut y avoir d'ombre portée sur un corps que là où, sans la présence d'un autre corps, on se trouverait *en lumière*; — l'intensité comme valeur, c'est-à-dire *comme noir*, de l'ombre portée est, pour chaque point, en raison directe de l'éclat qu'aurait la lumière en ce même point.

Telle est la théorie expliquée sur un corps géométrique très simple. Voyons-en l'application à un fragment d'architecture, par exemple un chapiteau de colonne dorique, et son architrave (fig. 18). Les ombres sont tracées, une première teinte d'ombre passée. Quelle sera l'ombre la plus intense? Évidemment, l'ombre portée A, déterminée par un rayon normal à la surface cylindrique de la colonne et les parties A′ A′ des ombres portées qui rencontrent la surface de révolution suivant son méridien de lumière. Quant aux reflets les plus clairs, ils ne sont pas vus dans le dessin, ils se trouvent en arrière de la projection sur le méridien opposé au point A. Mais, de ce qui est vu, les parties les plus reflétées seront les points B — B, doublement reflétés par leur position en plan et par la forme de la moulure. Entre ces extrêmes, les parties milieu C — C seront de valeurs intermédiaires, soit comme ombres propres, soit comme ombres portées, en observant que le contour C′ est, par rapport à la lumière, le symétrique des parties C — C. Il y aura donc symétrie de modelé par rapport à un axe d'éclairage des parties lumineuses, et d'intensité des ombres, qui sera le méridien A.

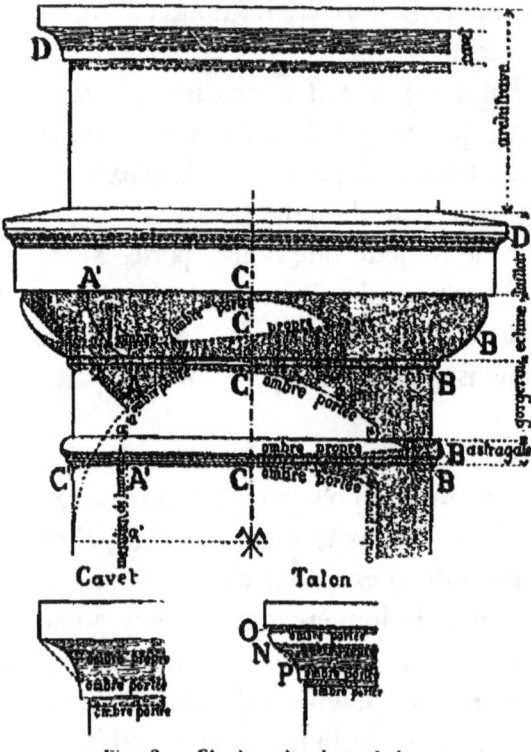

Fig. 18. Chapiteau de colonne Jorique.

Quant aux moulures rectilignes D — D, leur valeur générale sera analogue à celle des valeurs milieu C — C.

Passant aux lumières, nous voyons que le point le plus éclairé sera le point α, et ensuite la génératrice $\alpha'\alpha'$; et la lumière deviendra de plus en plus grise jusqu'à la tangente $\mu - \mu$. Mais le long de l'astragale, la lumière s'étendra, car elle frappe plus normalement que sur le cylindre.

Quant aux parties planes, tailloir, architrave, filets, elles recevront moins de lumière que le cylindre en $x'—x'$, et sensiblement comme en C—C, mais la pente sera plus éclairée. D'ailleurs, chacune de ces surfaces planes, ombre ou lumière, sera dégradée de haut en bas, à cause du reflet dû au sol, et les distances seront indiquées comme je l'ai dit plus haut.

Pour le détail de chaque partie, il y aura à raisonner de même. Ainsi, pour le *cavet*, il y a ombre portée en bas, mais, en même temps, ombre propre au-dessus de la tangente T. L'ombre se modèlera par une dégradation continue de bas en haut. Pour le *talon*, il y aura ombres portées O et P, ombre propre reflétée en N.

Fig. 19. — Chapiteau de colonne dorique.

D'après tout ce qui précède, on aura enfin un modelé général comme dans l'exemple ci-contre (fig. 19).

Mais un autre élément intervient souvent dans le modelé ; ce sont les trous ou renfoncements. Un trou est toujours plus noir que les ombres simples, car presque aucun reflet ne vient y atténuer l'ombre. Telles sont les baies dans une façade, comme dans l'exemple tiré des *Procuraties* de Venise (fig. 20). De même, les renfoncements moins accessibles aux reflets seront plus noirs que les ombres voisines. Ainsi des fentes entre des denticules, des fonds entre des consoles ou des modillons, etc., devront faire trou sur l'ombre générale.

Fig. 20. — Arcade du rez-de-chaussée des nouvelles *Procuraties* de Venise.

Cependant, le modelé devra être tel que les parties qui *se tiennent* en réalité *se tiennent* en dessin ; il ne faut pas d'exagérations, et le modelé doit rester simple. Il faut, pour cela, de l'habitude, un goût formé, et, au début, de bons modèles.

A défaut de modèles directs, il est toujours facile de se procurer des photographies d'après de bons lavis ; ainsi, un grand nombre d'envois de Rome ont été photographiés ou publiés : ce sont des modèles qui ne peuvent égarer.

Je dois d'ailleurs dire nettement que je n'ai pas la prétention de former des dessinateurs avec ces quelques préceptes. Mais il est excellent, au début surtout, d'être guidé par une méthode. Que si, par hasard, elle vous paraît un peu ardue et complexe, vous en concluerez que le dessin d'architecture n'est pas chose si élémentaire que d'aucuns le supposent, et qu'il demande, au contraire, beaucoup de réflexion et d'étude, sans même parler des qualités artistiques et personnelles que vous y apporterez, chacun avec votre nature et vos impressions, mais seulement après de nombreux efforts. Rappelez-vous du moins toujours que le dessin est fait de précision et d'exactitude, et que le rendu est fait de modelé.

CHAPITRE V

DU DESSIN D'IMITATION

SOMMAIRE. — Le dessin en général. — Forme et proportions. — Mise en place. — Choix des modèles. — Conclusion de tout ce qui précède.

J'emploie ce terme : *dessin d'imitation*, parce qu'il est consacré et compris ; mais ce n'est pas qu'il me plaise : il rabaisse le dessin à je ne sais quelle fonction mécanique dont l'idéal serait ou la photographie ou le trompe-l'œil. Or, il faut tout d'abord que l'aspirant dessinateur se fasse une plus haute idée du dessin.

Le dessin, c'est, avant tout, la pénétration profonde et intime de toute l'essence du modèle par l'intelligence du dessinateur. C'est l'art difficile de voir. Tout dessin est une conquête et une prise de possession.

Aussi le dessin est, Dieu merci, œuvre d'intelligence au premier chef. Jamais un inintelligent ne sera un dessinateur. Jamais non plus un esprit léger et superficiel ; l'étude du dessin est noble et sévère, et tout d'abord il faut, je le répète, que vous en soyez convaincus.

Voyez au Louvre, entre autres chefs-d'œuvre de dessin, la Gioconde, de Léonard de Vinci. Comment ce grand artiste, ce grand homme, a-t-il pu faire ce portrait qui, depuis quatre siècles, s'impose à l'admiration comme le type absolu du dessin au plus noble sens du mot? Est-ce une improvisation heureuse, une réussite, de l'habileté, de la facture, quelqu'une enfin de ces qualités ou de ces bonnes fortunes, toujours secondaires, qui peuvent parfois échoir à l'artisan de dessin, au manœuvre de peinture? Nullement, et ces habiletés de petite ambition, Léonard les méprisait trop pour les posséder. Mais ne voyez-vous pas, au contraire, l'âme entière du grand artiste mise dans son œuvre, toute son intelligence en éveil pour arriver à connaître à fond ce modèle si complexe, et enfin la possession plénière de ce modèle, dont le *moi* tout entier, sans aucun secret ni réticence, devient le trésor artistique du peintre, du peintre dont l'œuvre est vraiment une création, car ce que vous voyez, ce n'est pas seulement la Gioconde, c'est la Gioconde telle que l'a vue, telle que l'a exprimée l'étude profonde et le génie souverain de Léonard de Vinci.

Si je vous montre ces sommets, ce n'est pas pour vous les proposer comme but, vous l'avez bien compris; mais c'est pour vous indiquer tout au moins comme un idéal ce que doit être le dessin. Et tout d'abord, j'ai donc voulu bien mettre en évidence pour vous cette vérité souvent méconnue, que l'étude du dessin est œuvre d'intelligence avant tout. Mais il y faut aussi beaucoup de pratique et d'exercice, la méthode et l'enseignement. Vous n'apprendrez vraiment à dessiner que dans des cours de dessin; et si tous les cours de dessin étaient bons, je bornerais là mes conseils.

Malheureusement, les efforts très louables qu'on a faits depuis vingt et quelques années pour créer un enseignement méthodique et rationnel de dessin n'ont pas encore eu partout raison d'anciens errements, d'idées fausses, ou plutôt de l'absence d'idées et de méthodes. Sous ce rapport, vous serez plus ou moins favorisés : en tous cas, il est bon que vous ayez présentes à l'esprit quelques règles qui vous guideront dans ces études.

Le dessin est avant tout l'expression de la forme et de la proportion. Ne vous hâtez pas de chercher l'effet, de vous précipiter dans le modelé, avant d'être certains de votre mise en place qui est la chose capitale.

Pour cette mise en place, les notions premières de la perspective sont indispensables. Certes, si votre œil, par un don physique bien rare, est juste comme un instrument de précision, les fautes vous seront épargnées ; mais, même dans cette hypothèse si favorable, deux sûretés valent mieux qu'une, et la perspective vous permettra de contrôler ce que vous voyez, c'est-à-dire ce que vous croyez voir.

Car, ne l'oubliez jamais, apprendre à dessiner, c'est apprendre à voir. Rien n'étonne un profane comme lorsqu'on lui dit qu'il ne sait pas voir ; et, cependant, rien n'est plus vrai : nous ne savons pas voir, et ce n'est que par une longue éducation de l'esprit et de l'œil que nous l'apprenons. Je n'en veux qu'une preuve : vous voyez à votre droite et à votre gauche deux objets distants l'un de l'autre, par exemple ici un homme, là une maison : subitement, du premier coup d'œil, demandez-vous lequel vous voyez plus grand que l'autre : il sera bien rare que vous ne vous trompiez pas. Faites-en l'expérience.

Apprenez donc à voir, c'est le dessin. Quand l'œil voit, le travail de la main n'est rien. Mettez quelques jours d'apprentissage pour acquérir cette dextérité de la main, alors que des années ne vous suffiront pas pour apprendre à voir.

Ne vous attardez pas dans la routine qui fait passer de longs mois à copier des estampes. Cela n'apprend rien. Et du moins si vous en copiez, que ce soient des photographies de dessins des maîtres, et non l'odieux *modèle de dessin*, qui a fait tant de victimes. Mais dessinez d'après le plâtre bien éclairé, et, s'il se peut, pour commencer, dessinez le soir, à la lampe. Vous prendrez d'abord des modèles faciles, bien entendu, mais enfin des modèles qui auront eux-mêmes leur forme, leur saillie. Dessiner, c'est traduire : ne traduisez pas des traductions.

Le choix des modèles a une grande importance. Trop souvent, on fait dessiner à l'élève n'importe quoi, sous prétexte que c'est toujours un exercice. Sans doute, il peut être aussi difficile de dessiner avec exactitude et précision quelque affreux buste échappé de la cible d'un tir que ces admirables bustes antiques, l'Homère, le Démosthène, le Caton. Mais l'éducation du goût, que devient-elle, si l'élève est mis journellement en contact avec ce qui ne peut que le dépraver? Il faut que vos modèles soient beaux, et, croyez-en l'expérience des vétérans de l'enseignement, c'est dans l'antique que vous devrez les trouver.

Choisissez de préférence — si vous pouvez choisir — des modèles bien nets, où les formes soient écrites et voulues, et non des modèles effacés ou arrondis, soit par le temps, soit par la volonté de l'auteur. Il importe aussi que vos plâtres soient propres. S'il en est autrement, vous confondrez des dépôts de poussière avec du modelé, et vous serez souvent en contradiction avec la forme que vous voulez rendre; et la poussière s'amasse précisément sur les parties du modèle qui doivent être le plus en lumière avec l'éclairage ordinaire, par exemple sur le dessus de la tête.

Mais je vous parle ici de buste, c'est-à-dire du dessin de la tête, et cela peut vous surprendre, car vous aurez, dans votre carrière, à dessiner bien plutôt l'ornement que la tête. Oui, mais ce n'est qu'en dessinant la tête, ou le corps humain, qu'on apprend à dessiner. N'ayez crainte : si vous arrivez à bien dessiner le buste d'Homère, ce sera pour vous un jeu de dessiner un rinceau ou une console; et cela, toujours parce que, apprendre à dessiner, c'est apprendre à voir; et rien n'enseigne mieux à voir que le dessin de la tête, avec ses variétés infinies, ses nuances si délicates. Dans ce dessin, tout est justesse, proportion, observation; c'est le dessin par excellence. Et, je vous l'ai déjà dit, vous ne serez jamais trop dessinateurs.

Ai-je besoin d'ajouter que votre dessin doit toujours être sérieux? Laissez dire les donneurs de recettes, les professeurs de hachures ou de tortillon. Le procédé n'est rien; l'identité du dessin avec le modèle est tout. Commencez donc par bien connaître votre modèle; ne vous hâtez pas de saisir le crayon : voyez d'abord, attentivement, ce qui fait la particularité de votre modèle, ou, comme on dit, son caractère. Comprenez-le : et si, par hasard, vous ne comprenez pas encore qu'il y ait quelque chose à comprendre en présence du modèle, c'est que vous n'êtes pas encore apte à le dessiner. Votre dessin une fois commencé, vous ne changerez plus de place ni de direction visuelle, et pas un coup de crayon ne devra être donné qui ne soit précédé d'un coup d'œil au modèle; mais, auparavant, étudiez-le dans son ensemble : vous ne dessinerez bien une tête que vous voyez de face que si vous en avez bien vu et compris le profil.

Et maintenant, reprenez ces quelques conseils, et changez le mot *dessin* pour le mot *modelage*; ce sera identique. Le modelage est du dessin qui s'exprime avec de la terre glaise au lieu de fusain ou de crayon; et de même, la seule difficulté est d'apprendre à voir. Un peu d'exercice vous suffira, et très vite, pour acquérir l'adresse de la main. Mais ici encore, comme pour le dessin, l'enseignement est nécessaire. Je ne puis que vous donner des conseils d'ordre général, et vous souhaiter un professeur sérieux, qui vous dirige lentement et sûrement dans la voie du vrai dessin, du vrai modelage, devant des modèles choisis pour vous former le goût.

CONCLUSION

Ainsi, voilà le programme des études préparatoires, de celles qui peuvent se faire partout, sans qu'il soit besoin pour cela d'une école des Beaux-Arts ou d'une école d'architecture. Leur rôle viendra plus tard. Partout, en effet, on peut acquérir cette instruction générale nécessaire à toutes les carrières libérales ; cette instruction scientifique modeste dont j'ai indiqué le programme. Partout même on peut aujourd'hui trouver l'enseignement du dessin, et, s'il est vrai que cet enseignement n'est pas toujours ce qu'il devrait être, il semble néanmoins que le choix soit toujours possible, que le jeune homme doive pouvoir toujours trouver le maître utile et sérieux.

Mais après vous avoir dit ce qu'il faut étudier, je tiens à vous dire aussi ce qu'il ne faut pas faire. Ce qu'il ne faut pas faire, quant à présent, c'est de l'architecture !

Nous considérons ici les études préparatoires : leur importance est extrême : lorsqu'elles font défaut, cette lacune pèse sur toute la vie. Faites-les donc complètes.

Mais pas d'impatiences, et pas de présomptions. Pour avoir de bons officiers, on demande aux candidats de sérieuses préparations en lettres, en histoire, en science ; on ne leur demande pas la preuve qu'ils aient joué au soldat dans des bataillons scolaires, au contraire. De même pour vous : l'architecture viendra plus tard, lorsque vous serez préparés, et après la préparation à l'architecture, vous aurez encore la préparation dans l'architecture avant d'arriver à la composition. L'ordre et la méthode sont toute l'économie des études.

Seulement, arrivé à cette étape, faites votre examen de conscience. Le moment est venu : si cet enseignement préparatoire, dans tous ses éléments, vous a bien pénétré, si vous y avez eu goût, si vous sentez, en un mot, que vous êtes bien l'homme de ces études, marchez. Sinon, déblayez.

Ces conseils sont loin d'être complets; il y aurait encore bien à dire en attendant ce conseil final qui couronnera vos études : Les écoles n'enseignent que ce qui peut s'enseigner — bien peu de chose en comparaison de ce que vous devrez à vous-mêmes par la méditation, par l'effort viril et continu, par la fierté de vos exigences envers vous-mêmes, par le respect de votre art et de votre conscience propre. Si l'enseignement donnait tout le savoir et tout le talent, tous les élèves laborieux seraient égaux. Loin de là : mais, sachez-le bien, s'il y a réellement des dons naturels qui sont un bonheur, il y a aussi, il y a surtout, des dons acquis, qui sont une récompense, et chacun de vous, comme artiste, sera ce qu'il aura mérité d'être. Ne l'oubliez jamais.

J'ai pensé qu'on ne peut aborder utilement des études qui seront longues et toujours élevées sans une certaine initiation aux labeurs et aux jouissances que ces études réservent toujours grandissants; j'ai voulu vous entr'ouvrir un jour sur une terre promise qu'il faut mériter. Nous allons maintenant commencer les études d'architecture. En avant!

LIVRE II

PRINCIPES GÉNÉRAUX

Exposé général. — Leçon d'ouverture du cours de Théorie de l'Architecture. — Principes permanents. — Les grandes règles de la composition. — Les proportions générales. — Les proportions spécifiques. — Proportions dans les salles. — Corollaires de l'étude des proportions. — L'art et la science de la construction.

CHAPITRE Ier

SOMMAIRE. — Exposé général. — Leçon d'ouverture du cours de Théorie de l'Architecture à l'École des Beaux-Arts. — Programme général.

Je commence ici la rédaction du cours de Théorie de l'Architecture, que je professe depuis 1894 à l'École des Beaux-Arts.

J'y ajouterai toutefois, lorsque ce sera nécessaire, des indications plus élémentaires à l'usage des commençants. Je suivrai donc l'ordre des matières du cours, en reproduisant tout d'abord, telle qu'elle a été recueillie par la sténographie, la leçon d'ouverture.

Cette leçon n'est autre chose que le programme des études de l'architecte; les principes que j'y affirmais ont été ratifiés par l'approbation de tous les maîtres de l'enseignement présents à cette séance; je puis donc dire que ces conseils vous sont donnés par tous ceux qui ont l'expérience de nos études; et quoiqu'elle contienne certaines explications qui sont spéciales à l'École des Beaux-Arts, je crois cependant devoir la transcrire tout entière.

LEÇON D'OUVERTURE

DU COURS DE THÉORIE DE L'ARCHITECTURE
A L'ÉCOLE DES BEAUX-ARTS

(28 novembre 1894.)

Messieurs,

En prenant possession de cette chaire de Théorie de l'Architecture, mon premier devoir est d'adresser, au nom de tous mes collègues, au vôtre et au mien, un adieu ému et un souvenir de cordiale sympathie à mon prédécesseur et ami Edmond Guillaume.

Vous avez étudié sous sa direction, vous avez pu apprécier en lui l'artiste convaincu, l'homme de devoir, l'homme de haute intelligence et de haute expérience. De toutes les qualités nécessaires à l'architecte, Guillaume avait par-dessus toutes cette qualité partout précieuse, et précieuse surtout dans l'enseignement, la sagesse. C'était un homme nourri de saines traditions, ayant la passion des études, l'amour du devoir, et c'est ainsi qu'il a apporté dans ses fonctions de professeur un dévouement absolu; mais ce dévouement lui était facile parce qu'il aimait les études, parce qu'il aimait les élèves, parce qu'il aimait son art.

Je crois, Messieurs, je suis même certain que vous conserverez de lui un souvenir fidèle, un souvenir comme il doit toujours s'en attacher dans le cœur des artistes aux hommes qui vous ont initiés vous-mêmes aux jouissances artistiques, qui ont contribué à votre instruction, qui se sont efforcés de faire de vous les artistes de l'avenir.

Ces regrets, Messieurs, que j'exprime de la disparition prématurée de M. Guillaume, je dois les accompagner d'un regret personnel pour moi : c'est celui de lui succéder.

J'ai l'habitude de dire très nettement tout ce que je pense, et je dois vous dire très simplement pourquoi et comment je suis ici.

Depuis la mort de M. Guillaume, des instances pressantes, amicales, très honorables, ont été faites auprès de moi; des amis, des collègues ont bien voulu insister pour que je demandasse sa succession. Mais j'avais un autre enseignement, j'avais des élèves, j'avais un atelier, et je me suis dès le début et jusqu'au bout refusé à faire cette demande. J'ai dit : « Je ne me présenterai pas, » et, en effet, Messieurs, je ne me suis pas présenté pour cette place; mais le Conseil supérieur de l'École a le droit de présenter d'office un candidat, je ne dirai pas absolument sans l'avoir consulté, mais presque en lui faisant au besoin violence. Interrogé avec insistance sur cette hypothèse, j'ai finalement dû répondre que si, par une manifestation non équivoque, le Conseil supérieur me signifiait qu'il y avait dans l'intérêt de notre École un devoir à remplir, un dévouement à apporter et un sacrifice à accepter, je ne me déroberais ni à ce devoir ni à cette responsabilité. C'est ce qui est arrivé, Messieurs. Le Conseil supérieur a été unanime, et j'en suis très honoré et très touché à coup sûr, à me désigner pour ce poste en tout cas plus périlleux que celui que j'occupais. Je me suis incliné; voilà comment je suis devant vous.

Mais à vous, mes jeunes auditeurs, je n'ai certes pas besoin de dire que ce n'est pas sans un profond regret que je quitte cet enseignement d'atelier dans lequel j'ai vécu près de vingt-cinq ans. Vous savez mieux que personne ce qu'est cet enseignement.

L'enseignement d'atelier, c'est l'enseignement artistique nécessaire : tous les cours pourraient disparaître, et l'École des Beaux-Arts serait encore l'École des Beaux-Arts; tandis que sans les ateliers on ne saurait concevoir cette École. L'enseignement d'atelier, c'est l'enseignement artistique séculaire, et vous en avez sur cette muraille[1] les ancêtres et les répondants. Dans l'atelier le professeur est maître absolu de sa doctrine, maître de son esthétique, maître des leçons qu'il donnera, maître de ses audaces et de ses utopies même, car il y a, en cas d'erreur de sa part, ou simplement en cas d'incompatibilité, un correctif nécessaire : si son enseignement ne plaît pas, s'il ne convient pas à la nature de tel ou tel de ses élèves, l'atelier d'à côté est ouvert et vous avez le choix entre les professeurs. Le professeur d'atelier, ce mot de professeur ne le désigne pas bien. Notre École a une physionomie et une originalité toutes particulières. Tandis que d'autres écoles et non des moindres, les plus grandes écoles, si vous voulez, de France, peuvent revendiquer à leur profit l'enseignement supérieur, l'enseignement transcendant, cherchez les épithètes que vous pourrez accoler à cet enseignement dont vous avez certes une très haute idée, j'y souscris; notre École à nous, notre École des Beaux-Arts, a un enseignement bien à elle, l'*enseignement amical*. Chez nous le maître est un ami, un ami plus expérimenté qui guide ses jeunes amis, qui les conseille, qui étudie avec eux, tâtonne avec eux, hésite avec eux, qui n'a pas de fausse pudeur, qui montre comment on cherche, comment on trouve et même comment on ne trouve pas. Il est pour ses élèves, je le répète, un ami plus âgé; il connaît, il doit connaître leur tempérament, leur nature, leur tournure d'esprit; il sait que l'un a besoin d'encouragements, que l'autre

---

1. Cette leçon avait lieu dans l'hémicycle de l'École des Beaux-Arts.

a besoin de sévérité; il sait qui doit être poussé, qui doit être retenu; il dira « C'est très bien » devant une étude intrinsèquement médiocre, mais où il voit un progrès; il dira ensuite « C'est très mal » devant une étude bien supérieure à la précédente, mais qui, étant donnée la personnalité de son auteur, montre un recul momentané. Avant tout, il règle ses conseils sur la nature de l'élève, il ne déforme pas, il ne substitue pas, il met en valeur les dons naturels et les ressources offertes par chaque personnalité, heureux s'il a formé des élèves très variés qui ne seront les copistes ni de leurs camarades, ni de leur maître lui-même.

Pour cet enseignement, une qualité surtout, un tempérament, une vertu est nécessaire : le maître, dans son atelier, est et doit être un homme de cœur. Sans le cœur il n'y a pas d'enseignement artistique. Le talent ne suffit pas, il faut encore la passion de se prodiguer soi-même, l'expansion ardente et chaleureuse; il faut cette amitié dont je vous parlais, cette amitié qui fait que l'élève a toute confiance en son maître, que le maître à son tour sait qu'il peut compter sur ses élèves, qu'il sera récompensé de ses efforts par ceux qu'il verra faire autour et à côté de lui.

Ah! je sais bien quel est le revers de la médaille; je sais les faillites, les déceptions douloureuses, les recommencements continuels; je sais que cette haute mission est souvent aussi un labeur de Sisyphe; mais qu'importe? Sisyphe est soutenu ici par la foi, la foi qui, dit-on, transporte les montagnes, et qui en tout cas permet seule l'ascension des sommets les plus ardus.

Et dites, Messieurs, n'est-il pas fidèle, ce portrait où certainement, dès le début de cette digression, vous avez reconnu les maîtres dont vous suivez et dont vous aimez les leçons?

Eh bien, voilà l'enseignement que j'ai dû quitter avec regret, avec un regret profond, vous le croyez, et j'en suis bien convaincu, vous êtes certains que ce n'est pas là une vaine rhétorique.

En tout cas, au moment où je le quitte, j'en emporterai un souvenir précieux pour toute ma vie, un souvenir comme on est heureux d'en léguer aux siens, car j'ai la conscience, dans ce quart de siècle, d'avoir rempli ma tâche avec loyauté et avec dévouement.

Messieurs, me voilà donc en présence du cours de Théorie de l'Architecture et obligé de me demander tout d'abord : Que doit être ce cours? La question peut paraître singulière, car ce cours existe depuis de longues années et a été professé ici par des hommes de grande valeur. Il semble donc que la tradition en devrait être établie, et cependant — je disais tout à l'heure que j'ai l'habitude de tout dire nettement — je ne vous cacherai pas que je sens autour de moi comme une impression que ce cours est à créer.

Sa difficulté, je vais vous la dire : il ne faut pas que ce cours de Théorie de l'Architecture risque d'être une entrave, d'être une contradiction avec l'enseignement que vos maîtres ont le droit de vous donner.

L'originalité de notre École peut se définir d'un mot : elle est la plus libérale qu'il y ait au monde. Cette qualité, quelques Français la lui dénient, faute sans doute d'avoir usé eux-mêmes de leur droit à l'enseignement; les étrangers qui viennent la fréquenter ou se souviennent d'avoir été assis sur ses bancs la lui proclament, et dernièrement j'entendais un Américain, bon juge en matière de libertés, venu en Europe exprès pour étudier les écoles d'art, afin d'en créer dans son pays, en choisissant parmi tout ce qu'il aura vu dans toute l'Europe de plus appropriable et de plus désirable pour sa patrie; eh bien, cet Américain me disait : « Ce qui distingue votre École de celles que j'ai vues en Italie, en Allemagne, en Angleterre, en Autriche, — il venait de parcourir l'Europe, — est son libéralisme absolu, c'est la façon dont chez vous l'élève est traité en homme, en homme qui a le droit de choisir son maître, de choisir sa voie artistique! »

Mais, Messieurs, voulez-vous me permettre à ce sujet un souvenir qui ne m'est pas personnel, qui est commun à quelques camarades et à moi? A une époque où notre École traversait une aventure qui aurait pu n'être que comique si elle n'avait pas été périlleuse, on avait créé un cours d'esthétique. A cela je n'ai trop rien à dire; mais on voulait créer des examens obligatoires d'esthétique. Ceci nous émut, et quelques camarades et moi nous obtînmes, un peu par surprise, je crois, une audience du ministre des Beaux-Arts. Le ministre des Beaux-Arts était un vieux militaire très ferré sur l'obéissance et très étonné qu'on pût discuter ses volontés, si tant est que ses volontés fussent les siennes et ne fussent pas celles de quelques autres qui les lui suggéraient. Un maréchal de France, car tel était son grade, m'intimidait beaucoup moins que ne l'aurait fait un artiste de valeur, et dans cette audience je me permis de lui dire : « L'esthétique, c'est la religion de l'artiste. Instituer chez nous une doctrine d'État, une esthétique d'État, une esthétique obligatoire, ce sera nous ramener au temps que nous jeunes gens n'avons pas connu, mais que nos aînés peuvent se rappeler, au temps où pour obtenir une fonction — ou un grade — il fallait commencer par montrer un billet de confession. »

Je dois vous dire que cette observation fut aussi mal reçue que possible; mais, enfin, les examens d'esthétique n'eurent pas lieu. Je ne veux pas du tout m'en donner le mérite; mais, si je raconte cette anecdote, c'est pour bien vous montrer que déjà, lorsque j'étais élève ici, j'avais le sentiment de la liberté de l'enseignement, j'avais la crainte de la religion ou de la doctrine d'État ; et, si j'avais cette crainte lorsque j'étais élève, ce n'est pas pour venir vous imposer aujourd'hui, comme professeur, une doctrine, une religion d'État, ce n'est pas pour attenter à votre liberté, et c'est encore moins, car ce serait encore plus étrange, pour entreprendre sur la liberté de vos maîtres.

Voilà bien l'écueil du cours de théorie ; entre les mains d'un artiste trop convaincu de la supériorité, de l'excellence d'une doctrine, convaincu du service qu'il rend en enseignant *ex cathedra* ce qui lui apparaît comme la seule vérité, il pourrait facilement devenir un cours trop doctrinaire, trop personnel. Eh bien, non, dans notre École absolument libérale, je vous l'ai dit, s'il faut que je vous parle de *la* théorie de l'architecture, il ne faut pas que je fasse *ma* théorie de l'architecture ; la différence est sensible, et je tâcherai de ne pas l'oublier.

Quel sera donc mon domaine ?

Ce sera ce qui est incontesté ; tout ce qui est contesté, tout ce qui est contestable, c'est le domaine de mes collègues ; ce qui est incontesté, et surtout le pourquoi, le comment, voilà, je crois, sur quoi je puis m'exercer, voilà de quoi je puis vous parler, et le sujet est encore très vaste.

En matière d'enseignement, d'ailleurs, ma profession de foi est bien nette.

Je suis fermement convaincu que, en toutes choses, et spécialement en architecture, les études premières doivent être essentiellement classiques. Être classique, ce n'est pas s'inféoder à un parti, ce n'est pas être exclusif ni proscripteur, ce n'est ni fermer les yeux, ni se restreindre de parti pris ; mais c'est placer à la base des études les éléments consacrés par la raison, par la tradition logique, par le ferme respect des principes supérieurs. Le classique, c'est l'équilibre stable.

Certes, la fantaisie, le caprice, sont choses parfois charmantes lorsque le talent les justifie — choses insupportables, d'ailleurs, quand elles ne dénoncent qu'une prétention sans talent. En tout cas, ce sont choses trop personnelles pour ne pas échapper à l'enseignement, et dans la fantaisie même il faut un fonds de logique qui ne s'acquiert que par les études classiques. Il y a certes des licences heureuses, mais encore faut-il que la licence soit consciente, et, pour s'affranchir momentanément d'un principe, il faut le connaître.

Mais ce beau titre de classique qui, en art, est la canonisation définitive, n'est pas affaire d'origines ou de dates, de siècles ou de latitudes. Est classique tout ce qui mérite de le devenir, sans acception de temps, de pays, d'école. Le classique ne se décrète pas, il s'impose; on ne peut que le constater et l'enregistrer. Le classique, c'est tout ce qui est resté victorieux dans les éternelles luttes des arts, tout ce qui est resté en possession de l'admiration universellement proclamée. Et tout son patrimoine affirme, à travers l'infinie variété des combinaisons ou des formes, le même principe invariable, la raison, la logique, la méthode.

Le classique, vous le voyez, n'est le privilège d'aucun temps, d'aucun pays, d'aucune école. Le classique, c'est aussi bien Dante que Virgile, Shakespeare que Sophocle; c'est l'*Expiation*, c'est le *Soir* ou le *Vallon*, *Rolla* ou la *Nuit d'octobre* aussi bien que le *Cid*, *Polyeucte* ou *Athalie*, et, pour nous, c'est le *Parthénon*, les *Thermes* ou les *Amphithéâtres*, *Sainte-Sophie* ou *Notre-Dame*, *Saint-Ouen* ou *Saint-Pierre*, le *palais Farnèse* ou le *Louvre*. Et telle a bien été toujours la conception large et philosophique de notre École, puisque dans cette peinture, qui est le Panthéon de l'art, on a groupé, pour présider à vos études, les maîtres incontestés des écoles les plus variées, tous ces grands classiques des siècles inspirés !

On ne peut cependant décrire l'architecture sans exposer ses évolutions historiques ; j'aurai à le faire à l'occasion, mais avec cette réserve capitale : l'histoire est une explication, mais malheur à qui, professeur ou élève, enfermerait l'étude de l'architecture dans les lisières d'une étude historique! D'abord, pour étudier utilement cette histoire, il faut au préalable connaître les matériaux, les éléments de l'architecture. L'histoire vient alors confirmer les saines études, montrer les apogées concordant avec la discipline acceptée des principes, les décadences expiant fatalement leur oubli, les renaissances s'éclairant de leur réveil. Mais, pour qui n'a pas cette préparation nécessaire, l'histoire d'un art ne serait plus que de l'archéologie. Et, ainsi isolée, l'archéologie, qui devrait et voudrait être l'auxiliaire des arts, peut en être le plus redoutable ennemi. La question est grave et mérite bien un cri d'alarme, car c'est pour les arts une question de vie ou de mort. Je m'explique :

Depuis un siècle, et dans le monde entier, les arts et l'architecture surtout sont anémiés par leur subordination à l'archéologie. Eussions-nous un Raphaël ou un Paul Véronèse, il ne leur serait permis de faire ni l'*École d'Athènes* ni les *Noces de Cana*, car à ces admirables chefs-d'œuvre l'archéologie opposerait qu'ils sont inexacts! L'architecture, à qui l'on ose demander de se faire contemporaine aujourd'hui de saint Louis, demain de Louis XV, l'architecture n'est plus presque partout à l'étranger qu'une expression archéologique, une adaptation servile d'anachronismes illogiques, quelle que soit l'époque qui fournit le modèle au pastiche. A Munich, on imagine des Parthénons utilitaires; à Londres, pour répondre aux besoins tout modernes du *club*, vous rencontrez de vieilles connaissances, le palais Farnèse, les Procuraties, la colonnade de la place de la Concorde, tout cela copié jusqu'au surmoulage, pour plus de servilité. L'art italien ne sait plus que se répéter; et partout ainsi, jusqu'en Amérique, pays jeune, mais aussi vieux en art que la vieille Europe.

Seule, la France s'est enfin défendue, et ainsi il y a encore une école française! Nous aussi, nous avons failli nous endormir sous la machine pneumatique. Au commencement du siècle, la seule esthétique était de concevoir *a priori* un édifice romain — tout au moins d'intention; puis ce lit de Procuste torturait des existences et des exigences modernes. Un peu plus tard, une réaction violente substituait au romain *a priori* le moyen âge *a priori*, architecture d'une civilisation encore plus différente de la nôtre. Entre ces deux camps, purement archéologiques, ce fut une guerre acharnée : Étéocle et Polynice ne voyaient pas qu'ils étaient frères par la même passion de la servitude, la même religion de l'anachronisme.

Heureusement, de fiers artistes — nos maîtres — ont vu et ont fait voir que l'indépendance ne consiste pas à changer de livrée, et notre art s'est affranchi peu à peu de cette paléontologie. Tout n'a pas été également heureux, mais tous les efforts vers ce but ont été féconds, et aujourd'hui nous savons et nous proclamons que l'art a droit à la liberté, que seule la liberté peut lui assurer la vie et la fécondité, disons mieux, le salut!

Si j'insiste sur ces considérations, ce n'est certes pas pour faire table rase de tout ce qui nous a précédés; au contraire, notre art, comme notre langue, comme toute notre civilisation, est et doit être un héritier, riche du patrimoine accumulé pendant des siècles. Mais je hais les proscriptions artistiques comme toutes les proscriptions, l'exclusivisme artistique comme tous les exclusivismes, et je cherche à faire comprendre dans quel sens, large et sévère à la fois, j'entends ce mot de *classique* que je réclame au frontispice de nos études.

Une restriction seulement, une restriction de convenance :
Parmi les œuvres de vos maîtres, il en est, heureusement pour notre époque, qui seront non seulement classiques dans l'avenir, mais qui le sont déjà aujourd'hui. Vous devez comprendre que l'enseignement ne peut pas, ne doit pas prendre ses exemples parmi les œuvres des artistes vivants, parce que le professeur ne veut pas être accusé de manier l'encensoir. Je m'arrêterai donc dans mes exemples, quelque privation qu'il puisse en résulter pour mes théories et pour votre instruction, à cette limite trop naturelle ; je ne les chercherai que parmi les œuvres de ceux dont la mort a déjà fait pour nous des ancêtres, sauf toutefois pour certains sujets dont les solutions sont essentiellement contemporaines, comme l'École, l'Hôpital, etc. Là, il faudra bien que je fasse des emprunts aux vivants.

Voilà, Messieurs, l'esprit, suivant moi, du cours de Théorie.
Maintenant, quelles en seront les divisions ?
Ces divisions me paraissent indiquées par la nature des choses. Il y a, à l'École des Beaux-Arts, des élèves à tous les degrés de l'instruction, les commençants qui viennent d'être admis hier, l'âge intermédiaire, les vétérans qui sortiront demain de l'École. Il y a donc tous les degrés d'avancement dans les études, et il faut que ce cours s'adresse à tout le monde, que rien ne soit trop ardu pour les commençants ; quant aux vétérans, ils pourront tout entendre avec fruit, ce qui s'adressera plus particulièrement à eux, aussi bien que les

premiers principes, qu'ils auront toujours intérêt à se rappeler. En art, il n'y a pas de sujets à dédaigner, si élémentaires soient-ils; ce qui fait les sujets élevés, c'est la façon élevée dont on les envisage : l'élévation du sujet est dans la hauteur d'intelligence de l'artiste.

Eh bien, je crois que la division doit être celle-ci : Après avoir établi, sous une forme aussi concise que possible, les principes généraux et invariables de l'art, — principes qui sont les mêmes à toutes les grandes époques artistiques, malgré les plus profondes différences dans les formes extérieures, — il faut d'abord que l'architecte connaisse les éléments dont il disposera, l'arsenal de l'architecture. On compose avec des murs, des portes, des fenêtres, des piliers, des colonnes, des voûtes, des plafonds, des escaliers; tout cela ce sont des éléments, ce que j'appelle *les éléments de l'architecture*. Voilà, ce me semble, la première partie, logiquement, d'un cours, et croyez bien que sur ces matières, dont la modestie n'est qu'apparente, il y a à vous dire des choses intéressantes; je ne dis pas que je les dirai, mais il y aurait à en dire. La matière est très élevée, je le répète en insistant; il n'y a rien dans l'art qui ne soit du haut et du grand enseignement; il n'y a rien dans l'étude qui ne soit une haute étude. Et lorsque les plus habiles d'entre vous obtiennent le grand prix, lorsqu'ils vont passer quatre années en Italie et en Grèce, que font-ils tout d'abord, de par les règlements mêmes de l'Académie, règlements sages et médités par des hommes qui avaient une profonde connaissance des besoins de l'instruction artistique? Ils commencent par étudier des éléments, par étudier plus profondément et plus intimement, d'une façon plus pénétrante, ces éléments mêmes qu'ils ont déjà étudiés au début de leurs études; et quelquefois le pensionnaire de Rome ne fait que refaire, en un long travail, le relevé très minutieux de quelque chose qui a peut-être été le sujet même de son concours d'admission à l'École.

Après ces éléments d'architecture, je vois ce que j'appellerai *les éléments de la composition*. La composition, c'est la mise en œuvre, c'est la réunion dans un même tout de différentes parties qui, elles aussi, doivent être connues dans leurs ressources et dans leurs moyens avant d'avoir la prétention de les composer, c'est-à-dire d'en faire un tout.

Vous ne composerez utilement qu'à la condition de savoir ce que sont les différentes salles, ce que peuvent être les différents portiques, les vestibules, etc., ce que peuvent être des travées de façade, des pavillons, des intérieurs et des extérieurs, non pas encore au point de vue d'un programme général, mais au point de vue des beaux exemples que vous devez connaître dans le domaine de l'art. Il faut que, lorsque vous composerez, vous soyez assez riche de connaissances pour pouvoir évoquer l'analogie des plus beaux modèles ; il faut que vous puissiez vous dire : « Voilà une salle que j'aimerais à étudier dans le caractère des salons de Versailles, ou des salles du Palais de Justice ou du Louvre ; cet escalier devrait être analogue à celui du palais de Caserte ou du Palais-Royal de Paris ; ce pavillon devrait avoir l'ampleur de ceux de notre place de la Concorde, ou l'élégance de ceux de la Chancellerie à Rome. » Je pourrais multiplier indéfiniment ces exemples ; en voilà suffisamment pour montrer ce que sont, suivant moi, les éléments de la composition.

Il y aurait enfin une troisième partie, mais, celle-là, je ne vous promets pas de l'aborder : elle serait si terriblement vaste et peut-être est-elle si uniquement réservée à vos maîtres dans leur atelier, que sa place n'est sans doute pas au cours de

Théorie. Je dois vous avouer, d'ailleurs, qu'aujourd'hui je suis devant vous encore à l'état de tâtonnement; je ne sais pas au juste, quant à présent, quelles seront la limite et l'étendue de ce cours, que j'ai besoin de préparer.

Quoi qu'il en soit, cette troisième partie — rien moins que la composition tout entière — serait la comparaison des édifices, l'architecture comparée, en un mot. Si je pouvais vous dire — prenons un programme, le *Théâtre*, par exemple — ce qu'a été le Théâtre dans l'antiquité, ce qu'il a été aux différentes époques qui se rapprochent de notre temps, ce qu'il est aujourd'hui en France et à l'étranger, en Europe et en Amérique, si je pouvais réunir et exposer devant vous le dossier actuel de cette question du Théâtre, je ne conclurais pas; je ne vous dirais pas : « Voilà comment vous devez faire un théâtre. » Ce n'est pas mon rôle, ceci, car ce serait ma théorie à moi; mais je vous dirais : « Voilà quel est l'état de la question, voilà où en est l'état d'avancement de cette recherche qui dure depuis si longtemps et qui n'est pas encore terminée. Cherchez à votre tour, et, s'il se peut, trouvez mieux que vos devanciers. »

Mais, pour un si vaste programme, la vie entière d'un homme serait-elle suffisante? Faudrait-il donc tout connaître, avoir tout étudié, tout analysé, tout condensé? C'est à quoi je ne puis m'engager, certain seulement de ma bonne volonté, mais non d'une puissance de concentration encyclopédique qui n'est peut-être au pouvoir de personne.

D'ailleurs, une grande difficulté que je considère, et une difficulté qui, bien que matérielle, est de nature à faire réfléchir et à arrêter dans une certaine mesure, c'est l'absence de dessins. Car, par une singulière anomalie, tandis que les cours d'architecture professés dans des écoles où ce n'est qu'un accessoire disposent de nombreux dessins, chez nous le cours de théorie n'a pas de portefeuille. Je ne sais pas ce que je pourrai faire, ce que je pourrai obtenir à cet égard; mais je suis bien obligé de vous dire, Messieurs, que l'enseignement de la théorie tel que je le conçois sera extrêmement difficile si je ne puis pas vous montrer sur des dessins à grande échelle, sur des dessins bien visibles, ce que je puis vouloir vous dire, car vous ne pouvez pas avoir dans la mémoire absolument tous les édifices dont j'aurai à vous parler.

Ce n'est, vous le voyez, que sous certaines réserves que je puis dire quel sera le programme de mon cours. Je ne veux pas, d'ailleurs, m'enfermer dans une table des matières élaborée par avance. J'ai tout à étudier, je tâtonne, je chercherai avec vous : je vous demande un peu de crédit, vous offrant pour le gager une bonne volonté dont vous ne sauriez douter.

Messieurs, le cours de Théorie, ou plutôt les fonctions du professeur de Théorie comportent une autre question très importante : c'est la question des programmes, si importante, que je dirai volontiers, et c'est, je crois, votre opinion, que c'est surtout par la rédaction des programmes que le professeur de Théorie peut avoir une action durable et permanente sur vos études. C'est en raison même de cette question capitale que j'ai désiré faire cette séance d'ouverture avant que vous ayez reçu le premier programme qui sera signé par moi, parce que j'ai quelque chose à vous dire à ce sujet, et que vous auriez pu éprouver peut-être quelque surprise la semaine prochaine en recevant des programmes qui, dans une certaine mesure, pourraient différer de ceux que vous avez l'habitude de recevoir.

Bien faire un programme est déjà difficile; bien faire une suite de programmes est très difficile. Il faut une méthode, une suite dans les idées; il faut une attention continue à l'état général des études dans l'École, et le souci de les diriger du côté où il existe des lacunes et des défaillances. Aucune règle n'est donc précise, rien ne peut être préconçu, et il faudra toujours tenir un grand compte des circonstances. Néanmoins, et sous ces réserves, je dois vous dire quelle est, à cet égard, ma façon de penser.

Je crois, Messieurs, que petit à petit, dans notre École, la distinction entre la première et la seconde classe s'est trop effacée; on a peut-être trop perdu de vue que la première classe est la classe de composition par excellence, que la seconde classe est une classe de préparation, préparation scientifique par toutes les études confiées aux professeurs spéciaux, études que vous suivez et que je vous engage, soit dit en passant, à suivre avec le plus grand soin, préparation aussi au point de vue architectural par les éléments analytiques d'abord et aussi par les études sur projets rendus. Nous avons vu certains programmes donnés alternativement en première et en seconde classe, ou bien en première classe le projet être seulement un peu plus important; mais la difficulté d'un programme ne se mesure pas à l'importance, à la surface couverte, et je ne vois pas en quoi, par exemple, un hôtel de ville de chef-lieu d'arrondissement est un programme plus facile qu'un hôtel de ville pour un chef-lieu de département. Je comprends donc, en vertu de cette idée de préparation dont je vous entretenais, les programmes de seconde classe comme préparatoires à la composition. Et tout d'abord, j'envisagerai et je vous convie à considérer avec moi les *programmes d'éléments analytiques* comme répondant à cette première partie que je vous faisais entrevoir du cours de Théorie, les *éléments d'architecture*.

Je désire qu'après avoir fait quelques concours d'éléments analytiques, en avoir vu autour de vous, et en profitant de cette communauté d'études qui est le grand ressort et la vie même des ateliers, vous puissiez connaître ces éléments de façon que votre professeur n'ait pas plus tard, jusqu'en première classe, comme cela arrive quelquefois, à vous dire : « Apprenez donc à faire une porte ou une fenêtre! » Dites-vous bien que le but de ces concours n'est pas de vous faire copier des détails dans des livres ou de vous exercer simplement au lavis; c'est la grammaire première, c'est la connaissance des matériaux de vos futures études : sujets restreints, mais étude complète, voilà le programme.

Quant aux concours sur projets rendus, toujours en seconde classe, mon intention est — non pas d'une façon absolue, parce qu'il ne peut pas y avoir d'absolu dans la rédaction des programmes — de vous donner généralement des sujets simples, où les esquisses n'aient pas trop de chances d'être trop mauvaises, à moins d'un de ces phénomènes de bonne volonté dont vous avez quelquefois le secret et qui déroutent toute espèce de prévisions; mais, enfin, rien n'est pénible pour l'élève et pour le professeur comme d'être attaché pendant deux mois à une esquisse qui n'est pas viable. Lorsque vous rentrez du concours avec une de ces esquisses, passez-moi le mot, qu'on ne sait par quel bout prendre, le rôle de votre professeur devient horriblement ingrat, pénible, et l'élève use sa bonne volonté et son travail sur quelque chose de fatalement avorté. Il y aura bien un certain résultat d'études et de progrès, bientôt, par contre, le risque du dégoût et du découragement. Mais, d'autre part, je voudrais que ces programmes de seconde classe fussent de nature à vous initier à une étude plus pénétrante, et que vous ayez bien vu ce que vous aurez vu; en un mot, viser moins loin, mais aller plus sûrement là où peut vous conduire la seconde classe, afin que, franchissant le seuil de la première, vous y entriez bien préparés, que vous y entriez comme des hommes qui déjà ont devant eux un bagage d'études, et pour qui ces études, dont résultera la composition finale, n'ont plus guère de secrets.

Mais je voudrais alors faire pour les esquisses quelque chose d'analogue à ce qui se passe très justement dans la section de peinture et sculpture. Voyez vos camarades peintres admis ici; ils viennent de passer des épreuves d'admission, ils entrent à l'École. Leur demande-t-on un tableau? Non. On leur demande d'étudier la nature, d'étudier l'antique, d'apprendre, et c'est long, à faire une figure. Mais en même temps, pour les habituer petit à petit à la composition, on leur fait faire des esquisses de composition; on ne leur fait pas faire les tableaux, mais on leur fait faire l'esquisse. C'est excellent, et je vous donnerai pour ma part en seconde classe, comme programmes d'esquisses, très volontiers des programmes de composition, afin de vous habituer à composer, de vous préparer à la première classe, et en me disant que si, en définitive, sur une composition erronée vous avez passé douze heures, ce ne sont que douze heures non pas compromises, non pas perdues, mais douze heures dépensées, si vous voulez, et du moins vous n'êtes pas rivés pendant deux mois à une composition qui n'est pas née viable.

Quant à la première classe, je ne vois pas qu'il y ait rien à changer à ce qui s'est fait jusqu'à présent : programmes de composition pour les projets, programmes de petits ensembles lestement trouvés, habilement rendus pour les esquisses.

Et ainsi, ce me semble, de même que l'élève qui apprend sa langue apprend d'abord la grammaire, puis s'essaye à de petites rédactions, aborde enfin le discours ou le volume, de même vous vous serez exercés suivant la méthode nécessaire de vos études : connaissance des éléments de l'architecture, des éléments de la composition, et enfin de la composition elle-même.

J'ai tenu à vous dire cela, Messieurs, parce que la semaine prochaine vous allez recevoir des programmes; ce seront mes débuts dans la rédaction des programmes d'école, et MM. les élèves de seconde classe vont se trouver, pour leur prochaine esquisse, en présence d'un programme de composition d'édifice; j'ai voulu qu'ils n'en aient pas la surprise. Vous le savez, Messieurs; préparez-vous en conséquence.

Un mot encore, Messieurs. Quel que soit le programme que je rédigerai, il faut que vous y ajoutiez quelque chose. Je ne puis pas répéter d'une façon fastidieuse, ce qui d'ailleurs va sans dire ici, ce que vous devez lire entre toutes les lignes et sous chaque mot des programmes : c'est qu'à côté de la nomenclature toujours un peu sèche des services qui vous seront demandés, des besoins à satisfaire, il y a ce sous-entendu, ce post-scriptum qui, comme tous les post-scriptum, est souvent plus important que le corps même de la lettre; c'est que tout ce que vous ferez doit être une œuvre d'art, doit être composé et étudié avec l'amour et la passion de l'art; c'est que chez nous tout ce qui est dépourvu d'art, tout ce qui est dépourvu de cette recherche artistique, ne compte pas. Nos programmes sont prosaïques; ils ne peuvent guère être autre chose dans leur rédaction; c'est à vous à y ajouter la poésie, c'est à vous à y ajouter ce que je ne pourrais plus, moi, y mettre, votre jeunesse!

Ah! mes jeunes auditeurs, ne lui faites pas banqueroute, à votre jeunesse : elle ne durera pas trop, allez! Croyez bien que la persévérance est le grand levier de toutes les études; croyez bien que vous devez avoir une haute idée de votre art, il le mérite; et croyez à l'avenir de notre art, qui est le vôtre. Ayez, Messieurs, ces vertus sans lesquelles il n'y a pas d'artistes, la volonté, l'orgueil et la foi!

CHAPITRE II

PRINCIPES DIRECTEURS

SOMMAIRE. — L'affranchissement des formules chiffrées. — Le beau en architecture, son identité avec le vrai. — De la méthode dans la composition en architecture, de l'ensemble aux détails. — Le programme. — L'emplacement, le terrain, la situation, le climat. — La vérité de la construction exprimée par l'architecture. — Les mensonges artistiques. — La stabilité matérielle et l'aspect de stabilité.

Je puis résumer d'un mot ma leçon d'ouverture : j'ai cherché à vous faire voir toute l'élévation de vos études. Si vous êtes sortis de cette séance le cœur plus haut, la pensée plus ambitieuse, je n'ai pas perdu mon temps.

Aujourd'hui je me propose de vous exposer — autant que possible — les principes généraux qui devront toujours présider à vos études. Je veux que vous aperceviez vous-mêmes l'unité de ces études en apparence si diverses. Vous vous exercez aujourd'hui sur une église, demain sur un théâtre; vos programmes sont tantôt sévères, tantôt mondains; vos terrains, restreints et fermés dans une ville, ou libres et aérés à la campagne : cette diversité est nécessaire pour créer chez vous la souplesse et l'ingéniosité; mais au delà de ces études du jour et de l'heure présente, il y a l'étude supérieure et permanente : celle de votre art, dans toutes ces occasions, celle de vous-mêmes. Cette étude-là c'est le but véritable, et c'est l'unité de vos travaux; c'est le domaine de ces principes dont je parlais, qui seront vos guides, votre sauvegarde, votre lumière.

Et d'abord, pour ouvrir notre route, commençons par un peu de déblai.

Certes — je n'ai pas besoin de vous le dire — je ne suis pas un ennemi des ordres antiques, qu'il y en ait d'ailleurs trois, ou cinq, ou même quatre. Mais j'ai toujours été choqué de voir mettre ces ordres antiques au point de départ des études, lorsque l'élève est encore incapable de les comprendre, et cela surtout par des auteurs qui n'y cherchaient et n'y trouvaient qu'une forme : une forme, c'est-à-dire une expression, et non une conception. Je vous montrerai, je l'espère, que les ordres valent mieux que leurs commentateurs, et — passez-moi le mot — que la sauce à laquelle on les a accommodés. Mais je ne puis y voir le pivot unique de l'architecture ni la première étape de vos études.

Et cependant, pendant plus de deux siècles, les études d'architecture ont été soumises à ce despotisme. Lorsque la Renaissance, dans ce grand mouvement de l'esprit humain qui rénovait la philosophie, les lettres, les sciences, les arts, porta son admiration et son enthousiasme aux grands monuments de l'antiquité, elle les admira sans bornes, à coup sûr, et cependant sans abdication d'elle-même. Elle s'en inspira, mais elle sut rester la Renaissance, ce printemps de l'histoire, la Renaissance si pleine de sève et si ardente à la liberté que, lors même qu'elle croyait copier, elle imprimait à ses chefs-d'œuvre le cachet de son art propre et de sa vivace indépendance. Mais elle eut ses didactiques, ses écrivains, qui voulurent retrouver la théorie des merveilles qu'ils admiraient : ils interrogèrent les ruines, mais malheureusement — je le dis bien nettement — ils rencontrèrent le nommé Vitruve.

Vitruve, écrivain à coup sûr médiocre, architecte probablement médiocre, si tant est qu'il fût architecte, avait laissé un livre très discutable, recueil plus ou moins conforme des règles de l'architecture grecque ; très éloigné des origines de cet art, il fut aux créateurs de l'architecture ce que furent les rhéteurs aux grands orateurs, les sophistes aux grands philosophes. Mais, comme écrivain antique d'architecture, il survivait seul, et la critique n'était pas encore née : le xvi° siècle le crut sur parole, comme on croyait alors à tout ce qui s'était écrit en latin ; et les auteurs de la Renaissance, Alberti, Vignole, Palladio, Philibert Delorme, tous grands artistes, le suivirent dans la voie de l'architecture chiffrée ; seulement le génie de la Renaissance resta libre malgré tout, et l'art fut supérieur à l'enseignement qu'il recevait.

Mais plus tard, sous Louis XIV vieilli, alors que les grands penseurs de la première moitié du xvii° siècle avaient disparu, l'esprit français s'était transformé ; à la fière indépendance avaient succédé la superstition de l'autorité, la dévotion étroite de la règle, le culte des despotismes. Et en architecture aussi, il fallut désormais obéir plus que comprendre. Il subsiste une curieuse délibération de l'Académie royale d'architecture, à peine créée, qui proclame la magistrature de Vitruve, et en fait une sorte de père de l'Église artistique. Dès lors, ses théories devinrent quasi royales, et le triomphe du module fut presque un article de foi. Le module, ou les controverses sur le module, tinrent la grande place dans l'enseignement, et, chose invraisemblable, le chiffre fut souverain dans le domaine de l'art. Et, malgré l'indépendance incoercible des véritables artistes de tous les temps, malgré la renaissance momentanée et si brillante des Gabriel et de leurs émules, le chiffre alourdit de plus en plus sa tyrannie jusque dans des temps très récents. Aujourd'hui encore, que de gens croient que l'architecture est un art chiffré, un barême de formules rigides et mathématiques!

Eh bien, non. — L'architecture n'est pas une science de nombres, et s'il était besoin de le prouver, je le prouverais d'un mot, le mot *art*. Sinon, ce n'est pas ici qu'il faudrait l'enseigner! Au contraire, je vous montrerai bientôt que le sens délicat des proportions n'est autre chose que la faculté de percevoir leurs nuances infinies : cette liberté dans l'étude, mais c'est l'honneur même de l'artiste, car là est aussi le péril, condition de la gloire du triomphe.

Je vous parlerai des ordres antiques, et certes je vous en parlerai avec respect et admiration, mais à leur temps et à leur place. Les premiers architectes qui firent des colonnades — et, assurément, c'était une hardiesse — avaient d'abord fait des murs, dans ces murs des portes et des fenêtres. Si ensuite l'étude des ordres a réagi sur ces éléments, il n'est pas moins vrai qu'elle n'a été possible qu'à leur suite. Voilà la méthode logique : commencer l'enseignement par les ordres, c'est l'enseignement de l'image; commencer par le mur, c'est l'enseignement de la réalité.

Je reviens aux principes.

La science a ses axiomes; l'art a ses principes. Les uns comme les autres sont la base des études. L'architecture est de tous les arts celui dont les principes sont les plus rigoureux; mais comme les axiomes, les principes ne se démontrent pas, sinon par l'éternelle supériorité des œuvres qui les ont le plus fidèlement respectés. C'est la constante conformité des œuvres aux principes qui fait les grandes époques artistiques, ces époques qui méritent le beau nom de classiques, celles dont les œuvres sont dignes de méditation et d'étude, et nous transmettent par d'éloquents exemples la conscience même de l'art à travers les âges.

Les principes ne sont pas une servitude, ils sont une lumière; ils sont aussi la noblesse de l'art, le viatique et le *sursum corda* des artistes. Et, si cela est toujours vrai — plus vous étudierez, plus vous en serez convaincus, — c'est deux fois vrai lorsqu'il s'agit des études. Plus tard, une personnalité dégagée ou des nécessités accidentelles pourront vous conseiller parfois des fléchissements, des transactions. Pendant les études et pour les études, les principes sont inviolables.

Examinons donc ensemble ceux qui devront vous guider, qu'il s'agisse de premiers essais ou d'études supérieures.

Le beau, a dit Platon dans une magnifique définition, le beau est la splendeur du vrai. L'art est le moyen donné à l'homme de produire le beau; l'art est donc la poursuite du beau dans le vrai, et par le vrai.

Dans les arts d'imitation, le vrai c'est la nature; dans les arts de création, dans l'architecture notamment, le vrai se définit moins facilement : pour moi cependant je le traduirai d'un mot : la conscience. Si pour le peintre et le sculpteur le vrai est dans le monde extérieur, pour nous il réside en nous-mêmes.

En nous-mêmes, mais pourvu que nous sachions loyalement nous interroger. Cherchez donc cette vérité intime et profonde, cette vérité de conscience. Vous vous préserverez ainsi de la contagion du succès éphémère, de la tyrannie de la mode, de la servitude du pastiche, du mirage de la fantaisie irraisonnée.

Vous aurez d'ailleurs des guides sûrs, si vous avez la volonté de les suivre. Je vais essayer de vous les montrer.

Les anciens auteurs reconnaissaient trois divisions dans l'œuvre de l'architecte :

La *disposition*, c'est ce que nous appelons la composition ;

Les *proportions*, c'est-à-dire l'étude ;

La *construction*, c'est-à-dire le contrôle de l'étude par la science, et enfin l'exécution.

La composition ne s'enseigne pas, elle ne s'apprend que par les essais multiples, les exemples et les conseils, l'expérience propre se superposant à l'expérience d'autrui.

Et d'ailleurs si, pour l'étude, l'artiste émérite est à peu près certain de sa force, en composition, la part du bonheur journalier est grande. Tel qui, sur un même sujet, rencontrera aujourd'hui une trouvaille, n'aurait rien trouvé hier, ne trouverait rien demain.

Mais retenez bien ceci, car c'est la récompense même des études : cette idée fugitive et hasardeuse, elle ne s'offre guère qu'aux forts ; si elle vient à vous lorsque vous serez préparé par de fortes et sérieuses études, vous saurez la recevoir et en tirer parti, vous pourrez composer ; si, par miracle, elle se présente à l'ignorant, il la laissera échapper ou la torturera sans aucun résultat.

Ainsi pour composer, il faut l'idée, cela c'est le bonheur ; il faut la force des études, c'est le gage de la mise en œuvre de l'idée.

Rarement cette idée sera la conclusion d'un échafaudage de raisonnements ; le plus souvent elle sera synthétique, surgissant entière à votre esprit ; ce mode de création, qui déroute les théories et les méthodes de la logique traditionnelle, qui dément Bacon et Descartes, c'est *l'intuition*, la vraie genèse de l'idée artistique. Et le phénomène sera le même, que le sujet soit restreint ou qu'il soit immense.

Dans le plus vaste programme, en effet, vous faites d'abord abstraction des détails pour apercevoir seulement deux ou trois, peut-être quatre ou cinq grands groupes, d'importance diverse, dont vous concevez la proportion réciproque. Lequel devra avoir la position prépondérante, lequel aura la plus grande ou la moindre étendue? Questions toutes de programmes et d'intelligence des besoins et de l'effet. Puis, marchant de l'ensemble aux sous-ensembles, du corps de bâtiment à ses détails, vous avancez facilement, si votre grand point de départ est judicieux, surtout s'il est *trouvé*, réservant au besoin pour l'étude ultérieure bien des détails dont on fait crédit à la composition, pourvu qu'elle présente l'étoffe suffisante, et les cadres les plus propices.

Le raisonnement, la critique, dont je ne prétends nullement faire abstraction, viendront à leur tour, pour contrôler votre conception, car après avoir imaginé, il faut que vous sachiez être les propres juges de votre imagination.

Dans vos compositions, vous serez guidés tout d'abord par la fidélité loyale au programme. Le programme ne doit pas être l'œuvre de l'architecte, il devrait toujours lui être donné : à chacun son lot. L'architecte est l'artiste capable de réaliser un programme, mais ce n'est pas à lui à décider si le client a besoin d'une ou plusieurs chambres, s'il lui faudra ou non des écuries et remises, etc. (je prends ici des exemples familiers). Il est bien vrai que souvent l'architecte ne reçoit pas de programme, et beaucoup de nos édifices les plus considérables ont été construits sans aucun programme. C'est très fâcheux, et savez-vous pourquoi cela est ainsi? C'est que les trois quarts du temps les clients ou les administrateurs ne savent pas ce qu'ils veulent. N'empêche que ce serait à eux à le savoir, et non à nous.

Ici du moins, il n'en va pas ainsi : vous recevrez des programmes. Je les suppose bien faits, cette hypothèse n'excède pas mon droit. A vous, il appartient de les savoir bien lire.

Un programme vous donne la nomenclature des services, vous indique leurs relations, mais il ne vous suggère ni leur combinaison, ni leur proportion. C'est votre affaire; le programme doit encore moins vous imposer des solutions, et je n'ai jamais compris les prescriptions de ce genre. Autant vaudrait vous tenir la main. Le programme vous laisse la liberté des moyens, mais il faut que vous compreniez bien ce qu'on attend de vous; il faut que vous vous fassiez une idée juste de la proportion des diverses parties, et souvent il arrivera que, matériellement, la chose importante, capitale, tiendra en un mot, tandis qu'il faudra un alinéa pour le détail des dépendances minimes. Lisez-le avec votre intelligence et votre bon sens.

Mais il y a plus : il y a encore la proportion du programme lui-même par rapport à l'ensemble des programmes de l'architecture. Vous avez facilement une tendance à l'exagération, et nous voyons dans vos concours des ordonnances à l'échelle de Saint-Pierre de Rome pour des justices de paix. Erreur de proportion et de goût. Il y a de grands programmes, il y en a de moyens et de petits : mettez-vous à la mesure, car ce n'est qu'ainsi que vous arriverez à la variété dans la vérité, c'est-à-dire au caractère.

Le programme vous indique encore un élément essentiel de composition : l'emplacement, le terrain. L'architecture a bien des domaines : les villes, avec toute la variété de leurs emplacements; la campagne, avec ses horizons et ses entourages; les bords de la mer, les montagnes; les latitudes très variées même sans sortir de France.

Dans une ville — voyez Paris — les monuments sont en général dans des emplacements monumentaux; pas toujours cependant. Il tombe sous le sens qu'un programme de ministère de la Marine, par exemple, sera le même quel que soit le quartier supposé, et que cependant un ministère de la Marine sera tout autre chose s'il est conçu place de la Concorde, ou dans une rue quelconque. Le Panthéon serait sans doute tout autre s'il n'était sur le sommet de la butte Sainte-Geneviève, on ne concevrait pas une Cour des Comptes avec l'architecture de l'ancien palais d'Orsay, s'il n'y avait eu la perspective de la Seine et des Tuileries. Et Paris est une ville presque plate. Si vous habitiez une ville en amphithéâtre comme Gênes, vous verriez *de visu* ce que vous pouvez déjà constater dans l'ouvrage de Gauthier, tous les programmes recevant à leur tour une solution originale et locale de cette situation toute particulière de la ville.

A la campagne, on devra sentir dans vos compositions la recherche de la vue et de l'aération. Il y a toujours un côté plus attrayant que les autres, et on peut dire que le plan de toute habitation de campagne se compose avec cette préoccupation, avant toute autre, de l'horizon préféré.

Si le terrain est en pente prononcée, cette recherche de la vue la plus belle concourt avec les nécessités de la construction pour vous dicter la composition. Si, en effet, vous avez besoin de bâtiments étendus, de dispositions symétriques, ce n'est que dans le sens des horizontales du plan, autrement dit des lignes de niveau, que vous pourrez les réaliser, à moins de substructions énormes et de remblais ou de déblais formidables. Qu'il s'agisse d'une construction monastique comme la célèbre abbaye

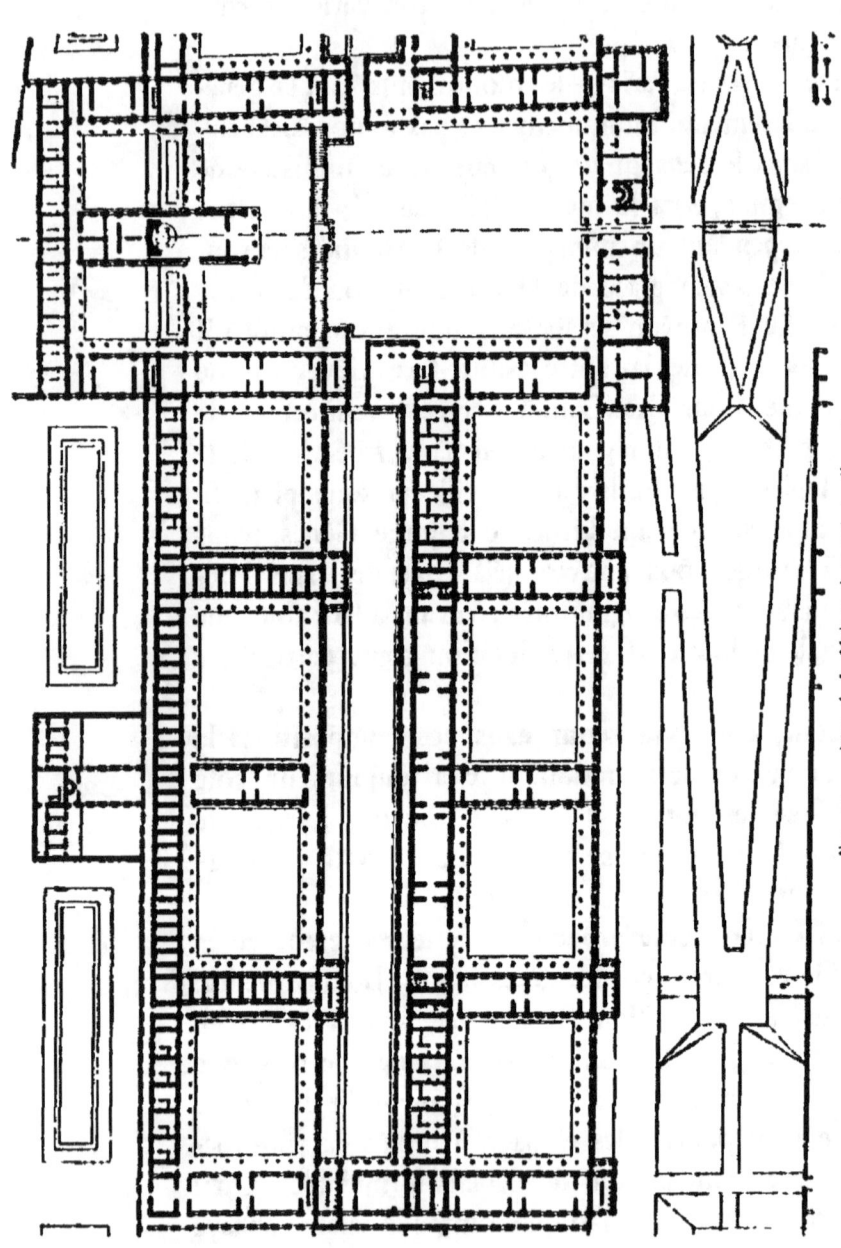

Fig. 31. — Plan de la Maison de Santé de Charenton.

du Mont-Cassin, d'un hospice comme Charenton (fig. 21), ou de jardin comme Saint-Germain ou Meudon, ou encore comme la villa d'Este à Tivoli (fig. 22), ou à Rome la promenade du Pincio, la topographie exige la composition par niveaux successifs, et pour ainsi dire sur les paliers divers d'un escalier.

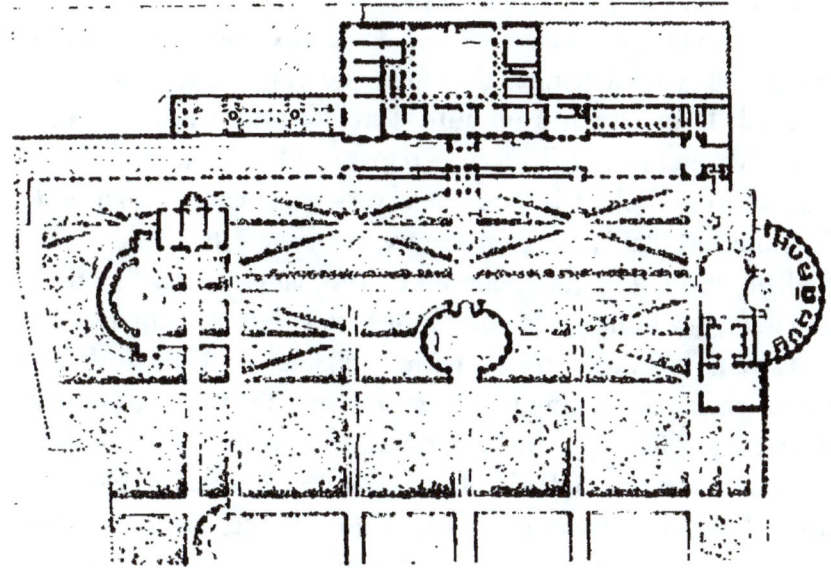

Fig. 22. — Villa d'Este à Tivoli.

Plus la déclivité est prononcée, plus cette loi s'impose ; elle sera donc plus impérieuse encore dans la montagne que sur le simple coteau.

Au bord de la mer, on cherche soit à s'en protéger — comme les habitants permanents, — soit à en jouir comme les hôtes de passage. Composez en conséquence, et s'il s'agit d'hôtelleries, de villas, de casinos, dites-vous bien que vous n'aurez jamais assez de pièces en vue de la mer. On n'y va que pour cela.

Le programme vous dira simplement : cette construction sera sur tel ou tel genre de terrain ou d'emplacement : c'est à vous de comprendre toutes les conséquences de cette petite phrase et de vous en autoriser au profit de la variété de vos études.

Voici encore deux programmes identiques : même importance, mêmes services; mais l'un dans un département du nord, l'autre dans le midi. Non seulement l'étude, mais la composition même différera du tout au tout. Dans le midi, vous aurez des pièces éclairées en second jour sous des portiques, ouvrant de préférence sur des cours intérieures ombragées: vous vous défendrez du soleil, que vous rechercherez dans le nord. D'un climat à un autre l'architecture a des exigences toutes différentes; et il est bien remarquable que les architectes qui, au XVIe siècle, s'inspirèrent si passionnément en France de l'architecture italienne, bien mieux, les architectes italiens travaillant en France, comme le Boccadoro, empruntèrent à l'Italie son goût, ses formes, ses décorations, mais non sa composition.

J'ai cité le Boccadoro, c'est-à-dire l'Hôtel de Ville de Paris; voyez en façade ces immenses fenêtres qui ont toute la hauteur d'un étage (fig. 23), nulle part cela ne se trouve en Italie : besoin de lumière à Paris, défense contre le soleil à Florence ou à Rome, par exemple au Capitole de Rome, qui est en fait un hôtel de ville (fig. 24). Il est curieux de faire un rapprochement entre deux monuments de très grande valeur, presque contemporains, la cour du Louvre (fig. 25) et le palais de la Chancellerie à Rome (fig. 26). Certes, la cour du Louvre est bien inspirée de l'art italien dans son étude et son décor. Mais voyez au Louvre la proportion des baies, en hauteur surtout, comparée à celles de la Chancellerie. A Paris, avec la façade de la Chancellerie, on ne verrait pas clair. A Rome, avec la façade de la cour du Louvre, on serait aveuglé et on brûlerait.

Et ce ne sont pas là de simples nuances. Voyez plutôt ces chiffres :

PRINCIPES DIRECTEURS

La surface totale d'une travée de façade est :

Chancellerie .... environ 89" m²
Louvre ....   —   109" m²

Fig. 24. — Travée de l'Hôtel de Ville de Paris.   Fig. 24. — Travée du Capitole de Rome.

La surface totale des baies, par travée, est respectivement :

Chancellerie........ environ 10" 50; soit 11, 80 % de la surface totale
Louvre............. environ 22" 75; soit 20, 87 %   —

Les croisées du 1ᵉʳ étage ont pour hauteur :

Chancellerie 2ᵐ 80
Louvre 4ᵐ 60

Mais si nous considérons les pleins, nous trouverons au contraire entre deux fenêtres superposées :

	Du rez-de-chaussée au 1ᵉʳ étage.	Du 1ᵉʳ au 2ᵉ étage.
Chancellerie.	3ᵐ 70	5ᵐ 00
Louvre	3ᵐ 30	3ᵐ 90

Enfin, le total en hauteur des ouvertures est pour chaque façade et par rapport à la hauteur totale de l'édifice :

	Hauteur totale.	Hauteur totale des fenêtres additionnées.	Soit, en % de la hauteur totale.
Chancellerie..	24ᵐ 70	8ᵐ 60	35 %
Louvre	22ᵐ 75	12ᵐ 27	54 %

De cette comparaison, il y a sûrement une leçon à tirer; mais ce n'est pas moi qui vous la donne, ce sont les grands artistes du XVIᵉ siècle. Que d'erreurs ont été commises pour l'avoir oubliée ou méconnue !

Un autre guide sera pour vous la vérité de la construction exprimée par l'architecture. Je touche ici à la question la plus élevée peut-être de toutes vos études.

Henri Labrouste enseignait : l'architecture est l'art de bâtir. — C'était une définition de combat, une protestation contre le dédain trop réel de la construction chez certaines écoles d'alors. Mais cette définition, pour être plus incisive, était incomplète, et péchait à son tour par l'oubli de la composition artistique. L'architecture conçoit, puis étudie, puis construit.

Mais — et c'est là ce qu'il faut bien comprendre, la construction est le but final de la conception et de l'étude; on ne conçoit, on n'étudie que pour pouvoir construire. La construction doit être la pensée constante de l'architecte, elle lui fournit l'arsenal de ses ressources, elle limite aussi son domaine. Toute tenta-

Fig. 25. — De la Cour du Louvre à Paris.   Fig. 26. — Du palais de la Chancellerie à Rome.

tive d'architecture qui ne serait pas constructible ne compte pas, toute forme architecturale qui violerait ou fausserait la construction est vicieuse.

Et si par ce mot *construction* vous entendez la structure même de l'édifice, sa réalité entière et effective, pouvez-vous concevoir que l'édifice exécuté exprime autre chose que cette structure, que cette construction, exprime autre chose que lui-même? Non, n'est-ce pas? Et cependant cela existe; il y a des mensonges en architecture aussi, et parfois avec le charme perfide d'un grand talent déployé à mentir. Que diriez-vous par exemple d'une façade de maison, qui accuserait quatre étages lorsqu'il n'y en a que trois? Question ridicule, penserez-vous — et, en effet, la maison est garantie de ce mensonge par son impossibilité. Mais êtes-vous sûrs que cela n'existe pas ailleurs?

Eh bien, à Paris même, — je préfère autant que possible vous citer des exemples que vous puissiez contrôler de vos yeux, — à Paris, dis-je, voyez les façades des églises Saint-Gervais, ou Saint-Paul-Saint-Louis. Chacune exprime trois étages — pourquoi? — Chacune présente une silhouette qui n'a rien de commun avec la structure de l'édifice, si bien que ces façades, vues de côté, font l'effet de planches isolées dans l'espace, étrangères au monument qu'elles déguisent au lieu de l'annoncer. De même en Italie, de nombreux monuments, parmi lesquels je vous citerai la cathédrale de Lucques, dont la façade est certainement intéressante, mais en désaccord complet avec la structure du monument (fig. 27). Voyez, d'autre part, les façades d'autres églises, Saint-Nicolas-des-Champs, les façades latérales du transept de Saint-Eustache, Saint-Étienne-du-Mont, Saint-Laurent; c'est, avec de sensibles différences dans le style et dans le goût, la structure même du

Fig. 27. — Cathédrale de Lucques.

monument qui apparaît; tout est logique, tout est sain. D'un côté le mensonge, de l'autre la vérité.

Mensonge encore — absous peut-être par la gloire du triomphe — cette colonnade du Louvre, ces façades du Louvre de Louis XIV, sans concordance avec l'intérieur et qui ont nécessité après coup l'addition sur la cour du Louvre d'un troisième étage, heureusement étudié par Gabriel (fig. 28). Oui, c'est un beau frontispice, une belle page décorative; mais combien plus belle et plus admirable si Perrault avait su produire ce même effet sans violenter et presque compromettre un monument qui, certes, ne méritait pas ce dédain!

Eh bien, l'architecture antique, invoquée si à tort par les auteurs de ces mensonges artistiques, n'en a jamais commis; c'est là sa plus pure gloire, sa supériorité esthétique, et aussi — puisque nous sommes à l'École — sa supériorité éducatrice. Cherchez dans toute l'antiquité, vous ne trouverez pas un édifice — pas un seul, entendez-le bien — dont l'intérieur et l'extérieur ne soient pas la conséquence réciproque, rigoureuse et nécessaire, l'un de l'autre. Lorsqu'une fois vous avez saisi la structure d'un édifice antique, sa forme, son expression, sa réalisation évoquent chez vous l'idée invincible du *nécessaire*. Cela devait être ainsi, cela ne pouvait pas n'être pas ainsi. Et en même temps, c'est généralement d'une grande beauté : mais beauté de par la composition, et non beauté de par l'artifice. Voilà l'art parfait.

Mais est-ce le privilège de l'antiquité? Non. Cette même sincérité, cette même identité, cette impression du « cela ne pouvait pas n'être pas ainsi » je la retrouve dans les premières basiliques, dans nos églises des XIIe, XIIIe, XIVe siècles, dans nos hôtels de ville du nord, dans les palais de la Renaissance italienne, dans nos beaux édifices modernes; moins affirmée, moins

PRINCIPES DIRECTEURS

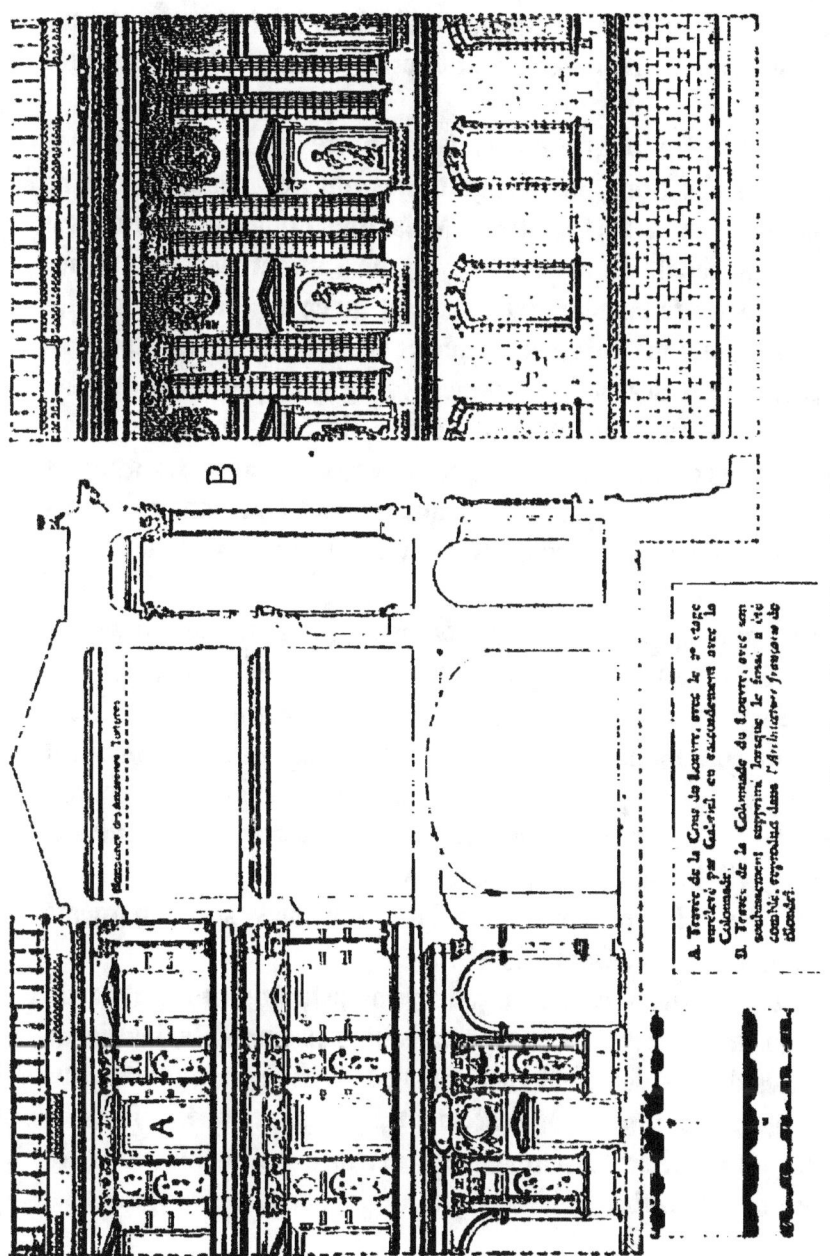

Fig. 28. — Cour et Colonnade du Louvre.

A. Travée de la Cour du Louvre, avec le 2ᵉ étage surélevé par Gabriel, en raccordement avec la Colonnade.
B. Travée de la Colonnade du Louvre, avec un soubassement supprimé lorsque le fossé a été comblé, reproduit dans l'Architecture française de Blondel.

écrite peut-être, moins auréolée de cette souveraineté magistrale qui semble être dans les arts comme dans les lettres la marque de l'antiquité — en raison peut-être de la simplicité de ses programmes.

Tel est le vrai but, le but élevé de notre art. Certes, notre vie a des complications, nos programmes ont des exigences qui ne se prêtent pas à l'art abstrait. Mais une noble abstraction est comme le fanal de la pensée : on ne l'atteint pas, il est au-dessus de notre portée; mais ce n'est qu'en se dirigeant sur lui que nous pouvons suivre sans dévier la route certaine : donnons-nous cet idéal des belles époques, ce ne sera pas les copier, au contraire — puisque cet idéal c'est la sincérité entière d'un art consciencieux qui ne cherche que la perfection avec ses moyens propres, ses besoins propres — qui ne peut être parfait s'il n'est pas tout d'abord son propre témoin et son seul inspirateur.

Mais pour que cette impression artistique si noble puisse être éprouvée, il ne suffit pas que la stabilité soit réelle, il faut encore qu'elle soit manifeste. En art, l'admiration est un véritable bien-être, un contentement de tout repos, tandis que l'étonnement ne va pas sans inquiétude. Aussi, la solidité évidente, incontestable, saisit l'esprit bien plus que le tour de force; l'admiration se réserve, s'il lui faut d'abord se convaincre.

Ces deux impressions sont bien sensibles sur un même monument, Notre-Dame de Paris.

Lorsque vous voyez la façade principale (fig. 29), avec ses tours si monumentales, ses portails si bien encadrés, les lignes si nettes de ses deux galeries, vous admirez le monument dans sa magnifique santé; pas d'accidents, pas d'intempéries, pas de siècles qui puissent, semble-t-il, détruire ou même compromettre cet ensemble si bien planté, si fort dans ses proportions;

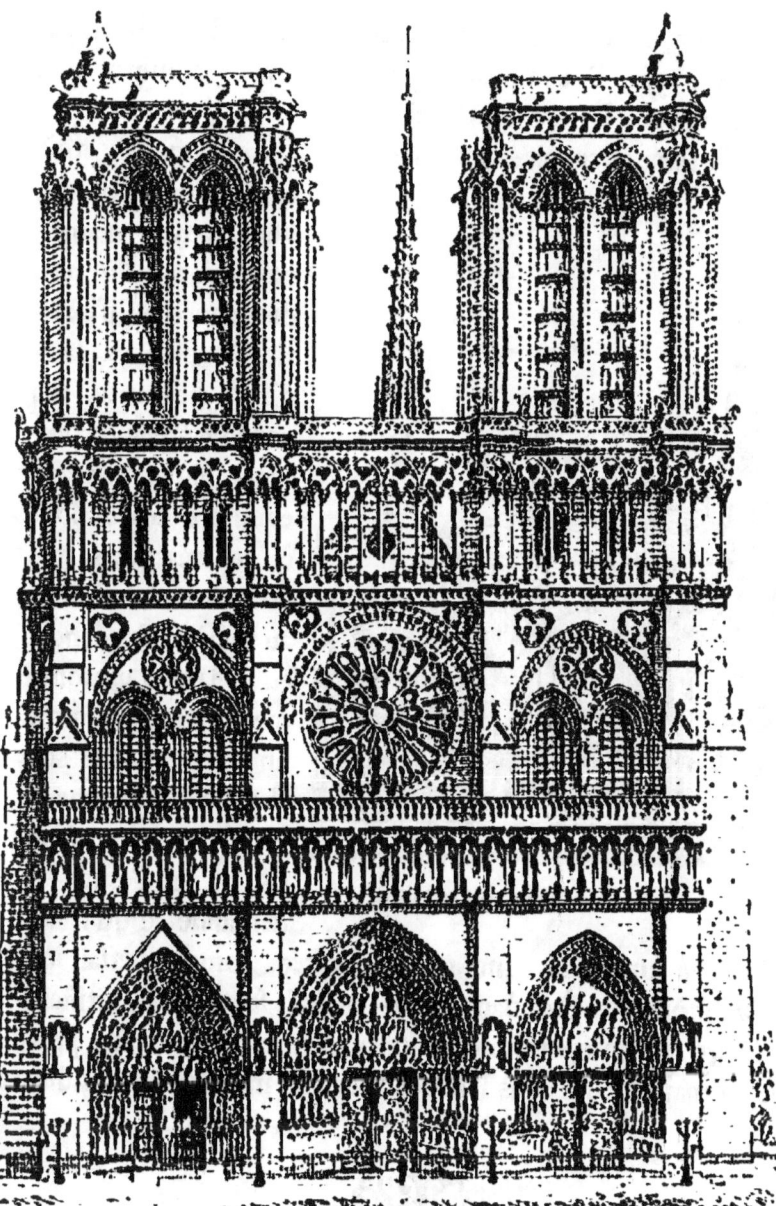

Fig. 29. — Notre-Dame de Paris. Façade principale.

la satisfaction est entière, rien ne l'inquiète, et si ce sentiment ne s'analyse pas, il s'impose cependant : vous admirez avec bonheur, en vous livrant tout entier.

Faites le tour, et considérez le chevet de Notre-Dame (fig. 30).

Fig. 30. — Chevet de Notre-Dame de Paris.

Certes, pour ce que vous voyez maintenant, il a fallu plus de science ou d'expérience, plus de hardiesse heureuse. On conçoit à peine comment peuvent se faire équilibre ces actions et ces réactions, ces poussées du dedans au dehors, du dehors au dedans. Le monument apparaît comme un vaisseau sur son chantier de lancement, maintenu par ses étrésillons, et l'esprit se demande ce qu'il adviendrait si un choc, une pierre écrasée, compromettait cet équilibre étonnant. Étonnant, oui — mais il faut le dire, artificiel et précaire en comparaison de cette merveilleuse façade principale, si majestueuse dans l'évidence de son inébranlable solidité.

CHAPITRE III

LES GRANDES RÈGLES DE LA COMPOSITION

SOMMAIRE. — Les surfaces utiles et les circulations. — De l'économie dans la composition. — L'éclairage, l'aération. — L'écoulement facile des eaux. — Détermination de l'importance des parties du programme en vue de la disposition. — Les sacrifices. — Dispositions utiles, dispositions belles. — La symétrie. — Ce qu'on doit entendre par un beau plan. — Du pittoresque. — De la variété. — Du caractère. — Le caractère condition de la diversité. — La tradition. — Action de l'état social sur l'architecture de chaque époque.

Mais serrons d'un peu plus près les nécessités de la composition. Dans tout programme, du moment qu'il est complexe, il y a deux parts distinctes : d'abord ce que j'appellerai les *surfaces utiles*; puis les communications nécessaires. Pour enlever à cette considération son caractère un peu abstrait, prenons un exemple, et un exemple qui vous soit familier, l'habitation : choisissons si vous voulez un plan de grand hôtel du xviiie siècle (fig. 31).

Les surfaces utiles, ce seront ici toutes les pièces qu'on habite, celles dont on jouit, celles que demande l'habitant. On construit pour avoir des salons, des salles à manger, des chambres, des cabinets, des cuisines, etc.

Mais pour relier tout cela, pour en permettre l'accès, il faudra des communications nécessaires : communications horizontales au moyen de galeries, corridors, antichambres, dégagements; communications verticales au moyen de grands et petits esca-

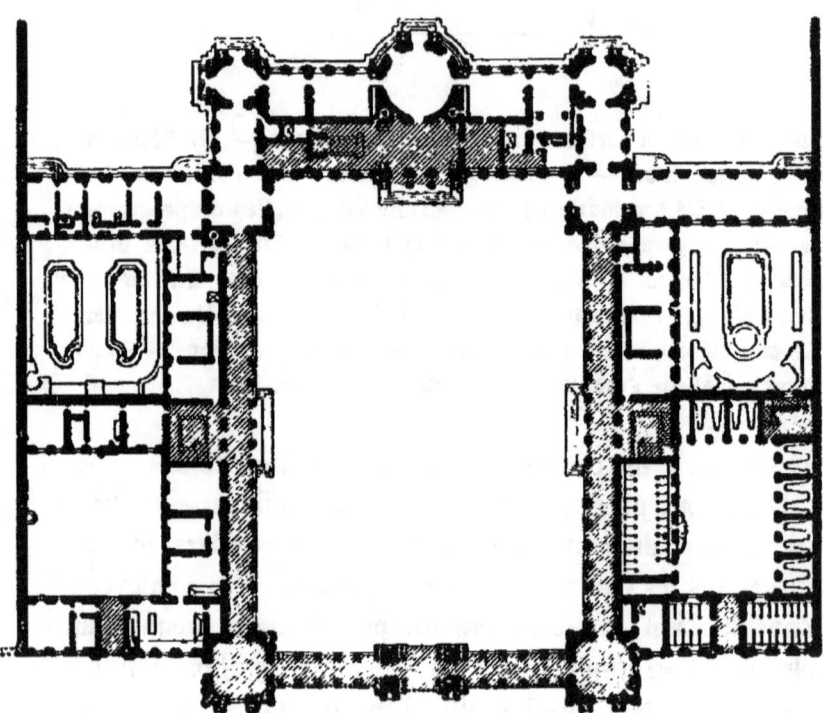

Fig. 31. — Plan d'un hôtel du xviiie siècle.
Les parties hachurées indiquent les circulations.

liers. Cela est inévitable, aussi bien que les cours pour éclairer et aérer l'habitation; ce sont là les surfaces, qu'on ne peut pas dire inutiles puisqu'elles sont nécessaires, mais enfin dont on ne jouit pas, et qui, sans être le but de la construction, en sont la condition nécessaire : je puis les comparer justement à ce que sont les *frais généraux* dans l'industrie.

Eh bien, de même que dans l'industrie il faut chercher à restreindre le plus possible les frais généraux, de même dans la composition architecturale il faut restreindre le plus possible les surfaces consacrées aux communications. C'est là l'économie intelligente, l'économie par l'artiste. Mais entendons-nous bien :

Je ne veux pas dire et je ne dis pas que vos escaliers doivent être mesquins, vos galeries ou portiques étroits, loin de là ; mais ne multipliez pas sans motif ces moyens de communication : toute circulation inutile devient un embarras, et contribue même à l'encombrement.

En général, la principale difficulté de la composition est d'obtenir qu'on aille facilement partout, que toutes les parties soient commodément reliées ; plus les moyens trouvés pour cela seront simples, et plus le plan sera clair et fidèle à saisir. Assurez donc les communications, mais sans abus de portiques, galeries, etc. Et c'est ici surtout que vous reconnaîtrez la simplicité comme une qualité exquise de la composition.

A ce point de vue, voyez ces magnifiques plans : les Thermes de Caracalla, les Invalides, notre Palais de Justice (fig. 32), l'Hôtel de Ville de Paris ; vous serez frappés de la simplicité des moyens par lesquels l'architecte a su assurer les communications, et certes sans mesquinerie. Au contraire, plus le parti est simple, et plus vous êtes autorisé à donner de la magnificence à ces circulations dont vous n'avez pas abusé.

Une autre difficulté considérable est celle de l'éclairage de toutes les parties d'une composition. Il faut réagir ou plutôt il faut continuer à réagir contre l'habitude, trop commode, qu'on avait prise au commencement du siècle de toujours prévoir l'éclairage *par en haut*. Consultez à ce sujet le bien curieux premier volume du recueil des grands prix — mais curieux comme exemple à ne pas suivre. Vous y verrez invariablement ce qu'on appelait des plans compacts, avec au moins trois et souvent cinq ou sept épaisseurs de bâtiments contigus, tout cela inéclairable, sinon par des lanternes de toiture. Aucune aération possible,

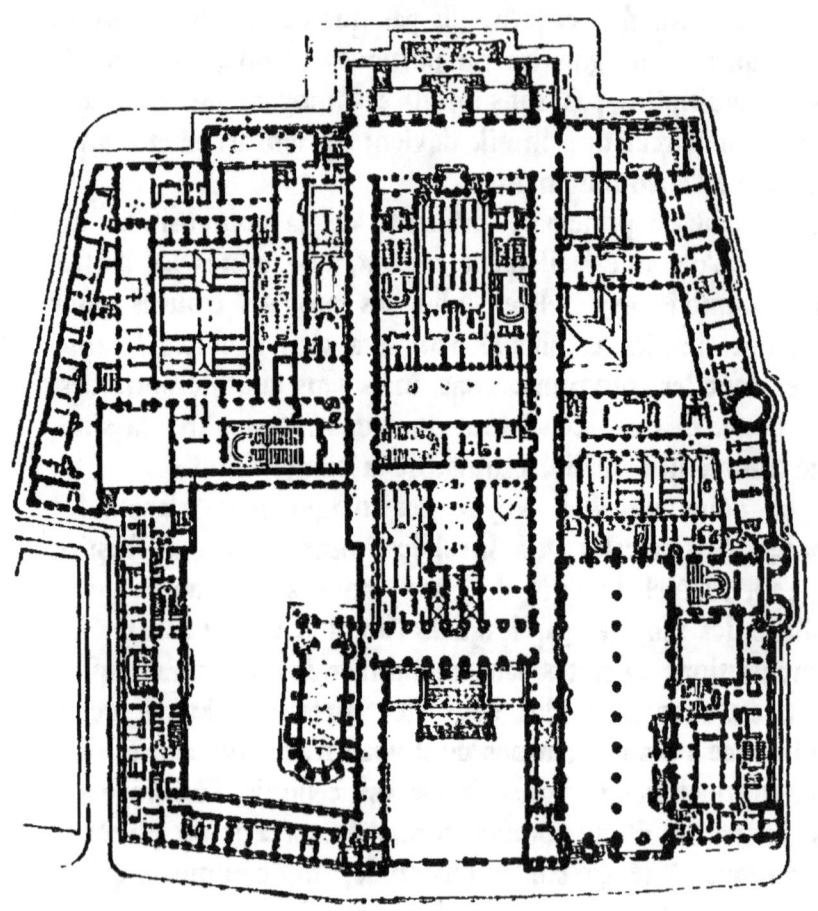

Fig. 12. — Palais de Justice de Paris. 1ᵉʳ étage.

l'étouffement assuré ; et, chose étrange, il a fallu une lutte acharnée ou la disparition de cette génération pour que la fenêtre — la fenêtre si bonne à ouvrir — fût tolérée dans les compositions en attendant qu'elle fût reconnue nécessaire.

LES RÈGLES DE LA COMPOSITION

D'où venait cette aberration? Ce serait trop long à déduire; si j'en parle, c'est pour vous avertir que vous en souffrez encore;

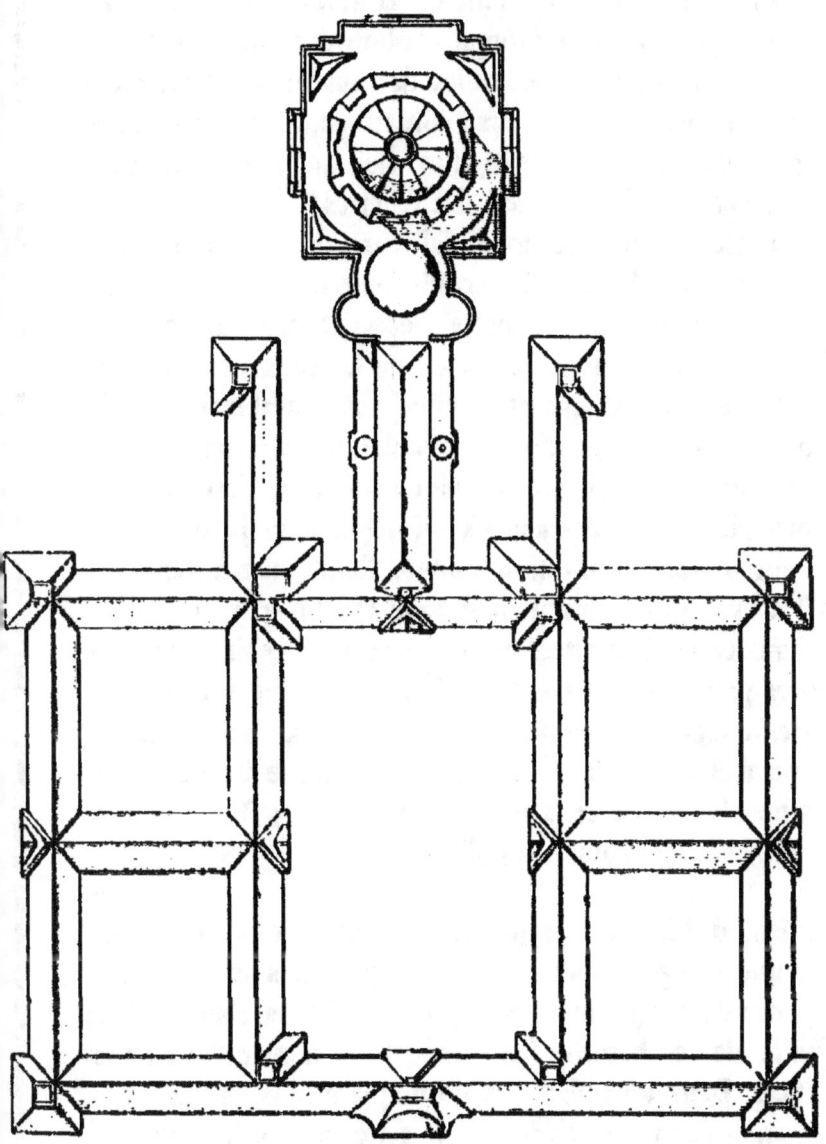

Fig. 33. — Plan de l'Hôtel des Invalides (Toitures).

encore aujourd'hui, vous projetez parfois des salles d'audience éclairées par le haut — une pure monstruosité.

Dites-vous bien qu'il nous faut de la lumière et qu'il nous faut de l'air. L'éclairage horizontal est bon dans des cas déterminés, par exemple, pour des salles de musée; il est tolérable dans certaines circonstances, lorsqu'on ne peut pas faire autrement; mais tout cela c'est l'exception, rien que l'exception : et, sauf ces exceptions, des fenêtres, des fenêtres !

Cette considération se confond d'ailleurs avec une autre, non moins essentielle : la facilité d'écoulement des eaux pluviales. Une bonne composition se prête nécessairement à un plan rationnel de toitures; faites en sorte que les eaux puissent être rejetées facilement, sûrement; évitez les combinaisons de chéneaux intérieurs, les longues circulations des eaux. Vous n'étudierez pas toujours vos plans de toitures, c'est certain; mais votre plan du rez-de-chaussée lui-même le préjuge, et peut en faire augurer la complication, l'impossibilité même. Regardez le plan des Invalides (voir plus loin, page 138, fig. 41); ce plan du rez-de-chaussée vous suffit et vous n'avez pas besoin d'un plan de toitures pour constater la facilité d'écoulement des eaux. Il n'aura rien d'ingénieux, ce plan : il a bien mieux que cela, il n'a pas besoin d'être ingénieux. Aussi, voyez comme il vous livre une composition claire et facile de toitures (fig. 33).

La simplicité, toujours la simplicité !

Comment, d'ailleurs, dans quel ordre placerez-vous les diverses parties d'une composition? Ici, nulle règle, mais le bon sens, l'intelligence du programme, et le plus possible la connaissance approfondie de ses besoins. La composition n'est qu'une suite de sacrifices. Dans tout plan, il y a une place plus en vue, plus centrale, en un mot principale. Pour cette place principale, les

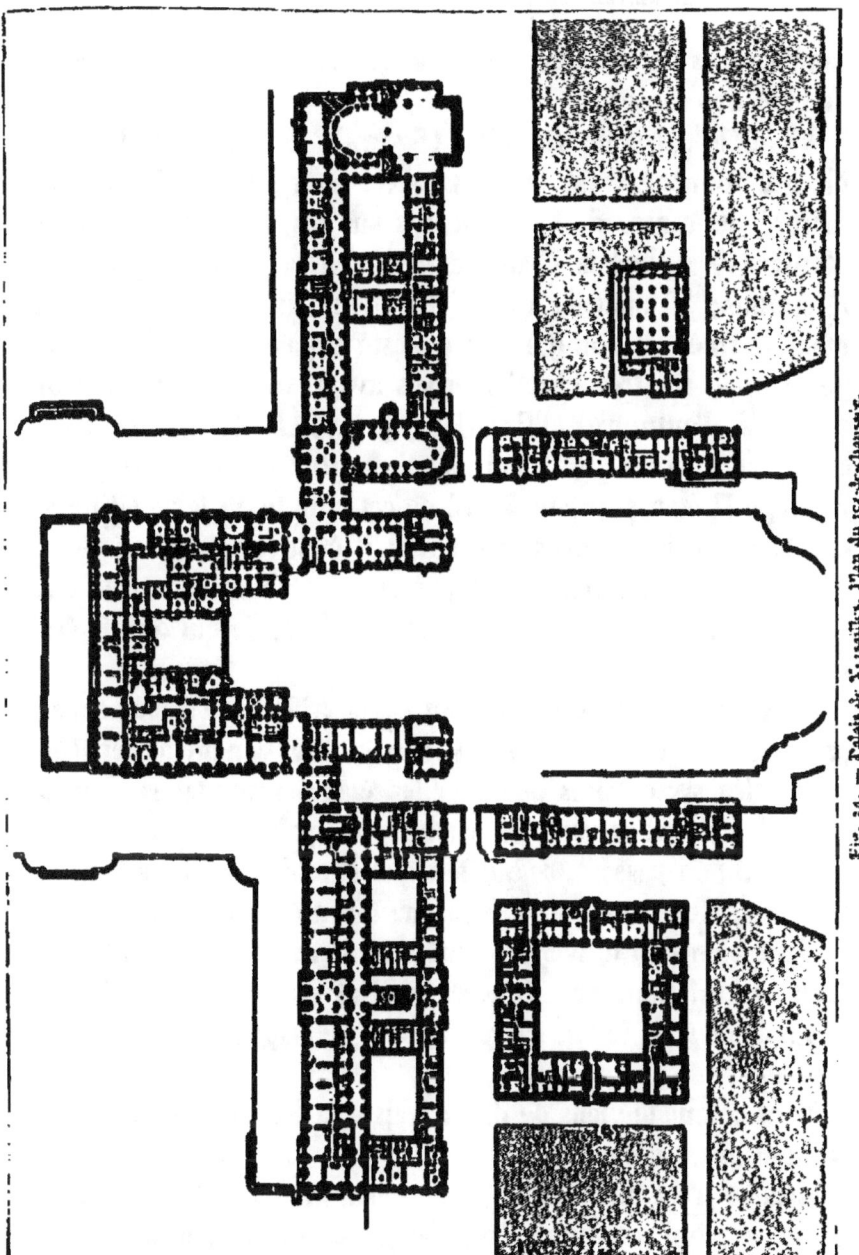

Fig. 34. — Palais de Versailles. Plan du rez-de-chaussée.

candidatures ne manquent pas ; à qui la donner ? Cela dépend de bien des choses.

Voyez le palais de Versailles (fig. 34). La place principale, la place d'honneur y est bien marquée, au centre de la cour de marbre, au centre de l'avant-corps sur les parterres du jardin. Mansard y a placé la chambre royale et la grande galerie des réceptions; la chapelle est rejetée dans une aile, magnifique mais sacrifiée en somme à la majesté royale. Louis XIV était pourtant le roi très chrétien, mais avant tout il était le Roi.

Voyez, d'autre part, l'Escurial (fig. 35); là, la chapelle est le centre et le cœur de la composition, tout converge vers elle. Philippe II était pourtant le roi de cet empire où le soleil ne se couchait jamais, — mais avant tout il était le roi catholique.

Ici et là, les architectes ont compris — à demi-mot peut-être — ce qui devait être mis en première place, ce qui devait être sacrifié.

En toute composition, ce sont ces sacrifices qu'il faut savoir proportionner ou échelonner. Il faut judicieusement placer dans les parties secondaires ou dans les étages secondaires tout ce qui doit s'effacer devant les parties principales. Et c'est bien là, soit en dit en passant, ce qui fait que l'architecte récolte tant de critiques; il ne peut guère faire que des mécontents, lesquels se gardent bien de motiver leur mécontentement sur l'intérêt personnel... oh! non, c'est l'intérêt général seul qui les inspire — et aussi, *in petto*, le fait d'être logés au 4ᵉ étage sur une cour de service.

Tout ce que je viens de dire a trait à la disposition judicieuse, économique, utile.

Mais ce n'est pas tout, et nous ne sommes pas des utilitaires. Un peuple qui ne verrait dans l'architecture que l'utile, sans y vouloir encore le beau, renoncerait à toute civilisation; Beulé a fait une curieuse étude où il montre que les Spartiates — les hommes du brouet noir — avaient et voulaient avoir un art, qu'ils auraient voulu, là aussi, battre les Athéniens. Et je le

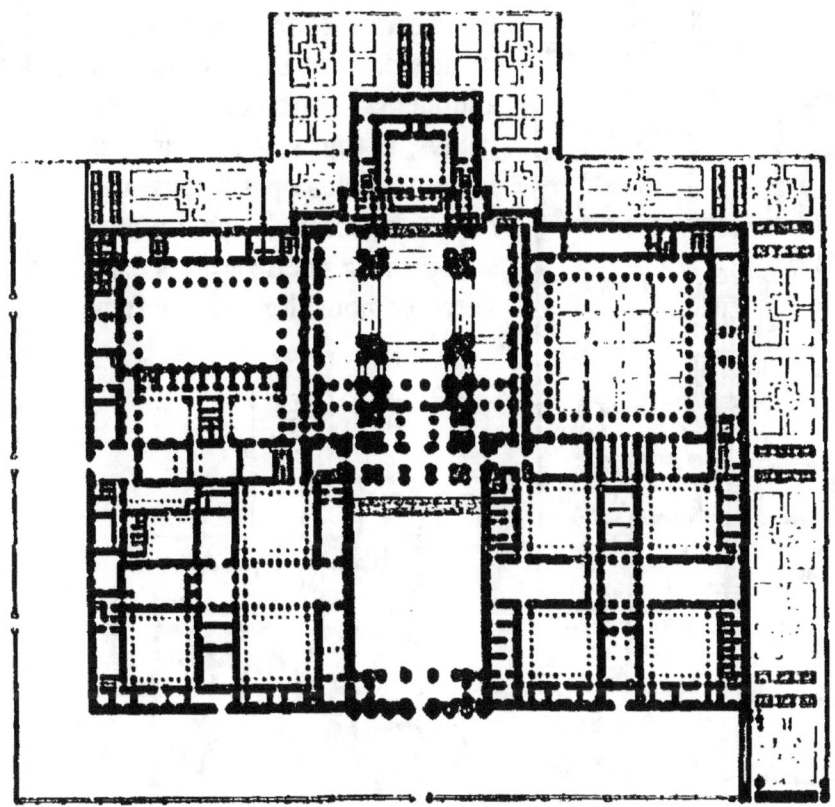

Fig. 31. — Plan de l'Escurial. Rez-de-chaussée.

crois sans peine, car autrement ils n'eussent été que des sauvages.

Vos compositions devront donc être régies encore par cette autre préoccupation : la beauté. C'est l'éternel adage *utile dulci*.

Est-il nécessaire de définir une *belle* composition ? Elle sera *bonne* d'abord, mais elle assurera aussi de beaux aspects. Vos salons se compléteront chacun par l'effet de tous si vous avez su ménager de belles enfilades; vos cours, si elles se prolongent l'une l'autre par des perspectives habilement ménagées; vos façades, si vous avez disposé de beaux avant-corps, des retraites ou des pavillons accentués, des silhouettes énergiques ou élégantes; si tout cela est varié, si vous avez des oppositions, des contrastes même — en un mot si vous avez su être artistes dans votre composition. Je pourrais

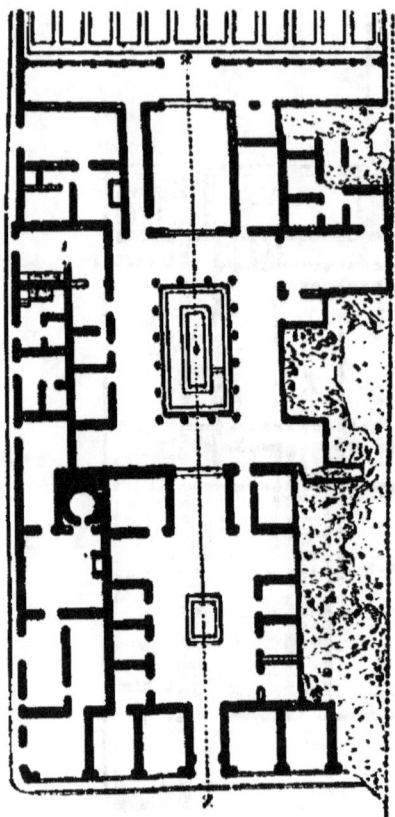

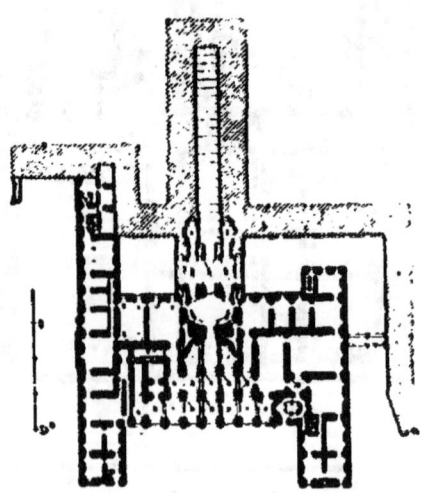

Fig. 36. — Maison de Pansa, à Pompéi. Fig. 37. — Palais Barberini, à Rome.

vous citer un très grand nombre de compositions qui marquent bien ce souci de la beauté : en réalité, toutes le manifestent. Je vous en indiquerai seulement quelques exemples: la maison de Pansa à Pompéi (fig. 36); le palais Barberini à Rome (fig. 37); l'abbaye du Mont-Cassin (fig. 38); je n'aurais

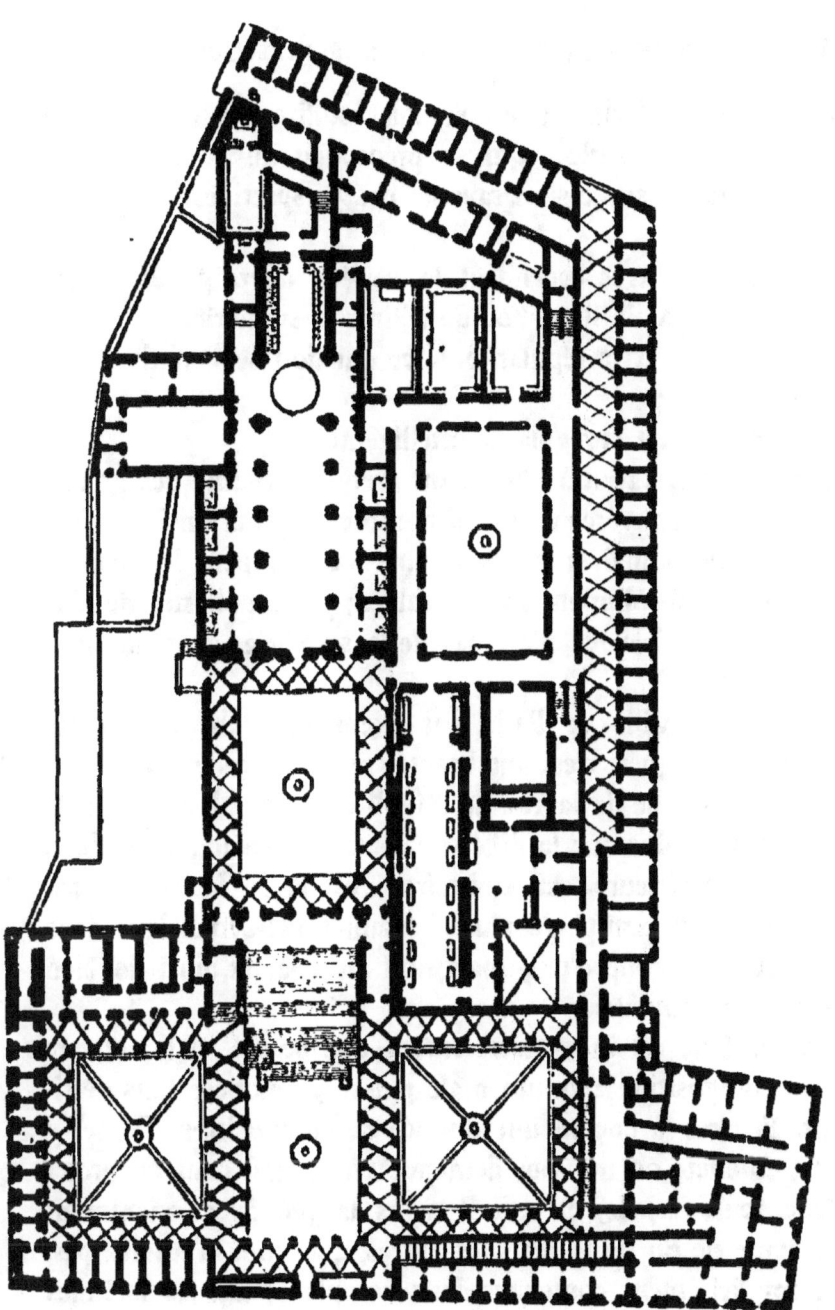

Fig. 38. — Plan de l'Abbaye du Mont-Cassin.

que l'embarras du choix; ces exemples suffiront à faire voir ce qu'est une composition qui se préoccupe de la beauté des aspects et de la succession savante des perspectives.

La symétrie, avec cependant la variété, devra généralement être cherchée. Mais il est bon de définir la symétrie.

La symétrie est la régularité de ce qui doit se voir d'un seul coup d'œil.

La symétrie est la régularité intelligente.

Je vous parlais tout à l'heure du premier volume des grands prix. Là vous trouverez un grand nombre de plans ainsi conçus : un axe longitudinal et un axe transversal coupent le plan en quatre quarts absolument superposables; pas un pilastre de plus ou de moins. Cela, ce n'est pas de la symétrie, c'est du non-sens.

L'Hôtel de Ville de Paris, par exemple, a chacune de ses façades symétriques; c'est une beauté; mais la façade sur le quai ne répète pas celle de la rue de Rivoli : cela n'enlève rien à la symétrie, non plus que la différence entre la façade principale et la façade postérieure. Au contraire, c'est là de la variété, par conséquent une beauté de plus. Versailles est symétrique dans la portée d'un coup d'œil, mais non au delà, et ainsi de bien d'autres monuments.

La symétrie est incontestablement une beauté, et il est rare que la composition monumentale puisse y renoncer sans détriment. Et c'est là encore une donnée de composition. Prenez-y garde, en effet; on ne vous demande en général dans un projet qu'une seule façade, et celle-là vous la prévoyez sciemment avec symétrie ou non; mais les autres, que vous n'étudiez pas, sont implicitement contenues dans vos plans; façades latérales et postérieures, façades sur cours, tout doit être sinon étudié, du

Fig. 30. — Vue du Palais de Justice de Paris.

moins étudiable. En composant vos plans, il vous faut composer aussi tout cela.

Cela m'amène à m'expliquer sur ce mot « un beau plan ». Cette locution est concise, il faut entendre par là un plan qui permet et promet de belles choses, de beaux intérieurs et de belles façades. Il y a quelque quarante ans, on parlait volontiers de plans beaux par eux-mêmes, abstraction faite de tout le reste. On parlait de *silhouettes de plans,* presque de symbolisme en projection horizontale. Le type de ce pathos, c'est ce plan d'un palais de la Légion d'honneur, avec cinq corps de bâtiment formant une étoile, et une salle ronde au centre : juste ce que devait réaliser Mazas quelques années plus tard.

Oui, il y a de beaux plans, et je trouve l'expression très légitime, — mais comme il y a de beaux livres, beaux par ce qu'on y lit, ou comme une belle partition est belle par ce qu'elle contient, et non par l'aspect plus ou moins arabesque des pattes de mouche qui servent à l'écrire.

A la tenue générale de la composition, à la symétrie surtout, on oppose volontiers le pittoresque. Ainsi le Palais de Justice de Paris passe avec raison pour un des éléments pittoresques de la capitale, avec son palais de Saint-Louis, sa tour de l'Horloge, sa salle des pas-perdus, la Sainte Chapelle au milieu de ses constructions des trois ou quatre derniers siècles (fig. 39).

J'adore le pittoresque, et bien certainement pour l'étranger qui arrive dans une ville, le pittoresque est ce qui saisit le plus.

Mais on ne compose pas le pittoresque; il se compose à lui tout seul par l'œuvre du plus grand des artistes, le temps. Ce palais de justice, sept siècles y ont travaillé et mis leur empreinte; qui donc oserait se flatter de faire cela à lui tout seul et en un jour ? On compose — quand on est artiste de génie — la place de la Concorde; on ne compose ni la place Saint-Marc de

Fig. 40. — Vue du Capitole de Rome (d'après Letarouilly).

Venise, ni la place de la Signorie de Florence, ni celle de Sienne, ni le Capitole de Rome (fig. 40).

Et je vais plus loin : vous voulez du pittoresque? n'en cherchez pas. Ce n'est qu'ainsi que peut-être vous en aurez. Les siècles derniers, ayant à compléter les grands édifices du passé, ne se croyaient pas rivés à un style disparu; on continuait le Palais de Justice sans faire pour cela du XIIIe siècle — et le Palais de Justice est pittoresque. A Notre-Dame, et dans bien des églises, vous trouvez des styles successifs depuis le XIIe jusqu'au XVe siècle — et Notre-Dame est pittoresque. Rien n'est plus pittoresque que l'intérieur de la cathédrale de Toulouse, avec l'incohérence de ses deux parties, chacune de son époque. Ce qui tue le pittoresque, c'est encore l'anachronisme archéologique.

Mais qu'est-ce donc en somme que le pittoresque?

La variété. Et n'est-il pas une variété qui dépend de nous architectes, que nous pouvons et partant que nous devons assurer?

Cette variété légitime, ce n'est pas autre chose que le *caractère*, identité entre l'impression architecturale et l'impression morale du programme.

Sans doute, il y a une beauté intrinsèque de l'architecture; et nous admirons des vestiges superbes de monuments dont la destination nous est d'ailleurs inconnue. Mais la beauté n'est pas une qualité banale, et sa recherche n'a pas le droit de faire abstraction du caractère. Les formes magnifiques d'un palais appliquées à une prison seraient ridicules; appliquées à une école, à une construction industrielle, elles seront encore déplacées.

Le caractère des édifices est donc la condition de leur diversité, et préserve une ville ou une époque de la monotonie des constructions. L'architecte doit au besoin faire œuvre d'abnégation et résister lui aussi à la tentation.

La recherche du caractère est d'ailleurs une conception relativement moderne. L'antiquité a bien des édifices nettement caractérisés, mais elle ne paraît cependant pas avoir fait du caractère un mérite capital; ainsi le Parthénon, temple de la divinité athénienne, et les Propylées, porche militaire d'une citadelle, présentent les mêmes éléments; de même les salles des Thermes et la basilique de Constantin. Avec le moyen âge et la Renaissance continués par l'architecture moderne, le caractère s'écrit davantage, dans les églises, les cloîtres, les couvents, dont l'architecture est si spéciale; dans les hôtels de ville, dans les palais, puis dans les édifices administratifs, judiciaires, scolaires, etc.

Et cela ne peut surprendre, c'est la confirmation d'une loi historique souvent constatée. Depuis le christianisme, l'homme est devenu plus divers, plus compliqué aussi : ne nous en plaignons pas, car la variété du caractère dans nos édifices est une cause d'attrait, et une richesse de plus de la langue que nous parlons.

Enfin, pour vous soutenir et vous guider, vous aurez encore la tradition. Je sais qu'à parler de tradition on passe pour un arriéré : c'est une tendance actuelle de dédaigner la tradition. Eh bien, cela revient à tenir pour dignes de mépris les longs efforts continués à travers les siècles par les générations laborieuses qui nous ont précédés. C'est, la plupart du temps, chercher à donner le change sur son ignorance, affecter de dédaigner ce qu'on ne connaît pas, pour n'avoir pas besoin de l'effort nécessaire à le connaître.

Préservez-vous de cette infatuation. Le progrès est chose lente et doit être chose sûre. *Chi va piano va sano, chi va sano va lontano.*

Savez-vous bien ce qui est très fort, et très original ? C'est de faire très bien ce que d'autres ont fait simplement bien.

Les plus belles époques d'art sont celles où la tradition était la plus respectée, où le progrès était le perfectionnement continu, l'évolution et non la révolution. Il n'y a pas, il n'y a jamais eu de génération spontanée en art : entre le Parthénon et les temples qui l'ont précédé, il n'y a que des nuances.

C'est d'ailleurs pour les études surtout que la tradition est précieuse. Pour oser s'en dégager, il faut pouvoir la juger; pour juger, il faut connaître. La tradition est un patrimoine paternel : à le dissiper sans prudence, on risque de se trouver errant à l'aventure : au moins faudrait-il avoir su s'assurer un autre abri.

Voilà ce me semble ce qui peut se dire de général sur la composition : essayons de le résumer.

Vous devez être fidèles au programme, vous en pénétrer, et bien voir aussi quelle est la proportion de ce programme, la mesure à observer.

Le terrain, ou l'emplacement, fait varier du tout au tout l'expression d'un même programme ; il en est de même du climat.

Toute composition d'architecture doit être constructible; tout projet inconstructible est radicalement nul. Tout projet d'une construction plus difficile ou plus compliquée qu'il n'est nécessaire est ou mauvais ou médiocre.

La vérité s'impose à l'architecture; tout mensonge architectural est vicieux. Si parfois un de ces mensonges se fait excuser à force de talent et d'ingéniosité, il n'en reste pas moins l'impression d'un art inférieur.

La solidité effective ne suffit pas, il faut encore qu'elle soit manifeste.

Dans vos compositions, vous assurerez les communications

nécessaires, mais aussi simplement que possible et sans abus. Vous ferez en sorte que toutes les parties soient bien éclairées, que l'air arrive partout, que les eaux pluviales puissent facilement s'écouler.

La composition procède par sacrifices nécessaires. Une composition sera bonne d'abord, mais il faut aussi qu'elle soit belle. Vous devez donc composer à la fois en vue de l'utilité et en vue de la beauté de l'édifice. Et comme élément de beauté par la variété, vous chercherez le caractère.

Vous aurez ainsi fait ce qui, en architecture, dépend de l'architecte. Car, il ne faut pas se le dissimuler, et à cela nous ne pouvons rien, le grand architecte d'une époque, c'est son état social. Le technicien est un réalisateur, mais ce n'est pas lui qui crée ou qui gouverne les aspirations de son temps, il ne peut que s'y adapter au mieux des intérêts de l'art. Au-dessus des œuvres, au-dessus des programmes spéciaux, il y a le programme des programmes, c'est la civilisation même de chaque siècle, la foi ou l'incrédulité, l'aristocratie ou la démocratie, la sévérité ou le relâchement des mœurs. C'est un lieu commun de faire ressortir l'identité entre l'art de la Grèce et la civilisation de la Grèce; à Rome, vous reconnaissez, à l'exagération croissante du faste et des immensités, l'architecture des empereurs, si différente de celle de la République par ses compositions et ses programmes bien plus encore que par son style ou ses profils. Chez nous, la Sainte Chapelle ou Notre-Dame n'évoquent-elles pas la pensée de saint Louis comme personnification du moyen âge pieux? Et l'architecture des palais de la Renaissance pourrait-elle se concevoir sinon dans son milieu historique? Versailles, la place Vendôme, c'est Louis XIV lui-même, et plus tard la réaction contemporaine de l'école de David, le grand architecte en est Rousseau, comme Chateaubriand est l'architecte de la contre-réaction qui a suivi, comme nous-mêmes nous sommes entraînés par un mouvement général et complexe qui résulte de nos idées, de nos mœurs, de notre civilisation présente. Aujourd'hui, notre état social est à la fois démocratique et raffiné, ses instincts à la fois utilitaires et luxueux. Vous y êtes trop mêlés vous-mêmes pour pouvoir y échapper, — et d'ailleurs pourquoi vous isoleriez-vous dans l'anachronisme? Soyez les artistes de votre temps — cela peut toujours être une noble mission.

Après vous avoir dit ce qu'est la composition dans ses très grandes lignes, je vous entretiendrai maintenant de la proportion, ou plutôt peut-être des proportions.

CHAPITRE IV

LES PROPORTIONS GÉNÉRALES

SOMMAIRE. — Définition de la proportion. — Proportions raisonnées, proportions traditionnelles. — L'architecte maître et responsable des proportions. — De la proportion dans la composition : exemples. — Difficulté d'étude des partis impliquant des proportions fausses. — Les proportions réciproques des intérieurs et extérieurs, des cours et des salles. — Proportions d'un même objet suivant le voisinage et le milieu ou la distance. — Exemples de compositions identiques différenciées par les proportions.

Je dois vous parler à présent des proportions. Il faut d'abord essayer de les définir.

Le mot proportion est emprunté aux mathématiques, où il est synonyme d'égalité de rapports : au sens absolu, le rapport c'est le quotient de la division d'une quantité par une autre ; au sens relatif, la proportion qui résulte de la justesse des rapports, c'est l'harmonie entre les diverses parties d'un tout. Dans le premier sens vous direz par exemple que la hauteur de tel entablement est le quart de celle de la colonne ; dans le second sens, que toutes les parties de tel édifice ou de telle portion d'édifice sont admirablement proportionnées entre elles : de même vous direz, par exemple, que dans telle statue, la tête est comprise huit fois, je suppose, dans la hauteur totale; ou bien que cette statue est bien proportionnée, ou au contraire que les bras sont trop courts ou les jambes trop longues; de là les expressions « être ou n'être pas en proportion », c'est-à-dire contenter ou choquer notre instinct d'harmonie.

Mais dans la sculpture ou la peinture vous avez une base certaine, un critérium des proportions, la nature. Chez nous il n'en va pas ainsi : il y a des proportions qui sont des déductions logiques et qui s'imposent comme telles au raisonnement, — toujours avec la latitude très large que réclament les arts — il y a aussi des proportions, très acceptées, imposées même par le goût général, et qui ne sont cependant qu'une habitude des yeux ou de l'esprit, et dont la permanence est en quelque sorte une hérédité transmise de générations en générations.

Les auteurs qui ont cherché à établir un dogme de ces proportions, à créer une sorte d'hiératisme de l'architecture, ont essayé de donner une base solide à leurs théories; on a voulu invoquer la science : elle n'a rien à voir ici; on a cherché des combinaisons en quelque sorte cabalistiques, je ne sais quelles propriétés mystérieuses des nombres, ou encore des rapports comme la musique en trouve entre les nombres de vibrations qui déterminent les accords. Pures chimères. D'autres se contentaient de proclamer un legs de l'antiquité, et en cela ils étaient plus vrais, mais ils le recevaient comme une révélation indiscutable : comme si l'artiste devait d'abord s'interdire la liberté de l'homme!

Laissons là ces chimères ou ces superstitions. Il y a dans l'étude des proportions une grande part de traditions — d'habitude si vous aimez mieux, mais il y a plus et mieux, il y a toutes les nuances de l'art, toutes les recherches de caractère, toute l'étude en un mot, l'étude dont vous êtes maîtres, l'étude où vous êtes libres, à condition de savoir que, en art comme en

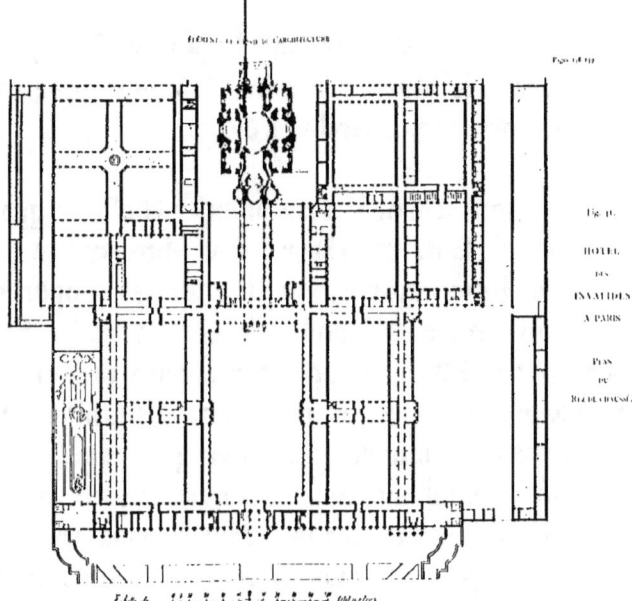

Note. — Le plan ci-contre reproduit seulement la partie monumentale de l'Hôtel des Invalides. Il se complète par toute la composition qui s'y rattache, de l'avant-cour au jardin, des fossés, de l'Esplanade, ainsi que de la cour de la Compdie, de la place Vauban et des grandes avenues rayonnantes, qui font de tout ce quartier de Paris une grandiose composition d'architecture.

Fig. 16.

HÔTEL
DES
INVALIDES
À PARIS

PLAN
DU
REZ-DE-CHAUSSÉE.

LES PROPORTIONS GÉNÉRALES

toutes choses, si la liberté est le régime le plus vivifiant, il est aussi celui qui impose le plus de devoirs. A mesure que votre liberté s'affranchit, votre responsabilité s'élève.

La proportion est tout d'abord et au premier chef une qualité de la composition. Il faut, et cela va sans dire, qu'entre les diverses parties de votre composition il y ait les proportions justes entre ce qui doit être grand, moyen ou petit. Et ne comptez pas trop sur l'étude pour assurer cette proportion : l'étude pourra quelque chose, certes, mais dans des limites imposées par la composition initiale. Supposez par exemple que vous ayez une cour d'honneur dont la longueur corresponde à celle de deux cours latérales de chaque côté; si dans ces parties latérales de votre composition vous avez placé trop de choses, l'étude voudrait que vous les grandissiez; mais l'étude demandera peut-être aussi que votre cour d'honneur ne s'augmente pas. Que faire? des transactions, des cotes mal taillées, et pourquoi? parce que dans la composition première le sens de la proportion a fait défaut.

Il m'est impossible, vous le concevez bien, de vous donner des règles à cet égard. Les proportions, c'est l'infini. Un exemple vaudra mieux.

Voyez le magnifique plan de l'Hôtel des Invalides (fig. 41) et figurez-vous ce grand ensemble non pas désert comme maintenant, mais peuplé par plusieurs milliers de vieux soldats. Rien n'est mesquin dans ce plan, et rien n'y est bizarre : il s'y trouve cependant des proportions insolites. Une cour d'honneur immense, presque une place publique, de vastes portiques qui devant la chapelle deviennent presque une salle des pas-perdus. C'est que cette cour doit réunir les invalides dans les revues, dans les cortèges, dans tout ce qui doit leur rappeler le métier des armes. C'est que dans ces portiques les hôtes de la maison doivent circuler avec des béquilles, ou dans des civières ou de petites voitures. La chapelle est une église véritable; c'est que la population est nombreuse, et c'est que nous sommes au siècle de Louis XIV. Dans cette chapelle, la coupole a une importance colossale, elle double la chapelle, et ne lui appartient presque pas; c'est que c'est une chose à part, qui a sa raison d'être propre : ce sera le lieu de sépulture des grands généraux, en attendant Napoléon.

Voyez encore au fond de la cour d'honneur, ces grands escaliers d'une proportion exceptionnelle, qui occupent chacun un bâtiment entier. C'est que ces escaliers servent à des infirmes, souvent portés sur des brancards, à qui en tous cas il faut l'emmarchement large et doux : j'en ai vu qui mettaient une demi-heure à descendre un étage!

Et dans tout ce plan, avant de lire une légende, comme vous voyez bien d'un coup d'œil tout ce qui est principal, tout ce qui est secondaire, tout ce qui n'est qu'accessoire! Nul besoin n'est pour cela du compas ou du décimètre. Voilà la proportion dans la composition!

Ces proportions-là se raisonnent, elles ne sont pas du pur instinct. Supposons un pensionnat : un nombre quelconque d'élèves dormira en même temps, mangera en même temps, sera en même temps en classes et en études. Pour chacune de ces divisions vous faudra-t-il quatre surfaces pareilles ? Évidemment non. Le couchage vous demandera bien plus de place, vous le voyez sans que j'aie besoin de le démontrer. Puis ensuite les repas, car si la place nécessaire à l'élève n'est pas plus grande pour manger que pour travailler, il faut plus de circulations de service. L'étude demandera un peu plus de surface que la classe; et s'il faut pour ce même personnel des salles de récréation, elles ne seront pour ainsi dire jamais assez grandes pour permettre les mouvements nécessaires. Et encore tout cela pourra varier suivant que les élèves seront de tout jeunes enfants, des adolescents ou des jeunes gens. Pour un même nombre, une classe de dessins sera plus grande qu'une salle de cours. Tout cela est évident, direz-vous, et c'est enfoncer une porte ouverte que de nous l'enseigner. Comment donc se fait-il alors que vous rapportiez si souvent à vos professeurs des compositions inétudiables par suite de proportions à contresens ?

Je pourrais multiplier les exemples ; c'est inutile. L'essentiel est de vous faire voir qu'un programme se raisonne : il ne faut pas se livrer sans contrôle au crayon, il faut auparavant avoir bien vu les proportions qui sont à l'état latent dans le programme, pour en faire les proportions de la composition. Il y a toujours quelque chose qui domine, dont les dimensions doivent surpasser toutes les autres : dans quelle mesure approximative ? puis quelque chose qui peut apparaître comme type de dimension moyenne, puis quelque chose de plus petit que le reste. Entre ces types, des nuances. Si vous avez bien vu cet échelonnement de proportions, je ne dis pas que vous ferez nécessairement une bonne composition — il y faut trop d'autres choses encore ; — mais vous ne ferez pas de ces compositions inétudiables, où par exemple la grande cour n'est pas plus grande qu'une salle, et où vous ne pouvez augmenter l'une sans que l'autre augmente aussi, en perpétuant la faute initiale.

Cette erreur de proportions entre les cours et les salles est des plus fréquentes. Que de plans ont été faits avec une cour, qualifiée cour d'honneur, qui se continue par une salle de même *largeur* (je ne dis pas longueur, ce qui n'aurait rien d'anormal). Que de fois on a reproduit à l'École le plan du projet de Conservatoire de Garnaud, qui séduit par sa simplicité, et qui pourtant est impossible. Une cour d'honneur est toujours dans la pensée de son auteur une grande cour : figurez-vous sa largeur en conséquence, et demandez-vous s'il sera jamais possible qu'une salle ait une largeur égale. Je vous citais les Invalides : l'église en est une large salle ; eh bien, bas-côtés compris, elle a à peu près le tiers de la largeur de la cour d'honneur ; sa nef, dans œuvre, en est presque exactement le cinquième, sans compter les portiques. Cette largeur de nef est comprise près de trois fois dans la largeur des cours latérales. Le diamètre intérieur de la coupole des Invalides est un peu moins du tiers de la cour d'honneur, un peu plus de moitié de la largeur des cours latérales.

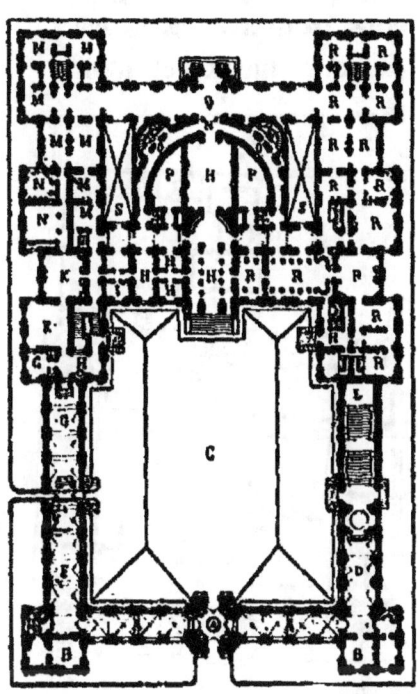

Fig. 41. — Plan du Luxembourg (Sénat). Rez-de-chaussée.

A. Entrée, piquet militaire et vestiaire. — B. Service, bureau télégraphique. — C. Cour d'honneur. — D. Vestiaire. — E. Grand escalier. — F. Poste militaire. — G. Chapelle et escalier des appartements Est. — H. Salle d'attente du public, concierge, cabinet du docteur et passage. — K. Escalier des appartements Est et Dépôt. — I. Dépôt. — M. Appartement du Questeur. — N. Salle du Livre d'or. — O. Couloir circulaire et escaliers des tribunes et galeries. — P. Magasins. — Q. Procès-verbaux et trésorerie. — R. Appartement du Questeur et magasins. — S. Cours de service.

Au Luxembourg, la salle du Sénat est une grande salle ; et cependant deux cours latérales s'ajoutent à sa largeur et à celle des circulations qui l'entourent pour égaler la largeur de la cour d'honneur (fig. 42).

A l'Hôtel de Ville de Paris, la grande salle des fêtes, non compris les galeries qui l'accompagnent, est un peu plus du tiers de la largeur moyenne de la cour d'honneur, qui est un vestige d'un monument beaucoup plus petit. Avec ces galeries, elle dépasse un peu la moitié de cette largeur moyenne.

Chez nous, à l'École, voyez l'hémicycle par rapport aux cours qui le précèdent, la salle de la Melpomène par rapport à la petite cour *du mûrier* (fig. 43), toujours vous trouverez ces largeurs de salles moindres que les largeurs de cours même peu monu-

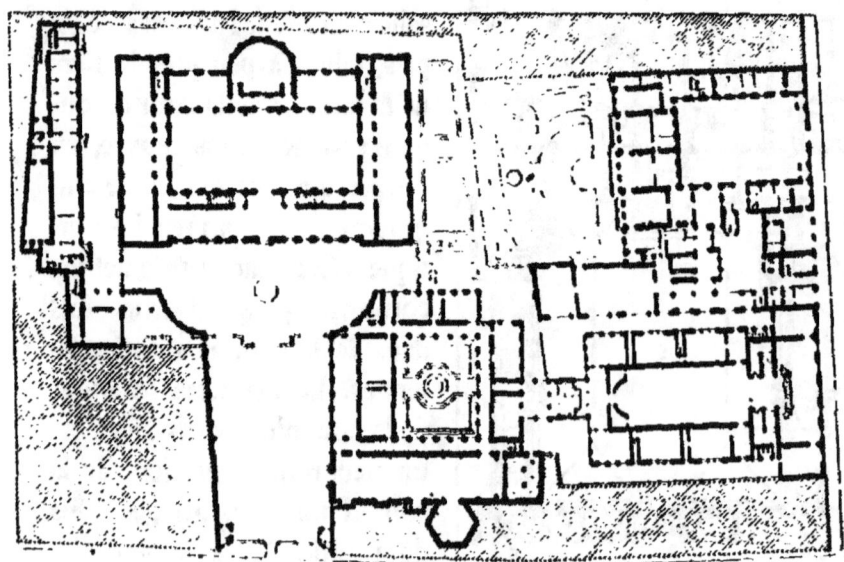

Fig. 43. — Plan de l'École des Beaux-Arts.

mentales, et cela ne peut pas être autrement, à moins que la cour ne soit volontairement étroite, comme au collège de la *Sapienza* à Rome (fig. 44). Je pense qu'il suffit de vous en avertir sans qu'il soit besoin de le démontrer.

Encore un principe général dans les proportions, c'est la considération du voisinage, du milieu. Faites, si vous le pouvez, cette expérience bien simple : prenez tel objet, par exemple un vase ou une statue, que vous avez l'habitude de voir en plein air, dans un jardin ; puis, voyez-en le moulage dans un intérieur :

vous affirmeriez que ce moulage est celui d'un objet beaucoup plus grand. Ainsi, au Musée du Trocadéro, les moulages de tout ce que vous connaissez en plein air vous paraissent grandis. Réciproquement, ce que vous êtes habitués à voir dans un intérieur vous paraîtra beaucoup plus petit transporté dehors. Et dans un intérieur, ce même objet vous paraîtra plus petit dans la salle des pas-perdus du Palais que dans votre atelier ou votre chambre, comme dehors il paraîtra plus petit sur la place du Carrousel que dans une rue ordinaire.

Le sens de la proportion — que j'avais bien raison de vous dire si délicat — s'altère donc suivant les situations : ou plutôt, c'est toujours ce sens de la proportion qui réclame et proteste, s'il y a contradiction entre la mesure de tel ou tel objet et sa position.

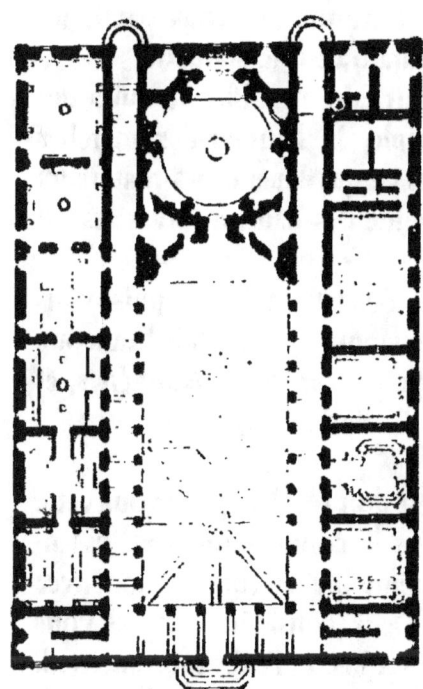

Fig. 44. — Collège de la Sapienza, à Rome.

On dit parfois que le plein air *dévore* les objets. Cette expression figurée est juste; il en est de même de la distance.

Si un objet ou un motif doit être vu à des distances tantôt grandes, tantôt petites, comme par exemple l'Obélisque de la place de la Concorde, il n'y a pas à tenir compte des conséquences naturelles de la perspective; mais s'il doit être toujours vu de loin, comme ce qui se trouve au sommet d'un monument, il faudra étudier en conséquence non seulement ses détails mais ses proportions même. Si vous voulez éveiller l'idée d'une statue à la mesure de l'homme, vous devrez la concevoir plus grande au sommet d'une tour qu'à son pied. Et pourtant, l'homme lui-même ne change pas : mais lorsque l'homme se tient au sommet de cette tour, il vous paraît un nain, et de même sa statue vous paraîtrait une statuette.

Mais cette considération ne saurait faire modifier ce qui a des dimensions nécessaires : par exemple, la hauteur des marches d'un escalier ou d'une balustrade, ni ce qui dépend des matériaux ou des lois de la construction, comme des hauteurs d'assises ou des combinaisons d'appareils.

Tout cela, je le répète, est très délicat, et je ne puis vous donner ici que des conseils très généraux ; j'aurai fait beaucoup si je développe en vous le goût d'observer ces phénomènes, et d'acquérir ainsi l'expérience à laquelle rien ne supplée.

De tout ce que je viens de dire il doit résulter pour vous cette conviction que les proportions dans la composition sont essentiellement variables. C'est l'art même de la composition avec toutes ses combinaisons infinies. Deux considérations ici vous régissent : le programme, ou les besoins, et l'effet monumental.

Eh bien, cette même variété, suivant cette même double considération des besoins et de l'effet, après l'avoir constatée dans la composition générale, vous la retrouverez encore dans les éléments de cette composition, puis il s'y joindra même une nouvelle cause de variété — qui agit bien aussi sur la composition, mais par l'intermédiaire des éléments — cette cause de variété, c'est le mode de construction.

Étudions donc, au point de vue des proportions, les diversités qui résultent des éléments même de l'architecture.

Voici deux compositions identiques, et de cette composition voici deux études qui sont deux chefs-d'œuvre, aussi différents que possible : les portiques superposés du Théâtre de Marcellus (fig. 45), les portiques superposés de la Cour du palais Farnèse (fig. 46). Vous les connaissez assez, je pense, sans que j'aie besoin de vous les décrire; je vous fais seulement remarquer l'identité : au rez-de-chaussée, une arcade, accompagnée de deux colonnes engagées, d'ordre dorique, entablement; puis premier étage, composé d'une arcade entre deux colonnes engagées, ioniques, et entablement. Impossible de faire varier le signalement.

Et pourtant quelles différences, ou mieux quel contraste ! Cela vous frappe, et cela frapperait tout le monde. Mais il ne suffit pas, pour vous, de le constater, il faut voir pourquoi. Or, ce contraste n'est pas dans l'ornementation, pas même dans les profils, il est surtout et avant tout dans les proportions. On peut même dire qu'il n'est en réalité que dans les proportions.

Et l'on peut ici poser en axiome ce principe :

Un même motif de composition donnera lieu à des expressions absolument différentes suivant la proportion que lui aura donnée la volonté de l'architecte.

Ou, en d'autres termes, les proportions que l'architecte étudie librement sont entre les mains de cet artiste le moyen de donner à ses œuvres le caractère d'art qu'il poursuit.

Ce qui revient à démontrer une fois de plus :

Il faut que l'architecte soit maître de ses proportions; sans cette liberté, il n'y a pas d'architecture.

Vous voyez combien nous sommes loin des formules imposées !

Mais cette liberté devra s'exercer avec raison et non par une fantaisie irraisonnée. Si l'architecture n'a pas de règles, elle a des lois qu'on ne saurait violer impunément. Et il est intéressant à coup sûr de dégager autant que possible ces lois de la variété des proportions.

LES PROPORTIONS GÉNÉRALES

Fig. 45. — Portique du Théâtre de Marcellus, à Rome.

Fig. 46. — Portique de la Cour du Palais Farnèse, à Rome.

CHAPITRE V

LES PROPORTIONS SPÉCIFIQUES

SOMMAIRE. — Recherche des causes qui devront faire varier ces proportions. — Application aux ordres pris pour exemples. — La dimension effective; les superpositions; le nombre des points d'appui; le caractère artistique. — Étude des proportions dans les intérieurs. — Colonnades accouplées. — Ordres au-dessus d'un soubassement ou d'un étage.

Les proportions dans les portes et fenêtres, tirées de leur usage effectif. — Portes monumentales, ordinaires, de service. — Application aux proportions des fenêtres. — Lien de ces proportions et des hauteurs d'étages.

Proportions des arcades. — Fonction de l'arcade. — Les grands arcs. — Les proportions monumentales dans les arcades. — Les portails d'églises. — Proportion des arcades-fenêtres.

Proportions entre les divers éléments d'un édifice, notamment les arcades et les plates-bandes. — Exceptions. — Variété infinie.

Conclusion : le vrai, règle des proportions.

Quelles seront donc les causes qui devront faire varier les proportions? Elles sont multiples.

D'abord la dimension effective. Ainsi les portiques de la Madeleine (fig. 47) et ceux de la Cour ovale de Fontainebleau (fig. 48) ne sauraient avoir les mêmes proportions.

Mais je vais prendre ici tout de suite pour exemple les ordres antiques, qu'on s'est habitué à considérer comme presque immuables dans leurs proportions. Si je considère un ordre très grand, tel que le temple de Mars Vengeur à Rome, je trouve, en proportion du diamètre :

Colonne, diamètre pris pour unité.......... 100 %
Vide entre deux colonnes, 1 diamètre, 2/5 environ, soit.......... 142 %

Fig. 47. — Travées de la Madeleine, à Paris.

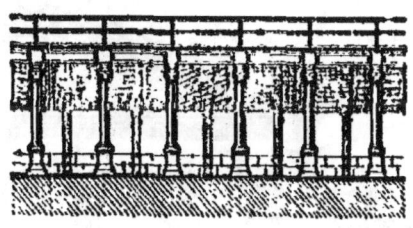

Fig. 48. — Travées de la Cour ovale de Fontainebleau.

Et comme la colonne a 1 m 786 de diamètre inférieur, cela revient à :

Diamètre.......................... 1 m 786
Passage entre deux colonnes.................. 2 m 534
Longueur du linteau....................... 4 m 32

Comme vous le voyez, le passage est fort large, et la dimension du linteau exige des pierres d'une longueur exceptionnelle.

LES PROPORTIONS SPÉCIFIQUES

Fig. 49. — Le Parthénon.

Fig. 50.
Temple de Cori.

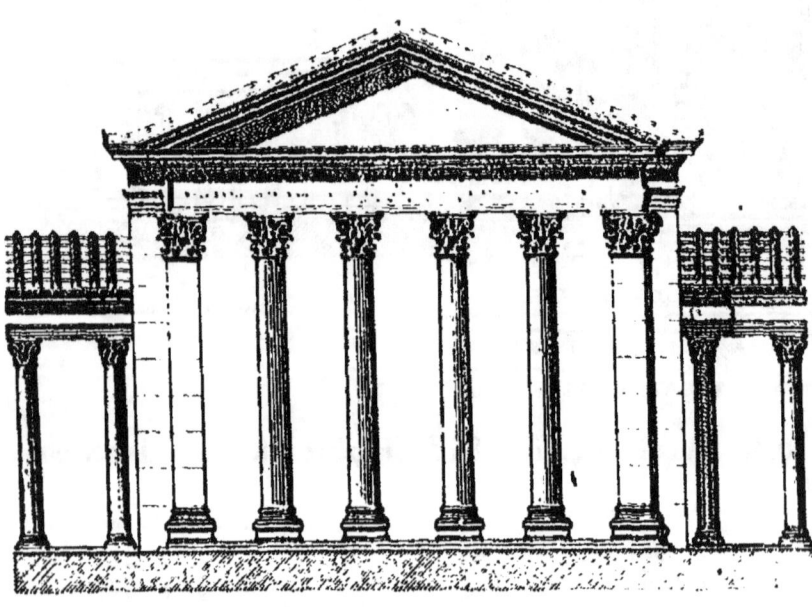

Fig. 51. — Portique d'Octavie, à Rome.

Si nous supposons que la même proportion soit appliquée à un ordre beaucoup plus petit, de 0ᵐ 50 de diamètre, nous aurions :

Diamètre	0ᵐ 50
Vide entre les colonnes	0ᵐ 71
Longueur du linteau	1ᵐ 209

Le passage entre les colonnes serait d'une exiguïté ridicule, tandis que la construction permet une portée beaucoup plus grande.

De même pour le Parthénon (fig. 49) :

La colonne a de diamètre	1ᵐ 874
Le passage entre deux colonnes	2ᵐ 425
Portée des architraves	4ᵐ 299

Si cette proportion était appliquée au dorique de Cori (fig. 50) — et il y en a de plus petits — on aurait :

Diamètre	0ᵐ 71
Donnant pour largeur du passage entre deux colonnes	0ᵐ 92
Dimension impraticable, tandis que la largeur réelle de ce passage est de environ	1ᵐ 60

Mais il y a plus concluant encore; dans un même monument, le Portique d'Octavie à Rome (fig. 51), exemple classique de juxtaposition d'un petit ordre à côté d'un grand, dans la proportion d'environ l'un les deux tiers de l'autre, les entre-colonnements *sont égaux d'axe en axe des colonnes*, de sorte que le passage entre colonnes est plus grand dans le petit ordre que dans le grand.

Je pourrais multiplier ces exemples, prendre des ordres plus serrés que le Parthénon, plus lâches que Cori; j'aime mieux vous dire : voyez la Madeleine et voyez la cour ovale de Fontainebleau, et vous reconnaîtrez cette loi des proportions :

LES PROPORTIONS SPÉCIFIQUES

Dans les colonnades, et en général dans les constructions couvertes en plates-bandes, plus la dimension effective est grande, et plus la proportion est serrée ; plus la dimension est petite, plus l'ordonnance est lâche.

Puisque je parle des colonnades, je veux vous faire voir aussi les différences de proportions qui s'imposeront dans le cas d'ordres superposés.

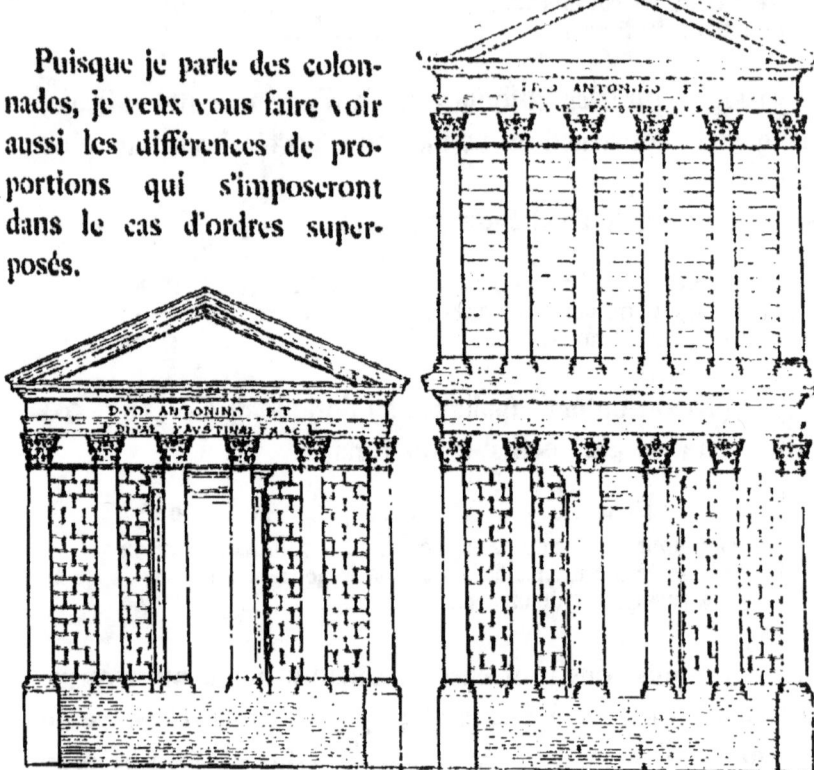

Fig. 52. — Temple d'Antonin et Faustine.   Fig. 53. — Superposition inadmissible.

La proportion d'une colonnade vous plaît : essayez de la superposer à elle-même par une répétition identique ; non seulement l'ordre supérieur vous paraîtra lourd et écrasant, mais l'ordre inférieur, celui qui tout à l'heure vous plaisait, vous paraîtra tout autre, trop serré et étouffé. Voyez par exemple, dans la fig. 53, ce que produirait la superposition identique du frontispice du temple d'Antonin et Faustine à Rome, dont la proportion (fig. 52) est parfaite. Pourquoi?

C'est que malgré vous, instinctivement, votre esprit perçoit ces deux colonnes en prolongement comme formant en réalité un seul et même point d'appui, et ne peut faire abstraction de la proportion totale; c'est encore que, même à égalité de dimensions effectives, la colonne surmontée d'une autre éveille l'idée d'une chose plus petite que la colonne faisant à elle seule toute la hauteur de l'édifice, et que par suite l'esprit veut voir ici une de ces proportions plus lâches qui sont la caractéristique des petites ordonnances.

Et quant à la colonne supérieure, votre instinct, votre goût, la demandent impérieusement plus petite, plus légère que celle du bas; en architecture, ce qui porte doit toujours être d'aspect plus robuste que ce qui est porté. Plus mince, cette colonne supérieure sera aussi plus courte, et par conséquent la proportion de l'entre-colonnement par rapport à la colonne sera nécessairement plus lâche dans ce second ordre que dans le premier. C'est ainsi que sont conçues les superpositions que nous admirons, par exemple les trois ordres superposés de la Cour du Louvre. (V. fig. 25 et 28.)

Mais si cela est vrai des entre-colonnements, il n'en sera pas ainsi des entablements, car celui du deuxième ordre couronne le tout, et est l'entablement du monument entier aussi bien que celui de l'ordre supérieur. Aussi l'a-t-on souvent traité d'une manière plus monumentale, par exemple au Palais de la Chancellerie à Rome. (V. plus haut, fig. 26.)

A l'appui de ces théories, je puis vous citer un exemple très instructif: c'est le fond de la cour d'honneur de l'École militaire (fig. 54), par Gabriel. A côté du pavillon central, décoré d'un grand ordre comprenant deux étages, sont disposés des portiques au rez-de-chaussée et au 1er étage, avec deux ordres superposés. Les ordres de ces portiques sont formés de colonnes accouplées engagées, et l'entre-colonnement diffère peu de celui du grand ordre. L'ensemble des deux colonnes accouplées du rez-de-

Fig. 54. — L'École militaire, à Paris.

chaussée et des deux colonnes accouplées du 1er étage donne presque l'illusion d'une reproduction de la grande colonnade du pavillon central.

Une autre cause de variété des proportions dans les colonnades est encore la différence de nombre. Si un motif de façade, tel que péristyle ou avant-corps, se compose de deux, de quatre, de six, huit, dix colonnes, la proportion ira toujours en se resserrant de plus en plus à mesure que le nombre augmente.

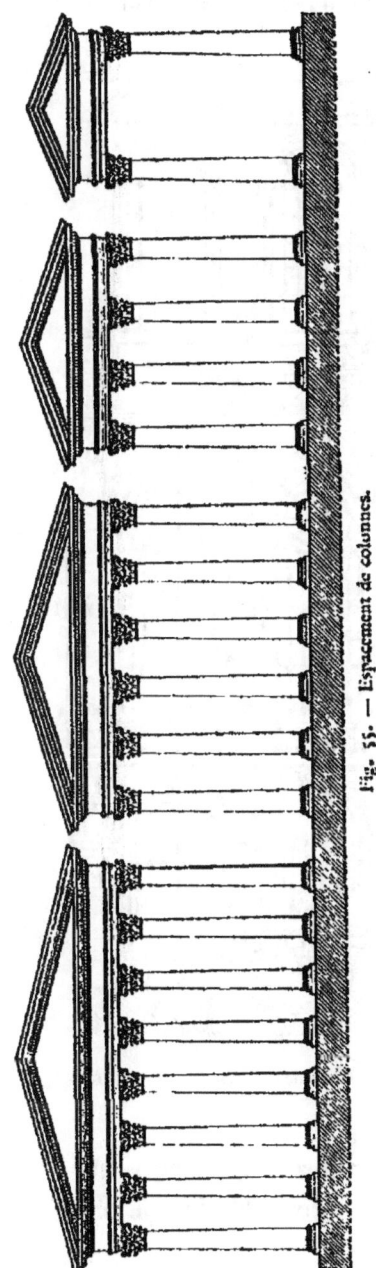

Fig. 55. — Espacement de colonnes.

Deux colonnes exigent une proportion très lâche, huit ou dix colonnes, une proportion serrée (fig. 55). Dans cette exigence des yeux, il y a beaucoup de tradition, il y a aussi un raisonnement : plus vous offrez de nombreux passages à la circulation, plus vous pouvez resserrer chacun d'eux ; tandis que si vous n'en offrez qu'un, il faut qu'il soit aussi large que possible. Assurément, on ne se formule pas à soi-même ces raisonnements, mais ils sont souvent à l'état latent dans nos impressions, et nous qui cherchons à produire chez le spectateur des impressions favorables, nous devons en étudier ces raisons implicites, pour ne pas nous exposer à les choquer par un contresens.

Quant aux nuances de proportions que vous pouvez chercher pour affirmer le caractère de l'édifice, elles sont infinies, et relèvent du goût personnel. Tout ce qu'on en peut dire ici, c'est que plus vous voudrez éveiller l'idée du monumental, plus vous devrez conserver les proportions traditionnelles dans ce qu'elles auront de compatible avec votre composition.

Lorsque, au contraire, la fantaisie et le caprice seront à propos, vous vous affranchirez de cette sévérité qui deviendrait du pédantisme. Toutes questions de mesure et de goût.

Dans les intérieurs, là où vous emploierez des colonnades, les proportions devront être moins sévères que dans des façades, surtout si ces colonnes sont au-devant de tribunes. La chapelle (fig. 56) et le théâtre du Palais de Versailles sont, à cet égard, des exemples très heureux, comme aussi l'ordre engagé de l'antichambre de Versailles devant la chapelle.

Vous verrez aussi que l'étude des colonnes accouplées appelle des proportions autres que les colonnes isolées. Les deux colonnes d'un accouplement forment en réalité un point d'appui, et l'entre-colonnement

Fig. 56. — Chapelle de Versailles. (Intérieur.)

serait bien trop étroit si vous lui donniez les proportions moyennes, car alors les vides et les pleins deviendraient à peu près égaux, chose contradictoire avec l'idée d'un portique. C'est ainsi que sur des dimensions assez analogues, le portique de la cour de l'hôtel Soubise (fig. 57), à colonnes accouplées, est d'une proportion bien plus lâche que celui du Palais de la Légion d'honneur (fig. 58) à colonnes simples.

Fig. 57. — Portique de l'Hôtel de Soubise.

La proportion variera encore si vous avez une colonnade au-dessus d'un rez-de-chaussée; regardez une élévation du palais de la place de la Concorde (fig. 59), puis cachez le rez-de-chaussée, comme si la colonnade partait du sol. Vous ne reconnaissez pas la proportion, tellement elle vous paraîtra lâche sans motif. C'est qu'elle compte avec les piédroits des arcades du soubassement — c'est que l'étude en devait être appropriée à sa situation.

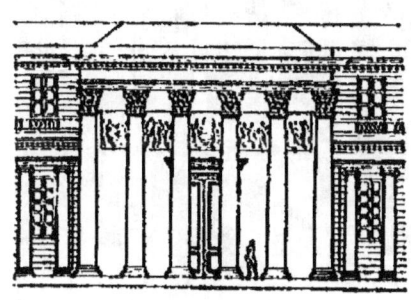

Fig. 58. — Portique de la Cour de la Légion d'honneur.

Si nous passons aux portes et fenêtres, nous trouvons également de grandes variétés de proportions, et par les mêmes raisons.

Tout d'abord, il se pose pour ces ouvertures des questions d'usage qui priment toutes les autres : il faut qu'une porte soit assez large, il faut qu'elle soit assez haute, et, d'autre part, il faut — quand elle n'est pas avant tout décorative — que ses dimensions se prêtent à l'ouverture et à la fermeture facile de ses vantaux en menuiserie. Les très grandes portes, recevant parfois des vantaux en bronze, comme celle de la Madeleine,

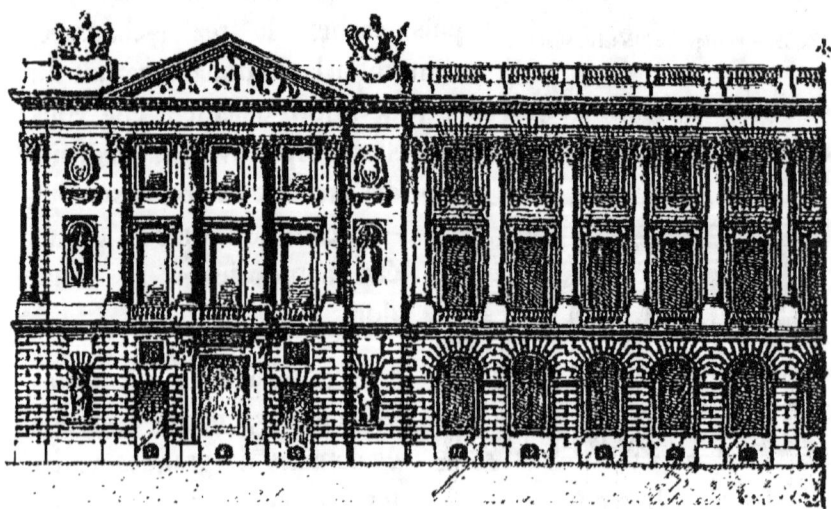

Fig. 59. — Monuments de la place de la Concorde.

sont des exceptions; on les ouvre rarement, et s'il le faut on se met pour cela à plusieurs; mais ces conditions sont toutes différentes de celles qui régissent les portes d'un usage continuel.

Vous trouvez chez d'anciens auteurs l'indication d'une proportion pour les portes de la hauteur double de la largeur. Ici encore, cette proportion ne peut être prise comme une règle, et je vais tout de suite vous le démontrer par un exemple familier. Dans nos appartements, nous avons des portes à deux van-

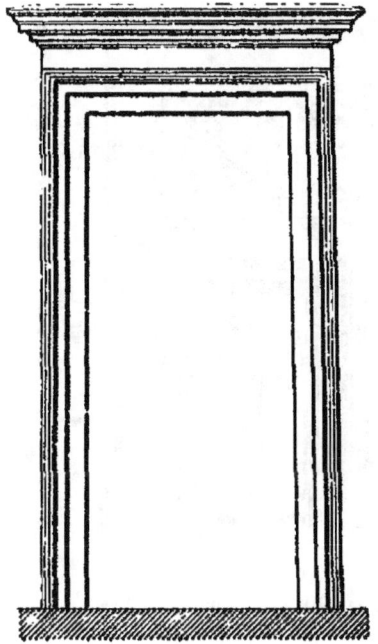

Fig. 60. — Porte du Temple de Vesta, à Tivoli.

Fig. 61. — Porte du Temple de Cori.

taux, des portes à un vantail; la largeur de l'une est presque double de l'autre, et les hauteurs sont nécessairement les mêmes.

Dans les portes monumentales, il y a parfois des hauteurs très grandes, par exemple à la porte du temple de Vesta, à Tivoli (fig. 60), dont la largeur moyenne est de $2^m 35$, et la hauteur $5^m 52$; le rapport de la largeur à la hauteur est donc environ 2,35. La célèbre porte du temple de Minerve Poliade, à Athènes, a presque exactement la hauteur double de sa largeur; celle du

LES PROPORTIONS SPÉCIFIQUES

temple de Cori (fig. 61) est un peu plus haute; et, en général, ces portes sont plus élancées que celles d'un usage plus ordinaire : comparez-en les proportions à celles de la plupart des portes cochères par exemple, vous n'aurez pas de doute à cet égard, et cependant leurs largeurs sont à peu près celles d'une porte cochère ordinaire. D'où provient cette différence ?

Ce n'est pas de l'usage qu'on fait de cette porte, car à ce point de vue la porte cochère devrait être plus haute que la porte où ne passent que des piétons. La raison en est dans la volonté qu'ont eue les architectes de produire une impression monumentale.

Qu'est-ce en effet que le *monumental* ? Une définition complète en serait complexe, mais son principal caractère

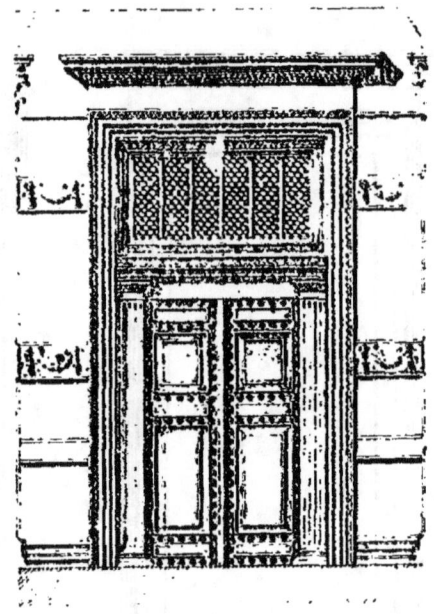

Fig. 62. — Porte du Panthéon de Rome.

est l'impression de grandeur que perçoit l'homme en comparant l'édifice avec sa propre grandeur : vous-mêmes, lorsque dans un dessin vous voulez faire ressortir cette recherche du monumental, vous y placez une figure humaine.

Or, la porte rectangulaire trouve bientôt, surtout dans la construction antique, une limite à sa largeur; c'est la portée du linteau : déjà pour couvrir des portes de 2 ^{m} 50 de large, il faut des pierres exceptionnelles. Mais la hauteur est indépendante de cette sujétion, ce sera donc à la hauteur qu'on demandera

Éléments et Théorie de l'Architecture.

l'expression monumentale, et, pour l'obtenir, on ne craindra pas de faire la baie de porte plus haute que la porte véritable ; il y aura alors un imposte ou partie supérieure fixe ; l'exemple de la porte du Panthéon de Rome (fig. 62), plus haute et plus large que l'ouverture réelle, est très significatif à ce point de vue. Vous pouvez voir un exemple analogue à la Madeleine, dont la porte est inspirée de celle du Panthéon romain.

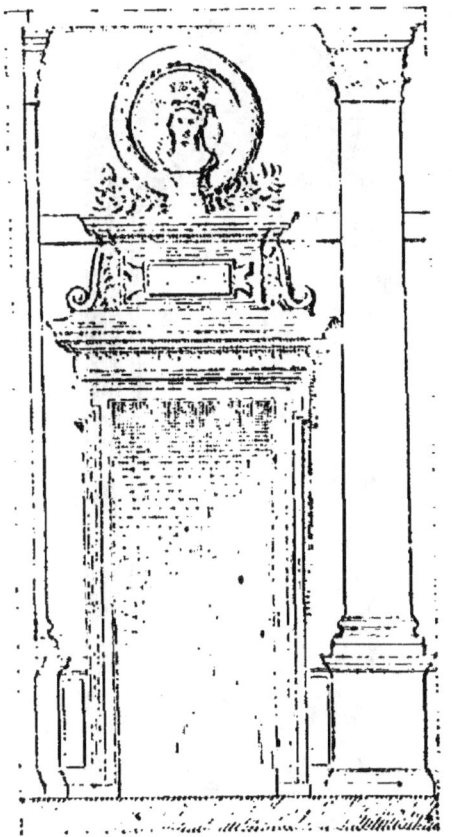

Fig. 63. — Porte de la Cour de Cassation.

Puis si, pour un usage moins solennel, vous avez encore besoin d'un passage de même largeur ou à peu près, la hauteur purement décorative des portes que je viens de citer diminuera ; vous aurez alors des portes à deux vantaux ouvrant dans toute leur hauteur. Mais même dans les intérieurs subsistera cette loi de la hauteur plus grande réservée à l'impression monumentale. C'est ainsi que, au Palais de Justice, la grande porte de la Cour de cassation (fig. 63) atteint une proportion très élevée. De même ou à peu près les portes de la chambre royale de Henri II au Louvre, ou à Venise, une belle porte intérieure au Palais ducal. Ces proportions sont tout à fait excep-

LES PROPORTIONS SPÉCIFIQUES   163

tionnelles dans les intérieurs, où généralement les hauteurs d'étages même les interdiraient pour des portes qu'on voudrait tenir larges.

Et la proportion redevient haute, plus haute même que dans la porte monumentale, pour nos plus petites portes : les portes à un vantail, et plus particulièrement les plus modestes. C'est qu'ici c'est la hauteur qui ne peut guère varier ; il faudra toujours au minimum qu'on puisse passer sans courber la tête : mettez deux mètres au minimum. Si votre porte n'a que 0ᵐ 70 ou 0ᵐ 80 de large, vous voyez que sa proportion est plus haute que celle de la porte de Tivoli que je vous citais tout à l'heure.

Ainsi, proportions élevées pour les portes monumentales, proportions moyennes, et parfois basses, pour les grandes portes ordinaires, de nouveau proportions très élevées pour nos plus petites portes, voilà ce qu'indique

Fig. 64. — Fenêtre de la Cour du Louvre, 1ᵉʳ Étage.

la nécessité. A l'étude appartiendra la mission de spécifier chacune suivant sa destination, en motivant ainsi la proportion par le caractère.

Beaucoup de ces considérations s'appliqueront aussi aux fenêtres. Ainsi, les grandes fenêtres de la Cour du Louvre (fig. 64), si monumentales, ont une proportion de 2,43 entre la hauteur et la largeur. Celles du rez-de-chaussée sont encore plus hautes, la proportion atteint trois fois la largeur. C'est là le propre de l'architecture monumentale, parce que de telles proportions ne peuvent exister que si les étages sont d'une grande élévation.

C'est en effet cette considération de la hauteur des étages qui détermine avant tout les proportions des fenêtres. Les largeurs ne varient que dans des limites assez restreintes : la fenêtre à deux vantaux ne peut guère avoir moins de 1^m 20 ni plus de 2 mètres de large (c'est un peu plus que la largeur de celles du Louvre), tandis que les hauteurs peuvent varier du simple au triple.

Fig. 65. — Hôtel des Monnaies, façade latérale.

Aussi voyez-vous souvent, dans le même édifice, des proportions très diverses pour les fenêtres, notamment lorsqu'elles se superposent en plusieurs étages. Je vous citerai ainsi les fenêtres superposées du Louvre, de l'Hôtel des Monnaies (fig. 65), de la place de la Concorde. Dans ces exemples, les largeurs varient peu, les différences — et elles sont considérables — résident toutes dans les hauteurs.

Si je vous ai suffisamment indiqué ce qu'est l'étude de l'architecture, j'ai à peine besoin de vous dire que ce n'est pas en façade seulement que s'étudieront les proportions de vos fenêtres.

La hauteur des étages, je l'ai déjà dit, régit la hauteur des fenêtres; mais dans cette relation même il y aura des nuances sensibles suivant que vos intérieurs seront voûtés ou plafonnés,

Fig. 66. — Hôtel Pourtalès, à Paris.

larges ou étroits. Toute fenêtre est faite pour éclairer un intérieur, et doit d'abord satisfaire à ce programme. Elle sera différente encore suivant qu'elle sera une fenêtre d'habitation, où l'on viendra s'accouder, ou bien une fenêtre éclairant des locaux destinés au travail ou à l'étude ; la fenêtre d'un hôpital aura sa proportion particulière, la fenêtre d'école ou de lycée également.

Rien peut-être en architecture ne se prête à des proportions plus indéfiniment variées que la fenêtre, depuis la *mezzanine*, souvent plus large que haute, comme à la *Libreria* de Venise, à la Farnesine, ou à l'hôtel Pourtalès (fig. 66) par Duban, rue Tronchet, au palais *Massimi*, jusqu'aux fenêtres si élancées des églises. Mais cherchez bien et vous trouverez toujours un motif à ces proportions, — au moins dans les beaux édifices —, et cette raison sera ici encore la conformité entière de l'expression architecturale avec les besoins, matériels ou moraux, auxquels l'architecte aura dû satisfaire.

Et, certainement, vous voyez déjà apparaître ici, dans tout ce que je vous ai déjà dit à propos des proportions, l'action de la construction sur l'architecture. L'architecture n'est pas un art d'imitation, elle n'est pas non plus un art de conceptions arbitraires, d'esthétique *a priori*. Elle est avant tout et par-dessus tout l'art du vrai : le vrai dans les besoins à satisfaire, le vrai dans la construction qui en présente les moyens : mais le vrai dans les mains d'un artiste. Là est l'art tout entier.

Pour les arcades, nous trouverons des proportions encore bien plus variées. Pour les bien concevoir, il faut se bien rendre compte de ce qu'est l'arcade, de sa raison d'être et de sa fonction.

Pendant longtemps, pendant des siècles, l'architecture a disposé pour fermer les baies ou les portiques, du seul élément rectiligne : le linteau. Qu'il fût en bois, en pierre ou en marbre, les grandes portées lui sont interdites ; on est bien arrivé à des dimensions extraordinaires pour la matière, par exemple aux Propylées d'Athènes où des poutres de marbre dépassent 6 mètres : n'importe, c'est un élément limité, qui ne pouvait satisfaire à toutes les aspirations de grandeur de l'architecture.

Puis un jour, quelque part, peut-être ici et là, peu importe, d'un seul jet ou par tâtonnements, l'arcade fut trouvée.

Fig. 67. — Porte antique, à Fano.

Cette arcade, vous la voyez tous les jours, l'habitude exclut chez vous l'admiration; réfléchissez-y pourtant : c'est là une des grandes découvertes du génie humain, une de celles qui ont affranchi l'art et enrichi la civilisation, et j'ajouterai — si l'arcade est sortie d'un seul jet d'un seul cerveau — une des plus puissantes conceptions de l'intelligence victorieuse de la matière.

Donc, voilà qui est bien net : sa raison d'être, c'est le besoin de créer des ouvertures plus larges que le morceau de pierre

Fig. 68. — L'arc de Nazareth, à Paris.

ne peut être long ; sa fonction, c'est la réalisation de ces grandes ouvertures.

N'oublions pas ce point de départ si nous voulons étudier logiquement les proportions dans les arcades.

Ainsi donc, à l'inverse des plates-bandes, l'arcade n'a pour ainsi dire pas de limites de largeur, tandis que sa hauteur sera, en général, régie par les mêmes considérations que celle des plates-bandes ; hauteur des étages ou des salles, possibilité de clôture, etc.

Aussi, tandis que je vous disais pour les plates-bandes : l'impression de grandeur, l'aspect monumental résident surtout dans la hauteur, je vous dirai pour les arcades : cette impression de grandeur, c'est dans la largeur surtout que vous la trouverez. La niche, en d'autres termes la plus petite arcade, est toujours élancée ; la grande arcade est de proportion large : voyez par exemple l'arc de Rimini, l'arc de Titus à Rome,

Fig. 69. — Travée du Palais-Royal.

les portes de villes ; par exemple celle de Fano (fig. 67), la *Loge des Lanzi* ; à Paris, voyez l'ancienne arcade Saint-Jean à l'Hôtel de Ville, l'ancien arc de Nazareth (fig. 68) aujourd'hui reconstruit au Musée Carnavalet, les grands arcs d'entrée du Carrousel sur le quai. Ces dernières arcades sont-elles plus hautes que celles du Jardin du Palais-Royal (fig. 69) ou de la porte de la chapelle Luxembourg ? Je ne sais, mais entre la proportion de ces dernières, si étroites, et celles que je viens de citer, quelle est la proportion grande? Aucun doute n'est possible.

Rien ne fera mieux sentir cette vérité que l'étude des porches ou portails, par exemple ceux de la façade principale d'Amiens (fig. 70). Toute grande qu'elle soit matériellement, si la porte principale d'Amiens n'était qu'un simple trou dans ce mur, elle paraîtrait petite; elle le paraîtrait encore si elle n'était encadrée que d'une seule arcade. Mais vous connaissez la disposition de ces portails, avec leurs archivoltes successives en saillie les unes sur les autres, formant ainsi un grand nombre d'arcades concentriques. Chacune de ces arcades n'ajoute qu'une largeur d'archivolte à la hauteur, elle en ajoute deux à la largeur; si bien que, sans la légère différence qui résulte du tracé ogival, les largeurs croissent, par rapport aux hauteurs, dans la proportion de deux à un. Et voyez dès lors combien la proportion prend de grandeur d'aspect : c'est que, par une illusion voulue par l'artiste, votre œil perçoit avant tout l'arcade la plus large, celle qui détermine pour vous à elle seule la proportion du portail.

Enfin, à l'extrême de la largeur, vous avez le pont, qui est la plus grande expression de l'arc.

Est-ce à dire que ces principes ne souffrent pas d'exceptions? Non, car il peut toujours y avoir dans toute composition une idée, un sentiment à affirmer d'une façon particulière. Ainsi la porte Saint-Denis (fig. 71), l'arc de l'Étoile (fig. 72) ont des proportions élevées malgré la largeur considérable de leurs arcades, la dernière surtout. Mais qui ne voit dans cette proportion même le cadre du Dieu ou de l'idole, l'arcade faite pour un homme et non pour une foule? Proportion toute morale, celle-là, car je pense que si dans l'avenir, après une victoire, notre démocratie a des arcs de triomphe à dresser, la propor-

Fig. 70. — Portail de la Cathédrale d'Amiens.

tion de leur arcade ne sera plus celle qui encadre un homme, mais qu'elle sera assez large pour encadrer aussi, et sans en changer l'allure, le défilé des régiments!

Ce sont souvent aussi des proportions très hautes, celles des arcades qui éclairent les églises, par exemple les grandes verrières, qui dans certains transepts sont presque de la hauteur des nefs elles-mêmes. Encore une proportion toute morale, issue d'ailleurs de la proportion spéciale du monument lui-même.

Fig. 72. — Porte Saint-Denis.

Mais lorsque l'arcade n'est qu'une fenêtre, les motifs que nous avons vus plus haut pour les fenêtres en plates-bandes régissent encore sa proportion. Je n'y reviendrai donc pas.

Seulement l'arcade se prête à des fenêtres plus larges, qui ne sont plus la simple fenêtre close par la croisée à deux vantaux. Ce sont alors des jours très vastes, comme étaient ceux des salles des Thermes, comme sont ceux des églises, de la salle des pas-perdus au Palais de Justice, des gares de chemins de fer. A proprement parler, ce ne sont plus là des fenêtres, ce sont de grands arcs vitrés qui échappent naturellement aux proportions de la fenêtre proprement dite.

En résumé, les proportions des arcades varient à l'infini, et cela devait être, puisque l'arcade a été créée précisément pour permettre et réaliser toutes les variétés possibles de grandeurs et de proportions des ouvertures. L'architecte peut ici déployer toute la souplesse de son talent, il est le maître incontesté de la matière qu'il façonne à son gré. Vous voyez ainsi que ces études vous ramènent toujours au sentiment de votre liberté.

Est-il besoin d'ajouter que celui qui en use mal est d'autant plus responsable?

Fig. 72. — Arc de triomphe de l'Étoile.

Mais dans un même édifice vous n'aurez pas seulement des plates-bandes ou seulement des arcades; souvent vous emploierez l'une et l'autre.

Si vous vous reportez à l'origine et à la raison d'être des formes, vous reconnaîtrez l'évidence de ce principe que, dans une même composition, l'arcade est la forme des ouvertures les plus grandes, la plate-bande celle des ouvertures les plus petites. On ne comprendrait pas, par exemple, une porte cochère rectangulaire dans une maison dont les fenêtres ordinaires seraient cintrées. Il est vrai que la composition des portiques en arcades avec colonnes engagées et entablement paraît donner un démenti à ce principe; mais regardez-y de plus près : ce motif qui ne vous choque pas, lorsque l'ordonnance n'est en somme qu'une décoration et non une ouverture, devient choquant lorsque la colonne se dégage, et constitue ainsi un véritable portique à plate-bande en avant de l'arcade.

Je reconnais cependant que de beaux monuments dérogent à ce principe, notamment les palais de la Place de la Concorde. Il y a là bien des motifs tirés de la situation, de la volonté de l'artiste de traiter le rez-de-chaussée en simple soubassement, du contraste affirmé. J'aime mieux encore vous dire une fois de plus que les licences sont permises aux grands artistes, et qu'il serait téméraire de faire subir un interrogatoire à un chef-d'œuvre. Mais qu'est-ce à dire après tout? Qu'il n'y a pas de règles sans exceptions? Je le sais, mais j'ajoute que l'exception n'empêche pas la règle.

Eh bien, cette règle des proportions, dégageons-la. Maintenant que je vous ai parlé des proportions dans les colonnades, dans les portes et fenêtres, dans les arcades, dans les relations entre ces divers éléments, ne voyez-vous pas ce qui les régit? Sera-ce le caprice, une volonté préconçue, une tradition inexpliquée? Non, c'est tout uniment, tout simplement le vrai, le beau par le vrai.

Et qu'entendons-nous donc ici par le vrai?

L'architecture est la mise en œuvre, pour satisfaire à des besoins matériels et moraux, des éléments de la construction. Sans construction, point d'architecture.

Les lois de la construction sont les lois premières de l'architecture, et tous ceux qui dans un esprit de révolte ont tenté de s'y soustraire, de fausser ces lois, s'y sont brisés.

Pénétrez-vous profondément de cette vérité à la base de vos études, et vous serez tout étonnés de voir que les proportions naîtront pour vous de cette pensée dirigeante. Le jour où vous aurez conscience d'être des artistes vrais, vous serez bien près de vous féliciter d'être de vrais artistes!

CHAPITRE VI

LES PROPORTIONS DANS LES SALLES

SOMMAIRE. — Besoins matériels, besoins moraux. — La proportion et le caractère : les églises. — Proportions nécessaires de certaines salles. — Salles montant de fond. — Variation des proportions suivant la dimension effective; les exigences hygiéniques; la pénétration de la lumière extérieure. — Les proportions régies par la nature de la construction. — Proportions des salles voûtées ou plafonnées, etc.

Voilà faite la démonstration que je voulais vous faire, la conclusion à tirer de ces considérations qui n'étaient pour moi que des exemples. Ai-je d'ailleurs épuisé le sujet des proportions? Non, certes, car il embrasse tout, c'est l'étude de toute l'architecture, et cette étude ne se condense pas en quelques leçons. Mais il me reste à vous dire quelques mots des proportions dans les éléments de la composition.

Vous ne saisissez peut-être pas la distinction; je m'explique.

Dans toute composition, vous emploierez des colonnades ou des fenêtres, des portes, des arcades, des voûtes, des plafonds, des corniches, etc., etc. Tout cela a ses proportions, nous en avons parlé. Mais vous avez aussi des salles de diverses natures, des vestibules, des escaliers, etc. Tout cela aussi a ses proportions, qui ne peuvent être arbitraires, et qui procèdent à la fois de la raison et du sens artistique. La variété est infinie, mais elle ne dépend pas uniquement de vous.

Dans la plupart des cas, nos compositions comportent plusieurs étages; ainsi, dans un même étage toutes vos salles auront une hauteur commune, et cependant les largeurs — qui plus que les longueurs déterminent la proportion — varieront à l'infini. Entre un salon et un cabinet de toilette ou un corridor, l'écart est énorme; entre ce salon et des chambres, il y aura encore des différences sensibles. Il ne peut donc pas y avoir de proportion intrinsèque des diverses pièces; il résulte au contraire ici, des nécessités du plan et de la hauteur d'étage, une proportion qui s'impose, que vous devez accepter, et dont votre talent tirera le meilleur parti possible. Tout ce qu'on en peut dire, c'est que les grandes hauteurs d'étages ne conviennent pas aux petites distributions et réciproquement; le plan d'un de nos appartements bourgeois serait ridicule avec les étages du Louvre : il faut que la distribution soit *en proportion* de l'édifice.

Mais dans les salles qui *montent de fond*, vous êtes maîtres de la proportion : tout au moins vous en êtes plus maîtres.

Vous aurez ici deux objectifs : les besoins matériels, les besoins moraux, très souvent d'accord entre eux. *Besoins matériels*, cela s'explique tout seul; *besoins moraux*, cela s'impose avec moins de précision, mais non moins de force. Pourquoi nos églises ont-elles des proportions si élevées, sinon pour répondre à un besoin moral? Il est certain que sur un même périmètre, même longueur, même largeur, si vous avez à projeter ici une chapelle, là un réfectoire, invinciblement vous ferez la chapelle plus élevée; et cependant c'est le réfectoire qui *matériellement* exigerait le plus grand cube d'air. Mais cette hauteur que vous donnez à la chapelle, c'est l'idée de majesté divine qui vous la commande impérieusement; il en sera de même chaque fois que vous voudrez accentuer une destination morale en dehors de tout besoin matériel. Je n'insiste pas sur ces vérités incontestables.

Mais il y a d'autres motifs à l'étude de ces proportions : motifs d'ordre spécial ou d'ordre général. Dans les constructions d'utilité, telles que écoles, lycées, hospices et hôpitaux, casernes, etc., vous aurez à obéir à des prescriptions exactes au point de vue de l'hygiène; là ce sera le programme même qui vous dictera en quelque sorte les proportions. C'est ce que j'appelle les motifs d'ordre spécial, je ne puis entrer ici dans le détail, et je passe au général.

On peut admettre que toute salle montant de fond est une grande salle, et par conséquent que nous traitons ici des proportions des grandes salles.

Ces salles auront toujours une élévation assez grande, on ne peut leur supposer la hauteur d'un simple appartement. Mais la proportion de cette hauteur à la largeur ne saurait être constante.

Supposez, en effet, deux salles — dans un musée si vous voulez — l'une de 5 mètres, l'autre de 20 mètres de largeur. Si la première a 5 mètres de haut, cette proportion carrée n'aura rien d'excessif, loin de là. Mais l'autre, lui donnerez-vous 20 mètres de haut? Jamais; vous vous conformerez à ce principe nécessaire, que plus une salle est large et moins sa proportion est élevée.

Mais d'autres facteurs interviendront dans l'étude de cette proportion; les raisons d'hygiène que je vous ai déjà signalées : si une salle est destinée à recevoir un public nombreux et pendant de longues séances, vous devrez la tenir assez élevée pour que le cube d'air fournisse un aliment suffisant à la respiration; puis les raisons d'éclairage, la lumière devant pénétrer partout le mieux possible : ainsi, à égalité de largeur, une salle qui n'a des fenêtres que d'un côté exige ces fenêtres plus hautes, et par conséquent une proportion plus élevée qu'avec un éclairage bi-latéral ; — souvent aussi, l'éclairage ne pourra être assuré qu'au-dessus de bâtiments latéraux moins élevés ; tel est le cas des nefs d'église, et c'est encore une des raisons de leur élévation.

Enfin, ici encore, vous trouverez les conséquences directes de la construction. Votre salle voûtée en pierres ne peut être indéfiniment large, et si cependant une grande largeur lui est nécessaire, vous êtes obligés de la diviser : telle est la salle des pas-perdus au Palais de Justice (fig. 73), dont la voûte est, il est vrai, en briques, mais dont les arcs doubleaux, qui portent la charge, sont en pierre ; la voûte en petits matériaux vous permettrait des largeurs plus grandes, comme on en voit dans les salles des Thermes, à Sainte-Sophie, à Saint-Pierre. Le plafond ou la charpente apparente permettent des largeurs plus grandes que les voûtes, par conséquent des proportions moins hautes, ou plus larges, ce qui est synonyme.

Ainsi, voyez à une même échelle, la coupe transversale de la cathédrale de Reims (fig. 74), et celle des basiliques plafonnées telles que Saint-Paul-hors-les-Murs (fig. 75), Sainte-Marie-Majeure, Montréal, etc. L'idée religieuse est dans les deux cas l'idée même du programme : donc, identité de but. La composition est à peu près la même, ici comme là vous avez une nef éclairée par des fenêtres au-dessus des bas-côtés. Mais la construction diffère du tout au tout, d'un côté la voûte avec ses poussées, ses actions mécaniques sur les murs et sur elle-même ; de l'autre, le plafond ou la charpente qui n'exercent sur les murs qu'une action purement verticale : de là une proportion absolument différente, et, comme conséquence, un aspect différent, un art différent.

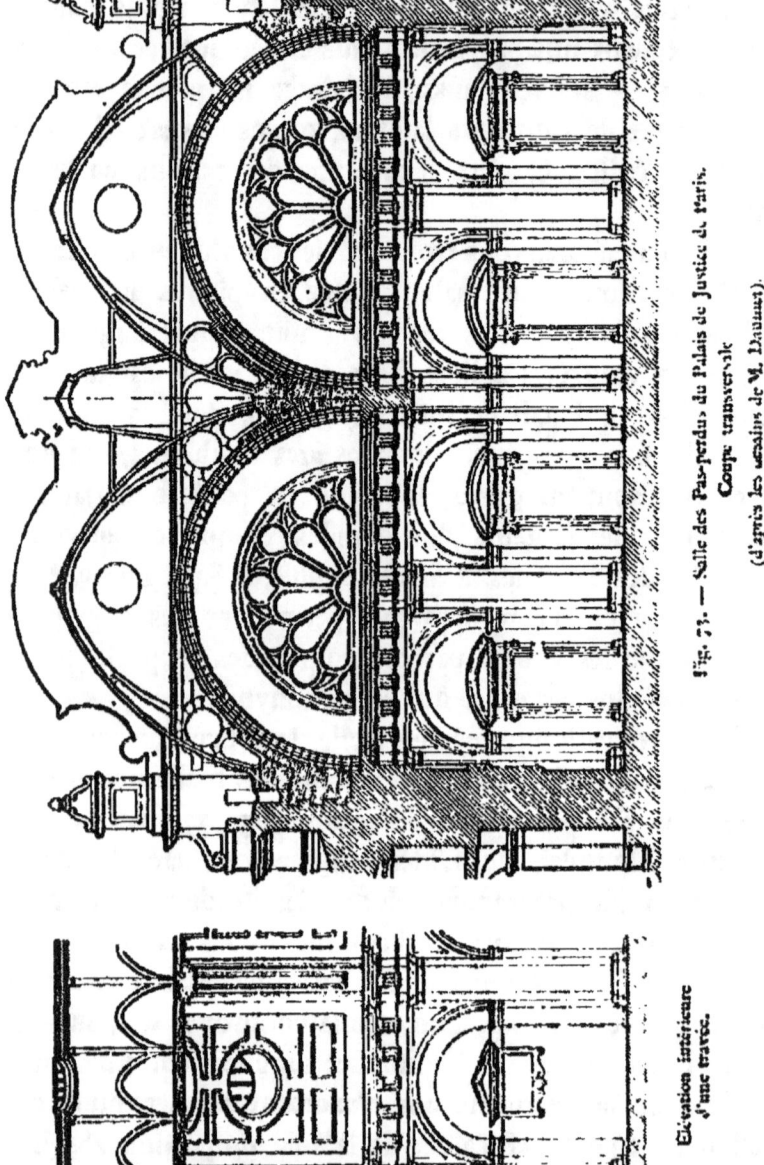

Fig. 73. — Salle des Pas-perdus du Palais de Justice de Paris.
Coupe transversale.
(d'après les dessins de M. Daumet).

Élévation intérieure d'une travée.

Fig. 74. — Cathédrale de Reims.

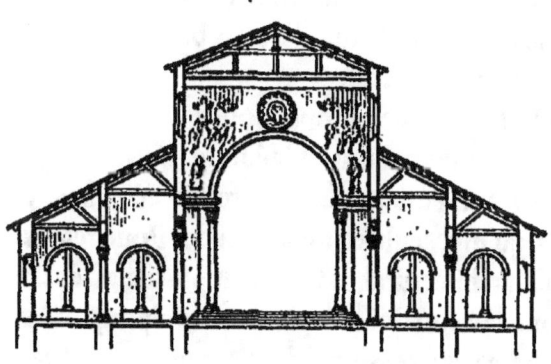

Fig. 75. — Basilique de Saint-Paul-hors-les-Murs, à Rome.

CHAPITRE VII

COROLLAIRES DE L'ÉTUDE DES PROPORTIONS

SOMMAIRE. — L'étude des plans, coupes et élévations, n'est qu'une seule et même étude. — Leur dépendance réciproque. — Vraie méthode d'étude.
L'étude des proportions exige un sens délicat que crée seule celle du dessin. — Identité du dessin et de l'étude des proportions. — Nécessité du dessin et des croquis.
Critique d'errements condamnables. — De l'abus de l'énorme et de la vraie grandeur en architecture. — De la négligence dans le dessin.

Je crois vous l'avoir montré, ces proportions que vous admirez, ces proportions qui ont rendu les édifices célèbres et classiques, elles ont un caractère commun dans toutes leurs variétés, elles sont vraies. Cette vérité, c'est la beauté même de l'architecture, et c'est votre droit.

Voilà toute la théorie des proportions.

Permettez-moi seulement d'en déduire quelques corollaires. Le premier, c'est que l'étude de vos projets en plans, coupes et élévations n'est qu'une seule et même étude. Pour représenter un même ensemble architectural, il faut bien plusieurs dessins, mais ces dessins sont chacun le complément réciproque des autres, et non des phases successives de l'étude. En général, vous étudiez trop vos plans abstraction faite de tout le reste, puis vous étudiez vos façades à part, puis quelquefois — rarement — vos coupes. Mauvaise méthode.

Certainement, dans la plupart des cas, l'étude du plan doit prendre quelque avance ; mais il faut bientôt que les coupes et les façades permettent de la contrôler, et si besoin est de la rectifier. Et notez que je dis « les coupes » avant de dire « les façades », parce que c'est l'ordre logique.

Je vous ai fait voir, je crois, combien tout se tient jusque dans l'étude des proportions, combien notamment les proportions d'une façade sont régies par celles des intérieurs. Dans un programme quelconque, vous avez arrêté provisoirement vos dispositions : voilà le plan. Puis vous devez maintenant arrêter vos hauteurs d'étages, la hauteur de vos fenêtres par rapport à ces étages, en vue d'éclairer le mieux possible, vos profils de toitures, etc. Alors, ce plan, qui n'est qu'une coupe horizontale, cette coupe, qui n'est qu'un plan vertical, ont pour résultante une façade.

Non pas une façade nécessaire : il est probable, au contraire, que ce premier essai de façade appellera des corrections nombreuses. Mais vous demanderez alors à votre plan, à votre coupe, la permission de modifier votre façade, il y aura des concessions mutuelles, ou des résistances insurmontables ; et enfin, après de longues négociations, l'accord se fera, l'étude d'ensemble sera terminée.

Voilà l'étude honnête, celle qui ne trompe pas, et j'ajoute l'étude nécessaire, sans laquelle il n'y a qu'égarements et illusions. Ainsi seulement vous vous habituerez au bon sens et à la raison, vous ne ferez pas, par exemple, des façades comme nous en voyons souvent dans vos projets, où entre les fenêtres de deux étages successifs il se trouve six ou huit mètres de hauteur de pierre, peut-être plus, ou des indications d'entresols là où une coupe ne vous permettrait pas une hauteur d'étage.

Mon second corollaire est celui-ci : étudiez le plus possible le dessin. Le dessin est la base des arts; sans le dessin, il n'y a pas d'artiste. Et ne croyez pas seulement que je vous recommande le dessin au point de vue spécial de vos rendus; je vous dis bien plus : vous n'arriverez jamais à étudier l'architecture si vous n'êtes peu ou prou dessinateurs. Voyez plutôt l'insuccès de ceux qui, d'ailleurs savants et intelligents, ont manqué de cette base première des études artistiques, et ont cru pouvoir étudier l'architecture à l'aide seulement de la science et de la raison. La stérilité de leurs efforts les a cruellement punis de cette lacune de leur éducation.

C'est que la proportion joue un rôle immense dans l'étude architecturale, c'est que le sens de la proportion est un sens artistique au premier chef, et c'est que rien ne développe le sens de la proportion comme l'exercice du dessin. Chez nous, vous ai-je dit, les proportions sont infinies et délicates : elles le sont plus encore dans la nature. Pourquoi reconnaissez-vous un ami entre tous les hommes que vous voyez, dussiez-vous voir défiler des millions de contemporains? Question de proportions uniquement, car à moins que votre ami ne soit un monstre ou un estropié, la composition ne varie pas. Mais la proportion est chose tellement variable et infinie que, de tous ces millions de têtes, il n'y a pas deux identités. Et qu'est-ce donc que dessiner? C'est percevoir, puis exprimer ces proportions spécifiques qui distinguent et particularisent le modèle. Le meilleur dessinateur, c'est le plus sensible percepteur de proportions.

Eh bien, cette sensibilité, une fois acquise, c'est un sens de plus dont vous vous êtes enrichis, et qui s'appliquera à l'architecture comme à la peinture ou à la sculpture. Voilà comment des peintres, des sculpteurs ont pu être des architectes exquis ; et voilà pourquoi on a mis à votre disposition les moyens les plus larges d'étudier le dessin et le modelage. Profitez-en, c'est moi qui vous le dis, moi architecte qui ne trouvais pas à l'École ces précieuses facilités, et qui l'ai bien souvent regretté.

Dessinez aussi l'architecture, non pas d'après le livre ou le dessin — cela est nécessaire au début seulement pour apprendre à tracer et à passer des teintes — mais d'après nature, c'est-à-dire d'après le monument exécuté. Je ne vous demande pas, entendez-le bien, de faire ainsi des relevés ou des dessins rendus ; mais faites des croquis.

J'ai bien peur que l'habitude du croquis ne soit en train de se perdre : à mesure que vous devenez plus photographes, prenez garde de devenir moins dessinateurs.

Le croquis, je l'ai déjà indiqué, est le moyen le plus rapide de progresser dans votre art, car vous ne pouvez faire le croquis d'une chose quelconque sans l'avoir attentivement examinée, pénétrée en tous sens, analysée à fond, ni rendre tout cela sans l'intelligence et la possession de votre sujet. Non seulement, vous devrez en saisir la composition, en distinguer les éléments, mais il faudra en fixer les rapports sans autre secours que l'étude attentive des proportions. Ni compas ni mètre, l'œil seul comme unique instrument de mesure et d'évaluation proportionnelle.

Rien n'est charmant et attachant comme le croquis, mais l'habitude ne s'en improvise pas. Il faut au contraire beaucoup en avoir fait avant d'arriver à la sûreté : la pratique seule vous servira. Je ne puis d'ailleurs que vous confirmer ici les quelques conseils sur la méthode et sur le choix des croquis que j'ai déjà formulés dans le Livre Ier, à propos des études préparatoires.

Je vous recommande donc de nouveau le parallélisme d'études entre l'atelier et la réalité, entre la planche à dessin et l'album.

Cette méthode est féconde, et vous étonnera vous-mêmes par l'allure de vos progrès.

On reproche parfois aux écoles de laisser les élèves sans initiation pratique. Reproche injuste : une école ne peut enseigner que ce qui s'enseigne entre des murs, à l'aide de livres et de modèles. Mais c'est à vous, à votre initiative, à votre volonté, qu'il appartient de contrôler cet enseignement par l'étude attentive de la réalité. Paris est assez riche d'architecture pour en donner le plus haut enseignement. Visitez-le, visitez les villes que vous pourrez, et visitez-les le crayon à la main : cela vous apprendra mieux que moi ce que c'est que des proportions.

Je sais le charme qu'on trouve à son école, à son atelier, — et certes je désire que vous le subissiez — mais ce n'est pas tout, et prenez garde à l'accoutumance des journées toujours les mêmes, du travail passif; des travailleurs même se consacrent exactement, docilement, à la tâche indiquée, à la leçon reçue, sans y ajouter le travail personnel d'intelligence raisonnée : paresse d'esprit en somme et insuffisance de volonté. Sachez vouloir.

Mais un cours de théorie de l'architecture, ici, n'est pas seulement une exposition de vérités générales. C'est aussi l'occasion des vérités de l'heure présente, qui s'adressent à tous en s'inspirant de l'état collectif des études. J'ai le droit et le devoir de vous dire aujourd'hui des choses aujourd'hui nécessaires, qui auraient été sans objet il y a vingt ans, qui redeviendront sans objet dans vingt ans, et plus tôt, je l'espère.

Eh bien, beaucoup parmi vous ont ou une très fausse conception de la proportion, ou des habitudes inconscientes et très fâcheuses reçues de la mode d'école, de l'imitation irréfléchie. Vous avez la maladie du grand, ou plutôt du démesuré ; vous croyez que la grandeur est dans l'excessif, vous croyez écraser le voisin par cet artifice grossier et facile de la dimension, et vous arrivez au monstrueux.

C'est ainsi que nous voyons journellement à l'École des façades de cent mètres et plus, composées de trois arcades : c'est *le poncif* du jour. Vous feriez la cour du Louvre avec cinq travées, l'Hôtel de Ville aurait peut-être sept ou neuf fenêtres. Pas tous, mais pour certains, vous savez bien que je n'exagère pas. Vous avez des hauteurs d'étages auprès desquelles un étage du Louvre ou de Versailles ne serait qu'un entresol. Vous avez le culte de l'énormité.

Croyez-vous donc que la composition des grandes choses s'accommode de ces proportions extravagantes? Ce serait une erreur profonde.

En composition, la grandeur d'aspect s'obtient par la simplicité et l'unité. Mais elle s'obtient aussi par le nombre des éléments, par la vérité, qui veut, par exemple, qu'une longue façade ait plus de travées qu'une façade plus courte. Voilà, je suppose, la façade de Versailles sur le parc : elle est très simple de composition, et très grande d'aspect ; croyez-vous que, si ce grand avant-corps du milieu ne se composait que de quelques travées, il produirait ce même effet de grandeur dû à la multiplicité des motifs — qui d'ailleurs sont grands, très réellement grands, mais sans énormité? Vous figurez-vous l'ancien palais d'Orsay (fig. 76) avec seulement trois arcades, comme certains parmi vous ne manqueraient pas de le faire? Ou encore vous figurez-vous l'intérieur de Notre-Dame ou de Saint-Eustache avec seulement trois travées pour leurs nefs?

Bien mieux, il y a des monuments où cette exagération, qui est la vôtre, a été pratiquée en quelque mesure. Et d'une façon générale on peut dire qu'il y a toujours coïncidence entre l'énormité et la décadence. Voyez l'art grec, l'art romain, l'art du moyen âge. Mais je veux vous citer des exemples que vous connaissiez bien. Ainsi, à Paris, l'arc de l'Étoile, malgré toute sa beauté d'ailleurs : la masse en est grande vue de loin, par

Fig. 76. — Ancien Palais d'Orsay.

opposition avec toutes les perspectives qui y conduisent ; mais c'est toujours un étonnement pour moi quand je me rappelle que cette arcade a 16 mètres d'ouverture. Voyez l'architecture énorme de l'aile des Tuileries sur la rue de Rivoli et la place du Carrousel, avec ses pilastres démesurés, ses travées de 10 mètres et plus d'axe en axe. Outre que c'est incommode et inhabitable, est-ce donc beau ? est-ce donc là la proportion d'une grande chose, ou bien convient-il de la chercher plutôt dans l'admirable composition de la cour du Louvre ?

Le gigantesque a eu aussi son heure dans l'art italien. Saint-

Pierre de Rome — que j'admire, croyez-le bien autant que qui que ce soit — ou Saint-Jean-de-Latran présentent ce caractère. Eh bien, à l'époque où je commençais à étudier l'architecture, j'entendais dire que les proportions de Saint-Pierre étaient tellement harmonieuses qu'on ne s'apercevait pas d'abord de sa grandeur. Singulier éloge! Heureusement Saint-Pierre n'avait pas tout à fait mérité ce zèle; mais enfin, il est certain que pour juger vraiment de la grandeur de Saint-Pierre, il faut l'avoir vu au moins une fois lorsque les fêtes religieuses réunissent vingt mille personnes peut-être sous ses voûtes.

Au contraire, dès qu'on a franchi la porte de Sainte-Sophie de Constantinople — où je n'ai guère vu plus de vingt personnes ensemble — le caractère de grandeur vous saisit instantanément : il n'y a pas un artiste peut-être qui n'ait laissé échapper un cri d'admiration et de surprise à ce premier coup d'œil. Et pourtant Sainte-Sophie est loin d'atteindre la dimension de Saint-Pierre, mais l'effet de grandeur n'est pas compromis par l'emploi de l'énorme. L'énorme est l'ennemi du grand.

Et, entre nous, j'ajouterai que vous le savez bien. Vous faites de l'énorme... par un mauvais sentiment. Vous faites de l'énorme de concours. Comme s'il y avait un art pour les concours, ou une architecture pour l'École!

Ah! voyez-vous, cette conception néfaste d'une architecture d'École, à laquelle, Dieu me pardonne! quelques-uns de vous croient encore, je la combats depuis vingt-cinq ans : peut-être faut-il plus longtemps encore pour la déraciner. Dans ce cours, puisque j'ai changé d'enseignement, ma haine ne lui fera pas défaut.

Il faut que je vous adresse encore une autre critique toujours au sujet de la proportion. Vous avez en général pris l'habitude de dessiner sans respect : vous paraissez oublier que vos instruments de dessin s'appellent des instruments de précision.

Mais c'est surtout par la grosseur du trait que vous altérez la proportion. Comment voulez-vous, si un trait a un demi-millimètre d'épaisseur, apprécier la proportion d'une colonne par exemple, qui, à petite échelle surtout, sera lourde ou grêle, suivant que le trait devra compter en dedans ou en dehors ? Et cela n'est pas seulement fâcheux pour votre dessin rendu : c'est fâcheux surtout parce qu'ainsi vous vous habituez trop aisément à croire qu'il est des accommodements avec les proportions.

C'est un sens bien trop délicat pour qu'il puisse résister aux brutalités.

Vous voyez que je ne peux pour ainsi dire pas m'arracher à ce sujet : les proportions. J'espère que ce mot vous dit beaucoup, car il est bien vaste. Si en art la composition est la pensée, la proportion est le sentiment ; une proportion heureuse est, je crois, la plus vive satisfaction de l'artiste.

CHAPITRE VIII

L'ART ET LA SCIENCE DE LA CONSTRUCTION

SOMMAIRE. — Les CONSTRUCTIONS sont le but de l'architecture; la CONSTRUCTION en est le moyen. — La construction art et science. — Insuffisance de l'art seul, de la science seule. — Étude artistique de la CONSTRUCTIBILITÉ; étude scientifique des méthodes de contrôle de la stabilité.
En réalité, l'art et la science de l'architecture.

Et pourtant tout ce que je vous ai dit jusqu'à présent, si vaste que soit le sujet, ce n'est qu'une trop longue introduction.

Dans cette introduction, je vous ai montré le but; oui, après vos études, lorsque vous aurez profité de l'instruction qui vous est libéralement donnée dans cette École, la composition, la proportion seront pour chacun de vous ce qu'auront permis votre nature, votre travail, votre intelligence, votre sens artistique. J'aurai maintenant à vous parler — et ce sera la majeure partie du cours — des moyens que l'architecture met pour cela à votre disposition. Il y a là l'apparence d'une transposition, et cependant il fallait bien vous montrer d'abord où vous allez avant de parcourir les étapes.

Que nous reste-t-il donc à voir ensemble?

Je vous ai rappelé l'ancienne division, très logique, des opérations successives de l'architecture en composition, proportion, construction. C'est l'ordre naturel, c'est celui qui s'impose, mais qui s'impose à l'architecte instruit. Dans les études, c'est la connaissance des moyens et des résultats de la construction qui doit précéder tout le reste, car c'est notre alphabet et notre arsenal.

Est-ce à dire que le cours de théorie de l'architecture doive faire double emploi avec le cours de construction? Pas le moins du monde, et je n'ai aucunement l'intention d'aller sur les brisées de M. Monduit. Il serait plus juste de concevoir les deux cours comme les deux branches d'un même enseignement, celui de l'architecture ou de la construction, peu importe : la science d'un côté, l'art de l'autre.

Ici, j'ai besoin d'être bien compris, et pour cela il me faut vous dire ce qu'on doit entendre — en ses divers sens — par ce mot *construction*.

L'architecture a pour but *les constructions*, elle a pour moyen *la construction*.

La construction est un art et une science. Art par l'invention, la combinaison, la prévision; science par le contrôle et la rigueur de vérification.

L'art ne suffit pas à donner les certitudes nécessaires, la science ne suffit pas à créer, ou plutôt la science ne crée pas, mais elle apporte sa garantie aux créations de l'art.

A l'École, nous ne construisons pas; mais tout ce que nous faisons doit être constructible : une conception architecturale qui serait inconstructible n'existe pas, je vous l'ai dit. Quel sera donc le processus de la pensée de l'architecte? Se mouvoir dans le domaine du constructible, dans ce domaine créer ou choisir des combinaisons, en étudier les proportions; puis, sa

L'ART ET LA SCIENCE DE LA CONSTRUCTION

pensée ainsi fixée, interroger la science pour vérifier la stabilité de ses murs, de ses voûtes, de ses planchers, de ses combles; et peut-être, après cette consultation scientifique, revenir à une nouvelle étude artistique de sa conception, parce que la science lui aura fait voir ou une imprudence ou un excès de précautions.

Pour me faire mieux comprendre, prenons un exemple. Vous connaissez au Palais de Justice la grande salle à la fois vestibule et salle des pas-perdus, qui règne derrière la façade monumentale de la rue de Harlay (fig. 77). Par

Fig. 77. — Coupe transversale du vestibule du Palais de Justice. (Rue du Harlay.)

suite de combinaisons spéciales, l'architecte a eu la pensée de constituer là des voûtes d'une composition nouvelle (fig. 78):

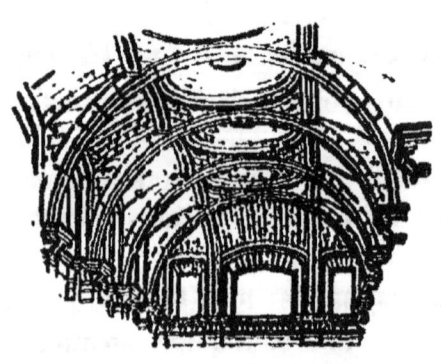

Fig. 78. — Perspective des voûtes.

des arcs doubleaux perpendiculaires à la façade, d'autres petits arcs doubleaux transversaux formant pour ainsi dire des pannes; au centre, une calotte sphérique; vers les murs, une surface à double courbure qui peut être ou une partie de tore ou une partie de sphère.

Cette combinaison, voulue pour produire certains effets, qui l'a conçue? L'artiste, aucun doute n'est possible à cet égard. Puis il a fallu, ensuite, en étudier la stéréotomie, en vérifier la stabilité, calculer les actions multiples de ces éléments les uns sur les autres, sur les murs intérieurs et extérieurs. C'était le tour de la science.

Non, en art, la science ne crée pas; elle s'abuse et se stérilise lorsqu'elle prétend dépasser son rôle et sa fonction. Aussi, voyez combien sont inféconds les essais de créations émanés d'hommes qui, si intelligents qu'ils fussent, n'avaient que la science à leur disposition. Ils ne peuvent rien imaginer, rien créer : armés pour le contrôle, ils ne peuvent que prendre du tout fait, varier les portées ou les écartements, résoudre à nouveau le problème déjà résolu en changeant seulement ses données numériques. L'art seul peut créer; l'art seul peut combiner les éléments, c'est-à-dire composer; combiner les proportions, c'est-à-dire étudier.

Mais composer, étudier, à l'aide de nos éléments, en restant toujours dans ce domaine du constructible qui nous est infranchissable; et, sachez-le bien, si l'architecte n'a pas, d'autre part, la science nécessaire, la science de la construction, il se stérilise lui aussi; en face de l'architecte incomplet, parce qu'il ne serait que savant, se dresse l'architecte incomplet, parce qu'il ne serait qu'artiste.

Cette vérité, beaucoup ne veulent pas l'accepter; elle est plus forte que toutes les résistances, et il faut en prendre votre parti, et dès lors le faire résolument : vous ne serez architectes que si vous êtes artistes et savants. C'est à prendre ou à laisser.

Et tout à l'heure je vous disais : la construction est un art et une science; à la fin de ce développement, je vous dis : il y a l'art et la science de l'architecture; l'un ne va pas sans l'autre.

Mais l'enseignement est réparti, heureusement, entre plusieurs cours. Je n'ai pas à vous enseigner la science, mais j'ai à vous montrer les moyens dont vous disposez, leur variété, leurs conditions d'emploi, en m'attachant au constructible dont la notion est indispensable à l'art. C'est cet inventaire de votre patrimoine séculaire que je me propose de dresser devant vous dans les leçons qui vont suivre.

Et pour commencer, je vous parlerai la prochaine fois des *murs*. Vous vous demandez peut-être ce qu'il peut y avoir tant à dire sur ce sujet : un mur, pensez-vous, est un mur. Vous verrez : je n'ai, quant à moi, qu'une crainte, c'est de ne pouvoir condenser en une seule leçon tout ce que j'aurais à vous dire sur ce sujet.

LIVRE III

ÉLÉMENTS DE L'ARCHITECTURE

I

LES MURS ET LES OUVERTURES ISOLÉES

Les Murs. — Murs isolés. — Murs assemblés. — Murs combinés. — Étude et épaisseur des murs. — Caractère et décoration des murs. — Les ouvertures dans les murs. — Application aux portes, fenêtres, etc. — Décoration des portes et fenêtres.

CHAPITRE PREMIER

LES MURS

PRINCIPES ÉLÉMENTAIRES. — MURS ISOLÉS.

SOMMAIRE. — Importance et variété de l'étude des murs. — Les murs isolés. — Construction pyramidale. — Socles, retraites, empattements. — Liaison et solidarité. — Appareils. — Appareil antique à pierres sèches. — Couverture du mur; les corniches, leur raison d'être.

Aujourd'hui je dois vous parler des murs. Il en est peut-être parmi vous qui voient bien dans ce sujet — le mur — la matière d'un chapitre de construction, mais non celle d'une leçon artistique. Ce serait une erreur profonde. Sans doute, dans le mur comme partout, la construction et l'art se lient étroitement; mais au point de vue de l'aspect et du caractère rien ne se prête, plus que le mur, à une étude profondément artistique. A Paris, voyez l'étude des murs latéraux du Panthéon (fig. 79) ou de l'Arc de l'Étoile; à Versailles, ceux des grands réservoirs; à Meudon ceux des terrasses, et vous vous convaincrez que la peinture et la sculpture ne sont pas les seuls arts qui tirent de l'étude du nu leurs plus puissants effets. Sans nous restreindre même à ces murs nus, n'y a-t-il pas encore dans les étages du Louvre, dans le rez-de-chaussée de notre École des Beaux-Arts, de l'hôtel Pourtalès, rue Tronchet, une étude de mur ? Et si nous

Fig. 79. — Murs latéraux du Panthéon, à Paris.

sortons de Paris, nous trouvons alors les murs si justement admirés de l'antiquité grecque et étrusque, les grands soutènements du Capitole ou *Tabularium* (fig. 80); ce grand mur si imposant du théâtre d'Orange, les murs élégants de Pompéi; au moyen âge, les murailles de Carcassonne (fig. 81), de Guérande, de Moret, etc.; plus tard, les grandes terrasses de Blois et d'Amboise. Autant de murs conçus et étudiés par des artistes, avec la volonté de faire œuvre d'art.

D'autre part, le mur est dans toute œuvre d'architecture le

Fig. 80. — Tabularium, à Rome.

premier élément ; c'est aussi le plus simple. Il est donc logique que je vous en parle tout d'abord. Essayons ensemble de le bien connaître.

Les fonctions des murs sont très variées ; d'une façon générale, ils peuvent tout d'abord se diviser en deux groupes :

Les murs isolés ;

Les murs assemblés.

Le mur isolé — tel que le mur de clôture ou d'enceinte — doit se soutenir par sa combinaison propre, par sa solidité intrin-

Fig. 81. — Mur de la cité de Carcassonne, porte de Saint-Nazaire ou des Lices.

sèque. Le mur assemblé — et c'est le cas le plus général — emprunte une partie de sa solidité à sa liaison avec d'autres murs, les uns et les autres se soutenant réciproquement.

Voyez dans nos villes une maison de cinq ou six étages : sa façade et ses clôtures mitoyennes sont formées de murs dont l'épaisseur n'est en moyenne que le *quarantième* ou le *cinquantième* de la hauteur. Pourrait-on construire un pareil mur isolé dans l'espace? Jamais; il ne résisterait même pas à la poussée du vent. C'est l'assemblage avec d'autres murs qui seul le soutient, qui est la condition nécessaire de sa solidité, solidité très grande si l'assemblage est efficace.

Vous voyez donc par là que notre architecture procède par œuvres de combinaison; elle doit sa stabilité à des artifices ingénieux, grâce auxquels elle a pu devenir économe de matière, d'argent et d'espace. Je dis « notre architecture » et non l'architecture parce qu'il n'en a pas toujours été ainsi. Dans des monuments d'une haute antiquité, d'ailleurs très remarquables, les murs ont été établis

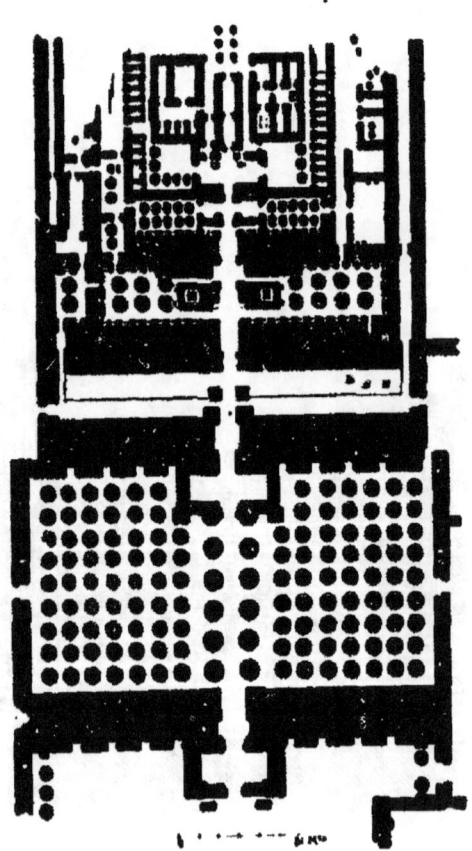

Fig. 82. — Plan des Propylées de Carnac.

timidement avec les épaisseurs nécessaires pour assurer leur stabilité par leur propre masse, sans tirer parti de leur assemblage. Telle est l'architecture égyptienne; et par là, vous voyez immédiatement combien un mode de construction contribue plus que toute chose à donner à une architecture son caractère propre : comparez par exemple le plan des Propylées de Carnac (fig. 82) e. celui des Propylées d'Athènes (fig. 83); rien n'est plus opposé : construction timide d'un côté, construction savante de l'autre.

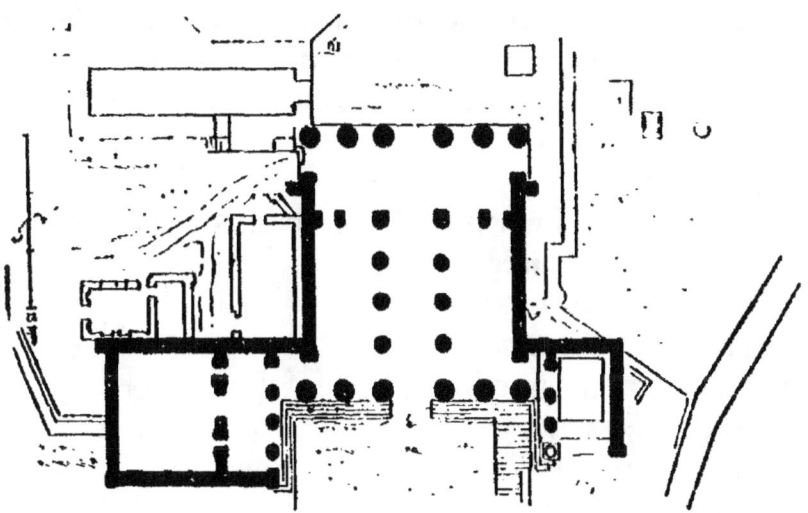

Fig. 83. — Plan des Propylées de l'Acropole d'Athènes.

Le mur assemblé aura par sa destination des dimensions et une composition essentiellement relatives dans un tout; tandis que le mur isolé est un tout par lui-même et une construction — un édifice — à lui seul.

C'est donc le mur isolé que nous allons étudier d'abord, les principes de sa construction s'appliquent d'ailleurs au mur assemblé : les épaisseurs varieront seules suivant les lois de la statique.

Murs isolés

En pure logique, toute construction en maçonnerie devrait être pyramidale. Supposons un mur très élevé : sa plus haute assise ne supporte aucun poids; la plus basse supporte tout le poids du mur, et le transmet au terrain. Or, pour que cette première assise, et surtout ce terrain, résistent à cette pression considérable, il faut que cette pression se répartisse sur une surface assez étendue.

La théorie de la résistance des matériaux conduit à une section (fig. 84) déterminée par deux faces courbes concaves plus ou moins distantes suivant les éléments du calcul (densité, résistance, etc.). Mais un tel mur serait peu commode, d'un aspect étrange, d'une exécution difficile, et en pratique on obtient le même résultat par des retraites ou empattements (fig. 85), qui per-

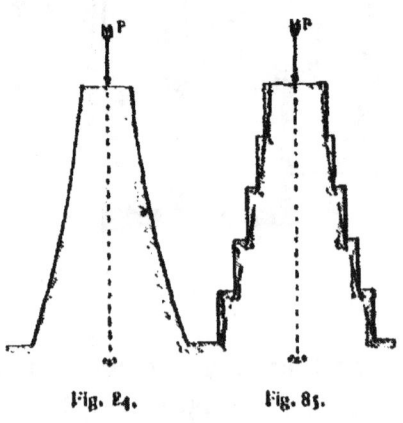

Fig. 84.   Fig. 85.

mettent de conserver des parements plans, verticaux ou légèrement en talus. Remarquez seulement que ce mur, plus économique avec ses retraites, est aussi plus solide que si vous lui donniez la même épaisseur au sommet qu'à la base, car vous auriez ainsi une masse inutile qui ne servirait qu'à charger inutilement la fondation.

Ceci vous pose dès le début de ces études deux principes :

1° L'architecture doit s'éclairer par la science, mais en appliquer les conclusions avec intelligence et dans un sens pratique;

2° L'effet pyramidal que l'architecture monumentale trouve dans les *empattements*, les *talus*, les *bases*, les *socles*, etc., est une loi rationnelle de l'architecture et satisfait, pour l'œil aussi bien que pour l'esprit, au besoin de sécurité que nous attendons de toute construction.

Mais ce mur ne sera pas un monolithe; il sera en grands ou

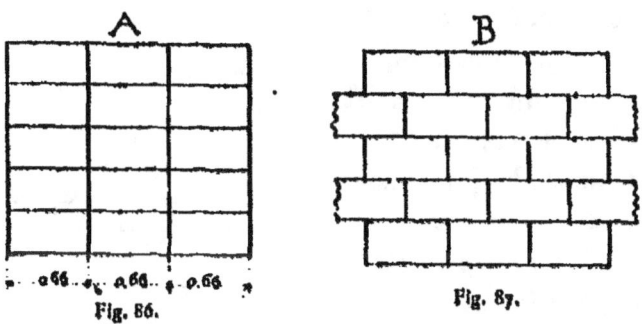

Fig. 86.   Fig. 87.

en petits matériaux, ou de construction mixte. A chacun de ces modes de construction correspond une architecture spécifique. Reportons-nous d'abord au mur monumental en pierre de taille.

Supposons pour plus de simplicité que vous disposez de pierres comme celles que de temps immémorial préparent les carriers de l'Ouest et du Sud-Ouest de la France : section carrée, longueur double de la largeur (en réalité, 1 pied $\times$ 1 pied $\times$ 2 pieds, ou $0,33 \times 0,33 \times 0,66$) et voyons d'abord le cas d'un mur dont l'épaisseur serait celle de ces pierres.

Si vous divisiez votre mur par tranches de 0^{m}66, comme en A (fig. 86), il n'aurait aucune solidité; la moindre poussée renverserait une de ces tranches. Si vous croisez les joints comme en

B (fig. 87), vous obtenez toute la solidité possible, vous avez formé un tout.

Votre mur devra donc être divisé en *assises* horizontales, avec croisement des joints verticaux.

Ce principe est de rigueur quel que soit le mode de construction d'un mur, son épaisseur, etc., et le croisement qui s'impose en façade doit exister aussi à l'intérieur lorsqu'une seule pierre ne fait pas toute l'épaisseur.

Construisons donc maintenant un mur d'épaisseur double. Sur une première assise A^h, A^v (fig. 88), vous pouvez en disposer une seconde B^h, B^v, où les pierres seront en ordre inverse; les joints sont croisés en tous sens, la construction est excellente.

Ces *appareils* (mot tiré du sens *appareillage* des pierres) sont aussi anciens que l'architecture. Pour le premier,

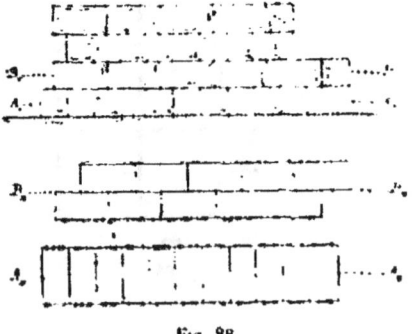

Fig. 88.

je vous citerai le mur de l'Erechtheion à Athènes ou le magnifique tombeau de *Cæcilia Metella* à Rome (fig. 89); pour le second le mur du *Tabularium* de Rome (v. plus haut, fig. 80).

Mais les pierres n'ont pas ordinairement cette régularité géométrique, donnant lieu à ce qu'on appelle *appareil réglé* dans les deux sens. Généralement on emploie la pierre d'après les dimensions des blocs, toujours cependant par assises horizontales. Le croisement est toujours la règle. Très souvent l'appareil est réglé horizontalement, c'est-à-dire les assises d'une hauteur uniforme, les joints verticaux n'étant pas réglés. Il est évident d'ailleurs qu'un appareil complètement réglé constitue une beauté de plus.

Dans l'antiquité, on trouve des exemples de murs, d'une construction d'ailleurs très belle, où les joints ne sont pas toujours verticaux, par exemple à Mantinée (fig. 90). Pratique-

Fig. 89. — Tombeau de *Cecilia Metella*, à Rome.

ment, cela est sans inconvénients, pourvu que les angles ne deviennent pas trop aigus, car en général tout angle aigu est dangereux, comme trop facile à casser.

Parfois on a employé un appareil réglé par alternance, en superposant des assises alternativement hautes et basses, permettant ainsi d'employer les divers *bancs* d'une même pierre. Il y a de beaux exemples de cette combinaison. Enfin, je dois citer ici, plutôt au point de vue historique, les murs dits Cyclopéens ou Pélasgiques, composés de blocs irréguliers taillés en polygones qui s'insèrent les uns dans les autres, tels que les murs d'Argos et de Tirynthe. Dans ces constructions primitives, qui ont l'inconvénient de ne pas placer les pierres *sur leurs lits*, c'est-à-dire dans le sens de leur stratification naturelle, vous constaterez encore la recherche du croisement des joints.

Les murs en moellons, les murs en briques, sont régis par les mêmes lois, la proportion des matériaux diffère seule. Les murs en moellons bruts, caillasses, meulière, sont plutôt analogues aux murs cyclopéens; d'ailleurs, pour ces derniers surtout, c'est principalement l'agglomération par le mortier qui fait leur solidité en constituant de véritables monolithes artificiels.

Fig. 90. — Murs de Mantinée.

Et ici, il faut à propos des murs que je vous parle d'une beauté dont vous ne pouvez voir d'exemples — sauf ceux d'entre vous qui sont nés près de Nîmes, d'Orange ou d'Arles — une beauté de la construction des murs antiques : c'est l'appareil *à pierres sèches*. Dans toute l'architecture antique les pierres sont superposées et juxtaposées sans mortier, pierre contre pierre. Vous entendez bien que cela ne peut se faire qu'avec une exécution parfaite; il faut que le plan théorique de la géométrie devienne ici une réalité, car autrement vous n'auriez de contact qu'en quelques points, effroyablement chargés, et vos pierres éclateraient sous la pression. Ai-je besoin de vous dire quelle beauté résulte de cette perfection ?

Et ne croyez pas que le mot *perfection* soit exagéré : un jour, je relevais le Temple de Mars Vengeur à Rome, et j'avais mesuré avec le plus grand soin les pierres de son soubassement. En les reportant sur le papier, je m'aperçus que les dimensions étaient constantes, sauf parfois des dimensions doubles. Il devait

Fig. 91. — Palais Pitti.

y avoir erreur ou lacune, et en effet en y retournant, en regardant avec un soin minutieux, je trouvais cette fois des joints qui d'abord étaient restés invisibles malgré toute l'attention que j'apportais à n'en pas laisser passer.

Ainsi traité, croyez bien qu'un mur de simple appareil prend

Fig. 92. — Palais de la Signoria.

une valeur d'art qu'on ne soupçonne pas avant d'en avoir vu : c'est la beauté de l'exécution assurant la beauté du monument.

Car c'est une beauté supérieure, celle qui résulte de la construction même, c'est-à-dire de l'architecture même, et qui n'est pas demandée à une décoration ultérieure. Tel est le cas des murs toscans — étrusques ou toscans, c'est tout un. — Vous avez vu des gravures ou des photographies de ces murs si grandioses du Palais Pitti (fig. 91), du Palais Strozzi, du Palais de la Signoria à Florence (fig. 92), de l'abbaye de Belem en Portugal. Ces bossages d'un si puissant effet, ces saillies rustiques, ces ombres et ces lumières, c'est mieux que de la décoration, c'est la construction elle-même. Sur la pierre brute, telle qu'elle sort du rocher, on déterminait le plan vertical permettant un parement — en termes mathématiques, les arêtes

Fig. 91.

du plus grand parallélipipède inscrit — ce plan était marqué par une ciselure autour des joints; puis le surplus de la pierre restait ce qu'il était. Les joints ne sont pas des refends, les bosses ne sont pas des bossages, c'est la pierre elle-même avec tout son imprévu, sa variété, je dirais presque son paysage grandiose. J'ai mesuré au Palais Pitti de ces saillies qui atteignent 0^m 70 en avant du parement du mur.

Mais revenons aux conditions plus ordinaires de la construction.

Voilà donc une partie de mur édifiée; en terre il a ses fondations descendues jusqu'au *bon sol*, avec les *empattements* nécessaires; puis un *socle*, partie inférieure plus épaisse, formée de pierres plus grandes et plus résistantes; enfin le mur proprement dit est arrivé à sa hauteur (fig. 93). Or, il a un ennemi redoutable, la pluie, qui elle-même donnera lieu aux actions destructives de la gelée. Si la pierre est tendre, elle est absorbante et les joints seront le chemin de l'eau. Il faut donc protéger le mur.

De là les *corniches*.

Des corniches

La corniche est le couronnement et l'abri d'un mur.

Souvent des murs, surtout de simples murs de clôture, sont protégés soit par des tuiles, soit par des feuilles de métal (zinc). Mais c'est dans l'architecture monumentale qu'il faut chercher les enseignements : je m'attacherai donc à la corniche en pierre, en vous recommandant de bien suivre les déductions qui l'ont amenée jusqu'à ses formes les plus riches.

Pour abriter le mur, on a pensé d'abord à le couronner d'une assise en pierre dure, formée de morceaux aussi longs que possible afin de diminuer le nombre des joints, et terminée en pente pour que l'eau n'y séjournât pas. C'est le *chaperon*, tel que celui qui couronnait le mur d'enceinte de la prison Mazas (fig. 94)[1].

---

[1]. Dans les prisons, toute saillie permettant d'accrocher quoi que ce soit est absolument proscrit. C'est pour cela que l'architecte a dû faire un chaperon sans aucune saillie.

Mais si l'eau ne peut pénétrer dans le mur par son sommet, elle coule le long du mur et ainsi elle le compromet encore. De là est venue la conception de la tablette saillante, soit une assise de pierre dure en saillie sur le *parement* ou le *nu* du mur

Fig. 94.

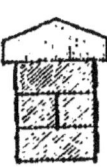
Fig. 95.

Fig. 96.

(fig. 95). Seulement l'eau, qui *mouille* la pierre, après avoir coulé sur les faces inclinées puis sur les faces verticales, suit de nouveau les sous-faces et enfin le parement du mur. Il

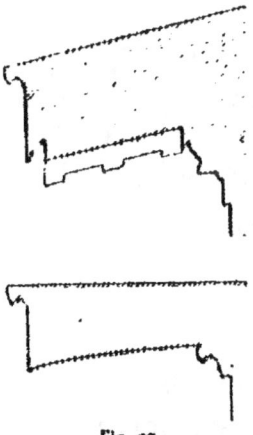
Fig. 97.

fallait donc obliger l'eau à tomber, lui assurer un *égout*. Pour cela on a évidé les sous-faces de so te que pour venir les mouiller, l'eau serait obligée de remonter. La tablette est devenue un *larmier* (fig. 96). Puis, voulant donner plus de saillie sans que le larmier risquât de se rompre, on l'a renforcé par le bas de quelques moulures; enfin, remarquant que l'eau coulant sur sa face verticale la tachait, on l'a couronné d'une autre moulure rejetant également l'eau. Tracez ces données, et vous avez toute

la corniche grecque, comme dans l'exemple ci-contre tiré des Propylées d'Athènes (fig. 97).

Ainsi, la corniche se composera d'abord et avant tout d'un *larmier*; de moulures inférieures et de moulures supérieures, les unes et les autres moins importantes que le larmier qui les domine toujours comme hauteur et comme saillie. A travers les variétés infinies des corniches, vous retrouverez toujours ce principe à l'état de règle. Nous verrons d'ailleurs plus loin les applications diverses; quant à présent, j'expose la théorie.

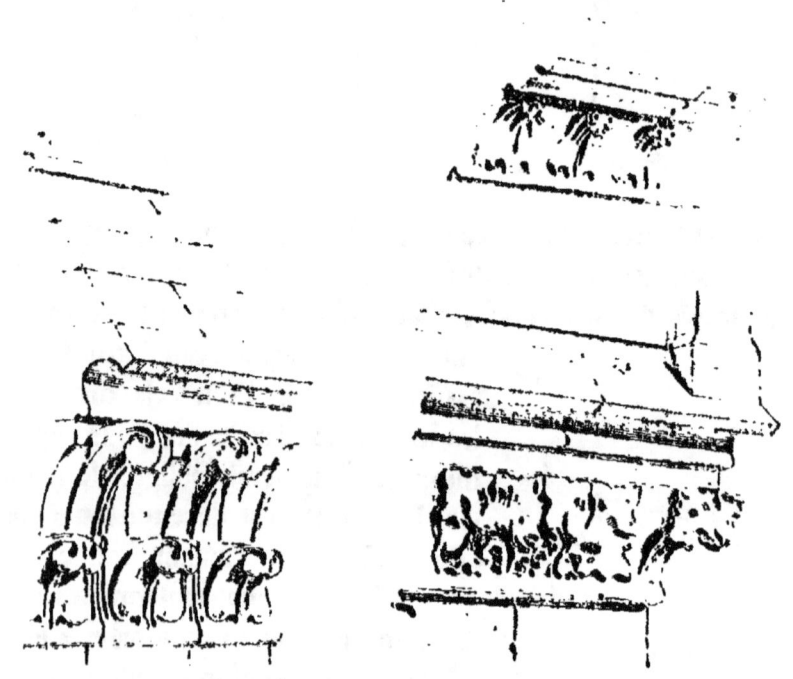

Fig. 98.

Avec des formes différentes, les mêmes principes et la même prudence ont motivé l'étude des corniches du moyen âge. Les architectes ont alors augmenté les pentes supérieures, afin de donner à l'eau un écoulement plus rapide; il en est résulté une mouluration différente et un autre aspect comme dans les exemples ci-dessus (fig. 98). Mais vous y voyez toujours l'idée de défense du mur contre la pluie. Seulement, les architectes du moyen âge travaillant en général pour des climats plus septentrionaux et avec des pierres qui se prêtaient moins aux grandes saillies ont combiné leurs corniches en conséquence : saillie moins prononcée, mise en évidence des surfaces exposées à la pluie. L'architecture doit trouver des solutions diverses lorsque les données du problème sont différentes.

Je ne prétends pas d'ailleurs indiquer par là que la conception de la corniche antique ne soit pas applicable à nos climats : ce serait un blasphème devant tant de si beaux exemples. Mais il importe ou que les pierres soient de résistance parfaite, ou que le dessus de la corniche soit revêtu de plomb suivant une pratique excellente. La corniche joue alors le rôle d'un couronnement qui supporte cet abri métallique, et permet que son écoulement soit rejeté loin du mur, assurant ainsi une protection plus efficace.

CHAPITRE II

LES MURS (suite)

MURS ASSEMBLÉS. — MURS COMBINÉS.

SOMMAIRE. — Les murs assemblés. — Les divers cas de rencontre des murs. — Danger des décrochements. — Partis francs, simplicité. — Les murs combinés en divers matériaux. — De l'égalité de tassement. — Combinaisons horizontales, verticales. — Système de construction des murs romains. — Les chaînes.

Maintenant, laissons de côté le mur isolé, et étudions le mur assemblé.

Il sera extérieur ou intérieur, et je l'examine quant à présent abstraction faite des portes, fenêtres, etc.

Une partie quelconque de ce mur, comprise entre deux intersections d'assemblage, sera très analogue à une partie de mur isolé ; l'épaisseur pourra être différente, mais non le mode de construction. Généralement d'ailleurs ce mur n'aura qu'un seul parement de façade, s'il est lui-même extérieur, et aucun, s'il est intérieur.

C'est aux points de rencontre des divers murs que se posent les problèmes spéciaux à leur assemblage. Or, les conditions de ces rencontres peuvent se ramener à trois données générales :

1° Assemblage de deux murs par leurs extrémités, c'est-à-dire un angle de bâtiment (fig. 99);

2° Assemblage de l'extrémité d'un mur avec un autre mur continu; tel est le cas d'un mur de refend joignant un mur de façade (fig. 100);

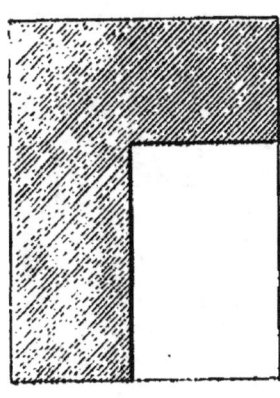

Fig. 99.

3° Assemblage de deux murs se prolongeant chacun de part et d'autre, par exemple deux murs intérieurs se croisant (fig. 101); dans ce cas tous les parements sont intérieurs; ou bien un angle de cour avec des ailes; dans ce cas il y aura deux parements de façades.

Les autres combinaisons très variées de jonctions des murs ne sont que des applications de ces trois modes généraux.

Or, dans toute jonction de murs, ce qu'on doit craindre c'est la *disjonction*. La condition essentielle de la *solidité* d'une construction en maçonnerie est la *solidarité*. Et ici encore c'est par la liaison, le croisement, que vous l'assurerez. Il faut que vos murs assemblés aient le plus possible de pierres communes avec croisement des joints.

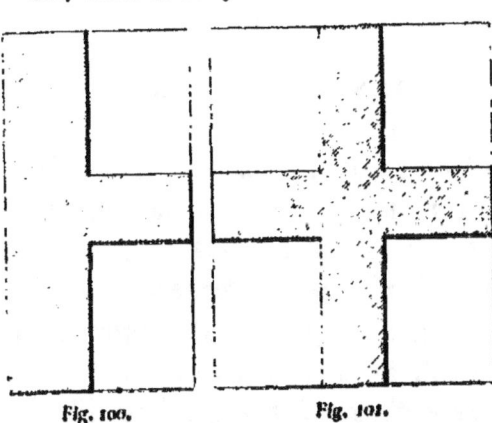

Fig. 100.   Fig. 101.

Ainsi, dans le premier cas, on obtiendra une certaine liaison

LES MURS

et un croisement par un appareil très simple (fig. 102); cependant cet appareil, très suffisant dans bien des cas, ne s'oppose pas complètement à une disjonction diagonale : sous l'action de poussées intérieures, l'angle pourra s'ouvrir comme dans la figure 103 ci-contre. Cela tient à ce qu'ici aucune pierre n'appar-

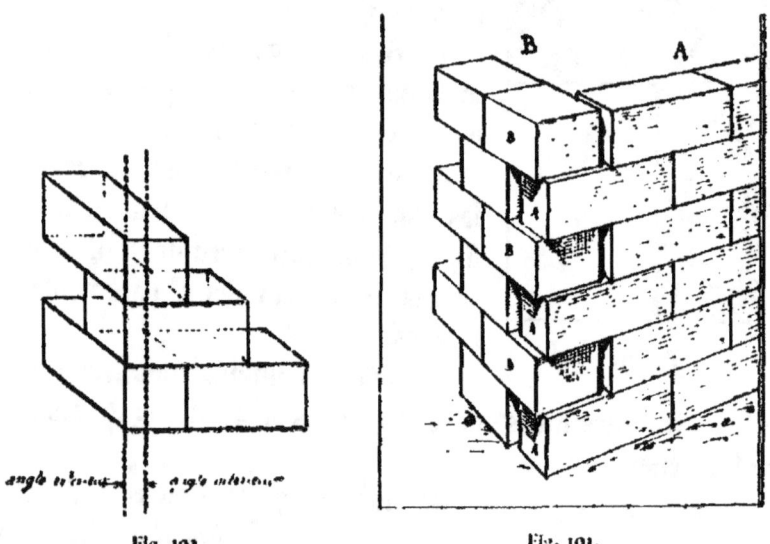

Fig. 103.   Fig. 104.

tient réellement aux deux murs : les pierres A-A font partie du mur A, les pierres B-B du mur B.

On aura donc un meilleur appareil en disposant des pierres réellement communes aux deux murs qui seront alternativement a-a et b-b (fig. 104). Cette disposition est plus coûteuse parce qu'elle suppose des *évidements* de pierre et des déchets, mais elle est parfaite comme construction. Et il faut toujours apporter le plus grand soin à l'étude de la solidité d'un angle de bâtiment. Ce sens proverbial de la *pierre d'angle* ou *pierre angulaire* de l'édifice, pour indiquer ce qui doit être inébranlable, se retrouve dans toutes les langues et dans tous les temps.

Retenez donc bien ces conseils, dont nous retrouverons l'application monumentale à propos des *chaînes d'angle*.

Lorsque l'assemblage aura lieu, non plus pour un angle de bâtiment, mais dans l'un des deux cas que j'ai visés à la suite, la théorie sera la même. Le meilleur appareil sera toujours celui

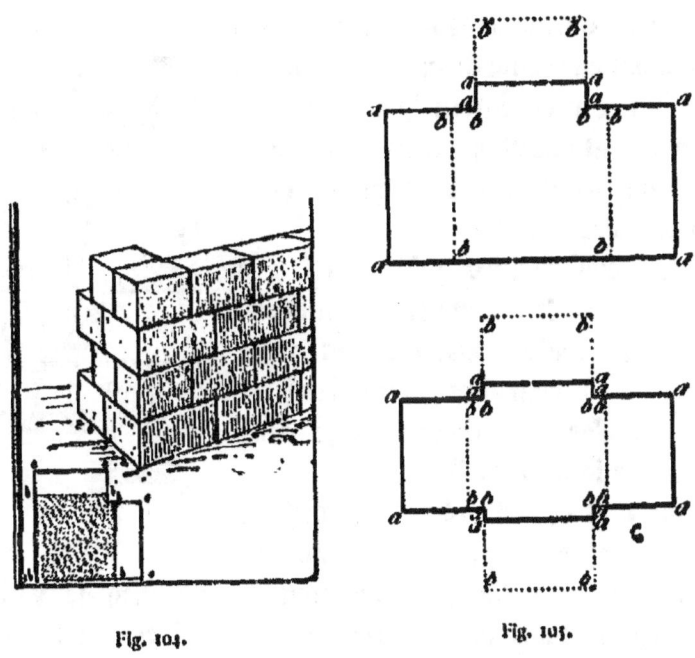

Fig. 104.   Fig. 105.

qui emploie des pierres communes aux deux murs, c'est-à-dire en forme de T dans un cas, et de croix dans l'autre (*a-a* et *b-b*.) (fig. 105).

Après avoir montré ce qui est bon, il est peut-être utile de faire voir ce qui ne l'est pas — bien qu'on le fasse souvent. Supposez des rencontres de murs A ou B comme dans la fig. 106 ci-contre, vous en savez déjà assez pour voir combien une bonne construction serait difficile dans ces conditions; il faudrait véritablement torturer les matériaux pour obtenir des liaisons, et encore seraient-elles insuffisantes.

Lorsque, pour une raison de disposition ou d'effet, un mur ne doit pas se continuer en droite ligne, cela s'appelle un *décrochement*. Or, un décrochement — combinaison dont il ne faut jamais abuser — est pratique lorsqu'il est franc, comme dans le plan C; vous avez alors en réalité deux murs distincts avec un espace intermédiaire où les liaisons sont possibles; mais vous devez voir qu'il n'en est pas de même pour les exemples A et B.

Cela vous montre qu'un parti pris doit toujours être franc et non indécis. C'est une règle constante, et vous entendez souvent dire qu'un parti est franc ou n'est pas franc : éloge dans un cas, critique dans l'autre.

Dans tout ce qui précède, il est bien entendu d'ailleurs que je ne donne que

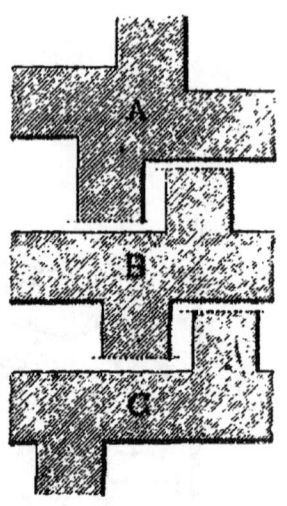

Fig. 106.

des indications théoriques, susceptibles en réalité de variantes nombreuses. Mais ce sont ces données théoriques qui déterminent les traditions architecturales que vous aurez à étudier; c'est donc là ce qu'il vous importe de connaître tout d'abord.

Murs combinés

Pour conduire de front ces premières études, il vous faut maintenant connaître les murs *combinés*, c'est-à-dire ceux qui se composent de matériaux divers.

Le mur tout en pierre de taille est en effet une construction luxueuse, et dans les monuments même on emploie souvent la pierre concurremment avec d'autres matériaux, spécialement le moellon et la brique.

Dans ces systèmes, la solidarité doit toujours être cherchée ; et c'est toujours au moyen de la liaison et du croisement des matériaux que vous l'obtiendrez. Mais il y a d'autres considérations et tout d'abord la judicieuse répartition des matériaux et l'*égalité de tassement*, soit d'ailleurs qu'il s'agisse de murs isolés ou de murs assemblés.

Dans un mur composé de pierres de taille et de petits matériaux, la pierre vous donnera la réalité et l'*aspect* de la force et de l'assiette ; les petits matériaux conviendront pour la fonction de *remplissage*. Ainsi, il sera logique de faire tout d'abord en pierre le socle qui constitue l'assiette même du mur, et le couronnement qui les protège.

Entre ces deux lignes horizontales de base et de couronnement, s'il y a encore mélange de matériaux, nous trouvons deux méthodes générales : combinaisons horizontales, combinaisons verticales.

Si le mur est partout également chargé, rien n'est plus logique que la combinaison horizontale, c'est-à-dire l'alternance par rangs, égaux ou non, de pierre et de petits matériaux, comme par exemple les murs de l'Hôtel-Dieu à Paris (fig. 107), ou encore l'alternance de moellons et de briques comme au musée de Cluny.

Ces combinaisons ont en effet l'avantage d'assurer l'égalité du tassement. Le tassement, c'est-à-dire une légère diminution de hauteur d'un ouvrage en maçonnerie sous la pression de son propre poids et des charges qu'il supporte, se produit dans les mortiers des joints horizontaux : ce n'est ni la pierre ni la brique qui tasse, c'est le joint. Donc, plus les joints seront nombreux, plus il y aura tassement, et à hauteur égale un mur composé de 10 assises de pierre de taille tassera dix fois moins qu'un mur de 100 assises de briques. (Je suppose ici qu'aucun tassement ne soit dû au sol.)

La préoccupation du tassement peut aller jusqu'à motiver des

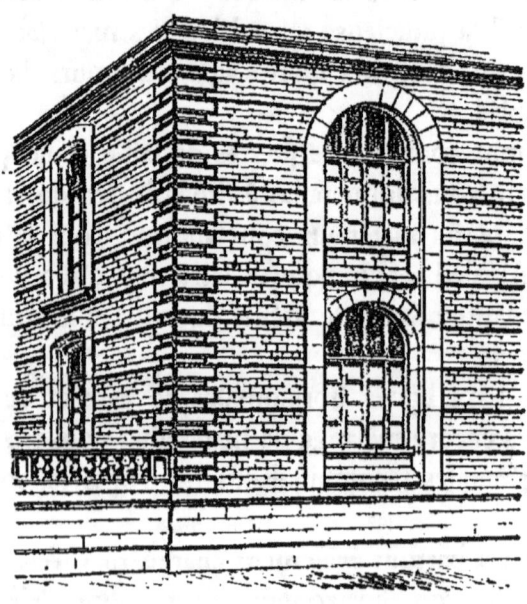

Fig. 107. — Murs de l'Hôtel-Dieu, à Paris.

dérogations très judicieuses au principe de la liaison. Nous en trouvons un exemple très instructif au Colisée. Là, le mur de façade est en pierres de taille, posées à joint vif, par conséquent sans tassement possible; en arrière est un autre mur ovale, également en pierre; des voûtes relient ces deux ceintures murales. Voilà donc une construction annulaire, parfaitement homogène, et possédant une stabilité propre par elle-même. Puis, entre ces portiques et l'arène, existent, sous les gradins, les murs concentriques des *Cunei*; ceux-ci sont en briques et blocages, reliés entre eux par des voûtes en berceaux rampants. Voilà une autre construction parfaitement homogène aussi, possédant aussi une stabilité propre par elle-même. Mais l'une peut tasser, doit même tasser, l'autre ne le peut pas. Eh bien, entre le mur en pierres

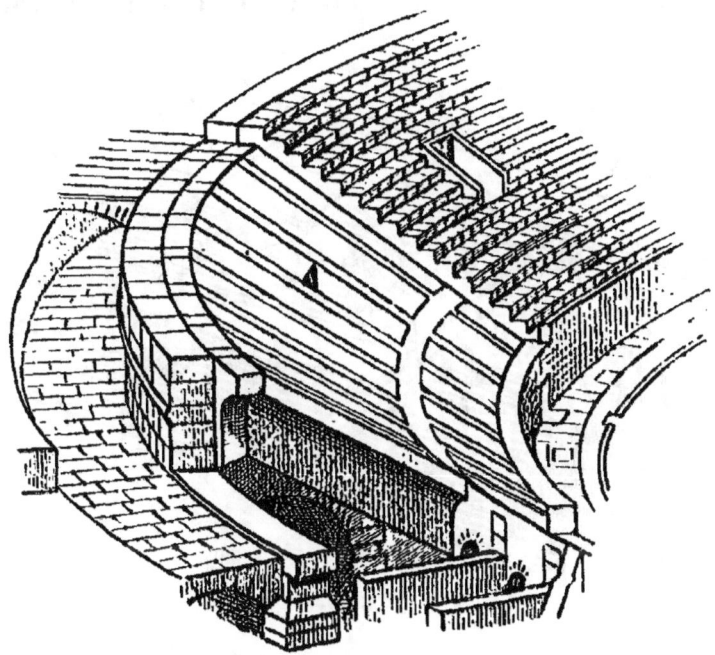

Fig. 108. — Murs du Colisée, à Rome.

qui limite les portiques et les murs concentriques des *Cunei*, il n'y a pas une seule liaison, pas une pierre commune (fig. 108); ces murs sont approchés l'un de l'autre, mais complètement indépendants l'un de l'autre; exemple instructif des considérations judicieuses qui doivent déterminer l'architecte dans chaque cas.

La construction par bandes horizontales se voit dans de très beaux monuments, notamment dans l'architecture toscane du xiv siècle, où les pierres ou marbres de couleur accusent nettement ce parti. Elle a toutefois l'inconvénient d'enlever au mur l'aspect d'unité que lui donnent plus facilement les lignes verticales.

La division par bandes horizontales se trouve aussi dans l'architecture romaine, même dans des murs qui devaient être

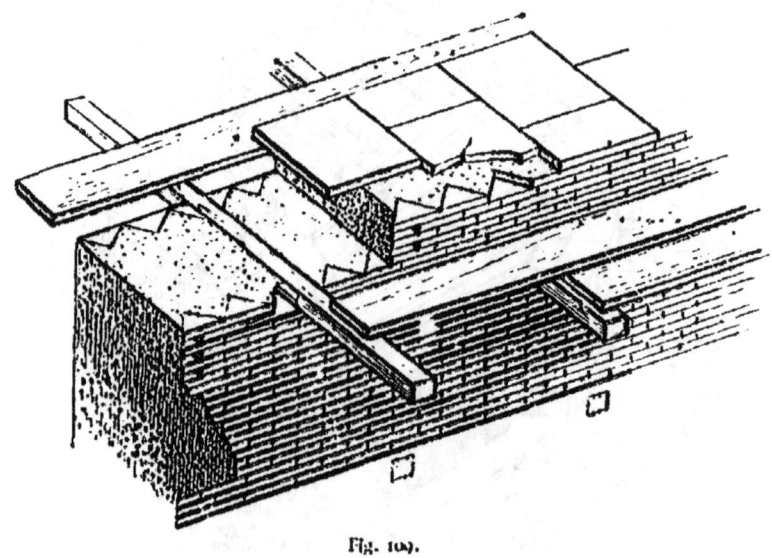

Fig. 109.

enduits ou revêtus de marbres. C'est ici un procédé de construction. Pour faire des murs de très forte épaisseur, les Romains établissaient une assise horizontale de quelques rangs de briques (fig. 109); puis, sur une hauteur variable, d'environ un mètre, ils montaient soit en briques, soit en moellons, généralement triangulaires, les deux parements du mur; le vide du milieu entre ces parements était alors rempli d'un blocage de pierrailles et mortier; enfin une nouvelle assise de briques fermait cette sorte de caisse, dont le couvercle devenait le bas d'une caisse suivante, et ainsi de suite. Cette pratique ne convient que pour des murs très épais. Quant à l'aspect extérieur de ces murs, il est exactement celui d'un mur en briques, le parement étant uniquement formé de briques.

Au surplus, les combinaisons de murs consistent bien plus souvent en divisions verticales, soit que ces divisions résultent de la construction, soit qu'elles aient seulement pour objet la décoration.

Lorsque dans un mur (toujours supposé plein) il existe des

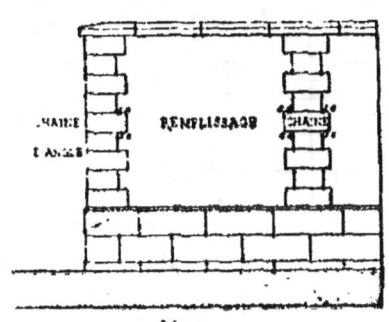
Fig. 110.

divisions verticales de pierres de taille et de petits matériaux, la pierre est naturellement indiquée pour les parties les plus chargées ; rencontres de murs, divisions sous des poutres, etc. Les superpositions d'assises en pierre formant ainsi support vertical s'appellent *chaînes* ; on distingue en particulier les *chaînes d'angle*.

Dans un mur ainsi construit, la pierre de taille occupera la moindre surface ; entre les chaînes se trouve le remplissage. La figure 110 ci-dessus fait voir les éléments théoriques de cette combinaison, et appelle les remarques suivantes :

1° Les chaînes seront formées d'appareil réglé ; il est mieux que le nombre des assises soit impair, et que la chaîne puisse commencer et se terminer par des assises longues ;

2° Les chaînes seront appareillées avec des pierres alternativement en saillie, afin d'assurer la liaison ou le croisement avec les petits matériaux de remplissage. L'excédant de longueur des pierres longues sur les courtes (a-a) se nomme les *harpes*;

3° La saillie des harpes n'est pas arbitraire; elle dépend de la nature du remplissage. Si le remplissage est lui-même en pierre de taille, la saillie des harpes sera plus considérable pour former un bon croisement; cette étude sera celle même de l'appareil du mur, appareil simplement accentué à l'endroit des chaînes par le relief des pierres qui constituent ces chaînes; si ce

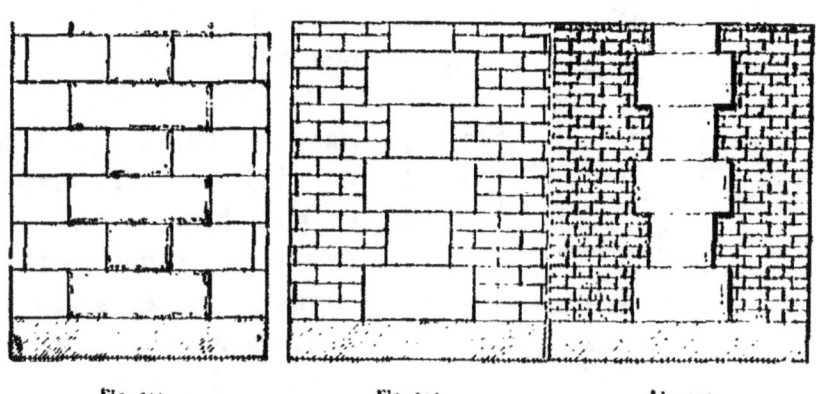

Fig. 111.   Fig. 112.   Fig. 113.

remplissage est en moellons ou en briques, cette saillie sera de moitié de la longueur moyenne d'un moellon ou d'une brique (environ 0.15 à 0.20 pour le moellon, 0.11 à 0.12 pour la brique);

4° Si le remplissage est en briques, la hauteur des rangs de briques n'étant pas arbitraire, les hauteurs d'assises de pierre devront concorder avec un nombre exact de rangs de briques.

Ainsi, suivant la nature du remplissage, la configuration de la chaîne variera comme dans les trois exemples ci-dessus (fig. 111, 112, 113).

Pour les murs intérieurs, s'ils doivent rester apparents, comme dans certains vestibules ou portiques, nefs d'églises, etc., les règles seront les mêmes. S'ils doivent être recouverts d'enduits ou revêtements quelconques, la même régularité n'est pas nécessaire, pourvu que les besoins de la construction soient observés.

CHAPITRE III

LES MURS (suite)

ÉTUDE ET ÉPAISSEUR DES MURS

SOMMAIRE. — Épaisseur des murs déterminée par les exigences de la construction, du climat; l'obtention d'un effet ou d'un aspect désiré; les conséquences d'une décoration architecturale. — Les actions de la construction sur les murs. — Cas d'équilibre. — Murs extérieurs et intérieurs. — Murs avec cheminées. — Stabilité des murs isolés. — Éperons. — Aspect des murs. — Puissance monumentale des grandes épaisseurs. — Épaisseur résultant d'empattements successifs. — Les porte-à-faux.

Dans un même édifice, les épaisseurs des murs seront généralement différentes. La détermination des épaisseurs résulte d'éléments très variés, qui peuvent se ramener à trois causes générales :

1º Les exigences de la construction ;
2º Les exigences du climat;
3º L'obtention d'un *effet* ou d'un aspect désiré ;
4º Les conséquences d'une décoration architecturale.

Construction. — Les murs doivent résister aux actions qui tendraient soit à les écraser, soit à les renverser; les premières sont le plus souvent verticales et agissent par pression; les secondes, latérales, agissant par poussées ou par flexion. Des efforts latéraux peuvent se neutraliser, par exemple, si un mur reçoit de part et d'autre des poussées de voûtes identiques; dans ce cas, il y a équilibre, et le mur ne supporte plus que les actions verticales (fig. 114).

L'étude scientifique de la construction vous permettra plus tard d'évaluer ces actions; dans la plupart des cas, les calculs à faire sont fort simples, mais dites-vous bien qu'ils sont nécessaires; rien n'est plus dangereux que de s'en fier à la routine ou de déterminer des épaisseurs *au jugé*; suivant qu'on est hardi ou craintif, on pèche fatalement par insuffisance ou par excès d'épaisseur; danger dans le premier cas, dépense inutile dans le second. C'est peut-être à propos des épaisseurs de murs que l'architecte a le plus à se pénétrer du devoir d'économie, obligation d'honnête homme en même temps que de praticien.

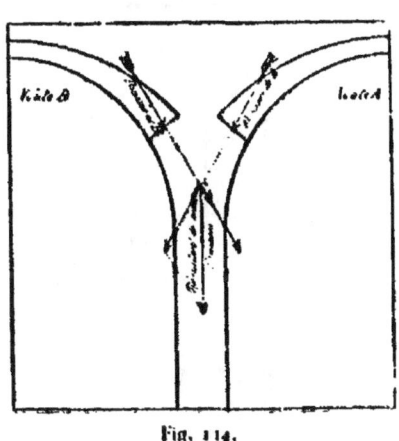

Fig. 114.

Mais quant à présent, sans que nous entrions dans le détail du calcul des actions subies par les murs, il vous suffira d'en déduire des principes généraux de proportions.

Or, généralement, un mur intérieur est en équilibre au moins pratique; un mur extérieur d'un édifice n'est jamais en équilibre absolu, il subit sur ses deux faces des actions latérales qui ne peuvent être les mêmes, les actions verticales elles-mêmes ne sont pas symétriques. Donc, en principe, les murs extérieurs doivent être plus résistants, et, à égalité de matière, plus épais.

LES MURS 233

Il y a à cela encore une autre raison, c'est qu'ils sont l'abri de

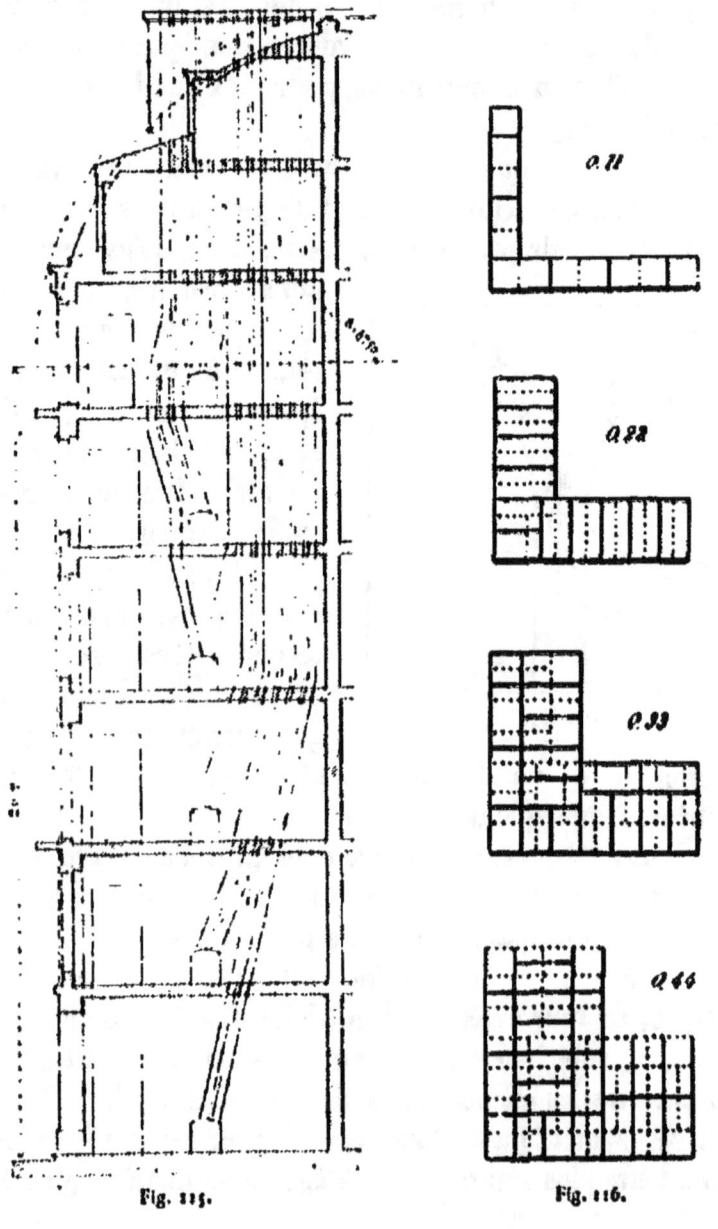

Fig. 115.   Fig. 116.

l'édifice contre le froid, la chaleur, etc. Cependant, un mur intérieur pourra exiger une épaisseur égale et quelquefois supérieure, s'il doit résister d'un côté à la poussée de voûtes qui ne soient pas contrebutées.

A l'intérieur, il faut distinguer entre les murs qui portent la construction — planchers, combles, etc., — et ceux qui ne sont que de simples divisions et qui peuvent n'être que des cloisons légères. Mais il faut tenir compte aussi des murs qui, sans porter la construction, doivent renfermer des tuyaux de cheminée ou des conduits de chaleur (fig. 115). En bonne pratique, leur épaisseur ne devrait pas être inférieure à 0^m 50; les cloisons légères ont généralement 0^m 08.

Au point de vue de la construction pure, il vaudrait mieux certainement que les tuyaux de cheminée ne fussent pas engagés dans les murs. Les murs sont le premier élément de solidité de nos bâtiments, et il est évident qu'un tuyau qui les coupe de la base au sommet, quelque soin qu'on puisse prendre, est un danger permanent. Un tuyau de cheminée compromet bien plus un mur que des portes ou des fenêtres qui font bien une interruption plus large, mais au-dessus desquelles le mur retrouve sa solidarité. L'ancienne pratique des tuyaux de cheminée toujours adossés était donc préférable. Mais nous avons trop à compter avec l'économie de terrain pour nous permettre ce luxe, surtout dans les villes. En tout cas, je dois vous signaler les dangers à tous égards des tuyaux de cheminée engagés dans les murs extérieurs des bâtiments; on le fait souvent, et cependant cela tranche du haut en bas des murs qui devraient être homogènes, sans compter que ces cheminées exposées au refroidissement extérieur sont dans des conditions fâcheuses de fonctionnement.

Les murs de briques ont des épaisseurs déterminées par le

nombre de briques que comporte la section transversale, depuis 0ᵐ 11, épaisseur de ce mur lorsqu'il n'y a qu'un seul rang; on trouverait ensuite 0ᵐ 22, 0ᵐ 33, 0ᵐ 44, etc. Mais, à cause de la place occupée par les joints, il faut compter 0ᵐ 24, 0ᵐ 36, 0ᵐ 48 (fig. 116) entre les deux parements de briques (d'après les dimensions des briques en usage à Paris et dans la plus grande partie de la France, et, bien entendu, sauf variantes, suivant les usages locaux de la fabrication).

Quant aux murs isolés, il faut penser que l'exécution parfaite d'un long mur est difficile; il arrivera aisément que le mur se *voilera*, se *gauchira*, c'est-à-dire que sa face, au lieu de rester plane, deviendra une surface gauche. On est donc obligé souvent, pour ne pas exagérer partout l'épaisseur, de combiner ces murs avec des *contreforts* ou *éperons* qui en font de véritables murs assemblés (fig. 117). (A-A, éperons). Ces éperons sont en réalité des chaînes en saillie; nous verrons plus loin quelles formes architecturales on leur a données.

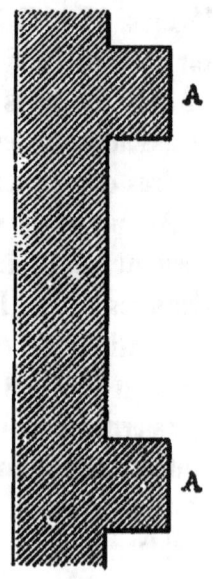

Fig. 117.

Les murs de terrasse ou de soutènement, les murs de bassins ou de réservoirs sont exposés, d'un côté, à de très fortes actions latérales. Il leur faut de très grandes épaisseurs à la base. Aussi ces murs sont toujours construits avec de fortes retraites, intérieures ou extérieures, et ordinairement des talus prononcés (fig. 118). (A, mur avec talus à l'intérieur et retraites à l'extérieur; B, mur avec talus extérieur et retraites intérieures). Il peut aussi y avoir retraites et talus sur chaque face; enfin, les murs de soutènement sont souvent éperonnés par des contreforts. Leur aspect pyramidal doit donner sécurité ; nous verrons plus loin comment on peut y pratiquer utilement des évidements.

Climat. A première vue, il ne semblerait pas que la considération du climat dût influer sur les épaisseurs des murs. L'une des fonctions de l'architecture est pourtant de protéger l'homme contre les actions dangereuses ou simplement incommodes de

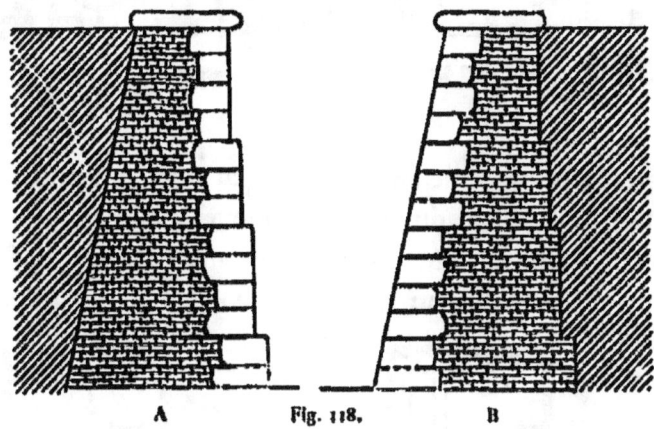

Fig. 118.

l'atmosphère ambiante et des phénomènes extérieurs. Dans les pays tropicaux, c'est de la chaleur qu'on doit se préserver ; près des pôles, c'est du froid ; or, qu'il s'agisse de combattre le chaud ou le froid, le moyen est toujours le même, s'abriter par une construction assez épaisse pour supprimer, s'il est possible, les surfaces de réchauffement ou de refroidissement. Seuls les pays tempérés seraient astreints à moins de défense contre la température extérieure, et à ce point de vue particulier, les constructions tropicales et les constructions polaires devraient se ressembler fort.

Mais en fait, il n'en peut être ainsi. D'abord l'extérieur ne nous envoie pas seulement le chaud ou le froid, il nous donne aussi la lumière ; lumière abondante, aveuglante même dans les pays méridionaux, rare et grise dans les hautes latitudes. Il faut donc dans le nord — ou dans l'extrême sud, sa réciproque — des fenêtres bien plus grandes, par conséquent des surfaces de refroidissement bien plus importantes; cela seul suffit à rompre

Fig. 119. — La Ziza.

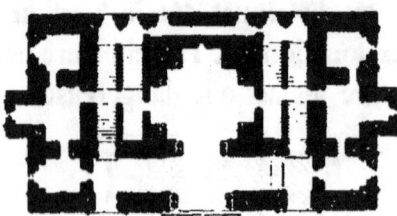
Fig. 120. — La Cuba.

l'équilibre. Puis, on se défend du froid par le vêtement, le chauffage; l'abri seul défend du chaud. Toujours est-il que c'est dans les pays chauds surtout qu'on a de tout temps opposé à l'ennemi — c'est-à-dire au soleil torride — le rempart de murs

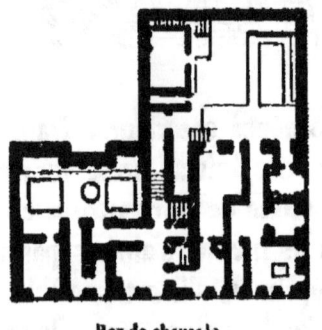
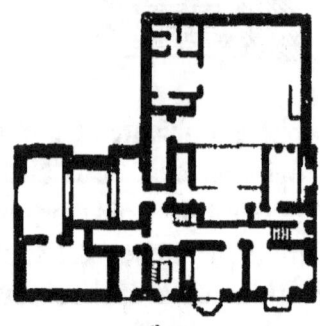
Rez-de-chaussée.   1ᵉʳ Étage.

Fig. 121. — Maison du Caire.

épais, peu percés, et d'une disposition qui rejetait sur des cours ombragées l'aération et l'éclairage de la maison. Les plans orientaux témoignent toujours de cette préoccupation; je vous citerai comme exemples les constructions arabes voisines de Palerme, la *Ziza* (fig. 119) et la *Cuba* (fig. 120) ou une maison du Caire (fig. 121). Dans ces édifices, les murs sont souvent d'une construction sommaire, les matériaux défectueux; briques crues séchées au soleil, mortier de terre délayée; mais l'épaisseur est toujours cherchée, c'est dans ces pays la première condition de l'habitation.

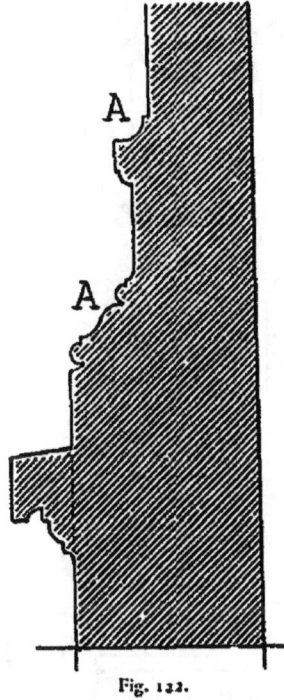

Fig. 122.

Aspect des murs. — En plus — jamais en moins — des exigences de la construction, vous pouvez être guidés, dans la détermination des épaisseurs de murs, par des considérations d'aspect ou de *caractère*. Un mur épais, avec de profondes ouvertures de portes ou de fenêtres, éveille l'idée de richesse et d'effet monumental. Il n'est personne qui n'ait été frappé de la beauté de ces murs épais qui caractérisent la puissante architecture, donnant des jeux d'ombre et de lumière, des perspectives monumentales. Il y a là de puissants moyens d'effets, très légitimes lorsque le programme comporte l'aspect monumental, mais qu'il ne faut pas prodiguer hors de propos ou exagérer lorsque le programme exige la modestie; c'est au tact et au sentiment de l'artiste à juger ces délicates questions, et à assurer l'harmonie qui doit exister entre les effets d'épaisseur et la décoration des murs.

Conséquences d'une décoration architecturale. — Souvent un mur, dans l'architecture monumentale, est sensiblement plus épais que ne le demanderaient soit la construction, soit la décoration ou l'aspect, par exemple certains murs de rez-de-chaussée à Versailles, au Louvre, etc. C'est là un fait dont vous constatez l'existence au rez-de-chaussée ou au bas de l'édifice; pour en avoir l'explication, regardez le haut.

Fig. 123. — Travée de l'École des Beaux-Arts.

Fig. 124. — Travée du Palais de Justice (rue de la Sainte-Chapelle).

J'ai déjà appelé votre attention sur le caractère de stabilité qui doit être et paraître dans tout édifice. Il faut donc que les saillies de socles ou d'empattements qui peuvent exister à un étage supérieur soient reçues par l'étage inférieur, sinon, il y aurait *porte-à-faux*, ce qui doit toujours être évité.

Supposons donc au premier étage, par exemple, un parti pris de saillies comme dans la figure 122. Le mur du rez-de-chaussée, dont l'aplomb intérieur sera constant, aura, par rapport à

Fig. 125. — Travée du théâtre du Palais, à Versailles.

Fig. 126. — Travée du Palais de Justice, sur le quai de l'Horloge.

celui du premier étage, une surépaisseur déterminée par toute la saillie des profils d'empattements A-A, saillie exagérée ici pour la démonstration, mais qui peut cependant être souvent très prononcée.

Or si, au-dessus d'un rez-de-chaussée tout uni, vous disposez un premier étage avec des colonnes engagées par exemple, la surépaisseur comprendra toute la saillie de ces colonnes enga-

LES MURS

gées, plus leur profil de base, empattements ou socles; tel est le cas, à Paris, de l'École des Beaux-Arts (fig. 123, avec son profil fig. 127 et le plan fig. 128), du Palais de Justice dans les pavillons de la cour d'honneur et dans la façade sur la rue de la Sainte-Chapelle (fig. 124), à Versailles de la façade du Théâtre du Château sur la rue des Réservoirs (fig. 125), et d'une foule d'autres monuments. Ces combinaisons peuvent être très diverses et ne supposent pas nécessairement l'emploi des ordres; ainsi au Palais de Justice, sur le quai de l'Horloge, la façade où, au-dessus d'un rez-de-chaussée tout uni, s'élève un premier étage avec des saillies de contreforts (fig. 126).

D'après les figures qui précèdent, vous vous rendrez facilement compte de ces lois de construction si vous établissez dans des plans la superposition des deux étages indiquée par des hachures et des lignes de retraite.

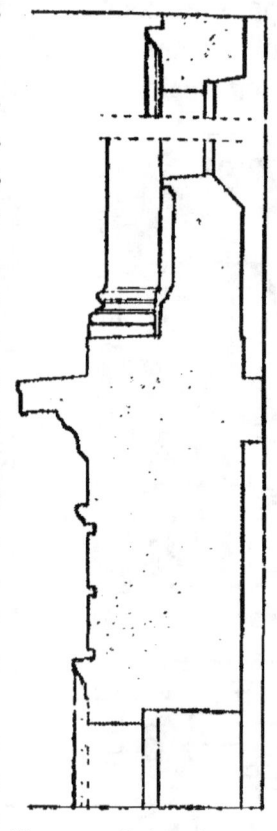

Fig. 127. — École des Beaux-Arts. Détail du profil du mur de face.

Fig. 128. — Plan de superposition des profils de la fig. 123.

Éléments et Théorie de l'Architecture.

De cette démonstration il faut retenir une règle essentielle, trop souvent oubliée par les commençants : c'est qu'un plan ne peut être définitivement arrêté qu'après étude de la coupe et de la façade.

Puis cet autre principe que, si des effets de saillie ne pouvaient être obtenus à un étage supérieur qu'au moyen de porte-à-

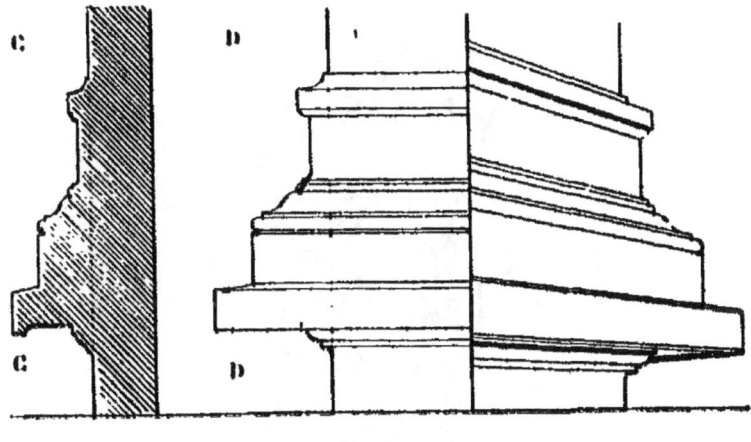

Fig. 129.

faux, il vaudrait beaucoup mieux y renoncer ; outre qu'un porte-à-faux est toujours de la mauvaise construction, l'aspect en est un contresens. Supposez le profil déjà montré plus haut, établi comme dans la figure 129, vous le trouverez choquant; et cependant ainsi présenté en coupe, vous n'en avez qu'une idée incomplète; il faut vous le figurer vu sur l'angle de l'édifice, là où se jugent le mieux les profils et les silhouettes ; alors les saillies se prononcent dans la proportion de la diagonale au côté du carré, et pour la coupe C-C vous auriez une façade d'angle D-D. Cela suffira, je pense, à vous préserver du porte-à-faux, qui est un vice, et qui ne doit pas d'ailleurs être confondu avec les *encorbellements* (fig. 130), parti franchement voulu, et dès lors susceptible d'une étude parfaitement légitime.

Fig. 130. — Cabinet en encorbellement, à Dijon.

CHAPITRE IV

LES MURS (suite)

CARACTÈRE ET DÉCORATION DES MURS

SOMMAIRE. — Le caractère des murs réside avant tout dans leur construction. — Le mur antique. — L'art du nu en architecture. — Caractère des matériaux. — Les socles et soubassements. — Les refends et bossages. — Les chaînes d'angles et intermédiaires. — Les cordons, bandeaux et corniches.

Je vous ai exposé la théorie des murs dans leurs diverses combinaisons. Mais lorsque ce mur doit jouer un rôle important et artistique dans votre composition, quel sera son caractère? Ce sera avant tout celui que lui imprimera le mode de construction que vous aurez choisi *a priori*. Suivant les besoins de la construction, mais aussi suivant l'impression que vous voudrez produire, votre mur sera en pierres de taille ou en matériaux mélangés, ou encore recouvert d'un enduit de marbres, de stucs, de peinture.

Le mur antique en pierre ou en marbre, c'est le grand art du nu; le mur de Pompéi avec ses stucs et ses peintures, c'est l'élégance raffinée. Le mur toscan, dont je vous parlais plus haut, c'est le dédain des artifices; le mur de notre Panthéon, c'est la solennité. Je pourrais m'étendre davantage : je veux seulement vous montrer quelle variété d'impressions l'artiste peut produire avec cet élément : le mur.

Quittant ces conceptions monumentales, vous verrez le mur

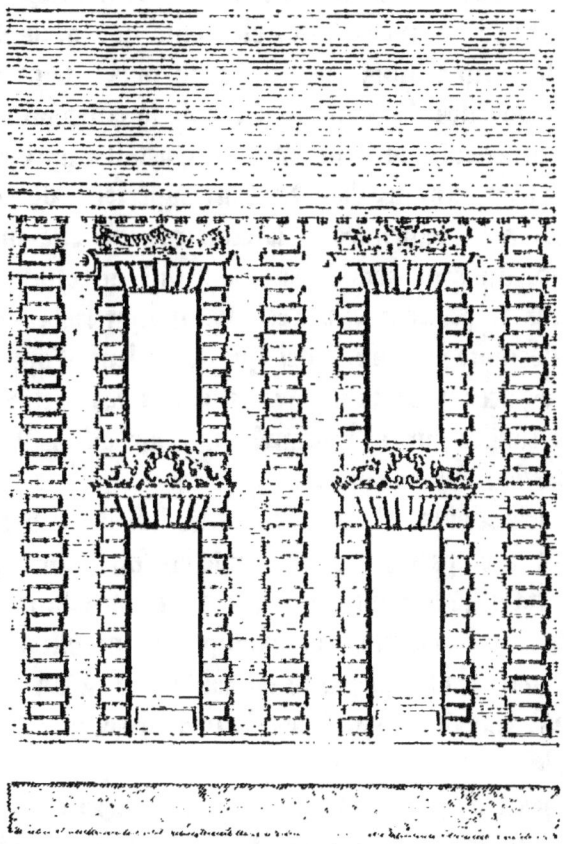

Fig. 131. — Travée de la façade de la Bibliothèque nationale, rue Vivienne.

en petits matériaux, ou mixte, employé de préférence pour les programmes utilitaires; la brique apportant, surtout mélangée avec la pierre, la gaieté de la couleur dans nos façades, par exemple dans les bâtiments de la Bibliothèque nationale, sur la rue Vivienne (fig. 131); la sévérité d'aspect due aussi au mode de construction, par exemple dans les grands murs de l'ancienne prison Mazas, si identiques au caractère du programme, et qui, certainement, auraient été moins expressifs si leur construction était différente.

Quant à la décoration des murs, elle est infinie, et souvent elle emprunte ses moyens à des éléments que nous étudierons plus loin, les ordres notamment. Je ne puis, quant à présent, vous parler que des décorations tirées de la conception du mur lui-même. Et encore le mot *décoration* est-il impropre ici : il s'agit avant tout, comme dans tout art supérieur, de la manifestation sincèrement exprimée de la construction elle-même.

La surface du mur sera à parement uni ou étudié avec des saillies. Dans le premier cas, c'est avant tout la beauté de l'appareil qui décorera le mur, ainsi que la valeur d'opposition de ces grands espaces nus aux formes saillantes des parties voisines. Quant aux saillies sur le mur même, nous allons voir ici les éléments particuliers aux murs.

D'abord les **socles**. Dans la construction du mur, il se fait logiquement une épaisseur plus grande en fondations qu'en élévation. La stabilité le veut, surtout si la construction des fondations est moins résistante, par exemple en moellons ou meulière, sous une façade en pierre de taille. De là un élément de base du mur, transition entre ces deux épaisseurs. C'est la fonction du socle.

Le socle peut n'être qu'une assise plus épaisse que le mur en élévation; cette assise sera en pierre dure, en grands blocs, avec le moins grand nombre possible de joints verticaux. Dans certains monuments antiques, il y a plusieurs assises de socle, généralement trois, en retraite l'une sur l'autre. Tels sont les *gradins*, qu'il ne faut pas confondre avec des marches, que vous voyez régner sous les colonnes du Parthénon. A Paris, vous

248   ÉLÉMENTS ET THÉORIE DE L'ARCHITECTURE

pouvez voir des socles ainsi compris, quoique moins saillants, à la bibliothèque Sainte-Geneviève.

Le plus souvent, le socle se termine à sa partie supérieure par quelques moulures; parfois enfin il devient un véritable soubassement, avec de riches profils, tels que vous en pouvez voir aux palais *Giraud* (fig. 132) et de la *Chancellerie* à Rome, dont s'est inspiré

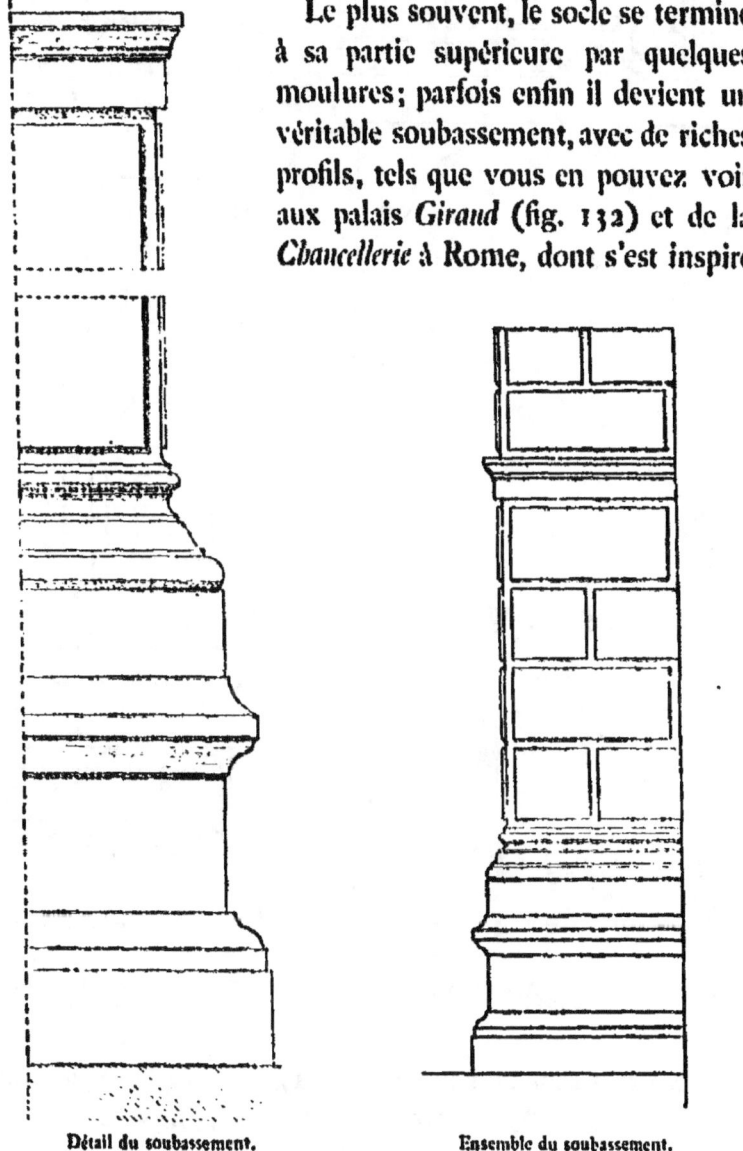

Détail du soubassement.   Ensemble du soubassement.
Fig. 132. — Palais Giraud, à Rome.

avec moins de richesse le soubassement du palais de notre École des Beaux-Arts. A citer les socles de plusieurs églises de Venise, notamment l'église Saint-Zacharie (fig. 133), ceux des palais de Florence,

Fig. 133. — Piliers de l'église Saint-Zacharie, à Venise.

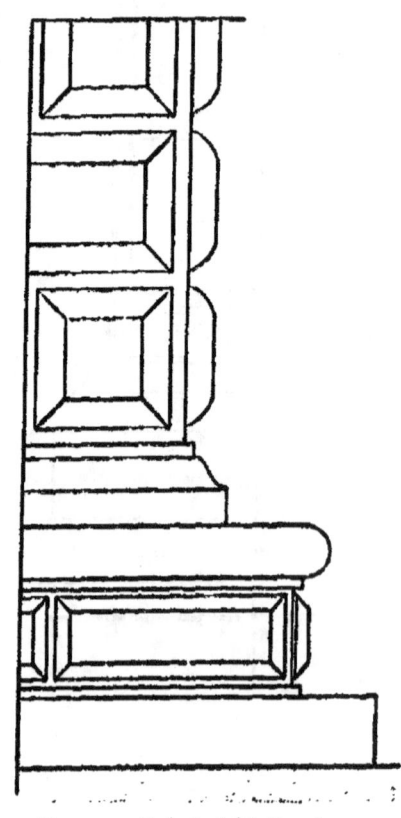

Fig. 134. — Socle du Palais Strozzi, à Florence.

souvent en forme de bancs (fig. 134), ceux de Bologne, ceux de l'arc de l'Étoile, etc. Le caractère en est toujours l'empattement, l'assiette de l'édifice sur le sol, une base puissante, et l'étude arrivant graduellement à la finesse à mesure qu'elle s'éloigne de terre. Toujours, au pied, une hauteur d'assise nue qui puisse recevoir les chocs, la mouluration ne commençant que plus haut : car, ne vous y trompez pas, lorsque vous voyez dans un beau monument, comme le Louvre, des moulures délicates presque par terre, c'est presque toujours que le monument a été enterré.

Dans cette étude, nous trouvons ensuite les **refends** et **bossages**. Ces deux termes expriment presque la même chose, pas tout à fait cependant.

Le refend, c'est le joint creusé après exécution du parement. Il est horizontal ou vertical, mais toujours il doit être l'expression de l'appareil lui-même.

Le refend n'est d'ailleurs possible, en principe, que si le parement a une saillie suffisante pour que le mur puisse conserver encore, au fond du refend, l'épaisseur et la saillie qu'exige l'étude de l'édifice. Car c'est le fond du refend qui devient le parement de construction.

Le refend peut être de section rectangulaire, comme au rez-de-chaussée de l'École des Beaux-Arts, ou arrondi, comme à l'Hôtel des Monnaies. Dans ce dernier exemple, les joints horizontaux sont seuls accusés; le parti à cet égard dépend uniquement de l'effet qu'on veut produire. Quant à la disposition des refends, elle suivra l'appareil, qu'il soit réglé ou non. Le refend n'est, en effet, que l'accentuation et la mise en évidence de l'appareil.

Le bossage est une pierre en saillie sur le parement, comme par exemple celles des chaînes, dont je parlerai plus loin. On se sert du mot *bossage* plutôt que du mot *refend* pour exprimer l'idée de saillie appliquée à la pierre, plutôt que l'idée de creux appliquée au joint, et notamment lorsqu'une décoration quelconque vient mettre en relief cette idée de saillie.

Fig. 135. — Fontainebleau. Le baptistère de Louis XIII.

En principe, le bossage est une pierre préparée et posée avec cette saillie faite par avance ; son parement est déterminé par la ciselure qui contourne ses joints.

Fig. 136. — Bossages de la galerie d'Apollon, au Louvre.

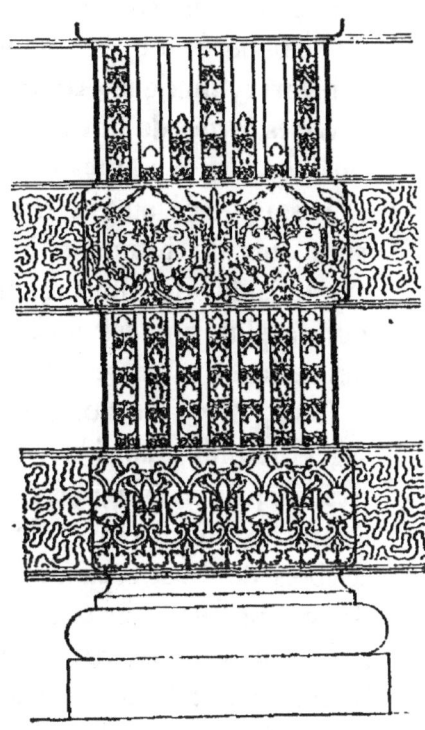

Fig. 137. — Bossages décorés du Louvre.

Je vous ai parlé des bossages si énergiques des murs toscans, tradition de l'antiquité étrusque. Un caractère analogue se retrouve dans les bossages du pavillon d'entrée de la cour ovale de Fontainebleau, dite « Baptistère de Louis XIII » (fig. 135) : ici la pierre employée, qui est le grès dur, ne permettait pas autre chose que la taille rustique et brutale qui est la physionomie même de ces bossages. Je vous en indiquerai encore une inspiration dans les bossages du Ministère de l'Agriculture, rue de Varenne.

Mais le plus ordinairement, les bossages sont ravalés. Souvent ce sont de simples tables saillantes, parfois avec arêtes arrondies, comme au Luxembourg ; ou encore le bossage est entièrement cylindrique, comme vous en voyez en diverses parties du Louvre, rue de Rivoli ou sur le quai, ou bien à pointes de diamant. Au contraire, le bossage est souvent richement mouluré ; tels sont ceux du bâtiment de la galerie d'Apollon sur le jardin de l'Infante au Louvre (fig. 136), qui de plus ont des différences de pierres avec des tablettes saillantes en marbre.

Enfin, il y a de nombreux exemples de bossages décorés : ainsi les bossages vermiculés, très fréquents, singulière imitation des effets destructifs du salpêtre et de la gelée ; et les plus célèbres de tous, ceux du Louvre le long de la Seine (fig. 137), ou ceux de Philibert Delorme aux Tuileries, dont vous avez un spécimen dans la cour de notre École sur le quai (fig. 138) ; les uns et les autres d'une exquise délicatesse et d'une invention charmante.

Dans l'architecture des fontaines, on a souvent imité les stalactites. Tels sont les bossages de la fontaine du Luxembourg.

Fig. 138.
Colonne de
Philibert Delorme
(Tuileries).

Mais, il faut le dire, les bossages décorés de sculptures, presque de ciselures ou de nielles, sont charmants à l'état d'exception. Le bossage éveille une autre idée : non pas qu'il exclue la richesse, au contraire son aspect est riche ; mais avant tout il accuse la force et l'énergie. On emploie le bossage pour affirmer, pour écrire l'appareil, pour accuser la construction en pierre ; à l'appareil logique et réglé de la pierre, correspond le bossage réglé, tandis que l'alternance n'est qu'une fantaisie.

Voyez d'ailleurs dans un même édifice la variété des bossages. Au palais Strozzi, au palais de la Chancellerie (voir plus haut, fig. 26), le bossage s'affine et prend de la légèreté aux étages supérieurs. Dans une certaine mesure, il en est de même au Luxembourg.

Du bossage à la **chaîne**, la transition est toute naturelle ; la chaîne est une série de pierres en bossage, dont le rôle est d'accuser l'assemblage de deux murs, ou des piles plus accentuées là où le mur est le plus chargé.

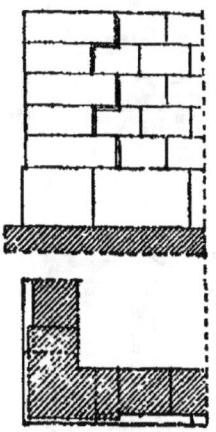
Fig. 139.

Il y a des chaînes d'angle et des chaînes intermédiaires.

La chaîne d'angle accuse la rencontre de deux murs de façade, et, d'après ce que je vous ai montré plus haut, la largeur des pierres les plus courtes doit être au moins égale à l'épaisseur du mur — un peu plus large si les pierres d'angle comportent des évidements (fig. 139).

Les harpes, nécessaires à la construction, devraient toujours, en principe, apparaître dans la décoration du bossage ; telle est la composition invariable des magnifiques motifs de chaînes d'angle de l'architecture italienne, dont le palais Farnèse vous offre le plus bel exemple (fig. 140). Vous trouvez encore ce motif au Louvre, dans les façades du côté de la rue de Rivoli.

Incontestablement donc, les chaînes saillantes, dont les côtés sont limités entre deux lignes verticales sans harpes apparentes, sont en contradiction avec la construction. Il y en a pourtant de beaux exemples, mais certainement d'un art inférieur. Il en est de même des chaînes plus larges que la largeur possible d'un mur, par exemple les chaînes d'au moins trois mètres de largeur au-dessus des piédroits des grands guichets du Carrousel.

Revenant aux chaînes telles que celles du palais Farnèse, j'appellerai votre attention sur ces nécessités : observation du même aplomb, du haut en bas, pour la ligne limite de la largeur des pierres les plus courtes, par conséquent différence entre ces largeurs aux divers étages lorsque la façade a des retraites : c'est le mur lui-

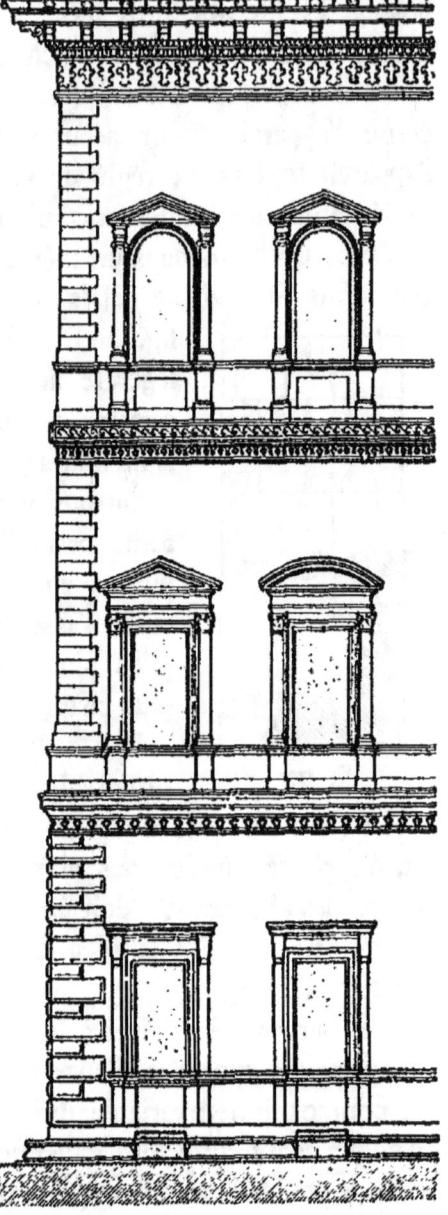

Fig. 150. — Angle du Palais Farnèse.

même qui se traduit ainsi en élévation; telle est l'étude du palais Pandolfini à Florence (fig. 141), dont l'architecte fut Raphaël lui-même; — les harpes franchement décrochées pour le croisement des joints, mais leur saillie diminuant aux étages supérieurs si vous employez des pierres d'appareil plus bas; — les chaînes toujours en saillie, mais le fond du joint étant

Fig. 141. — Palais Pandolfini, à Florence.

souvent le parement même du mur, quelquefois pourtant avec une légère saillie.

Les mêmes principes régiront naturellement les chaînes intermédiaires; je n'ai donc rien à ajouter à leur sujet.

Si vous avez plusieurs étages, vous marquerez naturellement leur division par des lignes horizontales. Ce sont les **cordons ou bandeaux**. Les cordons ou bandeaux accusent en principe le niveau des planchers. Cependant ils sont souvent aussi placés au bas des fenêtres auxquelles ils servent d'appui continu. Tel est le cas du magnifique palais Strozzi, à Florence (fig. 142).

Je ne saurais trop vous recommander l'étude de ce palais : je ne connais rien, dans l'architecture moderne, qui présente au même degré les qualités de l'architecture antique : vérité absolue, rien de plus que le vrai, rien de moins que le vrai.

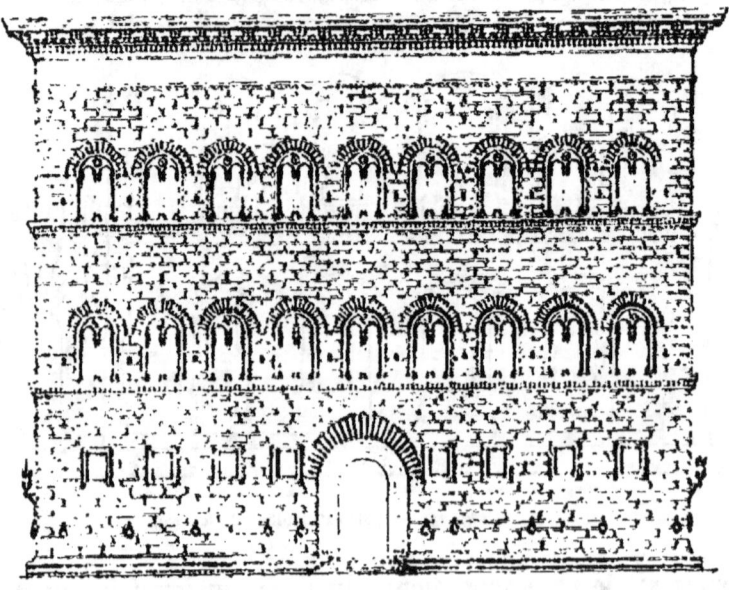

Fig. 142. — Palais Strozzi, à Florence.

Voyez-y notamment la proportion des bandeaux et de la corniche supérieure. Je vous ai parlé des corniches, je vous ai dit que c'est ce qui couronne toute la façade : aussi, les bandeaux ne sont ici qu'une assise saillante et moulurée, bien marqués, mais sans aucune lutte avec la corniche, ni comme hauteur, ni comme saillie.

Le bandeau est souvent d'une section générale rectangulaire

avec quelques moulures au-dessous. Il est souvent décoré, souvent aussi précédé d'une frise décorée : tels sont les bandeaux

Fig. 143. — Bandeau du palais Farnèse.

Fig. 144. — Bandeau du palais Pandolfini, à Florence.

Fig. 145. — Bandeau du moyen âge.

du palais Farnèse (fig. 143), autre chef-d'œuvre; ou décorés sans frise, comme au palais Pandolfini (fig. 144).

La variété des bandeaux ou cordons est infinie, et je ne puis vous faire un volume de citations. Disons seulement que dans l'architecture du moyen âge, le cordon est en général très fin;

cela tient à ce que l'assise qui fait bandeau a une grande partie de sa hauteur occupée par une pente prononcée (fig. 145). L'ennemi des bandeaux, c'est en effet l'eau et la neige; souvent, comme les corniches, ceux qui sont saillants et assez plats doivent être recouverts en métal — généralement du plomb — pour les préserver des infiltrations. C'est ainsi qu'à la chapelle de Versailles il a fallu refaire de notables parties de façades dégradées par les eaux pluviales, et qu'on a conjuré le retour de ces accidents par des revêtements en plomb.

Quant aux **corniches**, je vous en déjà dit un mot, et j'aurai à vous en reparler à l'occasion des ordres. Je me borne, quant à présent, à vous montrer que dans le palais Strozzi, dans le palais Farnèse, dans le Louvre rue de Rivoli, la corniche est en proportion, non pas du dernier étage, mais du monument entier. Son ampleur est la récompense de la simplicité du parti.

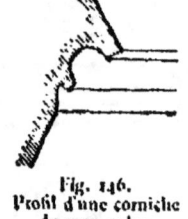

Fig. 146.
Profil d'une corniche du moyen âge.

Au moyen âge, les corniches (fig. 146) ont en général moins d'importance que dans l'architecture antique ou de la Renaissance. La raison principale en est dans la saillie des *gargouilles*, qui localisent la protection du mur contre la chute des eaux pluviales. J'en reparlerai à propos des toitures.

Je ne puis guère, quant à présent, aller plus loin à l'occasion des murs; trop d'éléments de leur étude appartiennent à ce que nous n'avons pas vu encore, portes et fenêtres, arcades, colonnes et pilastres, panneaux, niches, etc.

La première étape est donc parcourue : arrêtons-nous un moment à réfléchir un peu, et aussi à rêver.

N'avez-vous pas quelque surprise? Ces études sont-elles ce que vous les imaginiez? Je crois bien qu'elles vous paraissent un peu austères et assez arides. Et cependant relisez encore tout cela, et vous verrez déjà que de tout cela se dégage pour vous la révélation d'un art fait de lumière et de vérité. Dans ces débuts ou plutôt pour le débutant, l'art est à l'état encore latent, mais il y est — il y est tout entier, comme la fleur, comme le fruit sont tout entiers dans le bouton, et je ne puis vous entretenir de ces premiers principes de l'architecture liée à la construction sans que l'art vienne perler et jaillir déjà, vous promettant d'ardentes curiosités et l'émotion de la jouissance inconnue.

Mais cet art, vous le voyez déjà, ne sera pas une capricieuse fantaisie, il sera conscient. Il aura ses lois — car entre les lois et l'anarchie il n'est pas de moyen terme — mais ses lois ne seront pas des lisières; et c'est précisément parce que vous aurez appris ce que vous pourrez faire qu'il vous sera possible de faire et de créer à votre tour. Vos ressources seront grandes, et si dans l'inventaire rapide de la première case du trésor qui tout entier sera le vôtre, vous avez déjà vu des richesses que vous ne soupçonniez pas, continuez fièrement et allègrement cette prise de possession, sans laisser perdre aucune parcelle de votre héritage.

Et rappelez-vous que dans toute étude les débuts sont d'une importance capitale. Pénétrez-vous donc de ces premiers principes, c'est la clef nécessaire de tout ce qui vous reste à apprendre.

CHAPITRE V

DES OUVERTURES DANS LES MURS

LEUR CONSTRUCTION

SOMMAIRE. — Baies rectangulaires, piédroits et linteaux. — Exemples très anciens. — Largeur limitée par le linteau. — Expédients primitifs pour la dépasser. — Inclinaison des piédroits, encorbellements. L'arc. — Les diverses formes d'arcs. — Plein-cintre, arc en segment, arc brisé. — Impostes, claveaux, clefs, intrados, extrados. — Appareil des arcs. — Arcs surbaissés. — Plate-bande appareillée. — Arcs de décharge.

Je me suis limité d'abord au mur plein; nous allons étudier maintenant le mur avec des ouvertures, et ici encore nous examinerons d'abord les ressources et les moyens de la construction.

Toutes les ouvertures que l'on pratique dans les murs sont désignées par le terme générique de *baies*.

Au point de vue de l'usage, les baies peuvent être de simples ouvertures non closes, ou être destinées à recevoir des clôtures pleines ou à jour, telles que portes ou croisées en menuiserie, vitrages, etc. Cela n'a pas une importance immédiate au point de vue de leur construction, et vous pouvez d'abord considérer une baie abstraction faite des clôtures qu'elle pourra comporter.

La plus simple et la première en date des ouvertures est la baie rectangulaire : une interruption verticale dans la construction d'un mur, terminée ou couverte par une couverture horizontale. Telle est, dans une antiquité très reculée, la Porte d'Alatri. C'est la porte ou la fenêtre usuelle (fig. 147); les côtés s'appellent *jambages* ou *piédroits* (pieds-droits); la pièce qui recouvre la baie s'appelle *linteau*. Le linteau sera souvent en bois ou en fer dans les murs ordinaires, en pierre dans la construction monumentale. Le linteau monolithe est d'un usage presque absolu dans l'architecture antique, qui en offre de magnifiques exemples.

Fig. 147.

Mais les limites de largeur d'une baie ainsi couverte sont bientôt atteintes; de plus, ce mode de construction est particulièrement fragile : la pierre de linteau portant sur les deux jambages par des parties assez courtes, chargée par la construction supérieure, sera dans de mauvaises conditions s'il y a la moindre inégalité de tassement, d'autant plus que la pression verticale la fait travailler *à la flexion* dans le sens du *délit*. Aussi voit-on souvent des linteaux rompus. Chez les anciens, lorsque les assises de pierre étaient posées à *pierre sèche* et les murs fondés sur le rocher même, aucun tassement n'était à craindre, et on a pu alors employer des linteaux qui ont jusqu'à 5 et 6 mètres de longueur, en marbre très compact et très homogène. Mais avec notre mode de construction, le linteau monolithe n'est praticable que pour de petites largeurs de baies, en lui donnant une grande hauteur, et avec de la pierre compacte. On l'a employé fréquemment ainsi au moyen âge.

Nous verrons plus loin comment on a obvié à ces inconvénients du linteau au moyen de ce qu'on appelle la *plate-bande appareillée* et de *l'arc de décharge*.

DES OUVERTURES DANS LES MURS

On a aussi cherché à diminuer la longueur des linteaux par deux moyens : légère inclinaison des jambages (fig. 148) ou addition de supports qu'on nomme *consoles* ou *corbeaux*. Ce dernier système a été fréquemment employé au moyen âge.

Le premier est admissible pour une baie qui doit rester ouverte : mais s'il doit y avoir une menuiserie, comme il faut que l'axe de rotation déterminé par les gonds de roulement soit parfaitement vertical, la baie effective comme air et comme lumière redevient rectangulaire, et dès lors on ne gagne rien à l'élargissement inférieur : la

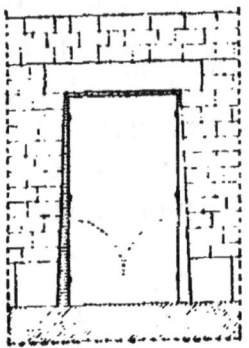

Fig. 148.

baie est exactement la même que si les jambages étaient verticaux eux-mêmes. D'ailleurs, l'emploi fréquent qui a été fait de ces baies en trapèze dans l'architecture sépulcrale nous a accoutumés à leur associer l'idée d'un caractère funéraire.

Quant au second, linteaux avec corbeaux (fig. 149), il n'est pas moins gênant pour la menuiserie de clôture, et il ne permet pas à la baie de s'accuser par un parti franc d'une forme définie. Ce n'est guère qu'un expédient.

Tout cela d'ailleurs ne saurait augmenter de beaucoup la largeur d'une baie, et

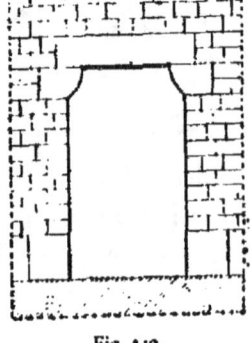

Fig. 149.

l'architecture, restreinte au linteau, n'aurait jamais pu aborder les grandes ouvertures. On voit encore, par de très anciens exemples, la trace des difficultés avec lesquelles se débattait l'architecture réduite au simple linteau. Ainsi en Étrurie, à *Segni* (ancienne Signia), il existe une porte, d'appareil grossier, où l'on voit clairement le désir de faire une large baie aux prises avec la nécessité de la rétrécir pour la couvrir d'un linteau.

A *Arpino* (Arpinium), des encorbellements successifs amènent la porte à n'avoir réellement plus de linteau; la forme est presque ogivale, mais obtenue seulement par la saillie de chaque assise sur l'assise immédiatement inférieure.

J'aurais pu même ne pas vous parler de ces tâtonnements, si je n'avais voulu par là vous préparer à bien apprécier une de ces magnifiques découvertes qui, je ne crains pas de le dire, sont un fait capital non seulement dans l'évolution d'un art, mais dans la marche même de la civilisation.

Cette découverte, c'est l'*arc* avec la *voûte* qui n'en est que l'extension. Je vous en ai déjà parlé, j'y reviens maintenant avec plus de détails.

L'arc est-il le résultat de tâtonnements progressifs, la réalisation méthodique d'un phénomène révélé par le hasard, ou bien est-il une conception de génie due à la seule puissance de la pensée? Je l'ignore. Mais supposez que ce problème se soit posé : avec des pierres de dimensions restreintes, fermer une ouverture dix fois, vingt fois plus large que ces pierres, et supposez qu'un Archimède inconnu ait pu s'écrier Εὕρηκα, — ne voyez-vous pas là une des plus sublimes et des plus fécondes inventions du génie humain?

Quoi qu'il en soit, des horizons nouveaux et indéfinis s'ouvraient à l'architecture qui en a tiré un admirable parti. Voyons donc ce qu'est l'arc.

On appelle arc toute construction en maçonnerie, de forme courbe, destinée à couvrir soit une partie vide d'un mur (baie), soit une partie trop faible pour résister par elle-même au poids de la construction supérieure. Ainsi, la fonction de l'arc est de soutenir et de reporter sur des points d'appui résistants l'effort de la masse de cette construction; sa condition réside dans sa forme cintrée et dans la concentricité de son appareil, quelle que soit d'ailleurs la nature des matériaux employés. L'arc n'est pas de sa nature dans des conditions d'équilibre stable : la pression qu'il subit tend à le déformer et à écarter ses points d'appui; il faut donc que ceux-ci présentent une stabilité suffisante, proportionnée à la largeur de l'arc et à la pesée qu'exerce sur lui la maçonnerie qu'il soutient. L'épaisseur des piliers est la principale condition de cette stabilité; mais elle varie elle-même selon que ces piliers sont plus ou moins chargés, car elle se réduit en somme à une question de poids : il faut que l'effort nécessaire

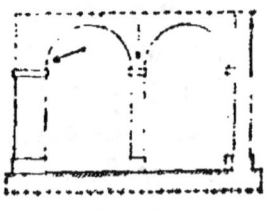

Fig. 150.

pour le déplacement de la masse des piliers représente une pression plus forte que la poussée de l'arc.

Deux arcs contigus et identiques, avec un pilier commun, s'équilibrent sur ce pilier; c'est pour un pilier d'angle (ou pour un mur extérieur s'il s'agit d'une coupe) que la stabilité est problématique (fig. 150). La vérification de cette stabilité est une question délicate de construction, subordonnée à de nombreux facteurs, et pour sa solution je ne puis vous indiquer de règle élémentaire et empirique. Votre plus sûr guide, quant à présent, sera l'observation des proportions que vous trouverez dans de nombreux exemples, en vous rappelant que mieux vaut un excès de prudence que de la témérité.

En tout cas, il est nécessaire que vous sachiez bien que si l'arc vous réserve des ressources immenses, c'est un moyen dangereux entre les mains d'imprudents et d'inhabiles. Mais ici encore le principe de l'aspect de solidité vous préservera des lourdes fautes : pour que l'aspect d'une construction commande la confiance, il faut que la sécurité soit évidente, et votre œil s'habituera graduellement à reconnaître si cette condition est remplie.

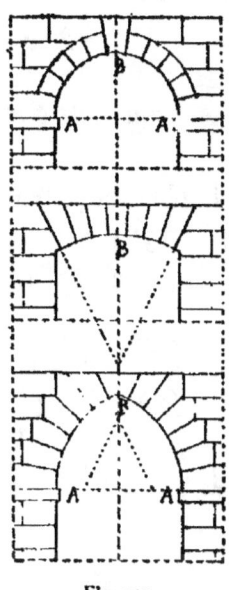

Fig. 151.
AA Naissances.
BB Clefs.

Il existe diverses formes d'arcs ; la plus naturelle et la plus pure est le *plein-cintre*, c'est-à-dire le demi-cercle parfait (fig. 151). L'arc en *segment* est celui dont les piliers ou piédroits montent à plomb jusqu'à leur rencontre, sous un angle plus ou moins obtus, avec une portion de cercle dont le diamètre est plus grand que la distance des piliers. L'arc *en ogive* ou *arc brisé* est formé de deux portions de cercle d'un rayon égal, et supérieur à la demi-distance des piliers, ayant leurs centres au niveau de sa naissance.

Les proportions de l'ogive — j'emploie ce mot peut-être à tort, on a beaucoup discuté là-dessus, mais il est usuel et on le comprend — sont variables : elles se ramènent à trois combinaisons :

L'*arc brisé*, ou *plein-cintre brisé*, presque circulaire (fig. 152) : les

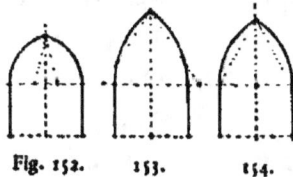

Fig. 152.   153.   154.

centres des arcs sont à l'intérieur de la corde commune aux deux naissances ;

L'arc *en lancette*, ou *ogive aiguë* (fig. 153) ; les centres sont placés en dehors des courbes de l'ouverture de l'arc ;

Enfin, l'arc en *tiers-point*, ou *ogive équilatérale* (fig. 154), intermédiaire entre les deux précédents, où la naissance de chacun des arcs est le centre de l'autre.

Puis les diverses formes capricieuses, telles que l'*ogive surhaussée*, où l'arc se continue par une petite partie verticale; — l'*ogive lancéolée* formée de deux arcs dont le centre est plus haut que les naissances.

Enfin, dans l'architecture arabe surtout, on trouve l'arc en *fer à cheval* plein-cintre ou brisé.

On nomme *imposte* une pierre en saillie, le plus souvent moulurée, qui termine le piédroit (A-A, fig. 151 et 155), *claveaux* ou *voussoirs* les pierres prismatiques qui forment l'appareil de l'arc. Le premier claveau de chaque côté s'appelle *sommier*. Le claveau central B-B est la *clef*. La face apparente cylindrique des claveaux vus par-dessous se nomme la *douelle* ou l'*intrados*.

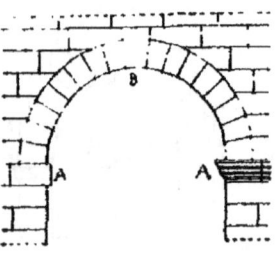

Fig. 155.

Le nombre de claveaux est toujours impair, d'où la clef. L'appareil peut être conçu de deux façons principales : ou bien, comme dans la figure ci-contre, il est *extradossé*, c'est-à-dire que les claveaux sont compris entre deux surfaces cylindriques, l'une intérieure (intrados), l'autre extérieure (extrados). Cet appareil est très logique : la construction supérieure peut en quelque sorte glisser sur l'arc et reporter tout son poids sur les piliers, et les claveaux, dont le lit de pierre doit tendre au centre, travaillent d'une façon normale. Toutefois il a l'inconvénient de donner lieu, dans la partie courante du mur, à des angles aigus, toujours fâcheux.

L'autre mode d'appareil, représenté ici (fig. 151) à l'occasion de l'arc en segment et de l'arc ogival, consiste à raccorder l'appareil des claveaux avec les lignes d'assises du mur. Son tracé demande des tâtonnements pour que les joints verticaux se croisent suffisamment, et que les plans de contact des claveaux ou voussoirs soient assez étendus.

Peut-être trouverez-vous dans d'anciens ouvrages un appareil où les pierres sont évidées de façon à former à la fois claveaux et rangs horizontaux, comme dans la fig. 156. C'est ce qu'on nomme appareil à *crossettes*. Cette disposition est vicieuse et doit être rejetée, car les pierres se cassent presque toujours à l'évidement.

La série des arcs comprend encore d'autres formes, qui ne sont que des variantes de celles ci-dessus : ainsi les arcs elliptiques, soit que le grand axe de l'ellipse soit horizontal ou vertical; les arcs *surbaissés* ou à plusieurs centres, appelés vulgairement *anses de panier*; les arcs *surhaussés*, pleins-cintres dont le centre est plus haut que l'imposte. Ces divers arcs sont moins usuels,

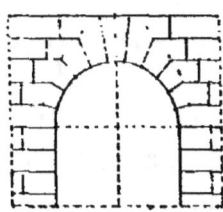

Fig. 156. — Appareil vicieux de crossette.

et leur construction est régie par les mêmes principes que pour l'arc plein-cintre. Notez seulement que lorsque pour une raison quelconque vous serez conduit à les employer, il faut que leur tracé soit franchement différent de celui de l'arc plein-cintre. Il ne faut pas par exemple qu'un arc surbaissé ait l'apparence d'un arc plein-cintre déformé. Quant au tracé de l'ellipse, il est géométrique, et étant données une hauteur et une largeur, il n'y a qu'une seule ellipse possible. Il n'en est pas de même de l'arc surbaissé, composé d'une série d'arcs de cercle, tangents les uns aux autres, et par conséquent ayant leurs centres en prolongement deux à deux : pour une largeur et une hauteur données, le nombre de combinaisons est théoriquement infini, mais les courbes seront toujours en nombre impair; on aura des courbes à 3, 5, 7, 9 centres, forcément symétriques. Or, plus les centres seront nombreux, moins la modification dans la *courbure* sera brusque. Il convient donc de tracer ces arcs avec un nombre suffisant de centres pour éviter ce qu'on appelle les *jarrets* (fig. 157).

Enfin, il faut rattacher à la théorie des arcs ce qu'on appelle la *plate-bande appareillée*. Ici, nous revenons à la baie rectangulaire ; je vous ai fait voir le linteau monolithe, en vous faisant remarquer les raisons pour lesquelles il se rompt facilement, et ne peut, avec notre mode de construction, s'appliquer qu'à de petites ouvertures. Supposez maintenant que les claveaux de l'arc en segment soient prolongés jusqu'à une ligne horizontale joignant ses naissances (fig. 158), et alors avec toute la solidité de cet

Fig. 157. — Arc à cinq centres.

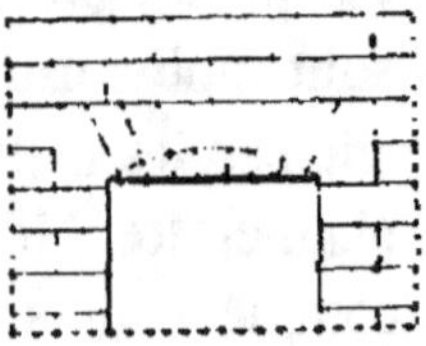

arc vous aurez une baie rectangulaire. Tel est le rôle de la *plate-bande*.

L'appareil de la plate-bande a l'inconvénient de nécessiter des angles aigus à l'intrados au lieu de la direction normale des joints de l'arc. On a d'ailleurs reproché à cet appareil d'être une sorte de déguisement, d'appliquer à la forme rectiligne les éléments d'une construction courbe. Cela est vrai : la plate-bande appareillée n'est en réalité qu'un expédient ; mais cet expédient nous est tellement nécessaire qu'il faut absolument l'admettre, et ses adversaires théoriques ont été obligés pratiquement de l'employer.

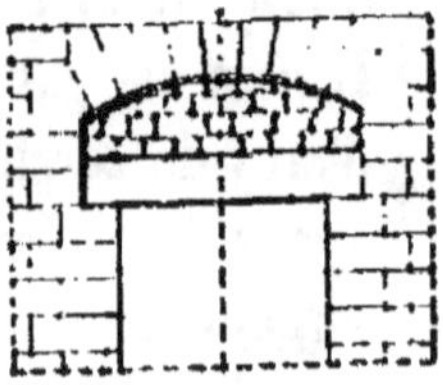

Fig. 158. Plate-bande appareillée.

Un autre expédient, non moins légitime, est *l'arc de décharge* (fig. 159). On veut une baie rectangulaire : qu'elle soit couverte par un linteau ou une plate-bande, il y a là évidemment une partie plus faible et plus exposée de la construction. Si plus haut un arc vient reporter la pression au delà du linteau, celui-ci

Fig. 159. — Arc de décharge.

n'aura plus à porter que le petit remplissage entre lui-même et l'intrados de l'arc de décharge. L'arc de décharge peut être plein-cintre ou en segment, ou même ogival. Il va sans dire d'ailleurs que l'arc de décharge n'est possible que si le plein mur sur lequel il reporte la charge est suffisant pour résister à sa poussée. Ainsi un arc de décharge ne serait pas possible au-dessus d'une fenêtre d'angle si l'angle lui-même ne présente pas une largeur suffisante. Les arcs de décharge ne sont pas toujours au-dessus de baies. Ainsi dans des fondations, on dispose souvent des arcs de décharge au-dessus de piliers ou de puits, toujours pour reporter la charge du mur sur les points résistants.

Mais il semble inutile d'ajouter qu'un arc de décharge n'a de raison d'être que s'il décharge réellement quelque chose : et cependant, nous voyons parfois dans vos projets — et même dans des constructions exécutées — des arcs qui ne font que couper sans motif un mur plein au-dessous et plein au-dessus. Non seulement cela n'a aucun sens, mais cela ne peut que nuire à la solidité du mur. C'est un exemple des fautes qu'on peut commettre lorsque la raison ne guide pas l'étude.

Tous les arcs appellent d'ailleurs une remarque générale : plus ils sont plats, plus ils poussent. Ainsi pour une même ouverture et toutes choses d'ailleurs égales, la plate-bande exercera la plus forte poussée, l'ogive la moindre.

Enfin, lorsque des arcs sont faits en petits matériaux, briques, moellons, meulières, ces matériaux ne sont pas prismatiques ; ce sont les joints en mortier qui sont des prismes d'autant plus ouverts. C'est alors le mortier qui détermine la résistance de l'arc.

CHAPITRE VI

APPLICATIONS AUX PORTES, FENÊTRES
ET OUVERTURES DIVERSES

SOMMAIRE. — Baies isolées (portes, fenêtres). — Portes intérieures et extérieures. — A un vantail et à deux vantaux. — Portes cintrées. Impostes et arrière-voussures. — Fenêtres rectangulaires, construction antique. — Appuis, meneaux. — Balustrades et balcons. — Grandes ouvertures et grands vitrages.

Dans ce qui précède, j'ai considéré les ouvertures ou baies abstraction faite de leur usage. A ce dernier point de vue, elles peuvent se grouper en deux familles : les baies isolées les unes des autres, ouvertes dans un mur continu, c'est-à-dire les *portes* et *les fenêtres*; les baies groupées en série et séparées par de simples piliers, c'est-à-dire les *portiques*.

Cette distinction est un peu absolue, et vous verrez fréquemment, par exemple, des portes emprunter l'architecture des portiques; cependant elle est indispensable pour éviter de fâcheux contresens, dont il y a trop d'exemples.

Portes. — Les portes sont intérieures ou extérieures; elles sont closes ou béantes. Quant à présent, au sujet des portes béantes, je n'ai rien à ajouter à ce qui vient d'être dit sur la construction des baies. Ces sortes de portes sont une ouverture pratiquée dans un mur, un simple passage.

Pour les portes servant de clôture soit à un édifice, soit à une portion d'édifice ou à une pièce ou salle, il y a une distinction à faire entre les portes extérieures ou intérieures, non seulement pour leur architecture, ainsi que nous le verrons plus loin, mais pour leur disposition.

Dans un intérieur, et sauf les cas où l'architecture monumentale, adoptée pour un vestibule, péristyle ou galerie en pierre, constitue une véritable ordonnance de façade, les menuiseries des portes sont placées *au parement* de l'une ou de l'autre face d'un mur (fig. 160). L'architecte choisit entre les deux faces, d'après les considérations de commodité ou de décoration. Les épaisseurs en renfoncement A-A se nomment le *tableau* de la porte.

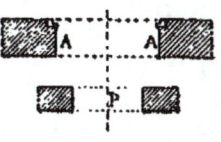

Fig. 160.

Il résulte de là que dans un plan une porte dans un mur intérieur est simplement exprimée par une ouverture rectangulaire P dans la projection du mur.

Il n'en est pas de même dans une porte extérieure. Souvent ces portes doivent s'harmoniser avec la disposition des fenêtres voisines; d'ailleurs, ces portes, généralement plus grandes, envahiraient trop sur les pièces si elles s'ouvraient au parement intérieur du mur, aussi les dispose-t-on ordinairement — comme nous le verrons pour les fenêtres — de la façon suivante (fig. 161): le *tableau* ne comprend qu'une partie de l'épaisseur du mur, et la menuiserie est logée dans une retraite qu'on nomme la *feuillure*; au delà, vient l'*ébrasement* dans lequel ouvre la porte. L'ébrasement est toujours un peu oblique pour que la porte puisse ouvrir largement au delà de l'angle droit. La même disposition encadre la baie par le haut, de sorte que, en

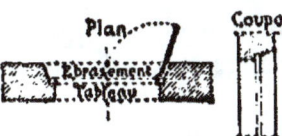

Fig. 161.

coupe, on a précisément la même section de mur qu'en plan.

Selon l'épaisseur des murs, on peut faire varier ces données; dans un mur très épais, l'architecte pourra constituer une sorte d'abri en avant de la porte en donnant une grande profondeur au tableau (E) (fig. 162); mais le plus souvent c'est l'ébrasement qui grandira (F) au profit de l'éclairage de la pièce, et afin de permettre le développement complet des *vantaux* de la porte en menuiserie contre les parois de l'ébrasement.

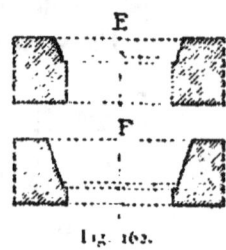

Fig. 162.

Le tableau, la feuillure, l'ébrasement descendent jusqu'au *seuil*; le seuil est ordinairement formé d'une pierre dure, monolithe, parfois de marbre. Souvent il forme marche à l'extérieur; il est utile, en effet, que le seuil de la porte ne soit pas exposé à recevoir les eaux du dehors. Il doit avoir une légère pente pour rejeter au dehors l'eau qui tombe sur la porte (fig. 163).

Souvent une porte est précédée de plusieurs marches extérieures; dans ce cas, ayez toujours un palier en avant du seuil. Si les marches se profilaient immédiatement, sans palier, ce serait très dangereux, à la sortie surtout.

Le seuil n'est pas toujours en relief; mais alors il est nécessaire que le palier, trottoir ou revers qui le précède, comporte une pente efficace pour le rejet des eaux.

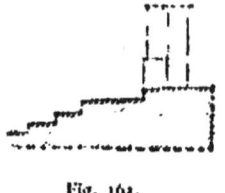

Fig. 163.

Les portes sont à *un vantail* ou à *deux vantaux*. Tout naturellement les portes principales auront deux vantaux, disposition qui permet le service ordinaire par l'ouverture d'un seul vantail, et l'utilisation d'une largeur double par l'ouverture des deux vantaux.

Portes cintrées. — La plupart des portes sont rectangulaires, c'est la forme la plus convenable pour les menuiseries, et les portes rectangulaires sont seules praticables lorsqu'on dispose de peu de hauteur.

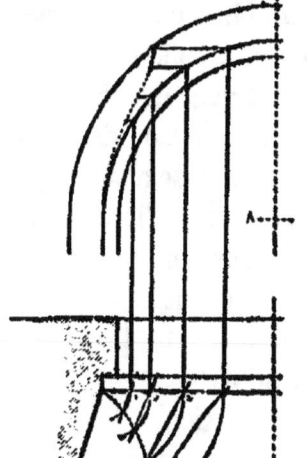

Fig. 164.

Les portes cintrées sont sans inconvénients lorsqu'elles restent béantes. Quand elles doivent être closes, elles présentent diverses difficultés. Les vantaux devant avoir leurs ferrures (*gonds, charnières, pivots* ou *paumelles*) dans un même axe vertical de rotation (fig. 164), ces ferrures ne peuvent s'appliquer qu'à la partie droite de menuiserie; toute la partie cintrée reste en dehors et est abandonnée. De plus, si vous avez un ébrasement, les points *a, b, c*, pris sur la partie cintrée, décriront des arcs de cercle horizontaux et viendront *buter* contre l'ébrasement : la porte ne pourra plus s'ouvrir en entier. Pour remédier à cet inconvénient, on a imaginé ce qu'on appelle les *arrière-voussures* (fig. 165), surfaces gauches qui permettent de donner à l'ébrasement dans la partie supérieure une forme différente de celle du tableau. Il y a plusieurs sortes d'arrière-voussures que vous étudierez en stéréotomie. Ce sont des moyens ingénieux, mais ce ne sont que des expé-

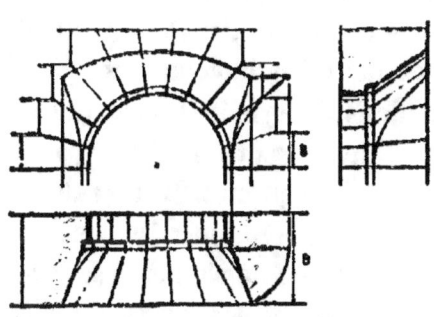

Fig. 165. — Arrière-voussure.

dients, qui d'ailleurs enlèvent à la construction de l'arc une partie de sa solidité.

Aussi le plus souvent les portes cintrées sont en réalité ramenées à la porte rectangulaire par la combinaison d'un *imposte dormant*. On nomme ainsi une partie demi-circulaire vitrée ou non, qui n'ouvre pas : la porte ouvre seulement depuis le seuil jusqu'à la *traverse d'imposte* (fig. 166). Mais il est visible que ce moyen n'est admissible que pour des portes assez hautes pour permettre facilement le passage réel et l'aspect de libre mouvement au-dessous de l'imposte. Il ne suffit pas, en effet, qu'on puisse matériellement passer, il faut encore qu'il n'y ait aucune crainte possible et qu'on ne soit pas tenté de se baisser pour passer sous une porte matériellement assez haute. Rien n'est plus désagréable qu'une porte *écrasée*.

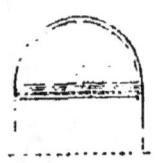

Fig. 166.

La porte cintrée en segment, pourvu que l'ébrasement soit assez dégagé, ne diffère pas sensiblement comme usage de la porte rectangulaire.

Ainsi, la porte la plus simple, la plus pratique et la plus commode est la porte rectangulaire. Dans les intérieurs, il ne s'en fait guère d'autres, sauf dans des églises ou dans des vestibules ou autres salles monumentales dont l'architecture est parfois commandée par des considérations de symétrie avec des éléments de façades. En façade, l'architecte peut être dirigé par des raisons de variété, de caractère, très légitimes. Il aura donc à apprécier dans quelle mesure il doit subordonner les considérations pratiques à une expression artistique impérieuse à ses yeux.

Fenêtres. — Presque tout ce que j'ai dit des portes s'applique aux fenêtres. La porte extérieure est en quelque sorte une fenêtre qui descend jusqu'au sol.

La fenêtre a aussi son tableau, sa feuillure, son ébrasement. Il reste à voir comment est construite la partie du mur qui existe

Fig. 167.

entre la fenêtre et le sol. Voyons d'abord la fenêtre ordinaire, par exemple dans l'habitation.

L'eau qui tombe contre une fenêtre s'écoule rapidement ; il importe qu'elle ne puisse pénétrer dans le mur, on évitera donc tout joint sous la fenêtre et son *appui* sera d'une seule pierre ; il est mieux que cette pierre fasse saillie pour rejeter l'eau hors du mur ; elle aura une pente dans le même but, et sera profilée comme un *larmier* avec ou sans moulures au-dessous. Mais cette pierre serait facilement cassante ; on ne l'engagera donc pas sous les piédroits dont la pression inégale pourrait la rompre (fig. 167).

Parfois cet appui n'est qu'une partie d'un *bandeau* continu qui règne aussi sous les *trumeaux* (fig. 168).

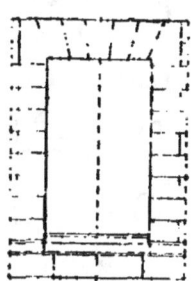
Fig. 168.

Le profil de l'appui doit être combiné de

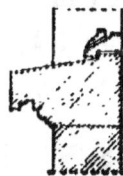
Fig. 169

manière à éviter toute rentrée d'eau sous la menuiserie, comme par exemple dans la fig. 169 ci-contre.

Cependant, dans l'architecture antique, de même qu'on trouve le linteau monolithe, on voit des appuis engagés sous la construction, et sans saillie. J'ai déjà dit pourquoi le tassement était moins à craindre chez les anciens ; quant à la saillie de l'appui, elle était évidemment moins nécessaire avec le climat de la Grèce ou de l'Italie. Souvent donc des fenêtres antiques sont construites comme dans l'exemple ci-contre (fig. 170) : A, appui ; J-J, jambages ; L, linteau ; les parties latérales ou trumeaux étant soit

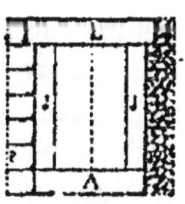
Fig. 170.

en pierre, P, soit en blocages, B. Cette disposition est importante à connaître, car nous la retrouverons à l'origine de la décoration des fenêtres. Pour nous, l'appui sans saillie n'est réellement logique que dans deux cas : lorsque la fenêtre est protégée par des saillies puissantes, par exemple dans un étage surmonté d'un balcon, ou lorsque la fenêtre est sous un portique.

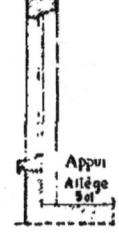

Fig. 171.

A l'intérieur, la fenêtre ne descendant pas jusqu'au sol, on désire, dans l'habitation tout au moins, s'approcher le plus possible du dehors pour jouir de l'air et de la vue. Aussi, on ne fait en maçonnerie pleine que l'épaisseur du tableau et de la feuillure, tandis que les ébrasements se continuent jusqu'au sol. La maçonnerie de moindre épaisseur comprise entre le sol et l'appui se nomme *allège*. La coupe d'une fenêtre est donc représentée par la fig. 171 indiquant l'allège, l'appui, le linteau, le tableau, la feuillure et l'ébrasement.

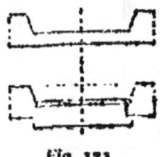

Fig 172.

C'est par suite de cette disposition que vous verrez dans des ouvrages anciens les fenêtres indiquées en plan comme fig. 172. On faisait alors le *plan par terre*, comme on dit, et dès lors on coupait sur l'allège. Aujourd'hui, pour mieux marquer les fenêtres en plan, on suppose une coupe horizontale prise au-dessus de l'appui.

Si la fenêtre est très élevée au-dessus du sol, on ne fait pas d'allèges qui seraient trop hautes pour leur faible épaisseur, et d'ailleurs sans objet puisqu'il ne s'agit plus de regarder au dehors. Le mur est alors plein sous la fenêtre ; mais le plus souvent, pour augmenter la pénétration de la lumière, on pratique un plan incliné qu'on nomme *glacis*. La coupe est alors celle de la fig. 173, soit que le glacis soit pris

Fig. 173.

dans une même pierre avec l'appui, soit qu'il soit fait en matériaux de remplissage. Sa pente est plus ou moins prononcée suivant les besoins spéciaux.

Les fenêtres ordinaires se font en général à deux vantaux. On ne fait à un vantail que de petites ouvertures éclairant des cabinets, débarras, etc.

Cependant, l'art de construire des *croisées* de menuiserie à deux vantaux fermant bien est relativement récent. Pendant longtemps, on ne sut faire que le *châssis*, sorte de petite porte vitrée. Aussi avait-on alors des fenêtres à *meneaux*, c'est-à-dire qu'une fenêtre, lorsqu'on la voulait grande, était divisée en deux ou quatre compartiments séparés par des montants ou traverses en pierre. En réalité, c'étaient plusieurs petites fenêtres réduites à la dimension que permettait le châssis à un vantail. La fig. 174 représente une fenêtre à meneaux de la Maison des Consuls à Chartres.

Fig. 174. — Fenêtre à meneaux de la Maison des Consuls, à Chartres.

De nos jours, on a souvent reproduit cette disposition, dont il existe des exemples très séduisants. Mais il faut reconnaître qu'une fenêtre de ce genre, si elle peut être très gracieuse, est très peu commode, éclaire peu; et tandis que par goût ou par mode on en refait souvent aujourd'hui, il est par contre très fréquent que les habitants d'anciennes maisons, plus soucieux de leur bien-être que de l'aspect de leur façade, fassent enlever ces meneaux pour pouvoir jouir d'une croisée à deux vantaux bien plus agréable.

Fenêtres cintrées. — Ce que j'ai dit des portes cintrées s'applique également aux fenêtres. Ici encore, la fenêtre la plus simple, la plus logique et la plus commode est la fenêtre rectangulaire. Mais l'architecte appréciera dans quels cas des exigences artistiques diverses devront lui commander l'emploi de la fenêtre plein cintre, en segment, etc.

Balustrades et balcons. — Nous avons vu que la fenêtre diffère de la porte en ce qu'elle ne descend pas jusqu'au sol; de là l'appui et l'allège. Lorsque l'appui est à hauteur réelle d'appui, c'est-à-dire à environ un mètre du sol, la fenêtre est ainsi complète. Mais souvent, pour éclairer et aérer davantage, et aussi pour des considérations de façade, on ne donne pas une telle hauteur à l'allège. Il faut cependant que quelque chose empêche les chutes et permette de s'accouder. On y pourvoit ou par la simple *barre d'appui* allant en ligne droite d'un tableau à l'autre, ou par les balustrades et balcons.

On appelle en pratique *balcon* toute garniture en pierre ou en métal qui forme appui, non plus à l'intérieur du tableau, mais en saillie. Le balcon ordinaire est limité à chaque croisée, comme celui qui s'élève au-dessus de chacune des portes des monuments de la place de la Concorde à Paris (fig. 175); les *grands balcons* sont ceux qui règnent devant plusieurs fenêtres et trumeaux.

En général, le balcon est disposé pour qu'on puisse s'y tenir, et par conséquent la fenêtre devient une *porte-croisée*, ou véritable porte vitrée; les grands balcons ne peuvent être conçus autrement. Cependant, les portes-croisées ne descendent pas jusqu'au sol lui-même, les balcons sont ordinairement élevés d'une hauteur de marche au-dessus de ce sol. Lorsque les garnitures de balcons sont en métal, fer ou fonte, ils se prêtent à des combinaisons infinies; lorsqu'ils sont en pierre, ces garnitures portent le nom de *balustrades*. Il peut y avoir des balustrades de compositions très diverses; les plus usuelles et les plus monumentales résultent de l'emploi du *balustre*.

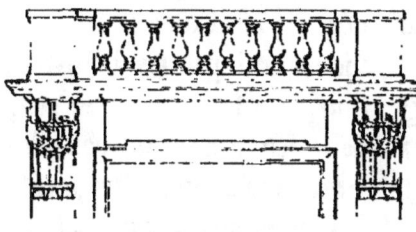

Fig. 175. — Balcons des monuments de la place de la Concorde.

Les balustres sont de petits supports, ronds ou carrés, assez serrés pour la sûreté des personnes, qui soutiennent un appui en pierre ou en marbre. Les balustres reposent sur un *socle*. L'ensemble du socle, du balustre et de l'appui doit avoir environ un mètre de haut, parfois un peu plus; il serait dangereux de rester en dessous de cette hauteur.

Il est facile de comprendre d'ailleurs que ces balustres — ou tout autre remplissage en pierre, à moins d'être exagérés — forment une clôture assez précaire et facile à renverser. Aussi ne doivent-ils être qu'un remplissage. La solidité d'une balustrade est dans les *dés* qui, de distance en distance, relient le socle à l'appui (fig. 176), et dont l'écartement doit être assez faible pour que les pierres d'appui soient d'un seul morceau d'un dé à l'autre, sans joints au-dessus des balustres.

Le plan d'une fenêtre avec balustrade sera donc celui de la fig. 177. La saillie de la balustrade sera supportée soit par un bandeau couronnant un mur plus épais à l'étage inférieur, comme dans la fig. 178, soit un balcon sur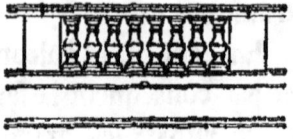

Fig. 176.

consoles plus ou moins saillantes. Le *jour* entre les dés, ou en d'autres termes le vide garni par les balustres, doit être le même que celui de la fenêtre, ou un peu plus large, mais non plus étroit.

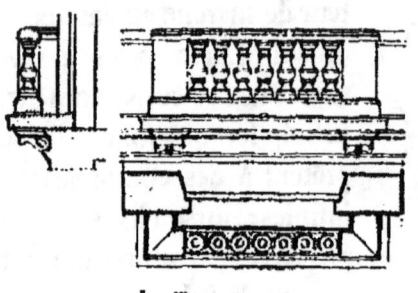

Fig. 177.

Quant aux *grands balcons*, dont la saillie atteint de fortes proportions, l'aspect de sécurité aussi bien que la construction exigent qu'ils soient portés par des consoles puissantes. Mais ces consoles doivent seulement concourir à la stabilité, qui est avant tout assurée par l'incorporation des balcons au mur de façade. Un balcon n'est autre chose qu'une assise du mur, plus saillante que les autres (fig. 179). Au droit des baies, il faut que la pierre du balcon soit monolithe et un peu engagée sous les jambages, afin que le poids de la construction supérieure l'empêche de faire *bascule*, à quoi on peut aussi s'opposer par des ferrures scellées.

Fig. 178.

Lorsque la balustrade d'un grand balcon est en pierre, elle est évidemment plus *abandonnée* que pour un petit balcon, car elle ne se lie pas au mur de face de chaque côté d'une fenêtre. Il faut donc des points solides, ou *piédestaux*, à l'aplomb de fortes consoles ; contre les

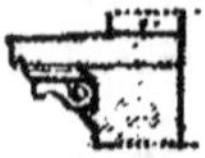

Fig. 179.

piédestaux seront des dés; entre les dés, les balustres ou autres remplissages. Voici par exemple (fig. 180) une disposition théorique de balustrade pour grand balcon : vous y reconnaîtrez les piédestaux, les dés, les balustres, les grandes consoles, les consoles intermédiaires.

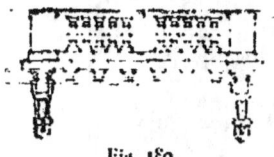
Fig. 180.

L'appui et le socle profileront de chaque côté des piédestaux; mais l'appui doit toujours être lisse à sa face supérieure. On place quelquefois des ornements en saillie, vases, boules, etc., au-dessus des piédestaux; c'est très incommode et contraire à la destination du balcon. On doit réserver ces décorations, s'il y a lieu, pour les piédestaux extrêmes. Un exemple vous fera voir la réunion de toutes ces conditions; c'est la porte surmontée d'un balcon du palais *Sciarra* à Rome (fig. 181).

Grands vitrages. — En dehors des fenêtres ordinaires, la composition d'un édifice comporte souvent de grandes baies d'éclairage, par exemple à l'extrémité d'une salle voûtée, ou d'une travée de voûtes. Telles sont les grandes verrières des églises, les grandes roses, les grandes arcades vitrées des gares de chemins de fer, salles des pas-perdus, etc. Ces divers types sont extrêmement variés, et ne sont régis par aucune autre règle que

Fig. 181. — Porte du palais Sciarra, à Rome.

la satisfaction judicieuse des besoins qui les a motivés. Généralement, ces ouvertures sont placées à une hauteur qui ne

Fig. 182. — Fenêtre de l'église Saint-Pierre de Louviers.

permet pas l'accoudement; leur appui ne répond donc pas à un besoin de l'homme. Mais comme les grandes surfaces vitrées reçoivent une grande quantité d'eau, il faut ici prévoir tout particulièrement son évacuation; ce sera au moyen de glacis prononcés à l'extérieur, avec appui saillant et larmier.

Ces grandes ouvertures ne peuvent être closes par une simple menuiserie : d'une façon quelconque, elles peuvent être compartimentées. Souvent elles le sont par des divisions en pierre, comme les grandes roses des églises; on obtient ainsi des panneaux de dimensions praticables. Mais les divisions obliques, circulaires, etc., parfaites pour des vitrages fixes tels que les vitraux d'église, ne se prêteraient pas à la nécessité de parties ouvrantes. Aussi, lorsque vous composerez de ces grandes ouvertures, devrez-vous examiner si elles serviront seulement à éclairer, auquel cas les vitrages fixes suffisent (sauf la difficulté des nettoyages extérieurs), ou si ces ouvertures doivent aussi aérer. Dans ce dernier cas, il faudra que les divisions se prêtent à l'application de châssis ouvrants, et par conséquent empruntent les combinaisons horizontales et verticales. Il est utile d'ailleurs que l'accès en soit aussi facile que possible. Dans la plupart des clôtures de grands jours d'églises, les divisions en pierre qui

Fig. 183. — Fenêtre du campanile de Florence.

forment les meneaux et arcatures sont très délicates et fragiles. Aussi, c'est souvent l'armature en fer encadrant les vitraux qui solidarise et maintient les ouvrages en pierre. Il est mieux cependant que la pierre puisse se suffire à elle seule, par l'assemblage de parties assez soutenues ; le travail de la pierre devient ainsi presque un ouvrage de menuiserie.

Entre une foule d'exemples de ces sortes de dispositions, je me bornerai à en placer quelques-uns sous vos yeux : l'une des grandes fenêtres latérales de la Sainte Chapelle de Paris ou celles de l'église Saint-Pierre de Louviers (fig. 182). Dans une forme d'ouverture à peu près analogue mais avec de notables différences d'étude, une fenêtre du campanile de Florence (fig.

Fig. 184. — Salle synodale de Sens.

183). Puis, dans des proportions plus larges par rapport à la hauteur, entraînant par conséquent des divisions plus nombreuses, je vous citerai : les fenêtres des travées de la salle synodale de Sens et le grand jour d'extrémité de cette même salle (fig. 184). Enfin, si nous passons de là aux grandes roses, non moins variées, la rose de Notre-Dame, portail côté du sud, que vous pouvez voir de l'extérieur et de l'intérieur (fig. 185); voyez aussi celle de la Sainte Chapelle du Palais. Je pourrais continuer cette énumération.

Je ne pouvais d'ailleurs vous montrer ces combinaisons sans vous faire voir du même coup la décoration qu'elles motivent. Je suis donc, à cet égard, un peu en avance; nous en serons quittes pour ne pas revenir sur ce qui aura déjà été vu.

Fig. 185. — Grande rose du transept sud
de Notre-Dame de Paris.

CHAPITRE VII

DÉCORATION DES PORTES ET FENÊTRES

SOMMAIRE. — Origine antique. — Jambages et linteau, chambranles et crossettes. — Corniches. — Les portes antiques de Cefalù. — Corniches à consoles. — Portes avec frontons, encadrées de colonnes ou pilastres.
Décoration et caractère des arcs. — Arcs antiques de Falères et Pérouse. — Arcs richement décorés. — Principes à suivre. — Les arcs dans l'architecture latine et byzantine. — Les arcs romans. — Les arcs gothiques.
Comparaison des tendances de l'architecture antique et de celle du moyen âge.
Décoration des fenêtres cintrées.

Reprenons la baie rectangulaire. Sa construction originaire, vous ai-je dit, comporte avant tout le linteau, d'abord supporté par des pierres posées debout qui sont les jambages, peut-être par tradition de la construction simple du bois, avec poteaux et traverses. Ces pierres spéciales devaient nécessairement être bien dressées, au milieu d'une construction courante, parfois assez fruste. Elles faisaient donc tout naturellement l'encadrement de la baie. — Voilà le *chambranle* (cadre mouluré autour de la baie).

Mais le linteau a besoin de plus de force, il sera plus haut que les chambranles ne sont larges, et sa portée s'étendra au delà des jambages. — Voilà la *crossette* (fig. 186).

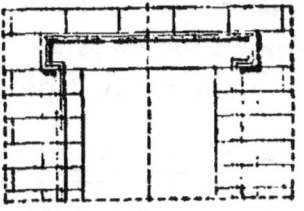

Fig. 186. — Chambranle à crossettes.

Ainsi, en principe : le chambranle est un encadrement plat, avec seulement quelques moulures de bordure ; la crossette, par son décrochement, accuse le linteau, et règne avec le dessus de la baie.

Tels sont les éléments théoriques qu'il ne faut pas perdre de vue, même lorsque vous vous en écartez. Vous pouvez voir dans l'École des Beaux-Arts plusieurs portes étudiées ainsi avec des chambranles à crossettes, combinés avec une pureté absolue.

Mais la pluie est toujours l'ennemi. Que votre baie soit une porte ou une fenêtre, il importe de l'en préserver. Comment? Ce sera, ainsi que nous l'avons vu pour le mur, par une corniche. Il y a des exemples de portes où la corniche est ainsi superposée directement au chambranle ; telles sont les fenêtres du temple de Vesta à Tivoli (fig. 187), d'une très belle étude de chambranles et de profils. Et, avant tout, je tiens à vous signaler l'une des portes du temple de Diane (?) à Cefalù (Sicile) (188), dont l'architecture est l'expression même de la théorie que je vous expose ; et encore cette autre porte du même monument (fig. 189).

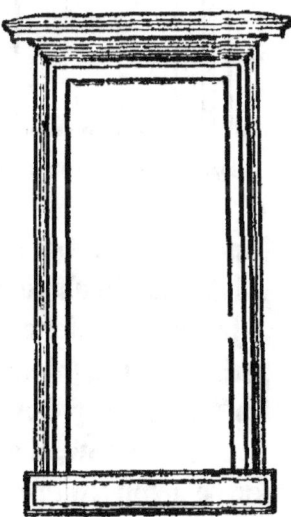

Fig. 187. — Du temple de Vesta, à Tivoli.

Il est intéressant de rapprocher de ces exemples une jolie porte

DÉCORATION DES PORTES ET FENÊTRES

de la Renaissance, à Corneto, composée dans le même esprit, avec une étude très élégante (fig. 190).

Cependant, la pluie, rejetée en avant par la corniche, reste encore gênante, car elle tombe toujours devant la baie : surtout si c'est une porte, elle n'en tombe pas moins sur les personnes qui entrent ou sortent. Il était donc utile de rejeter l'eau latéra-

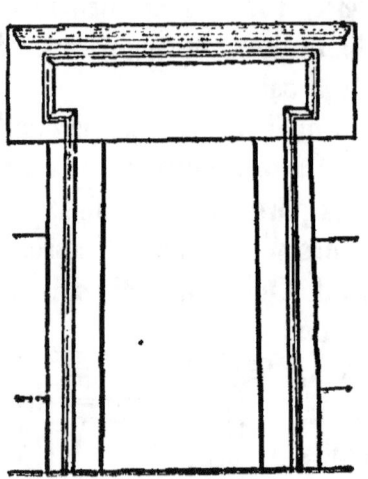

Fig. 188. — Porte antique à Cefalà.

Fig. 189. — Porte antique à Cefalà.

lement, et dès lors on a couvert les portes par un fronton triangulaire ou circulaire, peu importe.

Je repousse donc les critiques qui ont été faites par certains puristes à l'égard des frontons couronnant des portes ou des fenêtres, sous prétexte que le fronton est l'extrémité d'une toiture. Sans doute, il est cela : mais du moment où l'emploi d'une forme architecturale est motivée, là où elle est logique et utile, elle échappe à toute critique.

Ainsi : chambranle, frise, corniche, fronton, voilà une décoration complète de porte extérieure. Les beaux exemples en abondent : je vous en citerai un entre tous, c'est la grande porte de l'église Saint-Giacopo degli Spagnaoli (Saint-Jacques-des-Espagnols), à Rome (fig. 191). Je vous la cite de préférence à toute

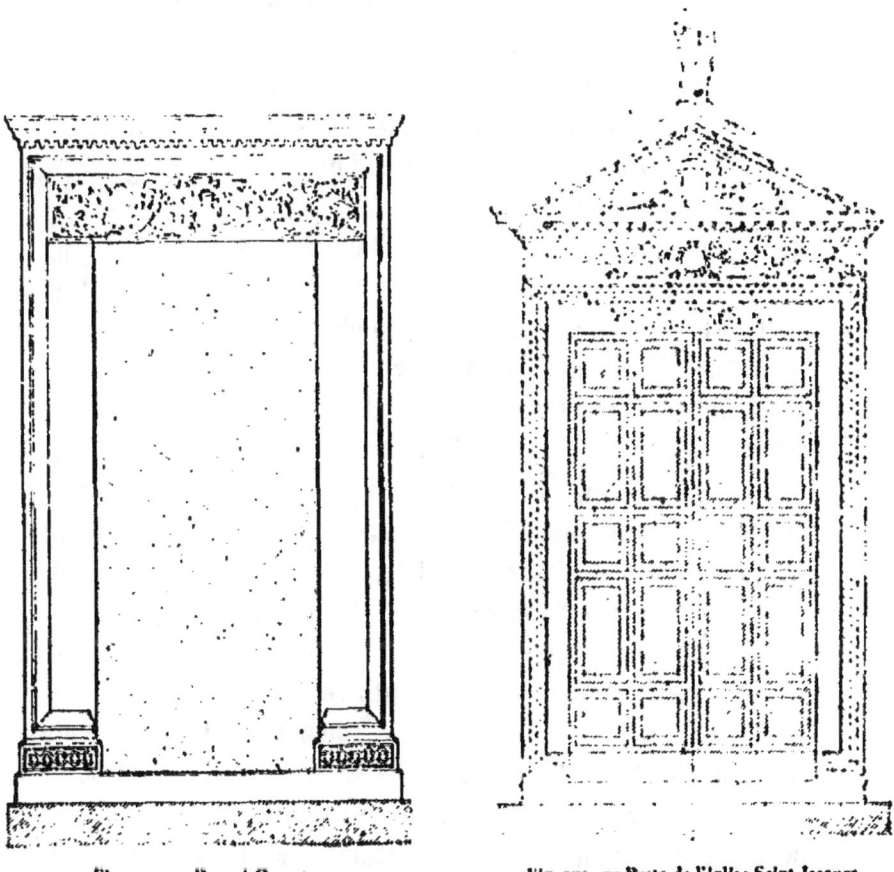

Fig. 190. — Porte à Corneto.

Fig. 191. — Porte de l'église Saint-Jacques des Espagnols, à Rome.

autre, parce que je n'en connais pas de plus belle. J'ajouterai seulement que dans les exemples tirés de l'architecture la plus pure, le fronton ne se rencontre pas au-dessus des portes qui ne sont pas exposées à la pluie. Depuis, ce motif est devenu avant tout décoratif, et a été employé aussi bien dans les intérieurs que dans les extérieurs.

Il est inutile de répéter d'ailleurs que, portes ou fenêtres, c'est tout un, sauf les dispositions d'appuis ou de balcons, dont je vous ai déjà parlé. Je vous parlerai donc maintenant indifféremment des uns et des autres.

Les chambranles à crossettes ont aussi donné lieu à des combinaisons variées au moyen d'additions de frises, corniches, etc., comme dans une porte d'un temple antique d'Agrigente ou cette autre fenêtre de Tivoli (fig. 192), ou dans l'architecture moderne un très grand nombre d'exemples, qu'il serait fastidieux d'énumérer.

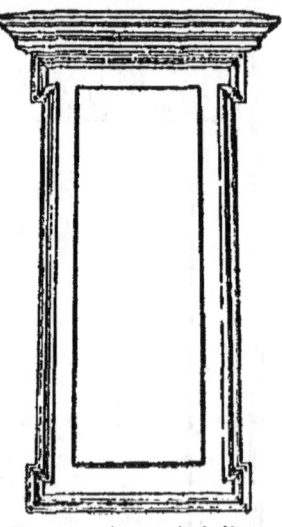

Fig. 192. — Du temple de Vesta, à Tivoli.

Quant aux portes ou fenêtres à chambranles droits, avec corniches et avec ou sans frontons, les beaux exemples en sont extrêmement nombreux. On ne peut, pour ainsi dire, feuilleter un ouvrage sans en rencontrer. Je vous en citerai donc quelques-unes :

A l'extérieur, la porte du Panthéon de Rome (v. plus haut, fig. 62), plusieurs portes du Vatican, les fenêtres de la Cour du palais Spada à Rome, celles, d'une richesse excessive, de la Chartreuse de Pavie; à l'intérieur, la porte de la Librairie dans la cathédrale de Sienne (fig. 193).

Mais souvent, pour donner plus d'ampleur monumentale au motif de porte ou fenêtre, la corniche est prolongée au delà de l'aplomb du chambranle, et aussi rendue plus saillante, au moyen de consoles qui ont pour mission d'en porter les extrémités. Ce beau motif est souvent faussé par l'étude; aussi, comme toujours, je vous invite à vous reporter à ses origines : vous vous en servirez ensuite en connaissance de cause.

Fig. 193. — Porte de la *Librairie* de la cathédrale de Sienne.

Notre porte (fig. 194) est toujours couverte par son linteau, ou sa plate-bande appareillée. *Au delà* de ce linteau, ou du sommier de cette plate-bande, vous pouvez disposer une console, pierre haute et étroite, encastrée dans le mur, dont la saillie supérieure viendra supporter la corniche à la façon d'un balcon, c'est-à-dire sous le larmier.

Telle est la disposition théorique, laquelle appelle tout de suite diverses remarques :

1° La console doit être assez éloignée de l'aplomb du jambage de la baie pour permettre la construction du linteau ; et cela d'autant plus que, à l'intérieur, la baie sera plus large par suite de l'ébrasement.

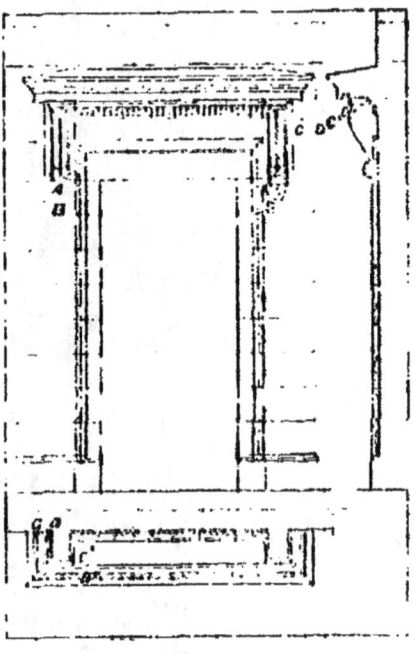

Fig. 194.

2° Cette console ne devrait pas descendre plus bas que le joint qui termine les piédroits, car si elle se prolongeait en A-B, la *portée* du linteau se ferait sur un petit morceau de pierre sans solidité, et sans croisement de joint.

3° Si vous voulez que la console, par sa moulure supérieure, s'encadre bien avec l'angle du larmier, vous voyez que le larmier doit peu déborder cet angle. Si vous augmentiez la saillie C-D, il faudrait l'augmenter aussi en avant (C'-D') et votre corniche prendrait alors une saillie excessive ; ou n'avoir pas la même saillie en avant que par côté, ce qui serait d'un arrangement médiocre.

4° Par la même raison, il suffit que la console soit couronnée d'une simple moulure ; si vous voulez une moulation plus riche pour la corniche, il est naturel que les moulures inférieures s'arrêtent entre les consoles.

Fig. 195.

5° En général, la baie est encadrée d'un chambranle, et souvent, au-dessous de la console, il y a un contre-chambranle. Le schéma théorique de la fenêtre est alors celui de la figure ci-contre (fig. 195). Remarquez notamment que le contre-chambranle y est sensiblement plus étroit que le chambranle.

Est-ce à dire que vous devrez vous emprisonner dans des règles absolues? Non, mais du moins vous saurez en quoi et pourquoi vous vous en écarterez.

Vous trouverez d'ailleurs, dans les beaux exemples, l'observation des principes les plus essentiels : largeur de chambranle avec ou sans crossettes ; frise

Fig. 196. — Basilique de Palestrine.

souvent décorée, consoles fines et élégantes. Étudiez dans l'architecture antique les portes du temple de Minerve-Poliade — d'une architecture attique encore belle — du temple de Jupiter à Cori (v. fig. 61), de la basilique de Palestrine (fig. 196). Dans l'architecture moderne, dirigez-vous tout de suite sur les fenêtres murées des pavillons du palais de l'École des Beaux-Arts : Duban est l'architecte qui, avec le plus de goût, est aussi le plus théorique dans l'étude des formes.

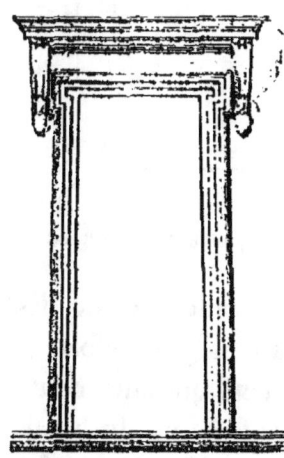

Fig. 197. — Fenêtre du palais Sacchetti, à Rome.

DÉCORATION DES PORTES ET FENÊTRES

Puis étudiez dans leur composition les fenêtres du palais Sacchetti (fig. 197), la porte du palais de Venise à Rome (fig. 198). Voyez les magnifiques fenêtres de la cour du Louvre, etc., etc. (v. fig. 64).

Enfin, plus près de nous, je recommande à votre étude les charmantes portes du pavillon, dit de la Musique, au grand Trianon; je saisis cette occasion de vous donner un croquis d'ensemble de ce joli petit édifice (fig. 199).

Vous trouverez encore de nombreuses portes et fenêtres rectangulaires dont la baie est encadrée de deux colonnes ou pilastres, supportant un entablement. C'est en quelque sorte un porche autour de la baie. Ce motif déjà en usage dans l'architecture romaine, notamment aux autels du Panthéon, a été très en faveur chez les architectes italiens du xvie siècle. Mais son élément est

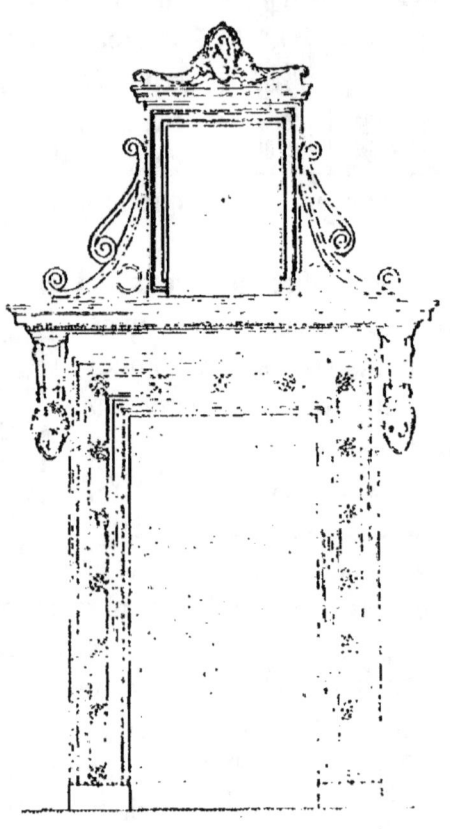

Fig. 198. — Porte du palais de Venise, à Rome.

l'ordre, la colonnade, et je ne veux pas aborder l'étude des ordres par une de ses moindres applications. Toutefois, il faut bien que je vous indique, dès maintenant, quelques beaux exemples de cette disposition; ainsi, les fenêtres du palais Farnèse, citées plus haut (v. fig. 14), et à titre d'exemples bien connus pris çà et là : à Catane, la porte latérale de la cathédrale, richement décorée ; à Venise, les fenêtres des Procuraties et une porte intérieure du palais ducal, etc. ; enfin une fenêtre d'un palais de Florence, où la baie entourée d'un chambranle est encadrée de deux gaines, avec entablement et fronton (fig. 200). Je dirai seulement ici que, dans ce cas, l'ordonnance employée forme le véritable encadrement de la porte ou de la fenêtre, et que l'emploi simultané du chambranle constitue dès lors une superfétation, mais souvent aussi un élément de grande richesse.

Il faut penser aussi que ce mode de décoration n'est possible que lorsque vous pouvez disposer de saillies suffisantes pour le permettre.

Fig. 199. — Pavillon de la musique, à Trianon.

Dans chacun de ces partis, le thème, comme vous le verrez, a été varié à l'infini ; dans le même édifice, la variété nécessaire s'est imposée ; puis, il y a les considérations de caractère de l'architecture, sévère ou élégante ; de l'emploi de divers matériaux, de richesse ou de modestie. Je ne puis tout vous montrer ni tout vous citer, et je ne m'étendrai pas davantage sur la théorie des portes et des fenêtres rectangulaires.

Nous allons voir maintenant l'expression de l'architecture dans l'étude des arcades.

Reportons-nous à ce que je vous ai dit de la construction des

Fig. 200. — Fenêtre d'un palais à Florence.

arcs : ses éléments sont les claveaux, la clef, les impostes. C'est cette construction même qui est la décoration, ou plutôt l'expression de l'arcade antique dans toute sa pureté.

Comme premiers exemples, je vous citerai deux portes toutes deux d'une haute antiquité et d'une grande beauté : celle de Falères, celle de Pérouse.

A Falères (fig. 201), l'arc formé de claveaux de grande dimension est extradossé ; entre cet arc et la maçonnerie des assises horizontales, existe un second *rouleau*, plus étroit, dont les pierres ne forment plus, à proprement parler, des claveaux ; ce rouleau fait saillie sur le parement, c'est le motif des moulures d'encadrement de l'archivolte. Puis, dans cet ensemble, il y a des pierres dont la fonction est spéciale, des pierres qui méritent plus que d'autres une décoration : ce sont les *impostes* et la *clef*, décorées les unes de moulures d'un beau profil, l'autre d'une tête sculptée.

Fig. 201. — Porte antique de Falères.

Eh bien, regardez cette arcade : on a bien fait des arcades depuis, jamais le style de celle-là n'a été dépassé ; dans notre architecture moderne elle-même, les arcades du plus beau style sont celles qui se rapprochent de ce style. Pourquoi ?

C'est qu'ici il y a identité parfaite entre la décoration et la construction ; c'est que ce style que vous admirez est la vérité même de cette belle architecture, c'est qu'ici tout est motivé, tout est juste et légitime. On retrouve ici cette magnifique qualité de l'architecture antique dans ses belles œuvres : cela est ainsi, parce que cela ne pouvait pas être autrement.

A Pérouse (fig. 202), la conception est encore la même ; seu-

Fig. 202. — Arc antique de Pérouse.

lement ici, il y a deux archivoltes extradossées concentriques, et encore le rouleau des moulures d'encadrement. La clef était décorée ; l'imposte n'est exprimée que par la saillie des piédroits sur le parement de l'archivolte.

Cette porte est aussi d'une haute antiquité, c'est à tort qu'on l'appelle *Porte d'Auguste* d'après l'inscription *Augusta Perusia*. Auguste à Pérouse n'a fait que massacrer les habitants, et imposer son nom à la ville repeuplée par ses bourreaux. Elle est plus connue que celle de Falères, très belle également ; elle procède en tous cas du même art et des mêmes principes.

Or, ces principes se sont perpétués à travers toutes les transformations des styles, tellement ils sont vrais et purs : accentuation des impostes, de la clef ; décoration des archivoltes par l'encadrement de moulures en laissant au claveau toute sa force en réalité et en aspect. Telle est la disposition traditionnelle, même lorsque l'appareil n'est pas extradossé, et sauf, bien entendu, le cas où la décoration ne réside que dans l'appareil lui-même, soit nu comme au théâtre de Marcellus, soit accusé par des refends et bossages.

Même lorsque l'archivolte est décorée, il y a toujours intérêt à ce qu'elle le soit en respectant ces principes ; ainsi, un des plus beaux exemples d'archivolte décorée est fourni par l'arcade principale de la fontaine de Trévi à Rome (fig. 203) ; un ornement continu occupe bien la face des claveaux et laisse à l'archivolte son caractère d'unité et de résistance.

Souvent, il est vrai, les archivoltes sont divisées en deux ou trois anneaux concentriques par des tables en saillie les unes sur les autres. Mais ces saillies sont légères et laissent subsister le caractère d'unité ; sans quoi, si elles sont trop accentuées, si l'archivolte perd ainsi son caractère d'unité, soyez sûrs que vous êtes en présence d'une œuvre de décadence.

Fig. 203. — Fontaine de Trévi, à Rome.

Dans l'architecture romaine, puis dans celle dite byzantine et enfin latine, on voit souvent des arcades où aucune mouluration n'accentue les formes; mais alors c'est la combinaison des matériaux qui les accuse. L'imposte sera par exemple formé par un ou plusieurs rangs horizontaux de briques dessinant ainsi une ligne horizontale de couleur. L'archivolte, construite en pierre ou en moellon, est encadrée par un rouleau de briques, vues naturellement par le petit côté (fig. 204). Avec d'autres moyens, c'est encore l'application des principes que je viens d'exposer. Ces combinaisons sont d'ailleurs susceptibles d'une certaine variété. Ainsi quelquefois, notamment dans l'architecture byzan-

Fig. 204.

tine, les voussoirs en pierre sont séparés par des rangs de briques dont la coloration écrit nettement la direction concentrique de l'appareil. On s'est fréquemment inspiré de cette disposition dans l'architecture contemporaine, notamment dans les édifices d'enseignement.

Souvent l'intrados de l'archivolte est décoré avec plus ou moins de richesse : presque toujours avec ce même sentiment d'unité, de continuité, qui est le caractère de l'archivolte aussi bien en intrados que sur sa face. Mais l'ornementation doit en tous cas y être sobre. Le rôle de l'arc est toujours dans une construction celui d'un élément qui porte et qui, comme tel, doit être robuste. Ce sera donc là son vrai caractère. Nous retrouverons plus loin ce même caractère en présence des architraves.

Enfin, l'arc est souvent décoré d'un chambranle. Ici, je crois bien qu'il n'y a qu'une imitation de l'architecture des portes rectangulaires, et véritablement le chambranle vertical a peu de raison d'être avec l'arc. Il y en a quelques exemples dans l'architecture antique, mais peu importants et médiocrement recommandables. C'est plus près de nous qu'il en faut chercher les plus beaux modèles, et avant tout dans les palais florentins — le palais Strozzi, en premier lieu. Voyez encore la porte de la bibliothèque Sainte-Geneviève, celle de l'École des Beaux-Arts. Mais le chambranle n'est pas un motif applicable aux grands arcs, et je ne puis, quant à moi, m'habituer aux chambranles des grands arcs de la gare du Nord.

Ici encore, je vous ai parlé d'exemples antiques, puis je suis passé à des exemples modernes, sans transition, parce que les uns procèdent directement des autres. Mais entre eux, il y a les arcs du moyen âge, dont l'étude est non moins importante, car l'architecture du moyen âge a employé l'arc comme son principal moyen de construction. Sans examiner, quant à présent, les diverses fonctions de l'arc, qui lui ont fait donner les noms d'arc-doubleau, arc ogif ou diagonal, arc formeret, arc-boutant, je me limite à l'arc dans un mur, ainsi que je viens de le faire dans ce qui précède.

L'architecture romane emploie presque uniquement l'arc en plein cintre, d'abord très simple, puis parfois très orné. Mais ne nous laissons pas distraire par l'ornementation, et voyons le parti architectural.

Si l'arc est unique, entre l'arc ro... et l'arc de Falères, il n'y a pas de différence, sinon dans des profils de moulures, chose toujours secondaire. La différence est plutôt dans le piédroit, rectangulaire dans l'architecture antique, généralement élégi en colonnes dans l'architecture romane. Disons en passant que cette pratique peut être judicieuse ou dangereuse, suivant l'emploi : si l'arc porte tout entier ou à peu près sur la colonne (fig. 205), et s'il est un peu chargé, il aura bien des chances de l'écraser. Si au contraire il est assez large, non d'ouverture mais de claveaux, pour que les pressions se reportent sur le piédroit au delà de la colonne, vous n'avez rien à craindre (fig. 206).

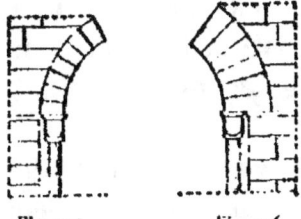

Fig. 205. Fig. 206.

Mais le plus souvent, dans les grands édifices de cette époque, vous voyez plusieurs arcs — deux, trois ou davantage — en retraite les uns sur les autres : vue de bas en haut, une arcade romane vous représente assez exactement des gradins retournés. Tout à l'heure, je vous ramenais à la porte de Falères; maintenant je vous ramène à celle de Pérouse, en vous disant : supposez que les deux rouleaux, ou plutôt les deux archivoltes de Pérouse, ne soient pas sur le même plan, que la plus petite soit en retraite sur la plus grande, voilà l'arcade romane à plusieurs archivoltes (fig. 207).

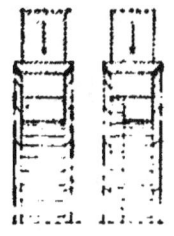

Fig. 207.

Comme construction, c'est Pérouse qui est logique; ces superpositions d'archivoltes supposent que le poids à porter est considérable, et si des archivoltes en retraite sont possibles, c'est que le mur est épais. Sauf des cas particuliers, ce mur aura son centre de gravité dans son axe, et à Pérouse sa pression est bien en équilibre sur l'arc qu'elle charge également. Il n'en est pas de même dans l'arc roman. L'*arc épais* est bien en équilibre, mais non l'*arc mince*, et l'arc épais lui-même cesse d'être en équilibre si l'arc mince sert si peu que ce soit à supporter la construction supérieure. Exagérons la retraite (fig. 208), et supposons une action du mur sur l'arc mince; cette résistance n'existant que d'un côté de l'axe de gravité, l'arc épais sera sollicité à tasser du côté où il n'est pas soutenu.

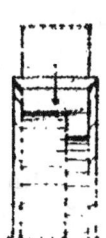

Fig. 208.

DÉCORATION DES PORTES ET FENÊTRES

C'est donc une erreur que d'attribuer, comme l'ont fait la plupart des auteurs, une valeur de soutien aux arcs en retraite. Il faut, au contraire, pour que la construction soit bonne, que l'arc épais suffise à porter la charge du mur supérieur, et que l'arc mince ne porte rien.

Supposez alors l'arc de Falères, voilà la construction, puis au-dessous et en arrière du parement de cet arc, un, deux, trois arcs en retraite successive, et alors vous aurez l'ensemble solide comme à Falères, mais avec un complément qui n'est qu'un luxe.

Fig. 209.   Fig. 210.

Pourquoi donc cette addition ? Pour plusieurs raisons. D'abord peut-être une raison de cintrage. Cintrer un grand arc est difficile, en cintrer un petit est facile. Or, dans l'architecture romane, les retraites ne sont pas aussi prononcées que je les figurais dans les croquis précédents. Supposez des retraites telles que le centre de gravité de chaque archivolte tombe sûrement en dedans de l'archivolte précédente (fig. 209), une fois l'archivolte n° 1 cintrée sur charpente et complète, elle sert de cintre au n° 2, celui-ci au n° 3 et ainsi de suite.

Mais surtout, ces archivoltes en retraite constituent un abri et un porche. La porte ou la fenêtre se trouvent au fond de ce porche, loin de la pluie, et le motif a une souplesse décorative qui justifie parfaitement la disposition, à condition — comme toujours — qu'on sache bien ce qu'on fait lorsqu'on y a recours.

Quant aux arcs constitués comme dans le croquis ci-dessus (fig. 210) et tels qu'on en fait parfois dans des imitations irraisonnées de l'architecture romane, tels qu'on en trouve peut-être dans cette architecture elle-même, c'est simplement de la mauvaise construction.

Dans les arcs romans, les intrados ne sont pas décorés, sauf peut-être quelques exceptions. Ils sont à angle vif avec la face des archivoltes, ou bien l'angle est élégi d'une moulure, ordinairement un tore (fig. 211). Quant à la face, après avoir été lisse dans les plus anciens monuments, elle a fini par se couvrir d'ornements variés, souvent assez contradictoires avec le sentiment de la construction, par exemple les *chevrons* ou les *bâtons rompus*.

Enfin, les arcs en retraite avaient pour conséquence naturelle les piédroits en retraite, et par suite de l'habitude de faire retomber chaque arc sur une colonne, on arrive ainsi au motif bien connu et très décoratif des colonnes en retraite des porches romans. C'est une disposition riche d'aspect, poussée souvent jusqu'à une grande élégance comme au beau porche de Saint-Trophime, à Arles, ou encore au portail de l'église Sainte-Croix, à Bordeaux (fig. 212); mais cette délicatesse n'est vraiment justifiée que si, comme je le disais tout à l'heure, ces arcs en retraite ne portent pas le poids de la construction supérieure, qui écraserait ces colonnes.

Fig. 211.

En tous cas, si vous avez recours à ce motif, pensez bien, comme toujours d'ailleurs, à la construction. Voyez quelle est la fonction de vos arcs, effective ou décorative, et faites en sorte que les arcs qui portent soient portés.

Par des transitions insensibles, l'architecture romane est devenue l'architecture gothique. L'arc s'est tracé avec deux centres, d'abord très rapprochés puis plus distants. Il a été écrit des volumes sur l'origine de l'ogive ou arc brisé : ce n'est pas mon domaine; je l'étudie tel qu'il est, et là où je le trouve, d'où qu'il vienne. J'aurai d'ailleurs l'occasion de vous parler avec plus de détails de l'ogive, lorsque je traiterai de l'architecture religieuse.

Tracé à part, l'arc brisé a d'abord présenté les mêmes carac-

Fig. 212. — Église Sainte-Croix, à Bordeaux (État ancien).

tères que l'arc roman; l'archivolte y était nettement marquée. C'est aussi l'aspect qu'on constate dans les ogives italiennes, à Florence, à Sienne, etc. Mais à mesure que le moyen âge devenait plus assuré de la possession de ses méthodes, et prenait plus confiance en lui-même, la qualité la plus recherchée devint la hardiesse.

Alors, les archivoltes s'évident de plus en plus, jusqu'aux grandes gorges qui finissent par donner aux arcs un aspect de section aiguë (fig. 213).

En même temps, l'arc s'éloignant de plus en plus du point de départ de son étude — qui était la sobriété et la vigueur accentuée de l'élément constructif, — l'arc devient le thème des plus grandes richesses, des sculptures de saints avec socles et pinacles; les figures d'abord prises dans la masse finissent par être préparées à l'atelier et posées à l'aide de crampons dans les évidements de l'architecture. La richesse est inouïe, mais l'élément architectural a quelque peu disparu pour céder le pas à l'élément imagier. Voyez notamment les magnifiques portails de Notre-Dame, de Reims, d'Amiens, et tant d'autres dont je ne puis vous exposer les infinies variétés, et dont j'ai eu d'ailleurs l'occasion de vous montrer plus haut de nombreux exemples.

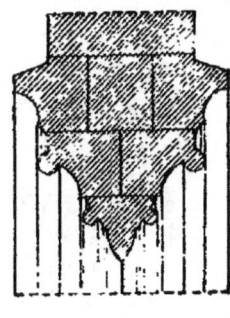

Fig. 213.

Cependant, vus d'ensemble, et grâce à la combinaison des retraites, ces grands porches des églises conservent un grand aspect de stabilité rassurante. C'est que tout ce développement d'archivoltes éveille l'idée d'une grande ampleur de construction voûtée. On perd de vue, à la vérité, les éléments de cette construction, en partie masquée par l'imagerie, mais on sent qu'elle existe; si elle ne s'offre pas aux regards comme dans l'arc antique ou dans l'arc roman primitif, si ce n'est plus l'art du nu, c'est un art qui, lui aussi, reste admirable tant qu'il ne se révolte pas contre les nécessités de la construction, tant qu'il est régi par les mêmes principes que nous avons vus dans l'art grec, tant que ses œuvres *sont ce qu'elles ne pouvaient pas ne pas être*.

DÉCORATION DES PORTES ET FENÊTRES

Et ici, permettez-moi une digression : l'arc a une telle importance dans l'architecture, sa fonction est si caractéristique que cet élément seul suffit à déterminer les styles. Depuis l'architecture antique de la porte de Falères jusqu'à la fin du moyen âge, l'évolution graduelle et continue de l'architecture se manifeste surtout par l'étude de l'arc.

Fig. 214. — Porte du château d'Écouen. Fig. 215. — Porte de l'Hôtel de Ville de Toulon.

Eh bien, ce que nous venons de dire de l'arc vous permet déjà d'apprécier la différence entre ces deux architectures de l'antiquité et du moyen âge. Toutes deux sont dominées, et il n'en est jamais autrement, par les lois de la construction. Mais l'architecture antique accepte la construction comme direction artistique ; elle s'y conforme loyalement et sans résistance ; elle a besoin d'habileté dans l'exécution, mais ses conceptions sont avant tout simples et faciles ; elle ne marchande pas avec la stabilité, elle l'assure par son évidence même.

Plus habile, plus ingénieuse, mais aussi plus compliquée, l'architecture du moyen âge n'échappe certes pas à l'autorité de la construction, mais elle la subit plus qu'elle ne l'accepte; elle cherche le minimum de matière, et dans la réalité et dans l'aspect; elle emploie une très grande expérience de la construction à lutter contre ses exigences, presque à en tourner les lois; elle est amoureuse de la hardiesse, et il ne lui déplaît pas que la stabilité de ses œuvres soit un étonnement pour qui les voit.

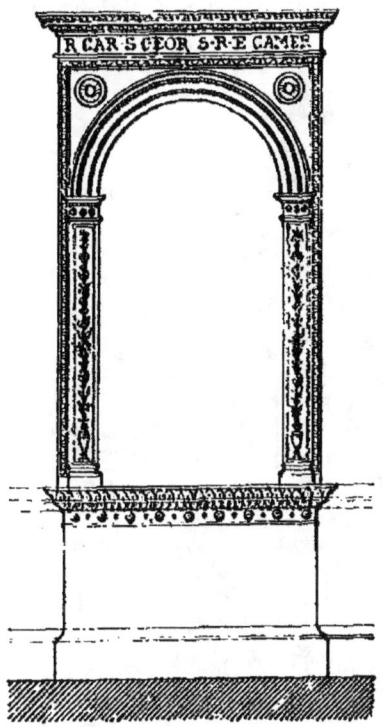

Fig. 216. — Fenêtre du Palais de la Chancellerie, à Rome.

Aussi, l'architecture antique lorsque le temps est venu pour qu'elle périsse, ne périt pas pour son principe; au contraire, cette sagesse prudente, ce respect de la stabilité lui permettent de se survivre lorsque l'ignorance et la décadence d'une civilisation qui se décompose ont déjà aboli toutes les habiletés, éteint les arts et les métiers même; tandis que l'architecture gothique s'évanouit et disparaît par l'exagération de ses tendances et de son habileté, lorsque de plus en plus maîtresse de ses moyens et confiante dans ses audaces elle est arrivée à la poursuite de l'irréalisable et à l'admiration du tour de force, lorsqu'elle n'a plus vécu que d'habileté et non de principes. L'architecture antique succombe à l'invasion de la barbarie; l'architecture gothique disparaît en plein progrès de la civilisation.

DÉCORATION DES PORTES ET FENÊTRES   311

Dans ce qui précède, je vous ai surtout parlé des grands arcs. Et encore, j'ai omis — le laissant pour plus tard — l'arc considéré dans le portique. Très souvent l'arc isolé, porte ou fenêtre, emprunte au portique son architecture : telles sont les arcades

Fig. 217. — Chapelle du palais de Versailles.

encadrées de colonnes et d'entablement. Nous y reviendrons en traitant des ordres.

Il m'est impossible cependant ici encore de ne pas vous citer quelques beaux exemples de portes ou fenêtres ainsi conçues. Elles sont, à vrai dire, innombrables ; qu'il me suffise de vous indiquer la porte du palais de la Chancellerie, celle du palais Sciarra (v. fig. 181) et une porte intérieure du palais ducal et celle du palais *di Camerlinghi*, toutes deux à Venise; les jolies fenêtres de la cour du palais ducal, près de Saint-Marc; la porte du château d'Écouen, par Jean Bullant (fig. 214); enfin, comme porte encadrée de cariatides au lieu de colonnes, la célèbre porte de l'Hôtel de Ville de Toulon, par le Puget (fig. 215).

L'arcade à usage de fenêtre est fréquente à partir du moyen âge; alors elle est généralement encadrée d'archivoltes, ses jambages souvent évidés en colonnettes. Ce sont les éléments dont je vous ai déjà parlé.

La fenêtre cintrée a souvent été traitée depuis la Renaissance avec des éléments analogues à ceux de la fenêtre rectangulaire : chambranle, corniche avec ou sans frise, parfois con-

Fig. 218. — Porte d'un hôtel, à Dijon.

soles. Les considérations sont à peu près les mêmes, et je ne puis mieux faire que de vous indiquer, comme un chef-d'œuvre de goût et d'étude, les fenêtres cintrées du palais de la Chancellerie, à Rome (fig. 216).

Puis la porte et la fenêtre en arc, plein cintre ou segment de cercle, ont joué un rôle très important dans l'architecture française des XVIIe et XVIIIe siècles. Il en existe de beaux exemples à Versailles, dans le palais, et celles de la chapelle, à vrai dire traitées plutôt en arcades dans un portique (fig. 217). A Paris, vous pouvez voir la porte de l'hôtel des Conseils de guerre, les fenêtres des grands pavillons du Louvre, sur le quai et un grand nombre d'autres exemples dans les anciens hôtels du Marais

Fig. 219. — Porte du fort Saint-André, à Vérone.

ou du faubourg Saint-Germain. Je ne puis tout vous citer. Je vous montrerai seulement la porte, moins connue, d'un ancien hôtel, à Dijon (fig. 218).

L'arc, par la nature même de sa construction et par sa fonction, devrait appeler le bossage et le refend. Il y en a en effet de nombreux exemples. Dans l'antiquité, nous trouvons la Porte

Majeure à Rome; mais c'est surtout à la Renaissance que ce motif a été employé avec beaucoup d'ampleur et de style, soit à l'état de porte dont la valeur est dans l'appareil, comme celles du palais Farnèse, à Rome, ou du palais Pandolfini, à Florence, ou de la villa Médicis; soit que ces portes fussent accompagnées de colonnes, comme la porte des anciens jardins Farnèse à Rome, celle de la cour ovale de Fontainebleau, que je vous ai déjà citée, ou celle du fort Saint-André, à Vérone (fig. 219), œuvre magistrale de San Micheli, ou de pilastres comme celle de Caprarole et celles de la galerie de la cour des Fontaines, à Fontainebleau; je ne puis passer en revue sans omissions toutes les variétés de combinaisons que les artistes ont essayées sur ce sujet toujours le même, et toujours nouveau pour le véritable talent.

Il y aurait encore quelques variétés de fenêtres à traiter : les œils-de-bœuf, ou rosaces; les trèfles, ou *oculus*; tout cela n'appelle pas de considérations théoriques, non plus que les niches. Je parlerai des lucarnes à propos des combles; quant à présent, je reste dans ce sujet très élémentaire : un trou dans un mur. J'ai examiné jusqu'ici la baie à l'état isolé : je vais arriver aux baies continues, c'est-à-dire *aux portiques*.

Ce sera l'objet du livre suivant.

LIVRE IV

ÉLÉMENTS DE L'ARCHITECTURE

II

BAIES GROUPÉES OU PORTIQUES. — LES ORDRES

Les portiques. — L'ordre antique. — Les ordres divers. Portiques à arcades.

CHAPITRE PREMIER

LES PORTIQUES, LEUR CONSTRUCTION

SOMMAIRE. — Les piliers, leurs formes diverses. — Portiques en arcs; résistance des angles. — Portiques contrebutés par des bâtiments, en façade ou dans les cours. — Portiques sur plan circulaire. — Superpositions.
Prévoyance nécessaire dans l'étude du plan.

J'ai défini plus haut les portiques « baies groupées en série, et séparées par de simples piliers ». En principe, un portique n'est pas clos; si on arrive à le vitrer, il conservera néanmoins le caractère et l'étude d'un portique ouvert. Vous devez donc dans cette première théorie du portique supposer le portique ouvert.

Voyons d'abord le pilier.

La forme première du pilier est évidemment le carré; des pierres carrées les unes sur les autres, ou un monolithe à quatre faces, voilà le pilier. D'un pilier à l'autre vous poserez des linteaux ou vous construirez des arcs, voilà le portique.

Mais le pilier carré est gênant pour le passage, ses angles s'émoussent, et — retenez bien ceci — ses parties angulaires sont à peu près inutiles à la construction. De là, en passant par le polygone, on devait forcément arriver au pilier rond, c'est-à-dire à la colonne.

Dites-vous donc bien que toutes les fantaisies qui font dériver les colonnades antiques du souvenir des forêts, de la cabane en troncs d'arbres, etc., sont de pures imaginations de poètes ou d'archéologues. La vérité est plus pratique et plus instructive [1].

Le pilier cylindrique ou colonne peut d'ailleurs supporter ou des linteaux ou des arcs — colonnades ou arcades.

Au point de vue de la construction, ce que j'ai dit des arcs, des linteaux, des plates-bandes, en parlant des baies, s'applique également aux portiques. Cependant, pour les portiques couverts en arcades ou en plates-bandes appareillées, une observation s'impose.

Fig. 220.

Tandis qu'une baie, porte ou fenêtre, pratiquée dans un mur, a toujours à droite et à gauche des trumeaux importants dont la masse neutralise la poussée de l'arc ou de la plate-bande et permet de recourir sans danger à ce mode d'appareil, il n'en est pas ainsi du portique s'il constitue à lui seul une façade. Supposez en effet une disposition comme celle-ci (fig. 220) : en A-A, les poussées des arcs se neutralisent, et toute l'action a pour résultante une verticale passant par l'axe du pilier : ces conditions sont parfaites. Mais en B rien ne vient contrebuter la poussée de l'arc vers l'extérieur; on dit, en ce cas, que l'arc *pousse au vide*, et cette poussée, combinée avec l'action du poids P de la construction supérieure, donne une résultante inclinée — d'où écroulement. Et non pas écroulement localisé, car si la première arcade manque, la seconde se

---

1. Pendant longtemps, la théorie dite *de la cabane* a été très en faveur, on la trouve notamment dans le Dictionnaire d'Architecture de Quatremère de Quincy (qui n'était pas architecte). M. Lesueur, dans son cours de théorie, en a bien démontré l'inanité.

trouve à son tour dans les conditions de la première, et ainsi de suite jusqu'à l'effrondrement total de la façade. Nouvelle preuve, comme vous voyez, de l'importance des angles.

Au lieu d'arcades, supposez des plates-bandes appareillées, l'effet sera le même, plus redoutable encore, puisque la plate-bande est de tous les arcs celui qui pousse le plus.

Aussi, lorsque vous voyez une disposition de ce genre, avec des arcades, par exemple au palais ducal de Venise (fig. 221), soyez certain qu'on a dû recourir à quelque moyen artificiel pour supprimer la poussée : dans ce monument, ce sont des *tirants en fer* apparents. Ce moyen a été fréquemment employé et n'a rien de condamnable; cependant il est plus logique et d'un meilleur effet, pour la sécurité de l'aspect, de constituer des piliers d'angle différents des piliers intermédiaires, et suffisants par eux-mêmes pour obvier à la poussée (fig. 222).

Fig. 221. — Angle du palais ducal, à Venise.

Pour les plates-bandes appareillées, la difficulté dans ce même cas est plus grande. Le simple tirant n'est pas possible, ou du moins il faut, pour qu'il relie les sommiers, qu'il traverse les claveaux. C'est ce qu'on a fait souvent, par exemple au Panthéon, à Paris (fig. 222). La pierre est alors évidée, traversée par des barres de fer, chose doublement dangereuse, car elle ruine la pierre,

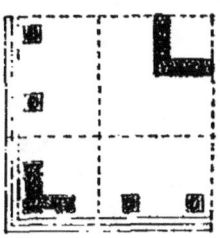

Fig. 222.

et, d'autre part, le fer ainsi emprisonné risque de se gonfler par l'oxydation et de faire éclater la pierre : cet accident s'est souvent produit. Pour les colonnades, il faut reconnaître que le seul parti pratique et rationnel est le linteau monolithe, tel que l'ont toujours employé les anciens à qui on a trop souvent emprunté des formes sans leur emprunter la sagesse dans leur emploi.

Rien ne saurait mieux que cet exemple du Panthéon montrer à quelles difficultés on se condamne lorsqu'on veut violenter les lois de la construction de l'architecture. Je respecte autant que personne l'œuvre de Soufflot, très remarquable à tant d'égards : mais disposant de matériaux relativement petits, il a voulu quand même reproduire une colonnade de très grandes dimensions; les moyens sont ingénieux, savants, le résultat peut étonner, et sans doute il est permis de penser que lorsque l'œuvre est belle, il ne faut pas lui demander compte des moyens employés. Mais on ne saurait empêcher que ce ne soit là un ouvrage artificiel et précaire : les colonnades antiques ont toute l'éternité que l'œuvre humaine puisse se promettre ; si nous

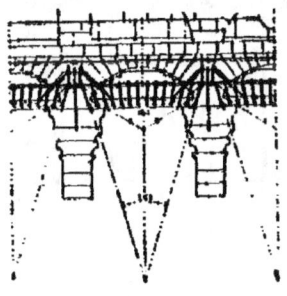

Fig. 223. — Armatures en fer des plates-bandes du Panthéon.

devons les reproduire — et je n'y contredis nullement — ayons au moins le courage de recourir aux moyens antiques, les seuls en harmonie avec leur composition.

LES PORTIQUES, LEUR CONSTRUCTION

Il n'en est plus de même lorsqu'un portique est compris entre des pavillons résistants, comme par exemple aux beaux monuments de la place de la Concorde, à Paris (v. fig. 59). Ici, la masse des pavillons neutralise toute poussée, qu'il s'agisse d'arcs ou de plates-bandes, et l'on n'a plus à s'occuper pour le portique que de la stabilité propre de ses éléments.

De même dans une cour, lorsque des voûtes intérieures viennent contrebuter la poussée des arcades. Supposez un plan où le portique sur cour soit formé d'arcades (fig. 224). Sur deux sens existent des arcs intérieurs en prolongement de lignes de piliers; au delà de ces arcs, des murs pleins, formant un véritable éperon : la sta-

Fig. 224.

Fig. 225. — Cour du palais de la Chancellerie.
Travées courantes.

Fig. 225. — Cour du palais de la Chancellerie.
Travée d'angle.

Éléments et Théorie de l'Architecture.

bilité est alors certaine, bien que le pilier d'angle soit, par lui-même, insuffisant pour l'assurer. Je citerai, par exemple (fig. 225), la cour du palais de la Chancellerie, à Rome, un des plus beaux modèles de cour intérieure à portiques.

Nous verrons plus loin, en parlant des voûtes, quelles résistances les portiques doivent pouvoir assurer dans le sens transversal. Il est bien évident que la section, et par suite la forme architecturale des piliers, devra varier suivant qu'ils seront plus ou moins chargés, plus ou moins sollicités au renversement. Ainsi, dans le plan de la cour du palais de la Chancellerie, la légèreté des piliers n'est possible que pour deux raisons : ces colonnes sont en granit, avec bases et chapiteaux en marbre; et la poussée des voûtes est neutralisée par des tirants en fer placés dans le sens transversal. Vous apprécierez mieux ces considérations après avoir étudié les fonctions et les effets des voûtes.

Sur un plan circulaire, la courbe se ferme, il n'y a plus de piliers d'angles ni de piliers intermédiaires. Toutes les travées sont dans des conditions identiques; mais toutes présentent ce danger de porte à faux qui est inhérent aux ouvertures sur plan circulaire. On ne peut donc faire des portiques qui nécessitent un angle sensiblement ouvert entre deux travées. La petite rotonde de Trianon (fig. 226), dite temple de l'Amour, est un joli exemple de portique circulaire, réalisé sans aucun emploi de fer, par la seule habileté de la stéréotomie.

Bien que le portique soit couvert, la pluie entre à l'intérieur puisque nous le supposons béant. S'il est à rez-de-chaussée, et simplement au haut de marches ou d'un trottoir, pas de difficultés : il suffira de donner à son dallage une légère pente, et d'assurer son étanchéité. Mais s'il est fermé par des balustrades, soit au rez-de-chaussée, soit à un étage supérieur, il faut de plus que des écoulements soient ménagés à l'eau pluviale. La quantité d'eau n'étant pas très considérable, il n'est pas besoin pour cela de chenaux, quelques issues devront suffire. Cependant, c'est toujours un point très délicat de l'étude, et les négligences à cet égard ont de graves inconvénients.

Les portiques ne sont d'ailleurs pas toujours un édifice par

Fig. 226. — Temple de l'Amour, à Trianon.

eux-mêmes. Ils font souvent partie d'une façade à étages. Nous les avons déjà vus superposés à un soubassement à la place de la Concorde ou encore à la colonnade du Louvre. Ailleurs, ils existent au rez-de-chaussée, et reçoivent aux étages supérieurs une construction pleine. Tel est le cas du palais des Doges, que je vous cite plus haut, ou des bâtiments qui longent la rue de Rivoli, du Théâtre-Français, etc. Alors, pourvu que la pierre des piliers offre une résistance suffisante à l'écrasement que pourrait produire la pression verticale, cette surcharge augmente la stabilité propre du portique en neutralisant les effets de poussée des arcs ou plates-bandes appareillées. Ainsi pour ces portiques, la

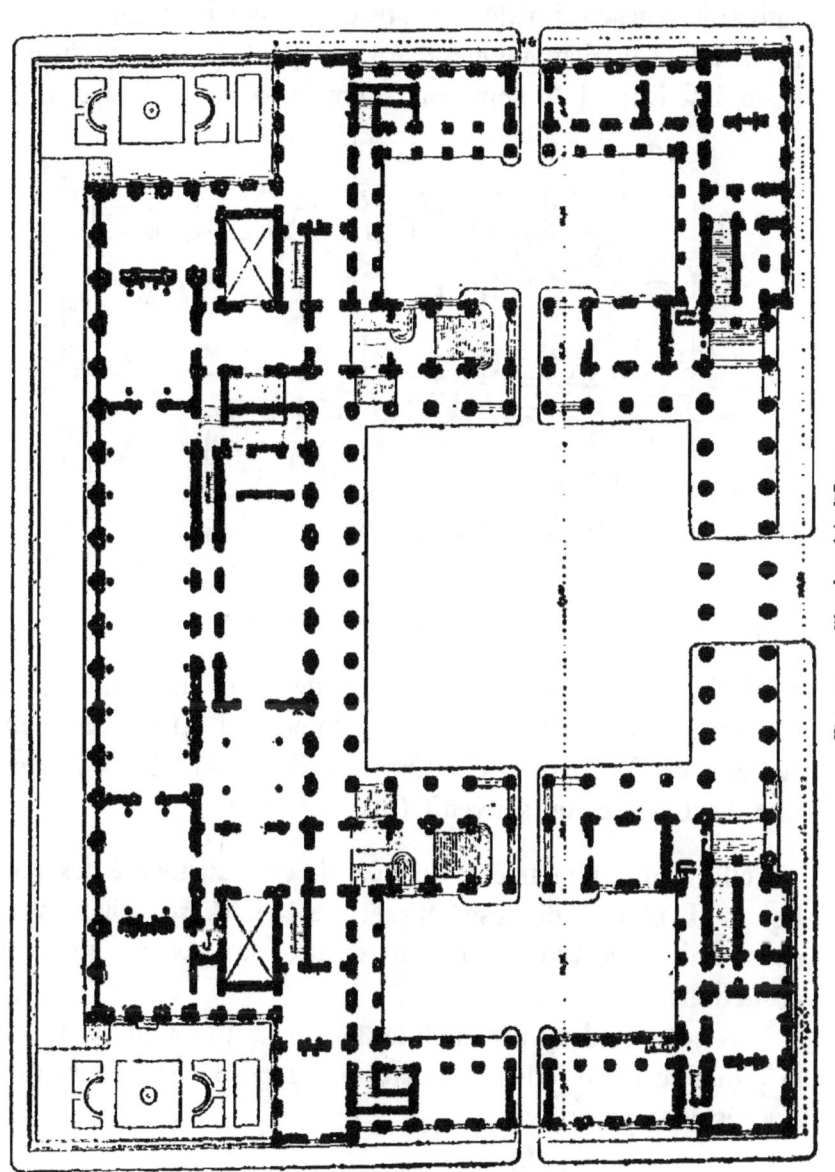

Fig. 227. — Plan du palais d'Orsay.

stabilité, précaire pendant la construction, peut devenir définitive lorsque les étages supérieurs sont élevés.

Enfin des portiques sont souvent superposés les uns aux autres; je vous en ai parlé à propos des proportions. Dans ce cas, le portique supérieur augmente par son poids la stabilité du portique inférieur. Tels sont, par exemple, ceux de la façade de

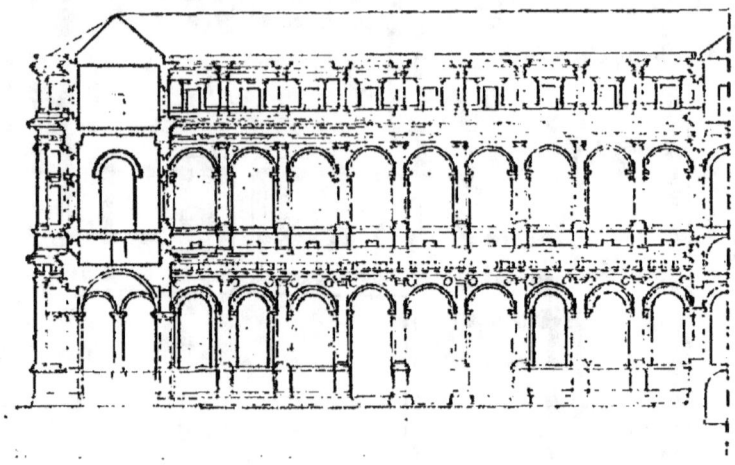

Fig. 228. — Coupe de la cour du palais d'Orsay.

Saint-Sulpice, ou ceux de beaucoup de cours intérieures, telle que la cour du palais Farnèse, à Rome, ou celle récemment démolie de l'ancien palais d'Orsay, à Paris, dont il est intéressant de conserver un souvenir (fig. 227-228).

Telles sont les premières données de constructibilité des portiques. Tout ceci du reste appelle les études scientifiques de construction : je veux seulement en tirer, en passant, quelques déductions.

Plus vous évidez votre architecture, plus il faut être prudent; la prudence dans l'étude doit croître en raison de la hardiesse des résultats poursuivis.

Dans l'*étude* d'un plan — une fois la *disposition* arrêtée — vous devez toujours et surtout penser aux parties hautes de la construction. Un plan doit s'étudier en élevant par la pensée le regard. Ce sont les parties hautes qui commandent.

Il n'y a pas de plan bien étudié, si l'on ne perçoit nettement qu'il se prête à une construction de tout repos. Un bon plan permet nécessairement une bonne construction, car sans cela il ne serait pas un bon plan.

CHAPITRE II

L'ORDRE ANTIQUE

SOMMAIRE. — Colonne, chapiteau, architrave; mur reconstitué. — Tribune des Cariatides à Athènes. — Entablements avec frises. — Fonction de chaque partie. — Composition commune aux divers ordres.

L'étude des portiques a atteint son apogée et synthétisé ses principes dans les *ordres antiques*. Je vous en parlerai tout à l'heure; mais avant d'aborder *les ordres antiques*, je voudrais vous exposer ce qu'est *l'ordre antique* dans son unité. Sachez, en effet, que ces classifications qu'on appelle l'ordre dorique, ionique, corinthien, toscan, ne sont que des cas particuliers d'une même conception, divisions premières au point de vue du caractère et du style, et qui pourraient elles-mêmes se subdiviser à l'infini.

Voyons donc d'abord *l'ordre antique*.

A des distances régulières, déterminées avant tout par la longueur possible des pierres des linteaux, sont disposés les fûts des colonnes; ces fûts sont ronds, c'est-à-dire de la forme qui convient le mieux pour le passage, pour la lumière, pour éviter les chocs désagréables aux personnes aussi bien que les chocs dommageables au monument. Cette forme est belle d'ailleurs. Toutefois, le plus souvent, la colonne est cannelée : souvenir traditionnel des transitions par lesquelles a dû passer le pilier d'abord carré avant d'arriver à la section circulaire; les angles abattus en ont fait l'octogone, puis de huit faces on est passé à seize, qui est le nombre de cannelures des plus anciens ordres doriques.

Cette colonne circulaire n'est pas un cylindre, c'est un tronc de cône d'abord, puis elle prend un léger *galbe*. Toujours elle est plus mince en haut qu'en bas. Est-ce là de la fantaisie, une simple recherche d'effet? Non, c'est la construction qui le demande : la colonne est plus chargée à la base, moins chargée au sommet; les blocs plus gros, par conséquent plus lourds, sont plus maniables près du sol que s'il faut les élever à une grande hauteur; c'est par le haut des entre-colonnements que passe surtout la lumière. Enfin, l'esprit exige un aspect pyramidal, et là, comme partout, cette architecture réalise l'accord absolu des exigences jamais éludées de la construction, avec la satisfaction esthétique du goût le plus parfait.

La colonne, vous ai-je dit, est *galbée*, n'est pas une surface réglée à générations droites. Mais ce *galbé* n'est jamais un *renflement*. Il a été fait, dans l'architecture moderne, des colonnes renflées, singulière imitation de ce que serait le galbe d'une colonne s'écrasant sous la charge. Savez-vous d'où est venue cette perversion? Toujours de la superstition vitruvienne. On a lu dans Vitruve que la colonne présente vers le tiers de sa hauteur ce que les Grecs appelaient *entasis*, et au lieu de traduire par *convexité*, on a traduit par *renflement*. Si vous voulez être édifiés à cet égard, allez dans la cour du Louvre et comparez les admirables colonnes de la partie Renaissance à celles que plus tard on a infligées au pavillon qui conduit au quai. Vous serez, je crois, guéris de la maladie, passagère comme toutes les modes irraisonnées, des colonnes en forme de cigares.

L'ORDRE ANTIQUE

Sur ces colonnes, il faut reconstituer le mur continu. Ce sera la fonction de l'architrave. Mais l'architrave ne posera pas directement sur le fût : son assiette serait insuffisante, et il faut que la colonne, arrondie pour l'usage et pour sa beauté tant qu'elle n'est que le fût, redevienne pilier carré pour porter l'architrave. Elle se termine donc par le *chapiteau*, dernière assise, ronde par le bas pour se raccorder au fût, carrée par le haut pour recevoir la portée de l'architrave. Tout chapiteau est donc, non pas un ornement, mais un sommier qui toujours, quelles que soient ses combinaisons, passe du circulaire au carré.

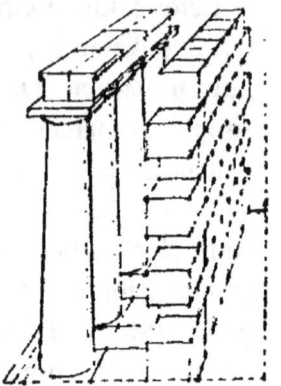
Fig. 229.

Voilà donc les colonnes construites, bien alignées, bien distancées, bien de niveau. De l'axe de chaque colonne à l'axe de la suivante se posent les pierres d'*architraves*, mot qui correspond exactement à notre expression *maîtresse poutre*, et qui s'appelaient en grec *epistylion*, mot à mot *sur colonnes*. Ces linteaux sont formés d'une pierre unique en longueur; il y en a souvent deux, parfois trois dans le sens de l'épaisseur. Ainsi l'architrave est un linteau (fig. 229) : c'est là son caractère; elle se compose en principe avec une section purement quadrangulaire terminée par un filet. Lorsque le profil se complique, lorsque l'aspect nettement quadrangulaire fait place à des tables en saillie l'une sur l'autre, ce caractère initial est cependant toujours sauvegardé. C'est ce que nous avons constaté déjà pour le linteau, le chambranle, l'archivolte.

Arrivés ici, nous trouvons le mur rétabli; nous pouvons marcher sur une assise horizontale, tout comme s'il n'y avait pas de baies au-dessous.

Et vraiment, je crois que bien des contresens auraient été évités, si à la division purement graphique et modulaire de l'ordre en *colonne* et *entablement* on avait substitué une division, plus réelle : le portique — c'est-à-dire la colonnade et l'architrave qui le clôt — puis un mot à créer, la saillie protectrice si vous voulez, c'est-à-dire l'ensemble nécessaire pour recevoir la toiture, pour que le portique soit couvert.

Mais je ne veux pas paraître m'insurger contre un langage admis depuis des siècles; les appellations sont d'ailleurs choses peu importantes si elles ne donnent pas le change; et je dirai, comme tout le monde, que l'architrave est la première partie de *l'entablement*.

Qu'allons-nous donc trouver au-dessus de l'architrave? En principe, cela dépend encore de la construction, et je vais m'en expliquer d'abord, abstraction faite d'une anomalie dont je vous parlerai tout à l'heure. Je fais en ce moment la théorie finale de l'ordre antique, et non l'histoire des phases par lesquelles il est passé.

Il nous reste un exemple, unique je crois, qui montre en pure logique la conception de l'entablement. C'est la tribune des Cariatides, ou Pandrosium d'Athènes (fig. 230-231).

Vous serez surpris peut-être que, à propos de l'ordre antique, je vous parle tout d'abord de ce monument exceptionnel, qui n'a pas cet élément premier de l'ordre, la colonne. Ce n'est pas sans motif, vous allez le voir.

Ce monument, vous le savez, est petit; il est adossé. Pour toute couverture, il présente des dalles de marbre assez épaisses, plafond par-dessous, toiture par-dessus.

Et alors, tout naturellement, l'extrémité de ces dalles forme la corniche qui se pose directement sur l'architrave. Rien ne s'interposant entre l'architrave et la couverture, rien ne s'interposé en façade entre l'architrave et la corniche. C'est, comme vous le voyez, la construction qui a dicté le parti architectural.

Mais ce cas de dalles, à la fois plafond et toiture, est excep-

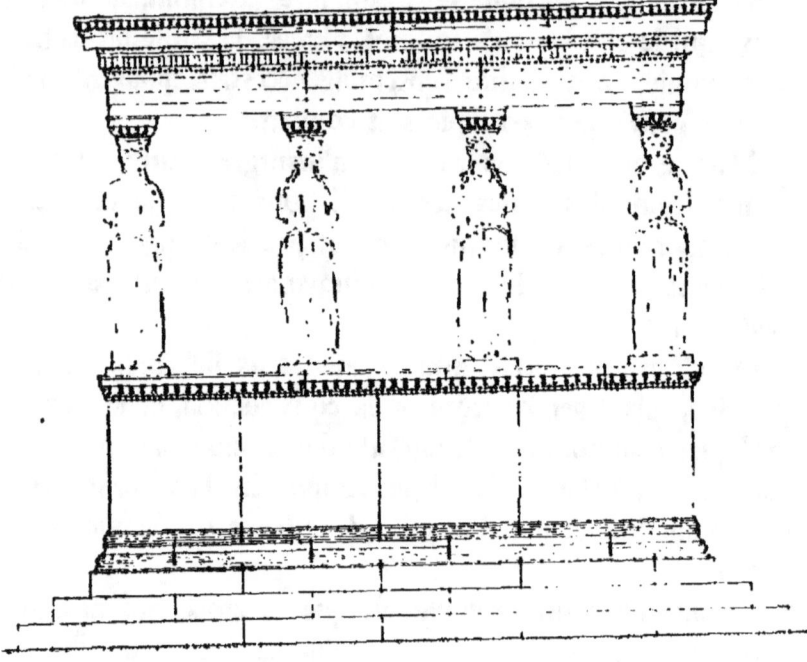

Fig. 230. — Tribune des Cariatides.

tionnel. Dans les monuments plus grands, il faut des compositions moins simples.

Là, dans la construction la plus rationnelle (fig. 232), sur le mur reconstitué par l'architrave, on fait porter les poutres du plafond : poutres principales, dirigées perpendiculairement à la façade, et à l'aplomb des colonnes. Ces poutres ne permettent donc pas une assise continue comme le serait une assise de corniche ; puis elles supportent les compartiments du plafond, que nous étudierons plus tard, et qui ne permettraient pas la superposition immédiate de la corniche à l'architrave. De là une *assise du mur*, évidée pour loger les portées des poutres, et qui d'ailleurs est parfois formée de deux dalles, parfois même était à jour.

Fig. 231. — Détail de la Tribune des Cariatides.

C'est *la frise*.

La frise est donc une première assise du mur après les linteaux ; elle a le caractère d'une assise verticale, et lorsqu'elle est décorée, elle ne cesse pas d'être verticale.

Après quoi, il reste à couronner et à protéger le mur par sa corniche, ainsi que nous l'avons vu à propos des murs.

Voilà donc l'entablement : architrave, frise, corniche ; et voilà comment ces divisions se rattachent à la construction qui les réclame. A son tour, l'ensemble des colonnes et de l'entablement constitue l'ordre ou l'ordonnance.

Dans leurs détails, dans les nuances des proportions, les ordres varient à l'infini. Mais cette variété ne détruit pas l'unité artistique des ordres, régis par cette loi absolument logique que je viens de vous exposer.

Je vous en montrerai tout d'abord un exemple en quelque sorte schématique, tellement il est simple, et présentant sans aucune addition la synthèse de l'ordre antique : c'est celui du *Temple de la Piété*, à Rome (fig. 233).

En vous le présentant, j'ai quelques remarques à vous signaler.

La colonne, plus mince du haut que du bas, vous l'avez déjà vu, n'a pas pour contour une ligne droite, elle est légèrement *galbée*, comme on dit, c'est-à-dire que le contour est légèrement courbe.

Ceci appelle une courte digression.

Les Grecs, à la fois très artistes et très prudents, ayant peu de variété dans leurs motifs d'architecture, très attachés aux traditions mais néanmoins d'esprit libre, étaient avant tout des artistes qui perfectionnaient les œuvres du passé, petit à petit et sûrement. Ils n'éprouvaient pas le besoin de créer des éléments nouveaux puisque ceux dont ils disposaient suffisaient à leurs combinaisons, mais ils aspiraient à les rendre sans cesse plus parfaits. On peut dire que tous les architectes grecs, jusqu'à Ictinus, ont travaillé à étudier le galbe des colonnes du Parthénon.

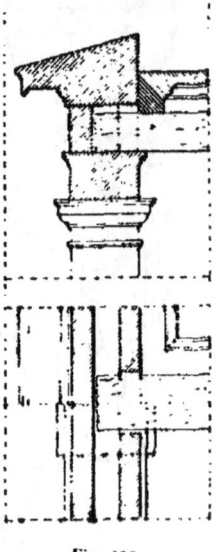

Fig. 332.

Or, les plus anciennes colonnes étant réellement coniques, ils ont pu sans doute constater que ces deux contours en lignes droites inclinées paraissaient, par une illusion de l'œil, donner lieu à un contour d'une double concavité. Ils ont alors cintré légèrement ce contour, juste assez pour enlever ce que la ligne droite pouvait avoir de choquant pour un œil délicat.

L'ordre du Temple de la Piété n'a pas de base. Ainsi sont toutes les colonnades les plus anciennes : une base est en effet gênante. Lorsque les Grecs ont employé des bases, utiles d'ailleurs pour l'assiette de la colonne, ils les ont d'abord faites circulaires. Ce n'est que plus tard qu'est apparu l'usage de les placer sur un socle carré. Ce socle, qui forme transition entre les lignes droites du dessous, marches, gradins, socles, et la colonne, a une beauté architecturale évidente; mais lorsque la colonnade est un lieu de passage, il gêne par ses angles et se dégrade rapidement par les chocs.

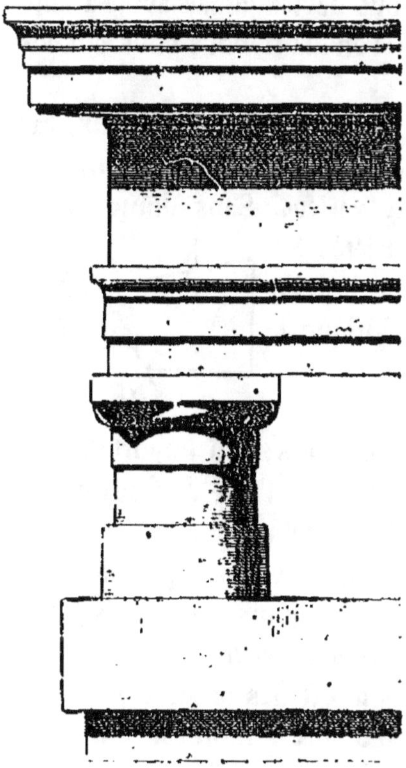

La corniche se termine ici par une cimaise (ou cymaise) en forme de cavet au-dessus du larmier. Ceci est une dérogation aux traditions et aux principes. La cimaise ne fait pas partie de la corniche, c'est un élément de la couverture, si bien que lorsque les matières sont différentes, c'est la matière de la couverture qui est celle de la cimaise. Par exemple, le larmier sera en pierre, la cimaise en terre cuite (fig. 234).

J'évite exprès, vous devez le comprendre, d'entrer dans les détails. Plus loin, je vous parlerai de la composition de chacune des parties de l'ordre.

Fig. 233. — Détails du Temple de la Piété.

Quant à présent, j'ai voulu vous montrer tout ce qui est commun dans cette conception invariable, quel que soit le caractère riche ou pauvre, sévère ou élégant, de l'architecture.

Voilà donc, dans son ensemble, l'ordre antique, cet élément si complet, si magistralement beau d'une beauté qui est toute de vérité. Sa place dans les études est la plus considérable de toutes, pour les grands enseignements qui s'en dégagent, et historiquement aussi, parce que pendant des siècles il a été l'élément par excellence de l'architecture. Vous ne sauriez donc trop l'étudier, non pas peut-être que vous deviez jamais avoir à faire une colonnade, mais parce qu'en l'étudiant vous vous étudiez vous-mêmes.

Mais cet ordre devait se prêter à des besoins nombreux, car enfin si simple que soit l'architecture d'une civilisation, elle a des applications singulièrement variées. Sans doute aussi, l'ordre antique se prête par ses variétés à des expressions très diverses ; et de là les trois grandes familles : ordres dorique, ionique, corinthien.

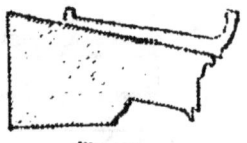
Fig. 334.

Ces dénominations correspondent à des origines ethniques plus ou moins justifiées ; peu importe : pour nous ce sont des appellations qui éveillent l'idée de force grave, d'élégance gracieuse, de majesté riche. Puis il y a dans chaque famille les variétés infinies, parfois aussi les emprunts de l'une à l'autre. Mais enfin, cela se rattache toujours à ces trois types que nous allons étudier : dorique, ionique, corinthien.

Seulement, après ce que je vous ai dit des proportions et de leurs nuances infinies, je me refuse à faire à mon tour un *canon* de modules obligatoires. Là-dessus, je ne vous dis qu'une chose, une seule : dans chaque cas, dans chaque programme, dans chaque intention de caractère, voyez les plus beaux exemples, et inspirez-vous-en. Je vous en présenterai plus loin les plus célèbres exemples, avec leur variété. Vous y puiserez vos inspirations en toute liberté de choix.

CHAPITRE III

L'ORDRE DORIQUE

SOMMAIRE. — L'ordre dorique grec, son caractère. — La frise sans fonction. — Imitation de l'architecture en bois. — La colonne. — Chapiteau. — Architrave. — La frise ; triglyphes et métopes. — Hypothèse sur l'origine de la frise et de la corniche doriques. — Constructions successives de l'entablement. — Transition du bois à la pierre.

L'ordre *dorique*, c'est l'ordre grec par excellence, le plus magistral, le plus parfait de style. Il demande une étude précise, approfondie. Et cependant, de l'ordre dorique grec proprement dit, vous n'en ferez pas, je l'espère du moins, car moins que tout autre il se prête à la reproduction : sa perfection même rend grotesques les pastiches qu'on en a faits. Mais vous êtes des étudiants, et rien ne peut mieux que l'étude de l'ordre dorique vous montrer à quel degré de perfection peut être poussée l'étude de l'architecture.

Et cependant, cet ordre dorique, si bien en possession de l'admiration universelle, si indiscuté, si élevé par une sorte de superstition admirative au-dessus de toute critique, j'oserai vous montrer que sous un rapport il est en défaut, que son impeccable logique architecturale pèche par un point ; j'oserai vous dire que dans l'ordre dorique grec, *tel que nous le voyons construit à*

Égine ou au Parthénon (fig. 235), la frise, cette frise si magnifique, cet élément prépondérant qui commande la disposition, ne porte pas en elle-même sa raison d'être. Phénomène antigrec s'il en fut.

Permettez-moi de démontrer tout d'abord un blasphème si hardi. Pour cela, voyez la coupe du Parthénon, et voyez le plâtre qui est dans la cour vitrée de l'École. La colonne est admirable à tous égards, l'architrave également ; et certes, voilà des éléments de tout point identiques à leur fonction. Les trois blocs de l'architrave une fois posés, le mur, comme je vous l'ai dit, est reconstitué et n'attend plus que ce qui couvrira le portique — plafond et toiture — et ce qui le couvrira lui-même — saillie de corniche.

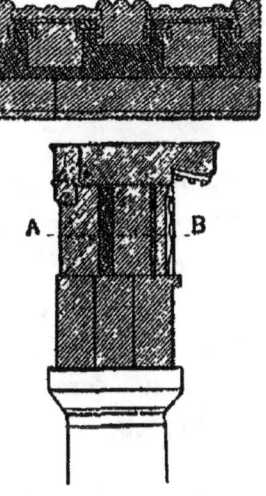

Fig. 235. — Coupe de l'entablement du Parthénon.

Et cependant une seconde assise est encore posée avant qu'aucun élément de plafond n'apparaisse ; c'est celle de la *frise*. Le plafond pourrait porter sur l'architrave sans cette interposition, la corniche également : la frise est inutile. La composition de l'ordre des Cariatides du Pandrosium suffirait ici encore.

Qu'importe, direz-vous, quelque chose d'inutile, si d'ailleurs ce quelque chose est beau et très beau ? Eh bien, non : le mot *inutile* est tellement en contradiction avec toute l'architecture grecque qu'il y a là un phénomène qui demande explication.

Et l'explication me paraît toute naturelle : c'est l'imitation traditionnelle de l'architecture en bois. Oui, par un phénomène étrange et quelque peu déconcertant, l'élément le plus monumental de l'architecture en pierre, l'entablement dorique, est une imitation du bois! Je sais que cela a été contesté. M. Lesueur, notamment, a cherché à trouver, dans l'imitation de l'art égyptien, l'origine de l'entablement dorique. D'autres, au contraire, ont échafaudé toute une genèse de cette architecture dérivée de *la cabane* avec ses piquets en troncs d'arbre. Laissons ces dissertations archéologiques ; pour moi, la preuve même de l'imitation du bois dans l'entablement dorique, c'est l'inutilité de la frise dans la construction en pierre du Parthénon. Et j'ajouterai que cette imitation est vraiment bien visible : regardez-y vous-mêmes !

Pourquoi cette imitation ? Tout naturellement parce que l'essence des édifices religieux est de conserver traditionnellement les formes et les aspects consacrés par la vénération. Les premiers temples construits furent plafonnés et couverts en charpente, on le sait ; mais nombreux furent les incendies. La règle s'établit alors de ne plus employer de matériaux combustibles, mais les formes étaient consacrées, on les respecta.

Je vous ai assez dit que je ne veux pas faire de l'archéologie. Mais il faut choisir : accepter l'ordre dorique antique comme un point de départ, sans examen, ou bien chercher à en comprendre le sens et la composition.

Eh bien, il y a un fait qui domine tout le reste dans les évolutions de l'architecture : l'ordre dorique est le prototype des ordres antiques ; les ordres antiques, à travers toutes les transformations subies, sont l'élément historique le plus persistant de l'architecture ; il faut donc ou ne pas connaître le point de départ de cet élément permanent, ou connaître la loi de formation de son ascendant premier - - l'ordre dorique grec.

Or, peut-être pouvons-nous maintenant le définir comme suit :

L'ordre dorique grec est un élément architectural dont la composition reste celle d'un ouvrage en bois, mais dont les proportions ont été régies par les conditions de vérité et de nécessité qui résultent de l'emploi de la pierre substituée au bois. Je m'expliquerai plus complètement à ce sujet tout à l'heure, lorsque je vous parlerai des entablements, et en particulier de la frise.

Et je vous dirai tout de suite, en anticipant quelque peu, que ce contresens — je ne recule pas devant le mot propre — n'a pas duré. L'ordre antique a su réaliser l'accord absolu de la destination et de la forme dans des compositions qui, moins sublimes de style, se sont affranchies d'une tradition gênante, ou plutôt ont su trouver après coup les dispositions logiques que réclamait l'emploi de la pierre. C'est surtout lorsque je vous parlerai des plafonds que je vous montrerai cette évolution.

Et j'ajouterai qu'il est vraiment merveilleux d'avoir fait, de cet emprunt à la construction en bois, la plus magnifique expression monumentale qu'aient jamais réalisée la pierre ou le marbre.

La colonne dorique est sans base, amincie du haut, pas absolument conique, car son fût est d'un galbe légèrement cintré. Elle a vingt cannelures d'un profil peu creusé. Sa construction est par blocs à joints d'une finesse extraordinaire, et en assises aussi élevées que possible.

Le chapiteau qui la surmonte se compose de quelques filets très fins formant bague au-dessus des cannelures, d'une *échine* toujours accentuée, et d'un *tailloir* carré, couronnement du chapiteau, sans moulures ni évidements.

Il est impossible d'imaginer un ensemble qui exprime mieux la fermeté du point d'appui. Quelle que soit la proportion, trapue comme à Pestum (fig. 236), ou élancée comme à Pompéi (fig. 237), la cannelure, par sa verticalité, écrit nettement la fonction du fût. Le chapiteau, par sa mâle simplicité, accuse uniquement sa fonction de sommier qui va recevoir l'entablement, et la nudité du tailloir ajoute encore à ce caractère de force. Dans cette magnifique œuvre d'architecture, il y a bien peu d'éléments : mais telle est leur vérité et leur harmonie que personne ne pourrait impunément en retrancher un seul ou en ajouter un seul.

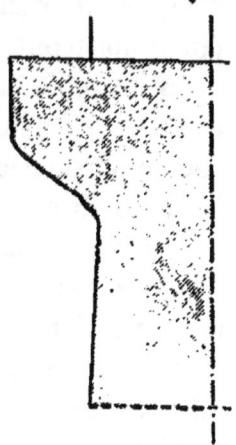

Fig. 236. — Profil du chapiteau du Pestum.

C'est ainsi — cela devait être ainsi — c'est parfait ainsi : voilà le caractère de l'art grec.

L'architrave est aussi admirable dans sa simplicité de linteau : d'une colonne à l'autre, il fallait une pierre, la voilà. Elle est lisse par-dessous, lisse par ses faces, seulement légèrement en talus. Elle se termine par un simple filet. Rien de plus, car il ne fallait rien de plus.

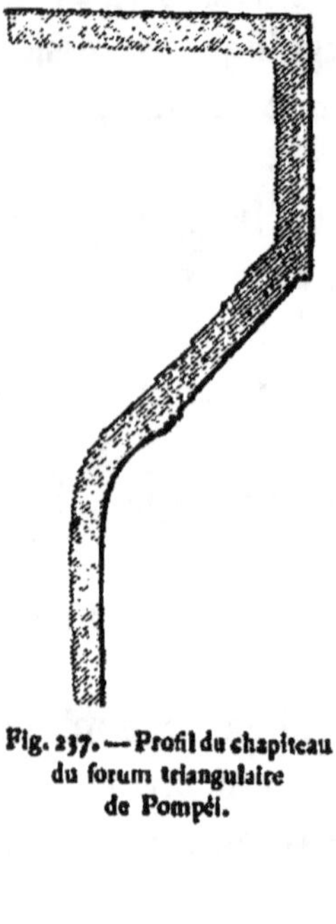

J'arrive à la frise ; c'est ce qu'il y a de plus caractéristique dans l'ordre dorique.

Vous savez comment elle est disposée : des *triglyphes* séparés par des *métopes*. Le triglyphe ayant, comme la colonne, un caractère de partie portante, accentuée ici aussi par ses cannelures ; la métope, simple remplissage souvent décoré de sculptures ou de peintures, le tout portant la corniche.

C'est ici le lieu d'expliquer l'origine de l'entablement dorique, tel qu'il m'apparaît en étudiant les dissertations savantes aux-

Fig. 237. — Profil du chapiteau du forum triangulaire de Pompéi.

quelles il a donné lieu, mais en restant architecte, ce qui est le meilleur moyen de raisonner à peu près sainement en architecture.

Ici, je vous l'ai dit, l'imitation du bois paraît démontrée, et cela a souvent été dit déjà. Mais l'explication qui a cours, qui

Fig. 238. — Explication généralement admise de l'origine de l'entablement dorique.

se répète dans tous les commentaires, c'est que les triglyphes rappellent l'extrémité des poutres du plafond. Cette explication, que vous trouverez notamment dans Hittorf, dans Reynaud, m'a toujours choqué (fig. 238). Comment indiquer l'extrémité de poutres qui n'existent pas, et à un niveau inférieur à celui du plafond? Si la construction des entablements en bois avait comporté des poutres au niveau occupé plus tard par les triglyphes, soyez sûrs que la construction des entablements en pierre aurait conservé ses poutres à ce même niveau, car rien n'était plus facile. Au contraire, les plafonds en pierre remontés plus haut que les triglyphes, ne peuvent être que la reproduction fidèle d'une disposition antérieure qui plaçait également les plafonds en bois à ce même niveau supérieur.

Et dès lors, en étudiant cette question en architecte, j'arrive à mon tour à une hypothèse qui serre de bien plus près la réalité.

Pour comprendre la frise de l'ordre dorique, faisons abstraction de la colonne, et revenons au mur. Aussi bien, vous ai-je dit, l'architrave une fois posée, le mur est reconstitué. Je suis donc sur une assise en pierre, j'ignore si c'est une architrave portée sur des colonnes, ou si c'est la dernière assise d'un mur plein.

Maintenant, faisons un peu de pédantisme facile, et interrogeons Euripide. Il fait donner à Oreste par Pylade le conseil de s'introduire dans un temple de Diane en passant entre les triglyphes, afin d'enlever la statue de la déesse, et ailleurs Oreste raconte qu'il s'est échappé par cette même voie. Un autre personnage suspend une tête sanglante entre les triglyphes.

Or, lorsque des voleurs entrent dans un temple, pour voler, ils ne font pas une escalade scabreuse pour se trouver tout simplement dans un portique tout ouvert. Par conséquent les ouvertures — les métopes — par lesquelles pouvait s'introduire Oreste étaient pratiquées dans le mur du temple lui-même, du temple qui n'avait évidemment pas de portiques latéraux. Et dès lors, ces métopes étaient tout simplement les fenêtres qui éclairaient le temple, car, n'en déplaise à certaines théories, il fallait bien que le temple fût éclairé.

Eh bien, voilà tout bonnement l'origine des triglyphes et des métopes.

Le triglyphe est un meneau, ou, si vous préférez, un *poteau* ou *potelet*; la métope un vide; et lorsque l'entablement a clos, non plus le temple lui-même, mais un portique, l'éclairage par les métopes n'ayant plus de raison d'être, on a clos ce vide, mais non pas en maçonnerie pleine : on l'a clos par une dalle posée en coulisse, une véritable planche en marbre ou en pierre, qu'on a décorée comme un volet fermé ou un panneau.

Et comme, naturellement, les vides entre meneaux par lesquels s'introduisait Oreste étaient sous le plafond, les triglyphes et les métopes sont aussi sous le plafond.

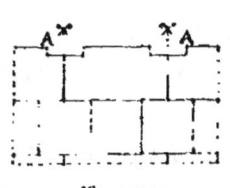
Fig. 239.

C'est donc encore, et comme toujours, la construction qui nous dirige, mais il faut remonter d'un degré pour la rencontrer.

Si telle est bien la disposition première du temple dorique — et tout paraît le démontrer — la formation de l'entablement dorique est facile à reconstituer, toujours à condition de rester architecte. Essayons donc de rétablir le temple d'Euripide.

L'architecte a élevé un mur : voilà la maçonnerie terminée, il faut passer au bois. Le bois fournira la partie haute de l'édifice, les *fenêtres* et la charpente. C'est en somme un petit pan de bois à élever sur un mur.

Que faisons-nous en pareil cas? Nous posons une *sablière basse* qui recevra les poteaux. Et pour que cette sablière ne se déplace pas, nous la fixons au mur par des scellements. Or, dans l'espèce, la sablière basse, c'est le listel ou *ténia*, qui couvre l'architrave; les scellements, ce sont les petits filets au-dessus des gouttes; les gouttes elles-mêmes, ce sont les clous ou chevilles. Le mur une fois élevé, on pratiquait donc des entailles ou espèces de créneaux A (fig. 239), qui servaient à encastrer des *semelles* transversales, lesquelles, chevillées ensuite avec la sablière basse, ne lui permettaient pas de se déplacer. Notons en passant que les gouttes sont tellement un souvenir des anciennes chevilles, que dans certains entablements elles sont rapportées après coup, et en marbre, tandis que l'architrave est en pierre.

L'architecte a donc posé sa sablière basse, qui lui fait sur tout le mur une plate-forme bien réglée en bois (fig. 240). Aux intervalles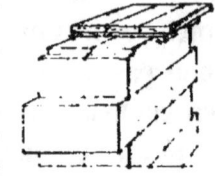

Fig. 240.

voulus, assez rapprochés, il pose les poteaux de son petit pan de bois (fig. 241). Ce sont les triglyphes; entre ces poteaux, rien, le vide. Il y a forcément un poteau d'angle, de là le triglyphe d'angle, qui a donné lieu à tant de dissertations.

Puis, sur ces poteaux, une sablière haute qui recevra les chevrons; à cause de la pente, le bois est délardé et se présente du côté extérieur avec peu de hauteur; c'est le listel uni et tout droit qui règne au-dessus des ressauts de chaque triglyphe. — Cette sablière, plus haute à l'intérieur, pouvait dès lors, au moyen d'un tableau ou d'une feuillure, recevoir le plafond.

Enfin elle supporte les chevrons, plus rapprochés que les poteaux; ce seront les *mutules* dont le nombre est double de celui des triglyphes; et ces chevrons eux-mêmes reçoivent un plancher incliné de toiture, auquel ils sont chevillés; de là le larmier et les gouttes sous les mutules. Puis comme couverture, des tuiles à couvre-joints, avec antefixe en terre cuite au bas de chaque couvre-joint. La perspective ci-jointe vous rendra clairement compte de cette hypothèse (fig. 242).

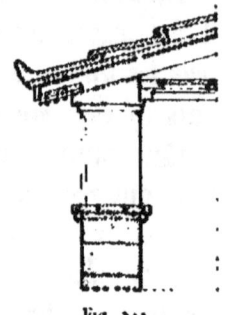

Fig. 241.

Je ne sais si je fais erreur, mais tout cela me paraît limpide et, je le répète en insistant, architectural.

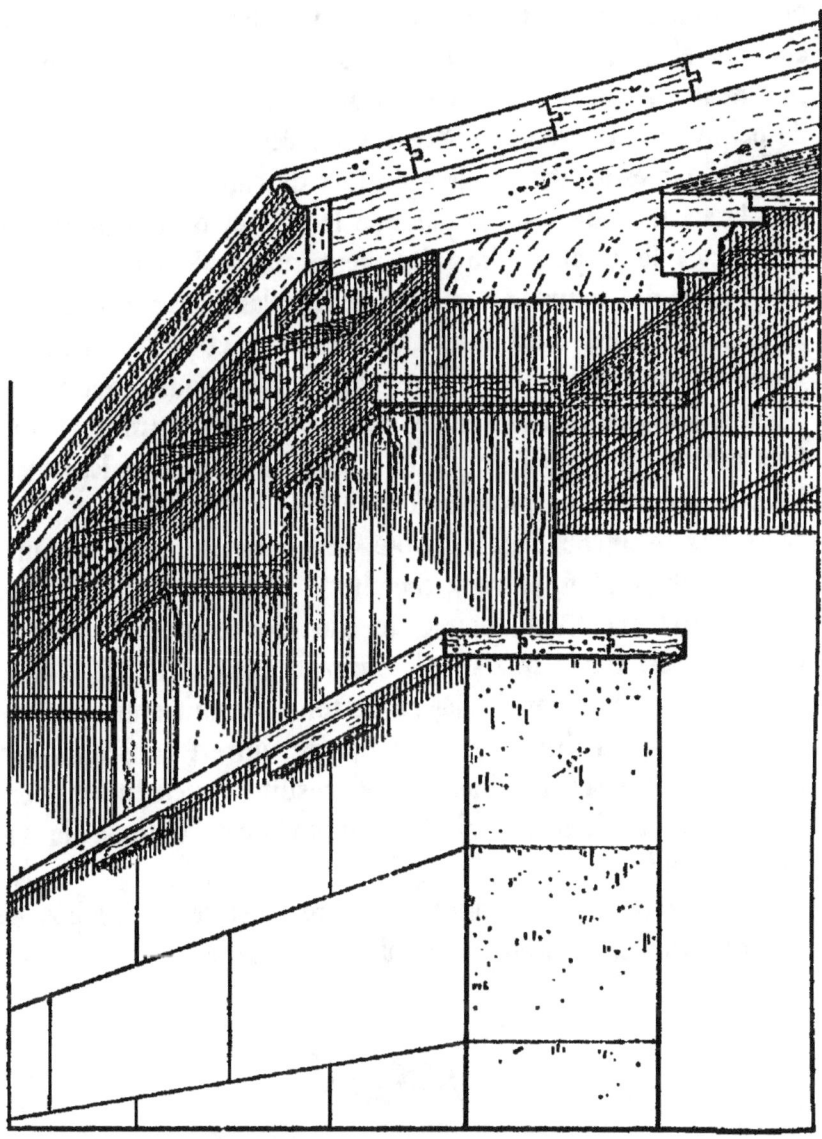

Fig. 242. — Hypothèse relative à l'origine de l'entablement dorique.

Voilà donc le dorique originaire. Il est probable que pendant une couple de siècles, ces errements furent suivis, mais avec de plus en plus d'art; sans doute, ce pan de bois devient quelque chose d'élégant et de décoré; peut-être certaines des baies furent-elles fermées par des panneaux ou volets qu'on décora de peintures, origine des métopes sculptées.

Puis, à mesure des progrès de l'art de bâtir, et à la suite de nombreux incendies, on abandonna le bois et on demanda aux architectes de ne plus faire qu'en pierre non seulement les parois extérieures des temples, mais même les plafonds, charpentes et toitures. Et c'est ainsi que, au Parthénon et dans les autres temples doriques, ainsi qu'aux Propylées, nous voyons en marbre non seulement l'entablement, mais les poutres et soffites et tous les compartiments de plafonds, les pannes, les tuiles, les couvre-joints. La proscription du bois est évidente.

Et cela m'amène encore à vous demander de permettre une nouvelle digression. Je veux chercher à vous montrer ce qu'est, architecturalement, un temple dorique, par exemple le Parthénon. Ce n'est pas là une simple curiosité historique : le temple dorique a été le point de départ de toute l'architecture antique dont procède l'architecture moderne; or, un art conscient doit bien connaître ses origines : tout ensuite s'enchaîne et s'explique, et dès lors on sait faire soi-même la critique de ses propres études.

Élargissons donc le cadre de notre sujet, et, à propos de l'ordre dorique, étudions le temple dorique.

CHAPITRE IV

LE TEMPLE DORIQUE, L'ARCHITECTURE DORIQUE

SOMMAIRE. — Démonstration complémentaire de l'imitation du bois. — Le Parthénon. — Exclusion du bois. — Temples hypètres. — La ferme inconnue. — Le dorique à Rome. — L'étude du dorique : le triglyphe. — Colonne d'angle. — Inclinaisons et courbes.

Dans l'entablement dorique, j'ai à peine besoin de vous faire constater l'analogie de la pierre avec l'emploi du bois tel que je vous l'ai expliqué. J'insisterai cependant.

Je prends comme comparaison le Parthénon : là l'architrave est en talus, tandis que la frise est à plomb; c'est que l'architrave est, comme je l'indique, une dernière assise du mur, et que ce mur, comme presque tous les murs antiques, devait être en talus.

Le triglyphe est à plomb, comme doit l'être un poteau; il y a un triglyphe d'angle, comme il doit y avoir nécessairement un poteau d'angle dans un pan de bois. Et regardez en coupe, ce triglyphe a horizontalement une section carrée, il ne fait pas toute l'épaisseur de la frise.

Quant à l'arrangement si particulier des gouttes, je n'en connais pas d'explication plausible à moins de supposer, comme je le fais, une tradition des semelles et de la sablière basse du pan de bois.

Les métopes ne sont qu'une dalle, posée en coulisse, si bien que les Anglais ont pu les enlever sans autre effraction que celle des rives du triglyphe qui les retenaient en feuillure; tradition évidente des métopes ouvertes.

Au-dessus des triglyphes règne un listel sans ressauts, où je trouve la tradition de la sablière haute; les mutules rappellent évidemment les chevrons, et leurs gouttes, les clous ou chevilles assujettissant le plancher de toiture.

Dans le larmier lui-même, je vois la tradition d'une planche clouée devant les extrémités des chevrons, dont les mutules, avec leur peu de hauteur, n'indiquent que la partie inférieure; le *bec de corbin* final n'est lui-même autre chose que le plancher de toiture, sous les tuiles à recouvrements et antefixes.

Remarquez d'ailleurs que dans la corniche tout accuse la pente du chevronnage.

Et, d'autre part, le plafond dorique est relevé, je l'ai déjà dit, au-dessus de la frise : position que rien ne justifie en dehors de la tradition que j'évoque, et qui — il faut bien le dire — fait de ce plafond une composition gênée et mesquine, faute de hauteur, toujours par imitation de ce que pouvait être un plafond de bois assemblé dans la sablière.

Maintenant, donnez à ce bois les proportions nécessaires avec la pierre, et vous aurez l'entablement du Parthénon.

Mais je vous ai dit que même la charpente devait être en pierre. Cela me paraît certain : aurait-on renoncé au bois non seulement pour les entablements, mais pour les plafonds eux-mêmes, pour conserver cependant des parties combustibles ?

Paccard, dans sa restauration du Parthénon, démontre fort bien qu'il n'y avait pas de fermes, mais il suppose des pannes et chevrons en bois. J'ai bien de la peine à croire que des charpentes en bois aient jamais porté ces pesantes toitures en marbre, d'un assemblage si délicat que le moindre jeu du bois les aurait disloquées. C'est là le côté faible de cette belle restauration. La charpente — s'il y en avait — composée uniquement de pannes et faîtages et non de fermes, devait être en marbre, comme les plafonds, dont les portées étaient les mêmes, étaient en marbre. Et je constate de nouveau cette vérité, suivant moi incontestable :

Il est impossible de comprendre l'architecture d'un temple dorique grec si l'on ne voit à l'origine ce point de départ : la volonté absolue de ne pas — de ne plus — employer de bois.

Voilà donc un architecte obligé de faire, avec la pierre seule, et sans disposer des arcs et des voûtes, un édifice grandiose et complexe. Comment le pourra-t-il?

En demandant à la pierre (ou au marbre) les plus grandes portées possibles, en étudiant son plan de façon à permettre ces portées, en laissant découvert ce qui dépasserait la portée possible de la pierre.

Cette dernière nécessité n'allait pas sans inconvénients; mais l'existence du temple *hypètre* n'est pas niable. Vitruve dit : « Le « temple hypètre est pour tout le reste semblable au temple « diptère (entouré de portiques), mais à l'intérieur il présente « des colonnes sur deux rangs de hauteur, espacées des murs « pour le passage, comme le portique des péristyles; le milieu « est *sub diu* et sans couverture. » Il ajoute qu'il n'y en a pas d'exemple à Rome, mais à Athènes.

D'ailleurs, sans compulser autrement des textes, il est impossible que la salle du Parthénon ait été dans une obscurité complète, que la Minerve de Phidias ait été enfouie dans une cave; quoi qu'on ait pu dire, les temples étaient éclairés, et ce n'est certes pas la porte seule, après un double péristyle, qui pouvait assurer cet éclairage. Nous venons de voir que les petits temples anciens s'éclairaient par les métopes; nous voyons à l'Acropole, à deux pas du Parthénon, l'Erechtéion avoir des fenêtres que sa disposition permettait. Au Parthénon, au contraire, aucune ouverture, rien ne permettant l'éclairage, si ce n'est le *ciel ouvert* du temple hypètre.

Tout cela a souvent été dit : j'y ajoute cette considération, c'est que, pour que le temple fût incombustible, l'hypètre s'imposait : c'était — à prendre ou à laisser — une condition de la construction sans bois, une conséquence inévitable de l'évolution qui, partie du temple en bois, aboutissait au temple en pierre ou en marbre. Il y avait peut-être d'ailleurs eu antérieurement des temples hypètres, je le croirais d'autant plus que *la ferme* ne paraît pas avoir été connue des anciens architectes grecs, restreints dans leurs combinaisons de charpente à la panne et au faîtage. Ainsi, pour de l'architecture tout en pierre, c'était une nécessité.

J'ai l'air de risquer un paradoxe en prétendant que la *ferme* en bois, pivot de toute notre charpente moderne, ne devait pas être connue des Grecs. Je sais que de très nombreuses restaurations des anciens temples en indiquent : c'est, à mon avis, une conjecture de modernes. Sans nous attarder aux détails, je trouve une preuve essentiellement grecque de l'absence de fermes dans la composition même de plusieurs monuments subsistant. Les Grecs ne faisaient en fait de plans que ce qu'il fallait faire pour leur construction, rien de moins mais rien de plus; tout élément quelconque de leurs plans est indispensable à la construction pour porter quelque chose qui ne se porterait pas sans cela. Or, nous voyons dans ces plans bien des points d'appui qui n'auraient aucune raison d'être s'il existait pour couvrir le plan des fermes de charpente.

Et cela se démontre bien par le plan du Parthénon, que je

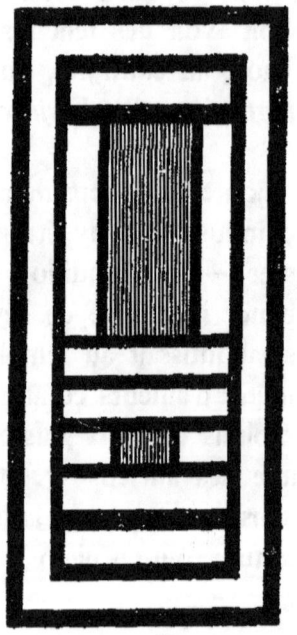 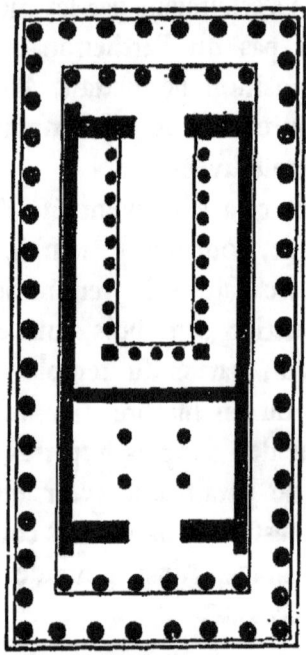

Au-dessus des architraves.   Au niveau du sol.
Fig. 243. — Plans du Parthénon.

prends dans la restauration de Paccard, mais en le traçant au-dessus des architraves, là où les murs sont reconstitués (fig. 243). Cette disposition très habile du plan du rez-de-chaussée, qui donne de si beaux effets monumentaux, traduite ainsi dans le plan de ses hautes œuvres, n'écrit-elle pas avec la dernière évidence la préoccupation systématique de ne pas dépasser les portées possibles pour les poutres et aussi, suivant moi, pour les

Eléments et Théorie de l'Architecture.

pannes ou faîtages de marbre, ces superbes linteaux que nous voyons encore sur place aux Propylées avec 6 mètres de portée? Avec ce plan, toutes les portées dans œuvre sont inférieures à 6 mètres; seules celles du trésor approchent de cette mesure.

Il y a un monument qui, ce me semble, le démontre bien, c'est le double portique qu'on appelle la *basilique de Pestum* (fig. 244). Ici, il n'y avait peut-être pas les mêmes raisons qui avaient fait renoncer au bois pour les temples; en tous cas, pourquoi des architectes grecs, pour qui l'inutile n'existait pas, auraient-ils encombré le milieu d'un portique par une rangée de colonnes, si ces colonnes n'avaient pas une fonction nécessaire de construction?

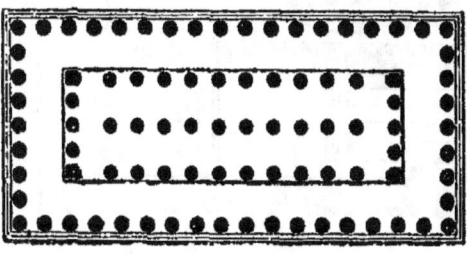

Fig. 244. — Plan de la basilique de Pestum.

C'est tout simplement le faîtage qu'il s'agissait de constituer : ne sachant pas le tenir artificiellement en l'air, ils le montaient de fond; absolument comme dans les anciens chalets suisses (fig. 245), types si intéressants de constructions primitives en bois, il y a toujours un refend de madriers dans l'axe sous faîtage, une vraie cloison faîtière, qui n'aurait pas de raison d'être avec la ferme...

Pardonnez-moi cette digression. Mais pour vous faire bien connaître l'ordre dorique grec, il me fallait vous faire voir ses origines, et comme tout se tient, il me fallait vous montrer toute cette évolution architecturale : l'architecture en bois d'abord employée pour les parties hautes des temples, puis abandonnée probablement à la suite de fréquents incendies, et la pierre remplaçant le bois; mais en même temps les traditions et les formes de l'architecture en bois consacrées par la

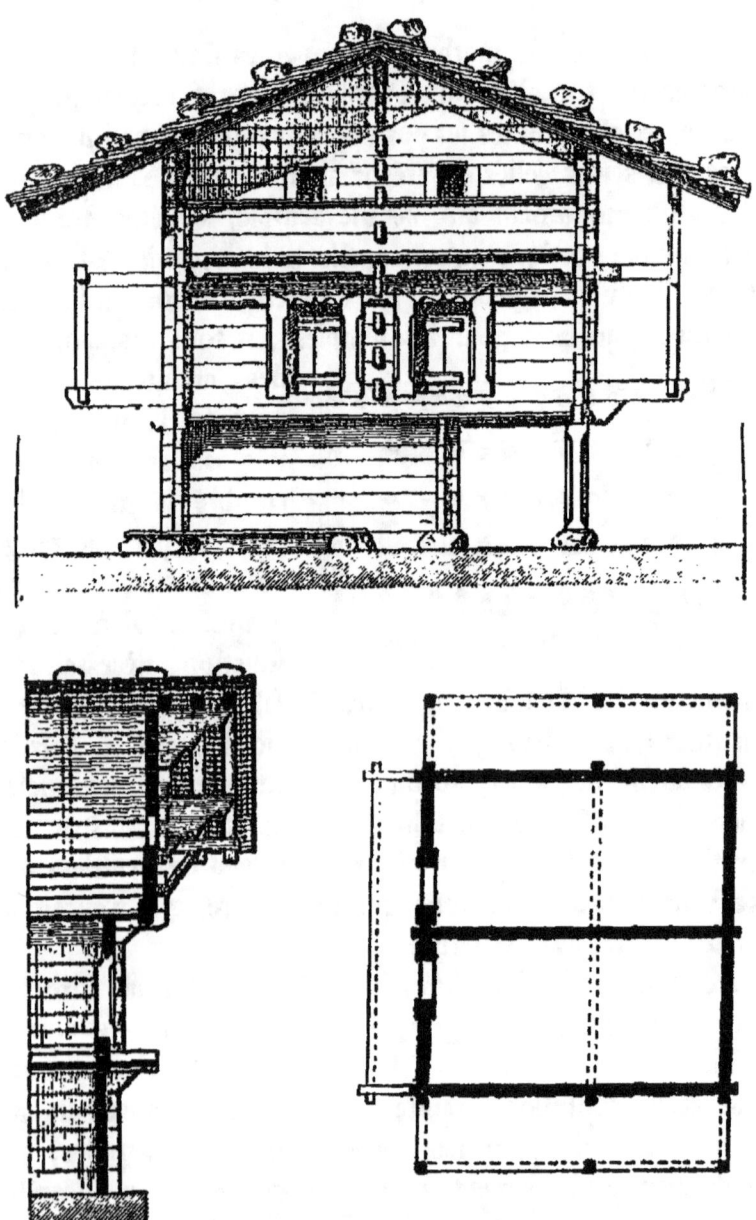

Fig. 245. — Chalet suisse (style ancien).

vénération et conservées par les architectes, peut-être par crainte de la ciguë. Puis, par un prodige de goût, d'harmonie et de style, cette imitation du bois, ramenée aux proportions nécessaires de la pierre, devenant le plus noble élément de l'architecture monumentale, celui qui devait présider à l'art de l'antiquité tout entière, et de nouveau à l'art moderne.

Tel est l'ordre dorique grec. Ses proportions sont variées, elles le sont plus que dans les autres ordres. La colonne n'a pas 4 diamètres de hauteur à Corinthe (fig. 246), elle en a plus de 8 1/2 à Cori (v. plus haut, fig. 50), et ainsi du surplus. La marge pour l'étude est immense ; mais vous n'étudierez avec réel profit cette architecture si profondément motivée que si vous en connaissez les origines et la formation. C'est ce qui m'a fait insister sur ce sujet.

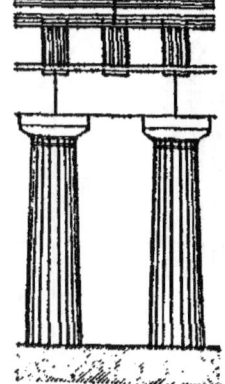

Fig. 246.
Dorique de Corinthe.

On dit souvent : *dorique grec, dorique romain*. Je n'emploierai pas ce langage, ou s'il m'arrive par mégarde de parler d'art romain, ce sera une expression elliptique pour exprimer l'art grec exercé à Rome. Il n'y a pas eu d'architectes romains au moins pendant bien longtemps ; mais entre le Parthénon et le théâtre de Marcellus, il y a des siècles ; et des siècles savent toujours se manifester.

A Rome, nous trouvons d'abord le dorique du Tabularium (fig. 247), très semblable aux doriques de Grèce ; puis celui du théâtre de Marcellus (v. fig. 45), celui du Colisée et quelques autres. Les trois ordres que je vous cite sont à colonnes *engagées*. J'aurai à revenir plus tard sur ce sujet. Comme ordre à pilastres, je puis vous citer le tombeau de Bibulus.

Petit à petit, l'ordre dorique perd de sa sévérité, de son ori-

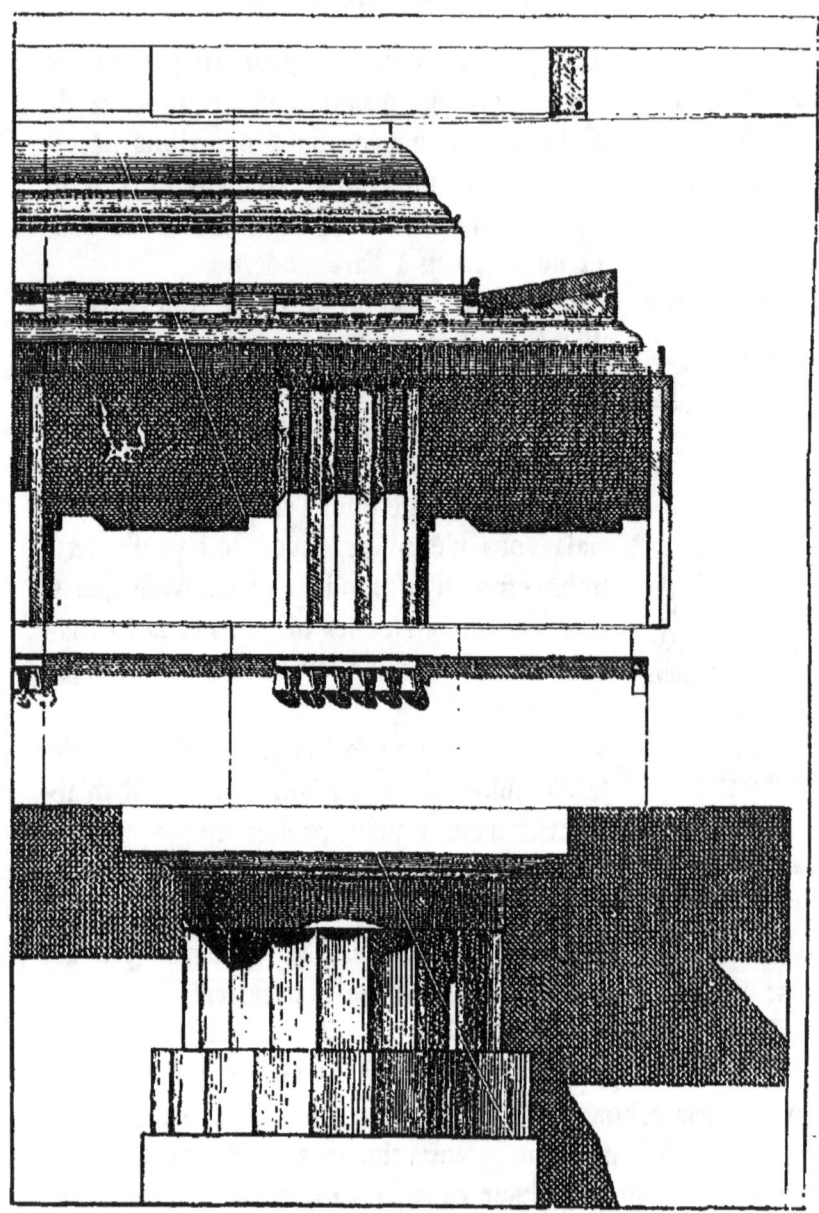

Fig. 247. — Dorique du Tabularium.

ginalité. Le chapiteau n'a plus sa fermeté, son tailloir se moulure, une astragale sépare le fût du chapiteau : ce n'est plus la colonne elle-même qui s'évase en un sommier monumental. Les cannelures disparaissent ou se modifient, la base apparaît. Les mutules deviennent horizontales, et l'architrave elle-même déroge à son caractère de linteau. En un mot, la construction est un peu perdue de vue.

Mais l'architecture se fait moins majestueuse, plus facile, et c'est dans les monuments de la Rome des empereurs que la Renaissance trouvera les types de l'ordre dorique où elle a, plus que dans les autres, montré son génie avec Bramante, Peruzzi, Sangallo, Ligorio, Philibert Delorme, Jean Bullant, etc.

Voilà ce que j'avais à vous dire du dorique; ce n'est rien si vous attendiez de moi un Barême ou un Vignole, des recettes de proportions ou de modules. Que voulez-vous? Je n'en tiens pas — et il n'y en a pas. Il y a des moyennes, chose très différente d'une règle absolue, et surtout il y a les beaux exemples. Entre Pestum, le Parthénon, Cori, Pompéi, Marcellus, dans l'antiquité; le

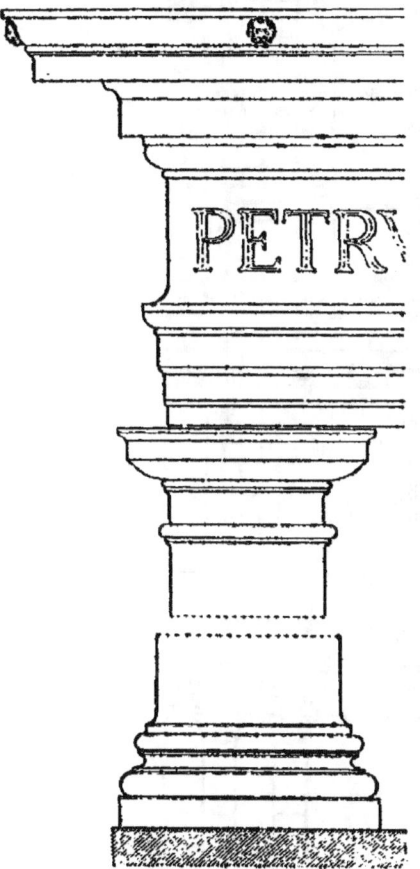

Fig. 248. — Palais Massimi.
Entablement sur colonnes.

Fig. 249. — Palais Massimi. Travée. Élévation.

palais Massimi (fig. 248 et 249), le palais Farnèse, Écouen, le Louvre, Saint-Sulpice, le Palais de Justice dans l'art moderne (v. plus haut, fig. 39), vous avez le choix des types admirables;

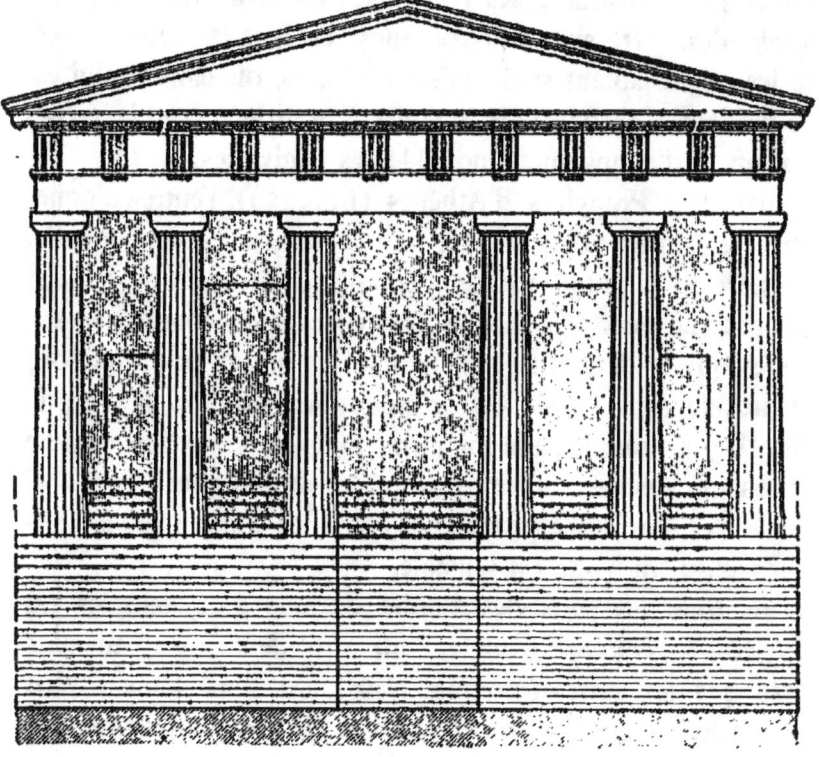

Fig. 250. — Façade des Propylées d'Athènes.

sachez choisir suivant le caractère de l'édifice, et suivant les nécessités de votre construction. Tout est là.

Je ne veux pas cependant quitter ce sujet sans vous montrer la véritable clef de l'étude des ordres doriques, et aussi leur difficulté. Sauf quelques exceptions, l'ordre dorique est caractérisé par ses triglyphes; le triglyphe n'est devenu, en dernière analyse, qu'un ornement de la frise, mais un ornement capital et inflexible. Par ses espacements réguliers, le triglyphe est à une disposition dorique ce qu'est la mesure battue à une composition musicale; ses entre axes doivent être des *parties aliquotes* des entre axes des colonnes; et dans les retours, soit que les angles soient saillants ou rentrants, ou dans l'architecture profilante, l'étude doit toujours être dirigée avec la préoccupation de l'arrangement possible des triglyphes.

Ainsi, aux Propylées d'Athènes (fig. 250), l'entre-colonnement du milieu devant être d'une largeur exceptionnelle, puisque c'est le grand passage central, cet excédent de largeur n'est pas, ne peut pas être arbitraire; c'est le nombre de triglyphes qui le détermine : tandis que les autres colonnes sont distantes de deux entre axes de triglyphes, celles-ci le sont de trois : il y a donc ici une loi numérique de proportion, qui ne s'imposerait pas avec un ordre autre que le dorique.

Mais c'est surtout à propos des colonnes d'angle que la conséquence du triglyphe est sensible.

Dans tous les péristyles d'ordre dorique grec, temples ou propylées, la colonne d'angle, outre qu'elle est un peu plus grosse que les autres (environ 1/40e), est sensiblement plus rapprochée. Cette inégalité est du plus bel effet, en donnant à l'angle de l'édifice une fermeté toujours nécessaire pour l'aspect : voyez plutôt combien cette fermeté fait défaut là où cette différence des entre-colonnements n'existe pas, ou existe trop peu, à la Madeleine par exemple, où la colonne d'angle, vue obliquement et se détachant sur le plein air, paraît isolée et maigre pour sa fonction.

Eh bien, ce magnifique résultat artistique obtenu par l'architecture dorique, ce n'est pas une conception esthétique qui l'a créé : car s'il en était ainsi, les architectes qui, presque en même temps que le Parthénon, composaient les temples ioniques de l'Acropole auraient obéi au même principe d'aspect, et plus tard encore on le retrouverait dans les temples corinthiens ; là, si quelquefois l'entre-colonnement d'angle est un peu plus serré, c'est à peine sensible, tandis que cette différence est si nettement écrite dans le dorique.

C'est que, dans le dorique, c'est encore une conséquence mathématique de la disposition des triglyphes. C'est le dernier terme d'un syllogisme dont les prémisses sont le poteau d'angle en bois, puis le triglyphe d'angle en pierre. Le triglyphe étant angulaire, et plus étroit que la colonne, ne peut pas être dans le même axe qu'elle ; et la régularité étant là-haut, dans la frise, l'entre-colonnement ne peut pas être régulier. Toute l'explication des entre-colonnements d'angle est là (fig. 251).

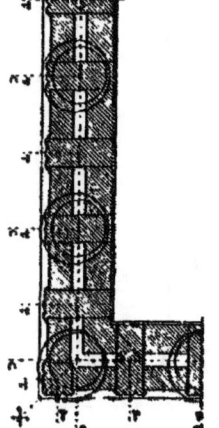

Fig. 251.

Je dois enfin vous signaler cette particularité de l'architecture dorique : l'inclinaison de tous ses éléments. Il ne s'y trouve ni verticales ni horizontales : les surfaces horizontales sont courbes, les surfaces verticales sont inclinées dans le sens de la pyramide. Ainsi les marches sont plus élevées au centre qu'à l'extrémité, la ligne des chapiteaux et des architraves est courbe, l'entablement est courbe, non pas courbe en plan mais courbe en hauteur. Ces raffinements, d'une précision si prodigieuse, échappent à l'œil, mais certainement ils sont pour beaucoup dans l'impression que produit le monument. Pour vous en faire une idée, consultez le livre de Penrose sur le Parthénon : vous serez stupéfaits.

Cependant, ce raffinement devait avoir une raison d'être :

assurément ; et c'est toujours la poursuite de la perfection absolue. Supposez un mur de portique parfaitement vertical, et une colonne très diminuée du haut parfaitement verticale aussi : le vide sera sensiblement plus large en haut qu'en bas, contrairement à la logique instinctive du spectateur : de là un effet fâcheux, comme dans la fig. 252, où la colonne est représentée d'un côté avec un axe vertical, tandis que de l'autre côté elle est figurée avec un axe incliné, dont la pente est légèrement exagérée pour la démonstration. Supposez, d'autre part, un entablement parfaitement horizontal : sous la hauteur du fronton qui va en s'élevant des extrémités au milieu, il paraîtra fléchir à son centre : encore un effet fâcheux. Or, les Grecs ne passaient pas condamnation sur un effet fâcheux, ils le combattaient jusqu'à la victoire. Pour obvier à ces imperfections, ils ne craignaient pas d'engager une lutte formidable avec des difficultés inouïes. Dites-vous bien que de nos jours, si on voulait refaire le Parthénon absolument identique, disposât-on de tout le nécessaire comme argent, comme matériaux, comme temps, on n'y parviendrait pas. Partout ailleurs, dans les choses les plus parfaites, le relevé donne des différences ; on admirera, par exemple, l'exécution d'une colonnade où les diamètres ne varieront pas d'un pour cent : Au Parthénon, ils ne varient pas d'un pour mille, ils ne varient absolument pas.

Fig. 252. -- Inclinaison des colonnes doriques.

364 ÉLÉMENTS ET THÉORIE DE L'ARCHITECTURE

Voilà ce qu'étaient ces artistes, voilà ce qu'était cet art.

Admirons ces magnifiques monuments tels qu'ils nous sont parvenus (fig. 253), mais sachons être assez respectueux pour nous interdire de prétendre les refaire.

Fig. 253. — Vue de l'état actuel du temple de Pestum.

CHAPITRE V

L'ORDRE IONIQUE

SOMMAIRE. — Origine. — Ionique simple. — Ionique décoré. — Base, fût, chapiteau. — Volute d'angle. — Entablement. — Les plafonds des portiques.

J'arrive à l'ordre ionique. Je vous ferai grâce du symbolisme qui voit l'homme dans le dorique, la femme dans l'ionique, qui trouve dans la base les chaussures de la jeune fille, dans les cannelures les plis de sa robe, dans les volutes du chapiteau les bandeaux de sa coiffure.

Entre l'ordre dorique et l'ordre ionique, il y a évidemment à l'origine des différences ethniques; peut-être le dorique procède-t-il plus de l'égyptien, l'ionique de l'asiatique. Mais surtout il y a ce fait que partout et toujours il y a des aspirations diverses de l'esprit et du goût; et si l'ordre dorique est incomparable pour exprimer la force, la majesté de la construction fière d'elle-même, l'ionique semble créé pour exprimer la grâce et l'élégance raffinée.

L'ordre ionique a-t-il, comme le dorique, son origine dans l'architecture en bois? Peut-être; en tous cas quelques-uns de ses éléments fréquents accuseraient cette origine : ce sont les denticules, trace évidente d'un solivage rapproché, si nettement écrite dans les tombeaux de la Lycie. Les volutes elles-mêmes pourraient bien être une tradition d'un chapiteau composé d'abord d'un fût en bois et de deux espèces de moises rondes.

Fig. 254. — Temple de la Victoire aptère.

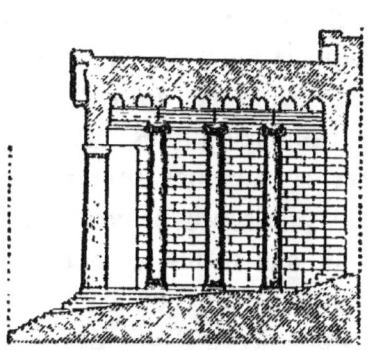

Fig. 255. — Coupe des Propylées.

Fig. 256. — Temple de Minerve Poliade.

Mais ce ne sont là que des hypothèses, et le mieux est de dire qu'on n'en sait rien.

Les ordres ioniques, en dehors des classifications archéologiques, peuvent dans l'antiquité même se diviser en deux classes : l'ionique simple, l'ionique décoré. C'est à Athènes que nous trouverons les exemples les plus instructifs.

J'appelle ionique simple celui du temple de la Victoire Aptère (fig. 254) et des Propylées (fig. 255); ionique décoré celui des temples d'Erechthée et de Minerve Poliade (fig. 256). Et c'est surtout dans les chapiteaux que cette différence se manifeste. Dans les premiers, le fût terminé par une astragale reçoit directement l'échine du chapiteau, et le plan reproduit dans la fig. 257 n'est autre chose que le tracé du joint entre le fût et le chapiteau. Dans les seconds, entre le fût cannelé et le chapiteau, il y a un espace intermédiaire, bague ou gorgerin, richement décoré de palmettes, et dont la fonction est assez indécise. En outre, tous les profils sont beaucoup plus décorés, les bases elles-mêmes sont sculptées.

Les préférences peuvent aller aux uns ou aux autres; ce que je veux indiquer, c'est que dans l'ordre ionique encore il y a des expressions très diverses depuis la simplicité de l'ordre des Propylées jusqu'à l'extrême richesse de ses voisins.

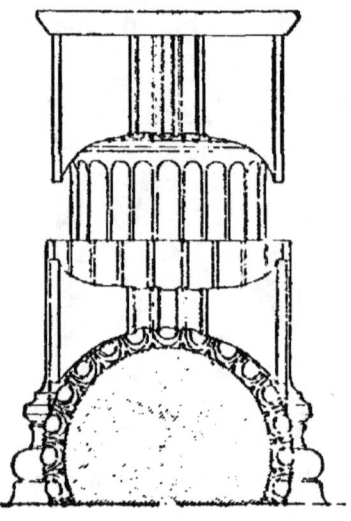

Fig. 257. — Détail de l'ordre dorique des Propylées.

La colonne ionique a toujours une base purement circulaire; les profils en sont fort variés : mais on peut dire que plus l'édifice est antique, et plus la base porte le caractère d'empattement. Il y a de la disposition des bases une explication ingénieuse qui est assez conforme aux exemples les plus anciens : la colonne, ou plutôt le fût, se serait terminé par deux astragales, en haut et en bas (fig. 258); par conséquent, le listel et le tore inférieurs feraient partie du fût, t la base ne serait que le socle, décoré ou non, qui reçoit ce tore : La base ou l'astragale inférieure du dorique de Cori semble confirmer cette hypothèse.

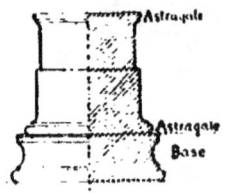

Fig. 258.

Les bases sont d'ailleurs très variées, et souvent très compliquées. Les plus simples et les plus pures sont celles de l'architecture athénienne, ainsi celles du temple d'Erechthée et de Minerve Poliade, ou celle des Propylées, que vous venez de voir également. D'autres élargissent beaucoup plus l'assiette de la colonne; telle est surtout celle des colonnes intérieures du temple de Bassæ (fig. 259); il s'en trouve enfin de très ornées, soit par la quantité des moulures, par exemple au temple de

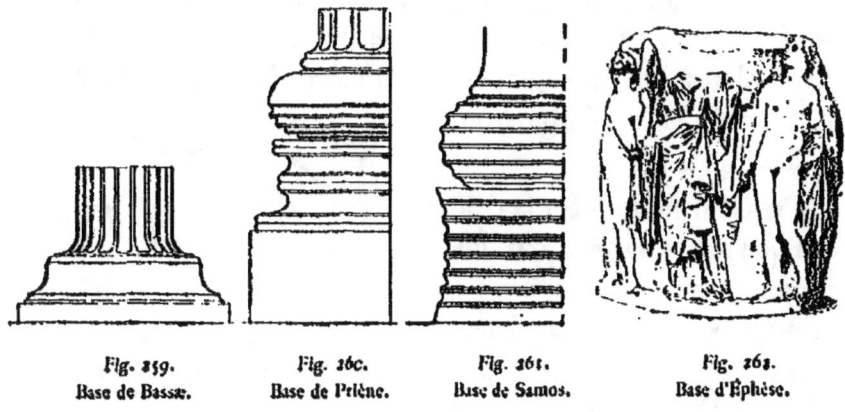

Fig. 259.
Base de Bassæ.

Fig. 260.
Base de Priène.

Fig. 261.
Base de Samos.

Fig. 262.
Base d'Éphèse.

Minerve à Priène (fig. 260), soit par des cannelures horizontales assez illogiques, il faut bien le reconnaître à cette proximité du sol, comme les bases du temple de Samos (fig. 261), ou enfin par des sculptures à la partie inférieure du fût, comme au fragment provenant de l'*Artemision* d'Éphèse (fig. 262), qui d'ailleurs est plutôt une partie de la colonne qu'une base.

Comme on aime beaucoup les classifications, on a encore subdivisé l'ordre ionique, et on vous traitera parfois d'ignorants attardés, si vous confondez la base *ionique* et la base *attique*. Laissons cela : la vérité, c'est qu'il y a dans l'art grec une grande variété, et que si nous avions sous les yeux tout ce qui a disparu, les classificateurs pourraient s'amuser bien davantage.

Quoi qu'il en soit, la base ionique des belles époques ne présente pas de ces profils rentrants qui sont en contradiction avec la destination même d'une base.

Le fût, beaucoup moins diminué que dans l'ordre dorique, et plus fin, est évidé de 24 cannelures plus profondes et séparées par des listels.

Le chapiteau présente la composition assez étrange que vous savez : au-dessus de l'échine, le tailloir se recourbe en volutes, sauf le talon supérieur qui forme l'assiette de l'architrave. Les volutes ont une grande importance dans l'ionique grec; plus tard, elles diminueront de volume.

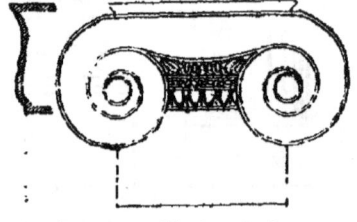

Fig. 263. — Chapiteau ionique du Musée d'Athènes.

Cet élément donne à la colonne ionique un caractère qui lui est propre : seule, elle a deux faces principales et deux faces latérales; à cet égard, un petit chapiteau (fig. 263), conservé au musée d'Athènes, extrêmement simple, se prête bien à la démonstration. Cette composition particulière du chapiteau ionique est même une cause de difficultés sérieuses d'étude, pour les retours. En effet, lorsque le portique forme un angle, ne voulant pas que tous les chapiteaux des façades latérales dussent se présenter eux-mêmes latéralement, les architectes grecs ont imaginé la volute d'angle, saillante à l'extérieur, concave à l'intérieur. C'était une nécessité, mais il faut bien reconnaître que ce n'est qu'un expédient.

Puis, lorsqu'il n'y avait qu'un petit nombre de colonnes, par exemple les quatre colonnes d'un atrium, il aurait été presque impossible d'employer le chapiteau ionique ordinaire, à faces principales et latérales. On a donc été conduit au chapiteau à quatre volutes d'angle, parfaitement régulier, dont il y a de si jolis exemples à Pompéi (fig. 264).

L'entablement se compose ici de l'architrave, d'une frise unie ou décorée de sculptures, d'une

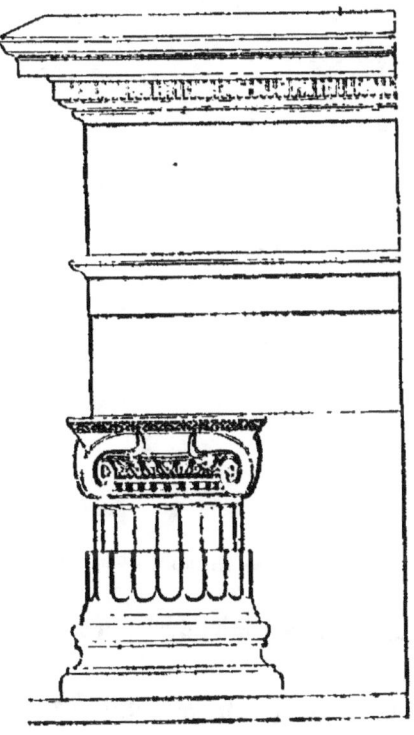

Fig. 264. — Ionique de Pompéi.

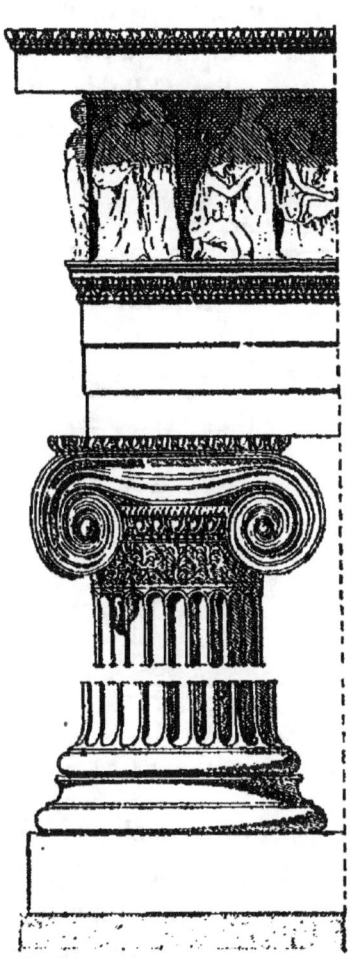

Fig. 265. — Entablement de l'Erechtheion

corniche consistant presque uniquement dans le larmier.

L'architrave n'a plus l'unité de l'architrave dorique; elle présente des ressauts, peu accentués, qui la divisent en trois parties, en légère saillie l'une sur l'autre. Est-ce une tradition de revêtements en planches? Peut-être. Puis une moulure, généralement un talon et un listel, la couronne.

La frise, lorsqu'elle n'est pas unie, est décorée de sculptures en bas-relief. Celle de l'Erechtheion (fig. 265) présente une disposition spéciale. Elle est en pierre presque noire, et par des scel-

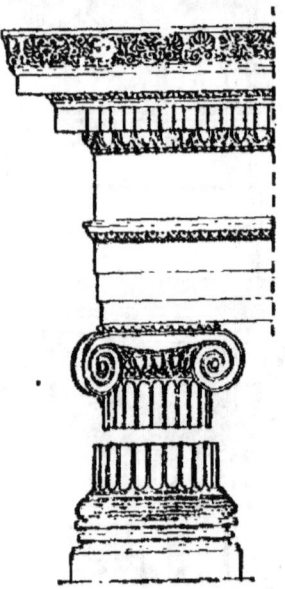

Fig. 266. — Entablement de Priène.

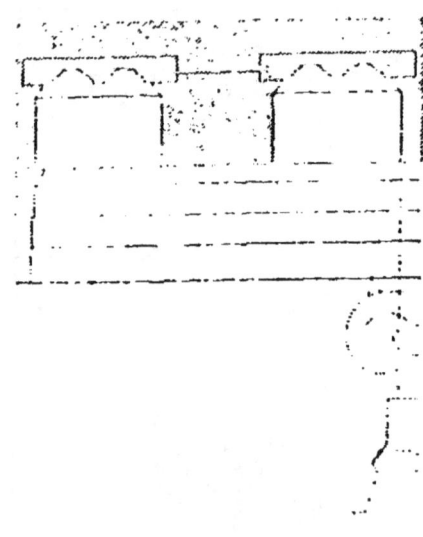

Fig. 267. — Plafonds des Propylées.

lements on y appliquait des figures en bas-relief découpées dans du marbre blanc, peut-être peint.

La corniche comporte, aux édifices d'Athènes, un larmier fortement évidé par-dessous ; au bas, de fines moulures dégagées dans le refouillement de ce larmier, et qui même ne paraissent pas dans un dessin géométral; enfin, au sommet, un bec de corbin. Je vous en ai déjà parlé.

Dans quelques monuments grecs, par exemple à Olympie, à Priène (fig. 266), en Asie Mineure, ainsi qu'au Pandrosion d'Athènes, le profil des membres inférieurs de la corniche est plus important, et se caractérise notamment par les denticules.

Quant à la concordance entre l'entablement et la construction intérieure, elle est irréprochable. Des poutres de section monumentale s'appuient sur les architraves, occupant ainsi la hauteur de la frise, et supportent les caissons du plafond, correspondant à la hauteur de la corniche. Les plafonds des Propylées (fig. 267) sont assez conservés pour bien montrer cette belle disposition, de même que ceux du temple d'Erechtée. Tout cela, vous le verrez mieux dans les ouvrages ou devant les plâtres de vos galeries. Je ne fais que commenter brièvement ce que vous devrez lire avec soin.

Je n'ai d'ailleurs pas grand'chose à vous dire de l'ordre ionique dans l'antiquité romaine, ni depuis la Renaissance. Avec des nuances, c'est toujours l'ordre ionique, et si le goût peut ici varier à l'infini, la théorie ne change pas.

CHAPITRE VI

L'ORDRE CORINTHIEN

SOMMAIRE. — Son caractère. — Le chapiteau. — Exemples variés. — L'entablement. — Les modillons. — Corinthien monumental. — Fantaisie et élégance. — Les fûts, leur étude. — Variétés dites **ORDRE COMPOSITE**.

L'ordre corinthien, d'abord exceptionnel et réservé aux petites choses dans la Grèce ancienne, est devenu le plus employé et le plus monumental à l'époque romaine. Sans doute, sa richesse décorative, son aspect facilement théâtral, répondaient mieux à l'état de la société sous le régime des empereurs romains. Je vous disais au début de ce cours que le grand architecte d'une époque est son état social et moral. En appliquant cette vérité aux ordres antiques, je vous dirais volontiers : l'ordre dorique est l'ordre républicain ; l'ordre corinthien est l'ordre impérial.

Il est intéressant cependant de le voir à son origine dans l'architecture de la Grèce. L'exemple le plus connu, c'est le monument choragique de Lysicrate (fig. 268 et 269). On peut dire que, sauf le chapiteau, c'est de tous points un ordre ionique.

Quant au chapiteau, sa disposition est toujours à peu près la même : le fût se termine par une astragale, au-dessus de laquelle le chapiteau comporte essentiellement un vase, surface de révolution analogue avec plus de hauteur à l'échine des chapiteaux dorique et ionique, et un tailloir qui n'est plus ici carré, mais limité par quatre arcs de cercle concaves, inscrits dans un carré.

Sur le vase est appliqué un rang de grandes feuilles, au nombre de huit dans les axes principaux et diagonaux, contre lesquelles s'appuient huit autres feuilles plus petites dans les axes intermédiaires, les unes et les autres partant de l'astragale. Le plus typique est peut-être celui du Tholos d'Épidaure où le feuillage

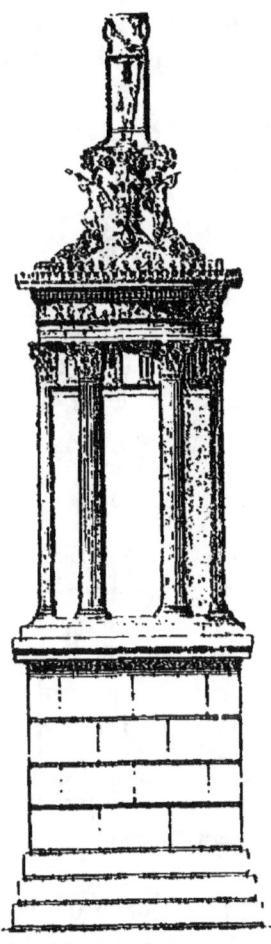

Fig. 268. — Corinthien de Lysicrate.

Fig. 269. — Chapiteau de Lysicrate.

laisse bien voir à travers ses lacunes le galbe du vase qu'il enveloppe (fig. 270).

Entre les grandes feuilles prennent naissance huit *caulicoles*, supportant les quatre volutes d'angle qui soutiennent la grande saillie du tailloir, ainsi que les volutes milieu dont le rôle n'est que décoratif.

Je ne vous décrirai pas en détail ces chapiteaux; voyez les beaux exemples. Je me bornerai à vous en montrer la compo-

Fig. 270. — Travée, chapiteau et entablement du Tholos d'Épidaure.

sition générale par un tracé de plan (fig. 271), emprunté à celui du temple de Mars Vengeur qui vous a été donné plus haut (fig. 4 et 5). Il est indispensable de bien saisir ce plan, pour pouvoir dessiner correctement un chapiteau corinthien. Mais cependant, rappelez-vous que presque sans exception tous ceux qui nous viennent de l'antiquité sont en marbre. Cela permettait des finesses — dont on a d'ailleurs abusé — que la pierre ne permettrait pas. Et cependant, une imitation trop servile de

Fig. 271. — Plan du chapiteau du temple de Mars Vengeur.

Fig. 272. — Base et entablement d'Assise.

Fig 273. — Base, chapiteau et entablement du temple de Vesta à Tivoli.

l'antique a fait souvent chercher des modèles dans ces chapi-

L'ORDRE CORINTHIEN

teaux de marbre. Il y a là un écueil qu'il importait de vous signaler. Les plus anciens sont d'ailleurs les plus robustes ; ainsi ceux d'Assise (fig. 272), de Tivoli, de Palestrina, du temple de Vesta, à Rome, sont d'une sculpture beaucoup plus résistante que ceux de l'époque impériale, au Panthéon, au temple d'Antonin et Faustine, etc. Cependant, parmi les plus beaux, il faut encore citer celui du temple de Jupiter Stator dont vous avez le moulage à l'École des Beaux-Arts [1].

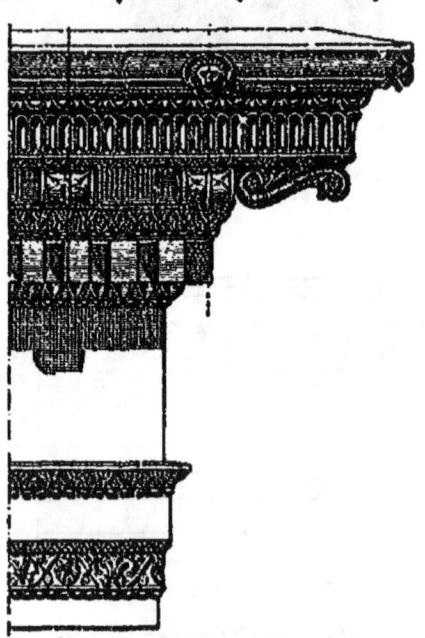

Fig. 274. — Entablement du temple de Jupiter Stator, à Rome.

La richesse qui caractérise le chapiteau se poursuit en général dans l'entablement. Les ressauts de l'architecture se séparent par des moulures généralement sculptées ; les frises se couvrent de riches sculptures, comme au temple de Vesta à Tivoli (fig. 273), ou à celui d'Antonin et Faustine à Rome, que vous avez pu voir plus haut (fig. 52). Toutefois, il y en a de plus simples aussi, tels que le temple de Minerve à Assise, ou celui du Panthéon à Rome, ou enfin celui du temple de Jupiter Stator (fig. 274) où la richesse se concentre dans l'architrave et la corniche.

---

[1]. Dans la désignation des monuments antiques, j'emploie toujours leur nom *classique*. C'est le seul moyen d'être compris. Je n'ignore pas par exemple qu'il a été écrit des volumes pour discuter si le temple de « Jupiter Stator » doit s'appeler « temple de Castor et Pollux » ou « Græcostasis »..., etc..., etc. Comme toujours, loin de faire la lumière, ces discussions ont fait l'obscurité. Mais depuis la Renaissance on a toujours dit — je ne sais pourquoi — « Jupiter Stator » ; c'est ainsi que ce beau monument est appelé dans une foule de livres d'art ; et ce n'est qu'en continuant à lui donner ce nom qu'on pourra savoir de quoi je parle.

Le plus noble et le plus grand d'aspect est celui de Mars Vengeur; malheureusement de son entablement il ne reste que sa belle architrave.

Dans les corniches corinthiennes, vous trouvez tous les éléments de la mouluration antique, le talon avec ses rais-de-cœur, le quart de rond avec ses oves, la baguette avec ses perles, la

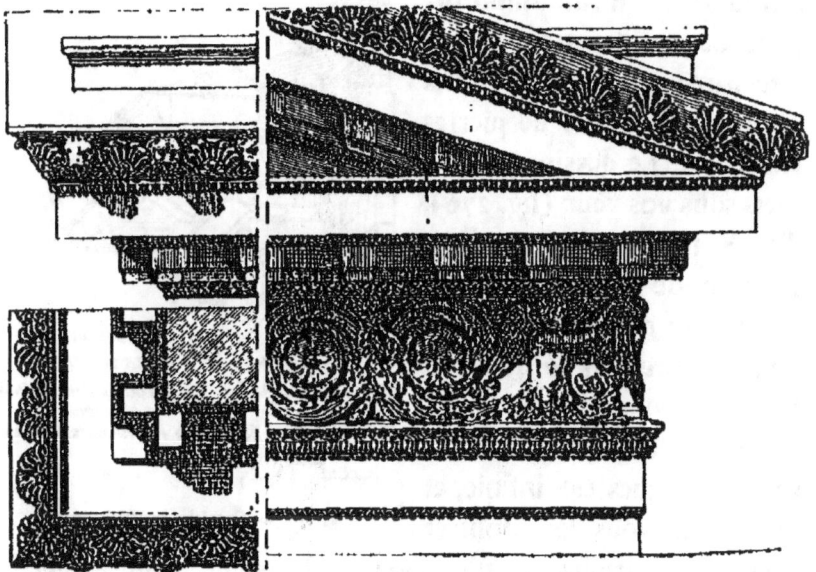

Fig. 275. — Entablement du temple du Soleil, à Rome.

cimaise avec ses palmettes ou ses feuillages. Ce qui d'ailleurs caractérise la plupart de ses corniches, c'est le *modillon*, sorte de petite console qui soutient le larmier. Vous en avez déjà vu des exemples, notamment avec la corniche du temple de la Concorde (fig. 13). Un des plus beaux exemples de corniche ainsi traitée est celle du magnifique portique du temple de Jupiter Stator, donné plus haut (fig. 274) et dont je vous ai déjà signalé le moulage complet dans la cour vitrée de votre École. Parfois le modillon est en retraite prononcée sur le larmier, comme dans l'entablement colossal du temple du Soleil (fig. 275), ou frontispice de Néron, à Rome.

Il faut reconnaître d'ailleurs que dans tous ces entablements le modillon, souvenir évident d'une console réelle, n'est plus qu'un motif de sculpture ou d'ornement, et ne joue plus de rôle constructif : ce n'est que bien longtemps après, avec la corniche du Palais Strozzi, que nous retrouverons le modillon organe de construction, peut-être parce que les Florentins ne disposaient pas de pierres colossales. Le dessin que j'en mets sous vos yeux (fig. 276), d'après une étude très intéressante de M. Pascal, vous fera mieux que tout ce que je pourrais dire voir ce qu'est la fonction propre du modillon.

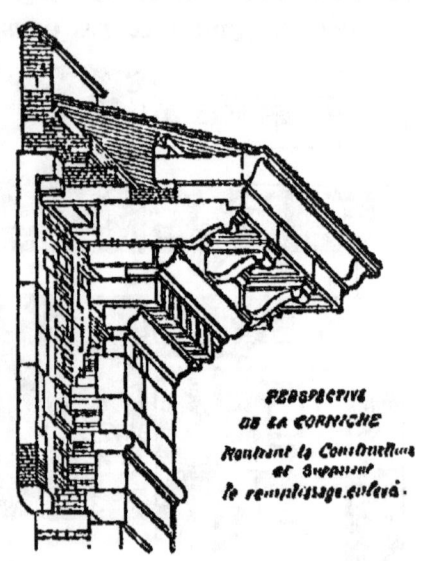

Fig. 276. — Corniche du Palais Strozzi.

La variété des ordres corinthiens antiques est infinie, et je ne puis vous les montrer tous : au surplus, il n'y a guère de sujet pour lequel les renseignements soient plus abondants.

L'ordre corinthien antique est d'ailleurs celui qui a le plus employé les marbres divers. C'est là un de ses caractères qu'on ne saurait passer sous silence. A l'extérieur, on trouve des fûts monolithes de grandeur colossale, ceux du temple d'Antonin et Faustine en marbre vert cipollin, ceux du péristyle du Panthéon et du temple qui devait exister au fond du forum de Trajan, en granit. A l'intérieur, les colonnes de granit et de marbre étaient en nombre prodigieux dans les

Fig. 277. — Ordre intérieur du Panthéon de Rome, en marbres divers.

Thermes, les basiliques, les palais. Un exemple très intéressant de cette architecture colorée, bien qu'ayant subi dans l'antiquité même, et encore depuis, des remaniements malheureux, est l'intérieur du Panthéon de Rome (fig. 277); je regrette de ne pouvoir vous le montrer avec sa coloration.

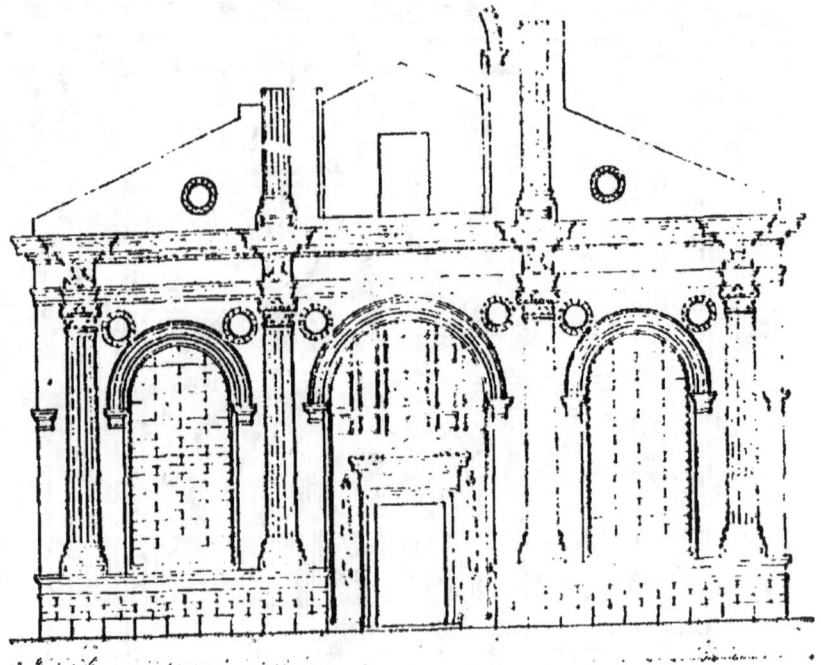

Fig. 278. — Façade de l'église de Rimini.

Mais l'ordre corinthien, qui est par excellence celui des grandes ordonnances pompeuses et théâtrales, est aussi celui qui se prête le plus aux fantaisies délicates. C'est surtout la Renaissance italienne qui a dans cet ordre d'idées laissé les exemples les plus exquis. Et c'est dans le chapiteau surtout que le goût s'est donné libre carrière. Il me suffit d'évoquer devant vous les noms d'Alberti, Bramante, Baccio Pintelli, Ligorio. Je me bornerai à vous en signaler quelques exemples, notamment l'étude

382 ÉLÉMENTS ET THÉORIE DE L'ARCHITECTURE

si magistrale de l'église de Rimini par Léo Alberti (fig. 278 et 279), puis le porche de l'église de Spoleto (fig. 280); les pilastres du palais de la Chancellerie à Rome, par Bramante, enfin les tombeaux de Sainte-Marie du Peuple à Rome, le monument du Colcone à Venise, le rez-de-chaussée et le 1ᵉʳ étage du Palais municipal de Brescia (fig. 281); je pourrais multiplier ces citations à l'infini.

Ces grands artistes nous ont enseigné par leurs œuvres que

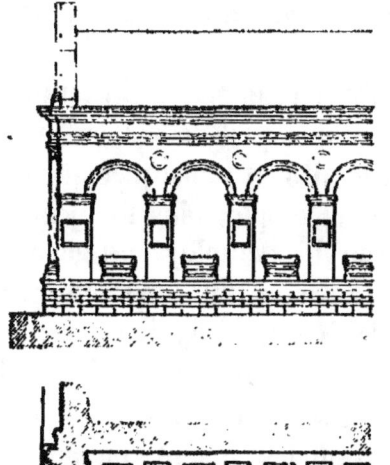

Fig. 279. — Portiques latéraux de l'église de Rimini.

Fig. 280. — Corinthien renaissance de Spoleto.

Fig. 281. — Portique du Palais municipal de Brescia.

les formes de l'architecture monumentale doivent être assouplies et rendues plus libres dans les programmes d'élégance et de fantaisie.

Il en est de même des fûts. Dans la grande architecture, le fût est régulièrement cannelé, à moins qu'il ne soit en marbre de couleur ou en granit. Et, encore, il faut remarquer que pour ces grands ordres le granit est d'un emploi plus fréquent que le marbre, et que le marbre, lorsqu'il est employé, est généralement choisi d'une teinte colorée et assez uniforme de ton. S'il est de couleur claire, comme le *jaune antique*, il est cannelé. Dans les ordres de fantaisie, les marbres heurtés sont plus acceptables, ou bien la cannelure ne sera que partielle, une partie du fût sera même sculptée. Les exemples en sont innombrables. En un mot, l'unité est nécessaire à la grande architecture, la petite appelle la variété. Le temple de Mars Vengeur — ou la Magdeleine — seraient ridicules en réduction; le petit jubé qui est à l'entrée de la chapelle de notre École serait ridicule s'il était grandi.

Quant aux ordres corinthiens modernes, j'ai déjà eu l'occasion de vous en montrer un grand nombre, et en choisissant naturellement les plus beaux. Ces exemples vous suffiront.

Enfin, dans ce qu'on a appelé l'ordre composite, vous ne devez voir qu'une variante du corinthien. Cette appellation n'est autre chose que la réclame de quelque auteur trouvant plus facilement le mot que la chose. Il y en a de très beaux exemples, et assurément les ordres de la cour du Louvre, pour ne citer que ceux-là, sont bien des ordres corinthiens. Ce n'est pas une volute plus ou moins grosse dans un chapiteau qui suffit à déclasser un ordre d'architecture.

CHAPITRE VII

L'ORDRE TOSCAN

SOMMAIRE. — Son caractère. — Colonnes en pierre, entablements en bois. — Recherches de M. Lesueur. — Finesse et aération résultant de ce mode de construction. — Toitures saillantes. — Toscane moderne. — Pratiques erronées. — Applications.

On s'étonnera sans doute que je ne parle de l'ordre *toscan* qu'après avoir traité du dorique, de l'ionique, du corinthien. Tous les *Vignole*, en effet, commencent par le toscan, et c'est devenu une habitude consacrée. Mais c'est que dans le toscan, tel qu'on nous le présente, je ne saurais reconnaître un ordre distinct. En quoi, par exemple, le rez-de-chaussée du Luxembourg (fig. 282) est-il autre chose qu'un autre ordre dorique, étudié plus sobrement que le dorique du premier étage? Ou encore, l'ordre du rez-de-chaussée de la cour des Fontaines à Fontainebleau (fig. 283) n'est-il pas dorique? Pour être logique, une classification qui découvre ainsi le toscan, puis le composite, qui à un moment donné avait découvert l'*ordre Pestum*, ne devrait pas s'arrêter en chemin : c'est au bas mot une centaine d'ordres dont il faudrait doter notre architecture. — Je ne vous dirai pas que cela ne ferait pas quelque confusion.

Je reconnais cependant un ordre toscan. Qu'est-il donc?

Sur ce sujet, j'emprunte beaucoup au cours de M. Lesueur, qui me paraît avoir nettement établi le caractère propre de l'ordre toscan, qui est *l'ordre composé de colonnes en pierres, et d'entablements en bois.*

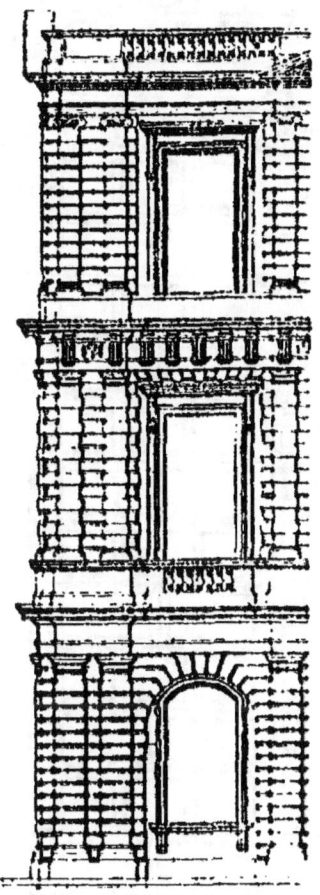

Fig. 283. — Travée d'angle des Pavillons du Luxembourg.

M. Lesueur, qui a fait des ordres antiques une étude très approfondie, parfois peut-être un peu systématique et trop chiffrée lorsqu'il arrive à des préceptes d'application, a déployé beaucoup de sagacité dans la critique des auteurs; et à propos de l'ordre toscan, il a très bien démontré l'erreur des auteurs de la Renaissance qui n'y ont vu qu'un dorique alourdi et abâtardi. Il a fait voir que l'ordre toscan avait conservé son entablement en bois, que c'est là sa caractéristique, et que par suite de ce mode de construction, loin d'être un élément de lourdeur, il présentait au contraire des colonnes plus fines et plus espacées. C'est l'architecture la plus aérée que nous puissions trouver dans l'antiquité.

Présumer serait plutôt le mot; cependant il existe encore à Pompéi des colonnes de cet ordre toscan, au camp des soldats (fig. 284), et quelques autres. Mais les entablements ont disparu. Seulement, dans la Toscane, héritière naturelle des anciens Toscans, il s'était évidemment perpétué une tradition qui a produit, à l'époque de la Renaissance

L'ORDRE TOSCAN

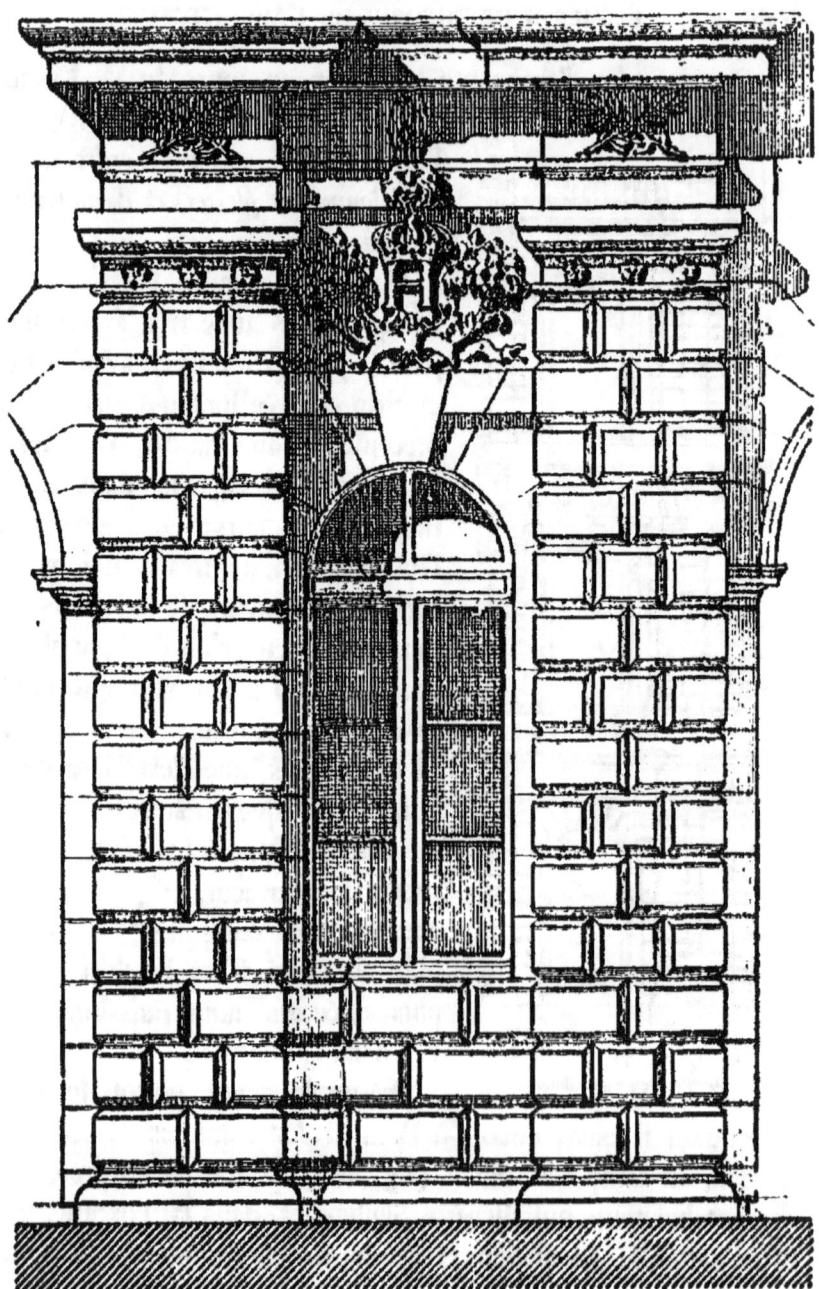

Fig. 283. — Rez-de-chaussée de la cour des Fontaines à Fontainebleau.

florentine, des chefs-d'œuvre exquis de goût et d'élégance, et qui sont l'expression la plus pure de l'ordre toscan.

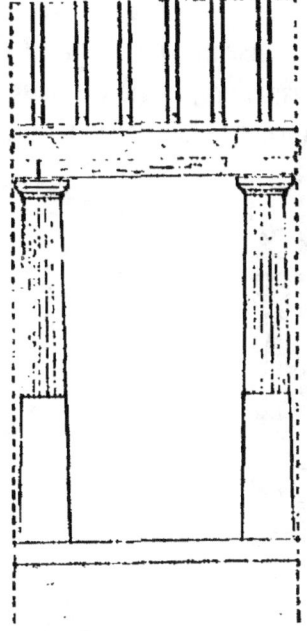

Fig. 284. — Ordre du camp des soldats à Pompéi.

Ces entablements en bois sont toujours caractérisés par la grande saillie des toitures. Des chevrons apparents, souvent décorés à leur extrémité, assurent cette saillie. Les diverses combinaisons employées à cet effet peuvent se ramener à deux groupes : dans l'un, les chevrons n'ont d'autre point d'appui que le mur ou l'architrave qui en tient lieu (fig. 285), alors les chevrons doivent être assez forts pour ne pas fléchir sous l'action du poids qu'ils supportent en bascule, et à cet effet, ils sont souvent doublés jusqu'à concurrence d'une partie de cette saillie; dans l'autre, la saillie est assurée au moyen d'une panne extérieure, portée sur l'extrémité saillante des tirants de la

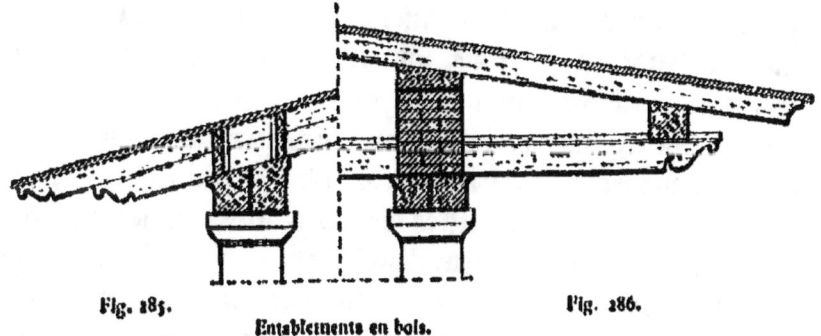

Fig. 285.   Fig. 286.
Entablements en bois.

ferme (fig. 286); cette panne a donc, de ferme en ferme, la même portée que les autres, et son horizontalité règle la saillie des chevrons, qui d'ailleurs peuvent encore la dépasser d'une certaine quantité.

Le premier cas est celui de l'ordre toscan. Là, à partir de l'architrave, — qui est en réalité une sablière, — il ne peut y avoir d'autre saillie que celle des chevrons. Une frise n'aurait

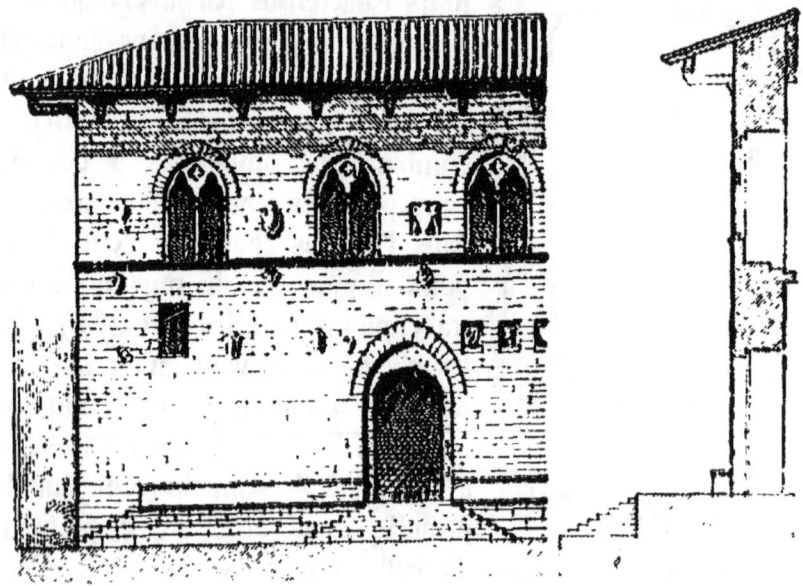

Fig. 287. — Palais du Podestat à Pistoia.

pas de raison d'être, une corniche encore moins : la vraie corniche, ce sont les chevrons, tout comme dans le dorique originaire; et ainsi, ces productions exquises de la Renaissance se rencontrent avec les premières manifestations de l'art grec. Et ici encore, nous trouvons ce même caractère : le vrai, rien que le vrai.

Aussi, vous me permettrez de vous dire que lorsque vous voulez employer cet élément d'architecture, vous l'indiquez souvent très mal. Au-dessus des colonnes, vous indiquez sans aucun motif un entablement élevé; au contraire, même avec des toitures très plates, comme en permet la tuile employée en

Fig. 288. — Loge du Bigallo à Florence.

Toscane, la grande saillie des chevrons arrive à cacher presque entièrement, en élévation, l'architrave, et cacherait même le haut des colonnes si la pente était tant soit peu plus prononcée. Aussi, sous ce rapport encore, l'ordre toscan doit s'exprimer par une extrême finesse.

Parmi les nombreuses et remarquables productions de cet art si original, je vous citerai :

Le palais *Poschi* et le palais *Medici*, à Pise; le palais de la Commune et le palais du Podestat (fig. 287), à Pistoia; un palais *via Romana*, à Sienne, ainsi que le palais public de la même ville; le palais *Guinigi*, à Lucques, et la villa du même nom; le palais de la commune à *San Gimignano*; celui du Podestat à *Arezzo*; un palais à *Montepulciano*; enfin, à Florence, les loges du *Bigallo* (fig. 288), des *Bardi*; les palais *Spini, Giugni, Uguccioni, Nicolini.* (Consulter notamment : Famin et Grandjean, *Édifices de Florence*, et Rohault de Fleury, *Architecture toscane*.)

Fig. 289. — Travée du portique de Charenton.

Vous n'exprimez pas mieux, en général, le cas des toitures saillantes avec pannes extérieures. Nous voyons souvent en pareil cas dans vos projets des consoles posées au hasard, et des fragments de pannes interrompues. Ceux qui font cette indication montrent par là qu'ils ne comprennent en aucune façon la construction dont ils veulent faire un motif d'architecture : si les chevrons — tous les chevrons — ont besoin d'un appui autre que le mur ou l'architrave, cet appui est nécessairement une panne ou sablière continue; et cette panne ne peut s'appuyer utilement que sur les tirants des fermes prolongés à l'extérieur; il pourrait y avoir des consoles intermédiaires, mais c'est bien inutile, puisque l'écartement des fermes est précisément calculé pour permettre la portée des pannes, et que ce ne serait qu'un encombrement sans motif. Quant à la console, purement horizontale, comme une extrémité de tirant, mais qui ne serait qu'un bout de bois scellé dans le mur, elle ne présenterait aucune solidité ;

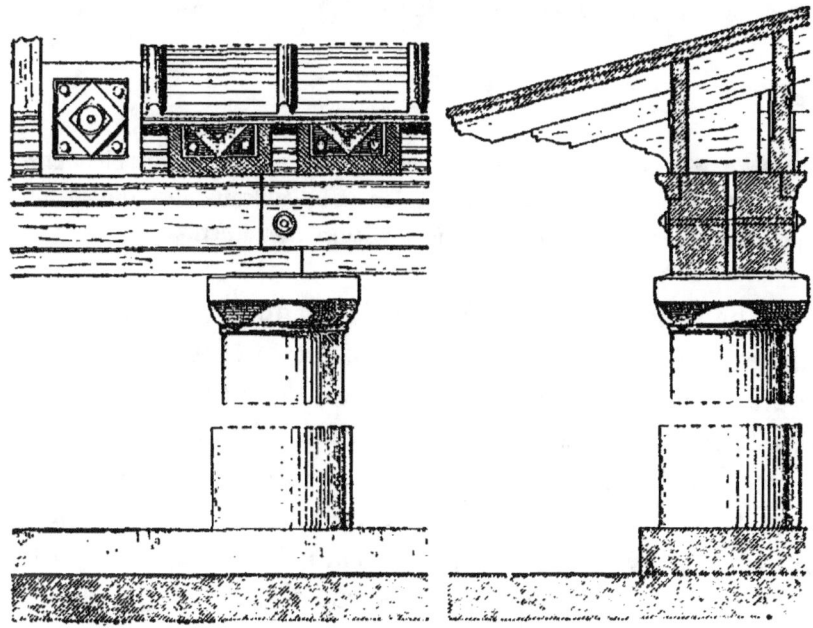

Fig. 290. — Portique de Charenton (Détail).

ce ne peut être que l'extrémité en bascule d'un tirant continu, assez fort pour ne pas fléchir sous le poids de la panne extérieure.

Ces études, notez-le bien, ne sont pas aussi éloignées de nous que vous pourriez le croire. Sans parler de villas nombreuses, où l'on s'est inspiré de l'architecture toscane moderne, vous avez près de Paris un monument contemporain d'une haute valeur : la maison de santé de Charenton, par Gilbert. Là, les portiques des préaux sont d'ordre toscan, et remarquablement étudiés. Cet exemple servira de conclusion à cette étude (fig. 289 et 290).

…

CHAPITRE VIII

APPLICATIONS DES ORDRES

SOMMAIRE. — *Exemples classiques des ordres.* — *Rapprochements.* — *Tableaux des dimensions réelles.* — *Tableaux des dimensions proportionnelles.* — *Examen de quelques monuments.*

Je ne prétends pas, certes, vous avoir tout dit à propos des ordres; un volume n'y suffirait pas, et certainement si mon cours devait durer six ou huit années, je pourrais consacrer à l'étude des ordres de nombreuses leçons. Mais alors j'aurais à entrer dans le détail, à analyser les proportions, à refaire ce que vous trouvez partout, car il n'y a pas en architecture de sujet qui ait plus été traité. J'ai cherché plutôt à vous dire ce qui ne se trouve pas assez dans ces livres trop didactiques, qui ne sont guère que des formulaires. J'espère vous avoir montré que les ordres antiques ont une logique, que leur étude doit être réfléchie, qu'il faut quand on s'en sert savoir pourquoi, savoir si l'on est dans la vérité ou ne s'en écarter qu'en connaissance de cause, à ses risques et périls.

Les ordres tiennent une grande place dans vos études; déjà en vous parlant des proportions en général, je vous ai montré quelques lois indiscutables de la proportion dans ses variétés nécessaires. Pour l'étude, vous aurez les conseils personnels de vos professeurs; mais rappelez-vous toujours que, même dans les plus libres écarts de la fantaisie, il y a au-dessus des formules une théorie des ordres, et n'oubliez pas cette théorie.

L'étude des ordres est d'ailleurs, en fait et historiquement, le pivot de l'architecture moderne depuis le XVIe siècle. Dans l'étude des murs, des corniches, des portes, des fenêtres, des extérieurs et des intérieurs vous aurez sans cesse à vous y référer. Le sujet est donc d'importance capitale et vous ne sauriez trop vous pénétrer des principes qui vous permettront de donner à l'étude de vos ordres la proportion voulue, suivant le programme que vous recevrez et suivant le caractère que vous poursuivrez.

Exemples classiques des ordres.

Après vous avoir montré les plus beaux exemples des ordres il est nécessaire de les rapprocher sous vos yeux. Dans ce rapprochement, vous trouverez la preuve et la confirmation des principes que nous venons d'étudier.

Mais je ne vous les présenterai pas seulement avec unité de diamètre. Rien n'est plus trompeur que cette unité modulaire, qui fait abstraction de la grandeur réelle. Je vous produirai donc ces exemples d'abord à la même échelle métrique : vous pourrez mieux voir ainsi les différences profondes qui s'imposent entre l'architecture monumentale et celle des petits édifices.

Pour l'ordre dorique, je ne remonterai pas jusqu'aux exemples trop archaïques de Corinthe ou de la Sicile. Très intéressants à étudier comme histoire de l'art, ils restent en dehors des études théoriques. C'est à Pestum que nous trouverons l'architecture dorique en pleine possession d'elle-même et produisant déjà un chef-d'œuvre.

La colonnade de Pestum est en effet de dimensions imposantes, sans exagérations; l'architecture, d'une très grande fermeté et du plus magnifique effet. Il est intéressant de comparer dans le même édifice l'ordre extérieur et le petit ordre intérieur de la Cella, rapprochement qui existe d'ailleurs en réalité, car, par le fait de la démolition des murs de la Cella, les petits ordres intérieurs qui subsistent se trouvent immédiatement voisins de celui des grandes colonnades (fig. 291).

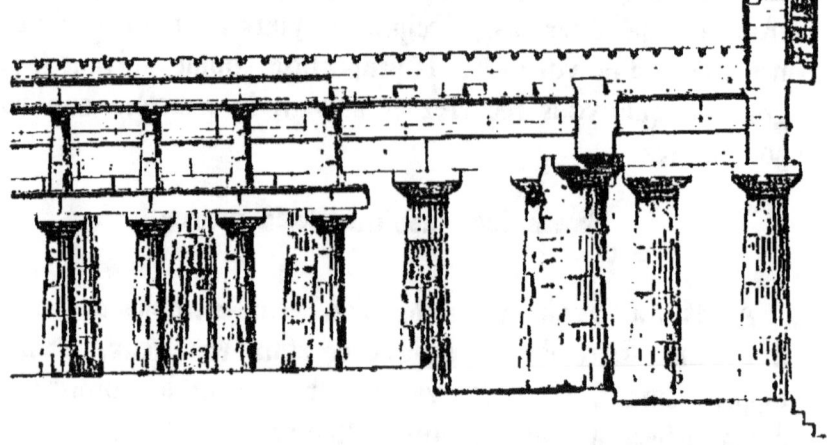

Fig. 291. — Ordres de Pestum.

Avec le Parthénon, nous arrivons à l'apogée de l'art grec. C'est, vous le savez, la perfection même; malheureusement, je ne puis établir ici la même comparaison qu'à Pestum entre les deux ordres; pour l'ordre intérieur, on est ici réduit aux conjectures.

De la même époque et du même art sont les Propylées d'Athènes. Il s'y trouve deux ordres doriques : l'un, le principal, formant les Propylées proprement dites, c'est-à-dire le porche d'entrée de l'acropole; l'autre, plus petit, formant façade de deux bâtiments en aile.

En comparaison de cette architecture monumentale, voici

l'ordre élégant, jusqu'à la gracilité, du temple de Cori. L'entablement est extrêmement bas, surtout l'architrave. L'édifice est d'ailleurs remarquable par la finesse de ses proportions mêmes.

Enfin, l'ordre dorique du forum triangulaire de Pompéi est le type de l'architecture gracieuse et quelque peu raffinée qui caractérisait les colonies gréco-romaines de la Grande Grèce.

Voilà donc, dans l'antiquité, des types d'ordres doriques bien différents. Je ne puis vous les représenter graphiquement tous; je me bornerai à la comparaison entre les deux extrêmes, le grand ordre de Pestum et celui du forum triangulaire de Pompéi, et, entre les deux, celui du Parthénon (fig. 292). La vue seule de ces relevés, reproduits à la même échelle, suffit à en montrer la variété. Il est utile d'ailleurs de rapprocher les résultats de quelques mesures.

Pour les entre axes (en opérant sur les travées normales, c'est-à-dire ni sur la travée d'angle, ni sur celle du milieu) nous relevons les mesures suivantes :

Pestum (grand ordre)............................. 4^m 474
Pestum (ordre intérieur)......................... 3   50
Parthénon (grand ordre)......................... 4   299
Propylées (grand ordre)......................... 3   62
Propylées (petit ordre).......................... 2   256
Cori... 2   35
Forum triangulaire de Pompéi.................... 2   215

Si maintenant nous prenons la portée des architraves entre les tailloirs, ou l'élément de fragilité de la construction, nous trouvons :

Pestum (grand ordre), pierre calcaire dure....... 1^m 874
   —   (petit ordre)   —   1   62
Parthénon, marbre................................ 2   279
Propylées (grand ordre), marbre.................. 1   96
   —   (petit ordre), marbre.................... 1   366

APPLICATIONS DES ORDRES

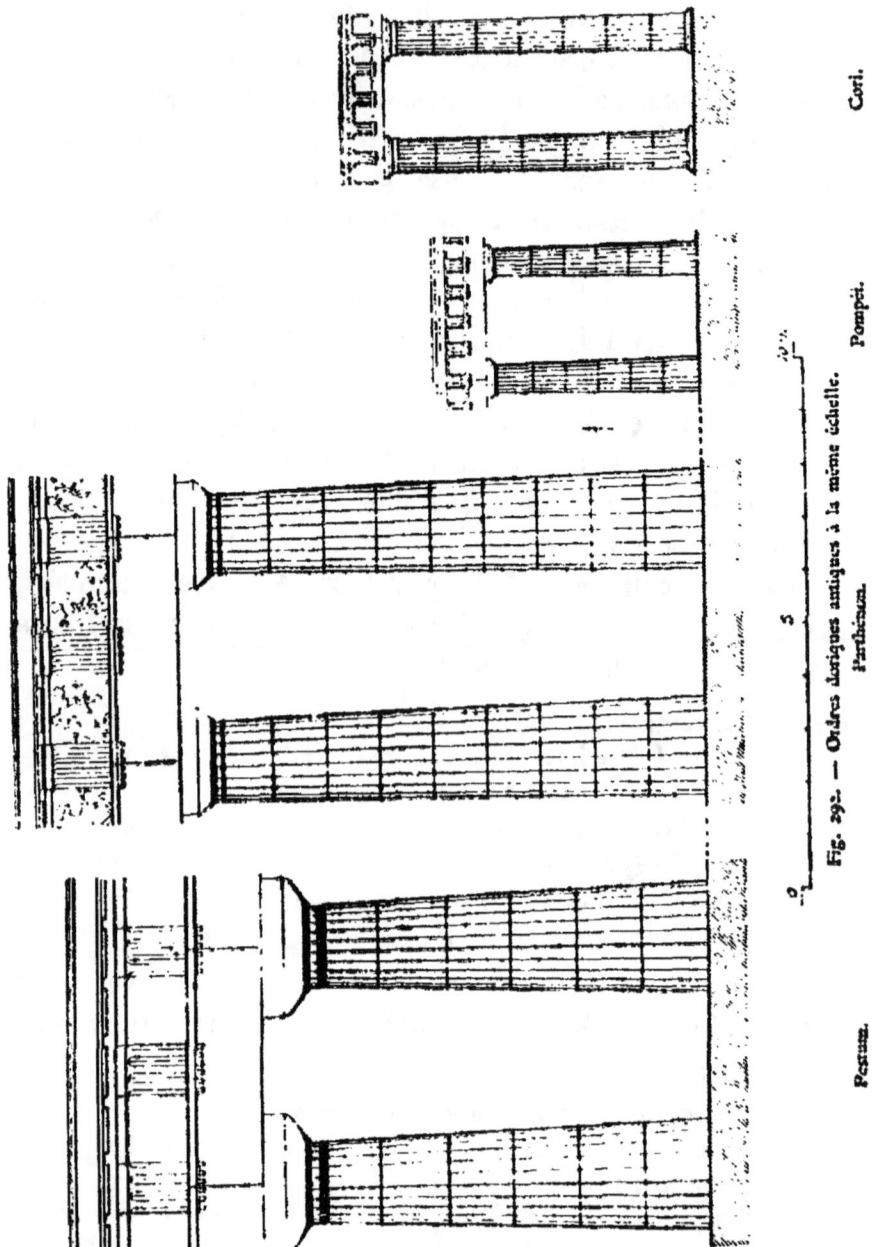

Fig. 292. — Ordres doriques antiques à la même échelle.

Cori, pierre calcaire dure...................... 1 44
Pompéi, pierre calcaire dure................... 1 59

Entre ces diverses mesures les différences sont sensibles, mais cependant bien loin d'être en proportion respective. Pour s'en assurer, il suffit de rapprocher en tableau les principales mesures réelles des monuments ci-dessus, puis de les établir comparativement en proportion du diamètre des colonnes de chacun d'eux.

C'est l'objet des deux tableaux suivants :

TABLEAU A
ORDRES DORIQUES — **DIMENSIONS RÉELLES**

MONUMENTS	Diamètre inférieur de la colonne.	Diamètre de la base.	Entre axe.	Hauteur de la colonne.	Hauteur de l'entablement (cymaise non comprise).	Largeur du tailloir.	Portée ou passage libre entre les colonnes.	les bases.	les tailloirs.
Grand temple de Pestum, ordre extérieur.........	2ᵐ 064	»	4ᵐ 474	8ᵐ 555	3ᵐ 863	2ᵐ 60	2ᵐ 41	»	2ᵐ 874
Id., ordre intérieur.	1 363	»	3 50	6 05	»	1 88	2 136	»	1 62
Parthénon	1 874	»	4 299	10 414	3 379	2 02	2 425	»	2 379
Propylées, grand ordre.........	1 54	»	3 62	8 775	3 03	1 66	2 08	»	1 96
Propylées, petit ordre...........	1 075	»	2 526	5 86	1 899	1 16	1 451	»	1 366
Temple de Cori...	0 716	0ᵐ 868	2 25	6 188	0 969	0 810	1 534	1ᵐ 381	1 44
Pompéi, forum triangulaire.	0 555	»	2 215	4 066	0 981	0 625	1 66	»	1 59

TABLEAU B
ORDRES DORIQUES — **VALEURS PROPORTIONNELLES**

MONUMENTS	RAPPORT AU DIAMÈTRE				RAPPORT A LA HAUTEUR DE LA COLONNE		
	de l'entre axe.	de la hauteur de la colonne.	de la hauteur de l'entablement.	de la hauteur de l'ordre entier.	de l'entre axe.	de l'entablement.	de l'ordre entier.
Pestum, ordre extérieur............	2 168	4 290	1 871	6 161	0 505	0 436	1 436
Pestum, ordre intérieur............	2 566	4 433	»	»	0 579	»	»
Parthénon....................	2 294	5 568	1 749	7 317	0 412	0 314	1 314
Propylées, grand ordre............	2 351	5 698	1 967	7 665	0 412	0 345	1 345
Propylées, petit ordre............	2 349	5 452	1 766	7 218	0 431	0 324	1 324
Temple de Cori.................	3 142	8 642	1 353	9 995	0 364	0 157	1 157
Pompéi, forum triangulaire........	3 991	7 316	1 768	9 094	0 545	0 241	1 241

Ces tableaux font voir mieux que toute discussion combien l'art antique était libre, et non asservi à des formules chiffrées. Mais non affranchi des lois de la matière : aussi j'appellerai toute votre attention sur la dernière colonne du tableau A. Le seul élément qui varie peu, c'est la portée des architraves, c'est-à-dire l'élément dangereux de la construction. Tandis que le diamètre de Pestum est, par rapport à celui de Pompéi, dans la proportion d'environ 3^{m}72 à 1, la portée de l'architrave n'est plus que dans la proportion d'environ 1^{m}18 à 1.

C'est qu'ici intervient cet élément impérieux de la construction que limite la portée prudente d'un linteau de pierre. Aussi, tandis que nous trouvons des différences considérables dans les diamètres des colonnes et dans leurs hauteurs, les différences de portées sont presque nulles. Pour les portées des architraves *en pierre*, les différences, comparées à la plus longue, sont 0^{m}25, 0^{m}28, 0^{m}43. Et si nous relevons une portée plus considérable, de 2^{m}279, soit 0^{m}405 de plus que celle de Pestum, c'est qu'elle s'applique au Parthénon, monument construit *en marbre*, et que le marbre offre une résistance plus grande.

En réalité, s'il y a quelque chose d'à peu près constant dans l'étude des ordres grecs, ce n'est pas un module de proportion, c'est la dimension réelle que permet la construction.

J'ai insisté spécialement sur ces ordres doriques, point de départ de toute architecture des ordres. Quant à l'art, dit *romain*, il a très peu employé l'ordre dorique, sinon en colonnes engagées, ce qui diffère totalement des ordres, tels que je les présente en ce moment.

A la Renaissance, les colonnades doriques ne sont pas assez nombreuses pour se prêter à ces rapprochements; mais cherchez les exemples nombreux que vous en fournira l'architecture moderne.

Il vous sera facile de faire sur ces exemples des comparaisons analogues à celles qui viennent d'être faites sur l'architecture antique, et vous ne manquerez pas de trouver dans cette étude la confirmation de ce que je vous ai enseigné plus haut, à propos des proportions.

Pour l'ordre ionique, les beaux exemples sont moins nombreux. Dans l'antiquité, je vous ai signalé deux tendances de l'architecture ionique : la simplicité d'une part, la richesse de l'autre. — Comme ordres très simples, celui du temple de la Victoire Aptère (sans ailes), à Athènes, petit édifice, encore très légèrement archaïque, est remarquable par la fermeté de ses proportions, ainsi que par le style des détails.

Les Propylées nous présentent un ordre ionique qui est la perfection complète. Le chapiteau notamment est admirable. Seulement cet ordre est intérieur, et n'a pas d'entablement complet.

Avec le temple de Minerve-Poliade et l'Erechtheion, nous arrivons aux ordres richement décorés, avec beaucoup de goût et de finesse, mais non sans une certaine surcharge : il semble qu'un peu d'esprit asiatique se soit ici superposé au pur génie grec. Puis je vous rappellerai les exemples de Priène et de Pompéi. Ils nous suffiront pour faire des rapprochements analogues à ceux que nous venons de faire à propos du dorique, et qui sont consignés dans les tableaux C et D ci-après :

TABLEAU C

ORDRES IONIQUES — **DIMENSIONS RÉELLES**

MONUMENTS	Diamètre inférieur de la colonne.	Diamètre de la base.	Entre axe.	Hauteur de la colonne.	Hauteur de l'entablement (cimaise non comprise).	Passage libre entre les colonnes.	Passage libre entre les bases.
Temple de la Victoire Aptère	0ᵐ 533	0ᵐ 728	1ᵐ 41	4ᵐ 07	1ᵐ 16	0ᵐ 888	0ᵐ 683
Propylées	1 065	1 385	3 65	10 275	»	2 585	2 265
Temple d'Erechthée	0 675	0 975	2 05	6 575	1 49	1 375	1 075
Temple de Minerve-Poliade	0 84	1 24	2 09	7 617	1 68½	2 25	1 85
Temple de Priène	1 255	1 75	3 51	11 68	2 76	2 255	1 76
Forum de Pompéi	0 645	0 88	2 195	6 307	1 158	1 55	1 315

APPLICATIONS DES ORDRES

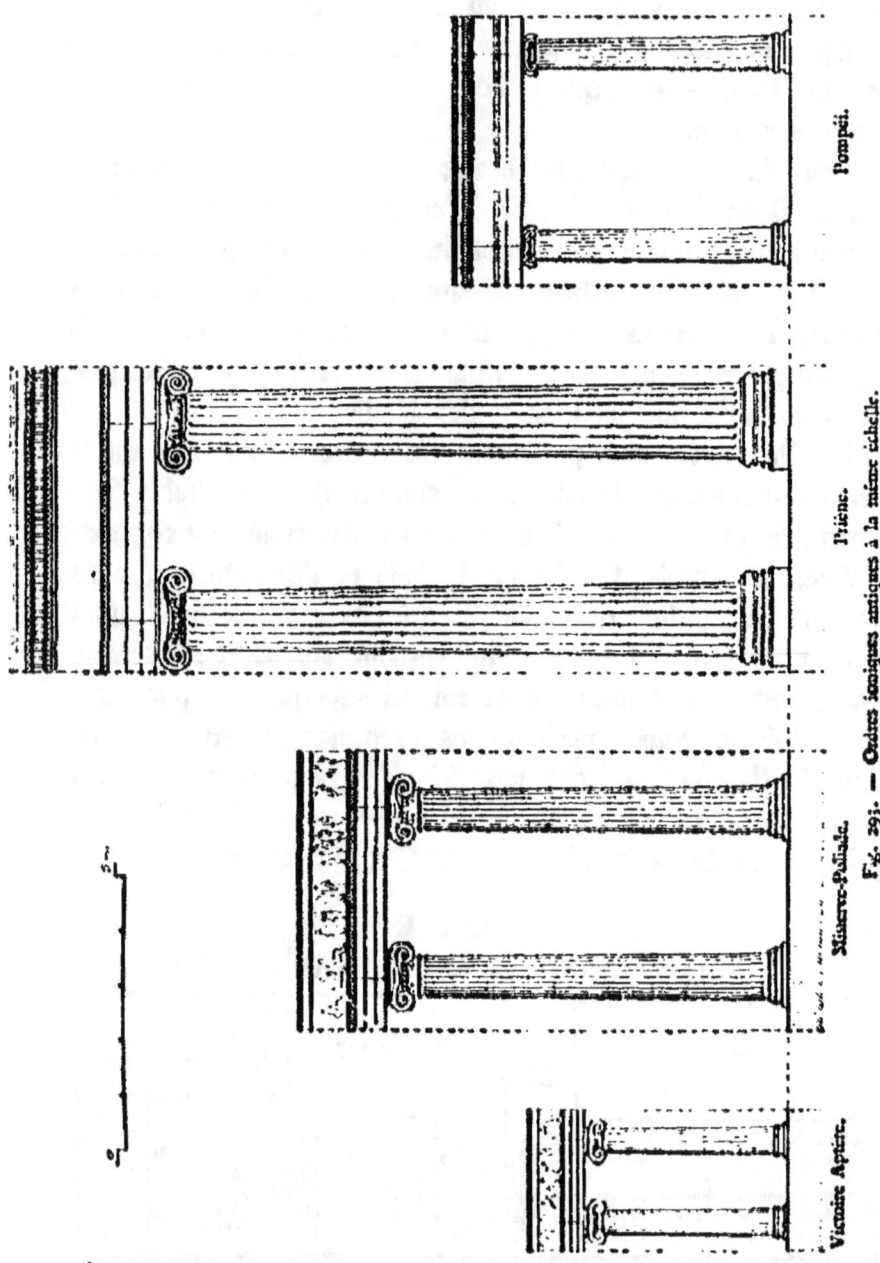

Fig. 293. — Ordres ioniques antiques à la même échelle.

TABLEAU D

ORDRES IONIQUES — VALEURS PROPORTIONNELLES

MONUMENTS	RAPPORT AU DIAMÈTRE				RAPPORT A LA HAUTEUR DE LA COLONNE		
	de l'entre axe.	de la hauteur de la colonne.	de la hauteur de l'entablement.	de la hauteur de l'ordre entier.	de l'entre axe.	de l'entablement.	de l'ordre entier.
Victoire Aptère........	2 701	7 797	2 2 22	10 019	0 346	0 287	1 287
Propylées........	2 427	9 648	»	»	0 355	»	»
Erechthéo........	3 017	9 747	2 207	11 955	0 312	0 226	1 226
Minerve-Poliade........	2 678	9 091	2 003	11 085	0 405	0 219	1 219
Priène........	2 797	9 307	2 199	11 507	0 301	0 236	1 236
Forum de Pompéi........	3 404	9 778	1 795	11 574	0 348	0 183	1 183

Je ne reviendrai pas sur les conclusions à tirer de ces tableaux, et je me bornerai à vous montrer un rapprochement graphique des principaux de ces ordres (fig. 293).

Dans l'architecture moderne, de la Renaissance à nos jours, l'ordre ionique a été le moins employé en colonnade pure. Je vous citerai l'ancienne cour de l'École de médecine, à Paris, la façade de l'église Saint-Vincent de Paule, et l'un des vestibules de la Cour du Louvre.

Ces ioniques diffèrent peu en somme des ordres antiques, sauf pour les détails; ainsi, les éléments en sont moins accentués que dans les ordres grecs, les volutes des chapiteaux ont perdu leur ampleur, les bases sont moins saillantes, les architraves plus basses, les corniches moins fermes de profil.

On pourrait presque dire que depuis les monuments de l'Acropole et les coquetteries de Pompéi, l'ordre ionique ne s'est pas acclimaté. Il a été dénaturé et presque supprimé par son concurrent de la dernière heure, l'ordre corinthien.

Pour l'ordre corinthien, les exemples abondent. Non pas en Grèce même, où cet ordre a pris naissance mais n'a été appliqué qu'à des édifices peu importants, et rarement en colonnades. Je

APPLICATIONS DES ORDRES

vous ai cité toutefois le monument de Lysicrate, à colonnes engagées, et le *Tholos* d'Épidaure, ordre intérieur, très intéressant à ce point de vue, car il montre bien comment les Grecs concevaient une corniche intérieure, qui, ne recevant pas la pluie, répond à de tout autres besoins qu'une corniche extérieure ; et qui nous montre aussi une application très simple et très architecturale du chapiteau corinthien.

En Italie, voici des ordres corinthiens de l'époque républicaine : celui de Cori, très ferme ; celui du temple de Minerve, à Assise, (v. plus haut, fig. 273), très remarquable par la disposition de l'entablement rampant de son fronton.

L'ordre du temple de Vesta, à Tivoli (v. plus haut, fig. 275), édifice circulaire, d'une belle proportion, très ferme et d'un beau style, dont le chapiteau est d'une composition particulière par l'emploi d'une variété d'acanthe frisée, ainsi que par le caractère et la saillie de ses rosaces et volutes.

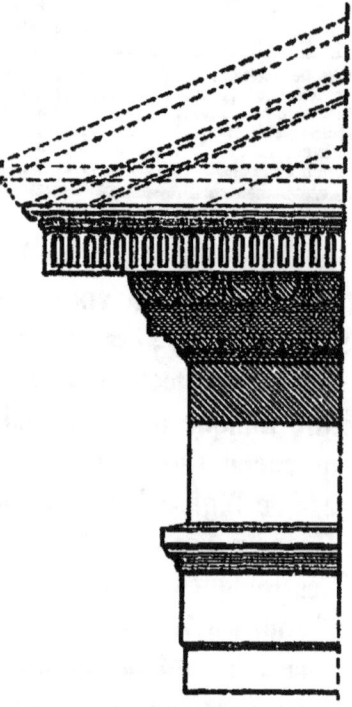

Fig. 294. — Entablement du temple d'Antonin et Faustine.

Également circulaire, le temple de Vesta, à Rome, présente un ordre de proportion élancée, d'une belle étude ; le chapiteau en est remarquable par le caractère des feuilles en acanthe aiguë, et les angles aigus du tailloir sans pans coupés.

Puis viennent en foule les grands ordres de l'époque impériale.

D'abord celui du temple de Mars Vengeur, à Rome (v. plus haut, fig. 4 et 5), puis le temple d'Antonin et Faustine (v. plus haut, fig. 52), à six colonnes de face. Les colonnes sont ici en marbre de couleur; la frise de l'entablement est ornée de belles sculptures dont il n'est pas rendu compte dans le croquis ci-joint; la corniche sans modillons (fig. 294).

Au contraire, le temple de Jupiter Stator ayant un chapiteau très décoré, l'architrave divisée par une bande sculptée, la frise est nue, sous une corniche à modillons.

Ces exemples suffisent pour montrer la variété de l'ordre corinthien dans l'architecture monumentale de l'antiquité. Dans un caractère plus intime, c'est encore à Pompéi que nous trouverons des ordres corinthiens d'une étude moins solennelle, spécialement dans les *atriums*, comme celui de la Maison dite du Labyrinthe. Vous en pouvez voir de nombreux exemples dans l'ouvrage de Mazois.

Je pourrais multiplier les exemples : quelques-uns suffiront, et nous allons les résumer à leur tour en figures et en tableaux des dimensions réelles et proportionnelles (fig. 295) :

TABLEAU E

MONUMENTS	ORDRES CORINTHIENS			DIMENSIONS RÉELLES			
	Diamètre inférieur de la colonne	Diamètre de la base	entre axe	Hauteur de la colonne	Hauteur de l'entablement (cymaise non comprise)	Passage libre entre	
						les colonnes	les bases
Temple d'Assise...	1m 03	1m 24	3m 925	11m 17	1m 743	1m 895	1m 685
» de Tivoli...	0 754	1 02	1 996	7 135	1 096	1 242	0 976
» de Vesta, à Rome...	0 94	1 18	2 433	10 295	»	1 493	1 253
» de Mars vengeur...	1 786	2 515	4 13	17 624	»	1 514	1 788
» d'Antonin et Faustine...	1 48	2 04	3 687	14 17	3 29	2 207	1 647
» de Jupiter Stator...	1 48	2 048	3 776	14 806	3 523	2 296	1 728
Pompéi, Maison du Labyrinthe...	0 68	0 93	3 70	6 095	»	2 02	2 78

Fig. 295. — Ordres corinthiens antiques à la même échelle.

TABLEAU F

ORDRES CORINTHIENS — **VALEURS PROPORTIONNELLES**

MONUMENTS	RAPPORT AU DIAMÈTRE				RAPPORT A LA HAUTEUR DE LA COLONNE		
	de l'entre axe	de la hauteur de la colonne	de la hauteur de l'entablement	de la hauteur de l'ordre entier	de l'entre axe	de l'entablement	de l'ordre entier
Assise........	2 839	10 844	1 693	12 537	0 262	0 156	1 156
Tivoli.........	2 617	9 459	1 454	10 913	0 280	0 154	1 154
Vesta, à Rome.....	2 588	10 952	»	»	0 236	»	»
Mars vengeur.......	2 419	9 868	»	»	0 245	»	»
Antonin et Faustine.........	2 491	9 574	2 229	11 797	0 260	0 232	1 232
Jupiter Stator.........	2 551	10 004	2 38	12 384	0 255	0 238	1 238
Pompéi.........	5 443	8 957	»	»	0 607	»	»

Je vous engage d'ailleurs à faire de votre côté, graphiquement et par calculs et tableaux, des comparaisons analogues sur des exemples différents; vous en trouverez en grand nombre, et vous constaterez ainsi, par vous-mêmes — ce qui vaut toujours mieux — la grande variété des études d'ordres. Variétés qui ne sont que des nuances si l'on veut, mais ces nuances suffisant à déraciner chez ceux d'entre vous qui pourraient l'avoir l'idée erronée et décevante de la formule chiffrée dans les proportions.

La Renaissance a peu fait de colonnades corinthiennes proprement dites, et elle les a traitées en général dans un caractère plutôt élégant que monumental. Mais les emplois de l'ordre corinthien surtout y sont innombrables, dans tous les motifs de composition qu'une riche imagination suggérait aux architectes de la Renaissance. Je ne puis me lancer dans des citations qui rempliraient des pages entières avec toute l'aridité d'une table de matières.

Avec l'époque de Louis XIV, la colonnade corinthienne règne en souveraine sur l'architecture. L'exemple le plus célèbre en est la colonnade du Louvre (fig. 296) avec ses colonnes accouplées ; il est intéressant de le comparer avec l'ordre — celui-ci intérieur — de la chapelle de Versailles, à peu près contemporain. (V. fig. 56.)

Au siècle suivant, nous trouvons ce magnifique exemple, les

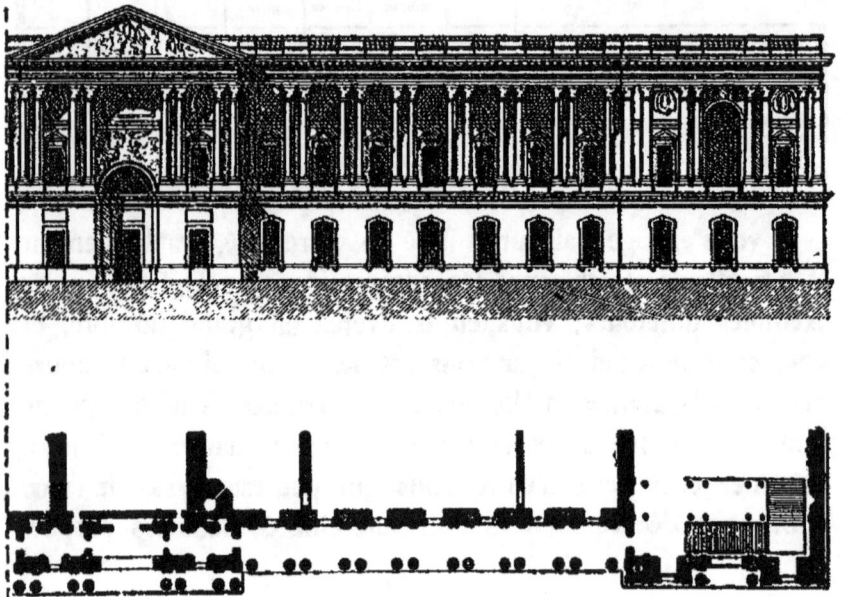

Fig. 296. — Colonnade du Louvre.

colonnades de la place de la Concorde, et comme comparaison également, la colonnade intérieure de la salle de théâtre de Versailles. Je ne cite que les plus remarquables.

J'ai rattaché les ordres à l'étude des portiques ; la colonnade est, en effet, l'un des moyens de constituer le portique, mais ce n'est pas le seul. Nous avons à voir maintenant le portique constitué par des arcades : c'est la même marche que nous avons suivie pour les baies : elle s'impose encore ici.

CHAPITRE IX

LES PORTIQUES EN ARCADES

SOMMAIRE. — Portiques avec arcades sur piédroits. — Sur colonnes isolées, accouplées en largeur ou en profondeur. — Portiques du moyen âge. — Cloîtres. — Portiques avec encadrement de colonnes ou pilastres. — Importance de l'étude des portiques.

Pour les portiques en arcades, nous ne trouvons plus de classifications historiques ou ethniques comme pour les portiques en colonnades. Si ces portiques peuvent parfois se rattacher aux familles dorique, ionique, corinthienne, c'est par des éléments qui ne sont pas le portique lui-même, des colonnes, des entablements, qui en sont plutôt la décoration que la construction.

Cherchons donc, sans classification, l'expression la plus simple du portique : c'est évidemment une série d'arcades sur une série de piédroits carrés ou rectangulaires, par exemple les portiques de notre rue de Rivoli.

Ici, je n'ai pas à vous dire grand'chose après ce que je vous ai dit de l'arcade : si ce n'est que ce motif de portiques dans sa simplicité paraît avoir rarement tenté les architectes; il y en a assez peu d'exemples monumentaux. Je ne puis vous citer comme portiques, bien que la composition n'en diffère pas, les magnifiques aqueducs romains; je ne vous ai cité la rue de Rivoli que comme exemple et non comme modèle; il y a cependant quelques portiques à piédroits rectangulaires qui méritent une sérieuse étude : celui de la façade latérale de l'église de Rimini, par Léon Alberti (V. fig. 279); les arcatures de l'église Saint-Laurent *in Damaso*, à Rome (fig. 297); ceux de la place de la Concorde; à Venise et ailleurs, notamment aux *Prisons* de Venise (fig. 298), quelques exemples d'arcades sur piédroits, à bossages; enfin, bien que ce soit plutôt une série de fenêtres qu'un portique, le 1ᵉʳ étage de la Bibliothèque Sainte-Geneviève.

Fig. 297. — Arcades de Saint-Laurent in Damaso à Rome.

Mais les inconvénients du piédroit rectangulaire appelaient ici encore la substitution de la colonne au pilier. Aussi voyons-nous de nombreux portiques en arcades sur colonnes, colonnes simples, accouplées ou groupées.

Le cas le plus simple est celui de la colonne unique, comme dans la cour du palais de la Chancellerie, que je vous ai déjà montré (v. fig. 225) : un chef-d'œuvre. J'y vois quant à moi un type, et à ce titre je vous demande la permission de l'analyser brièvement.

Le fût de la colonne est en granit : d'une part, il est très chargé, et cette lourde charge est ici une garantie de solidité; d'autre part, ce fût étant exposé, malgré les tirants métalliques, à l'action des poussées des arcs et des voûtes, a besoin d'être monolithe pour agir, au besoin, comme une sorte de bielle, tandis que s'il était par assises le moindre effet horizontal pourrait le disloquer. La base et le chapiteau sont en marbre.

Le chapiteau est plus haut que dans l'ordre dorique ordinaire : entre ce fût de granit et l'arc, la construction se serait mal contentée d'un chapiteau peu élevé : son assise trop basse aurait pu être cassante.

Entre le chapiteau et les arcs, il n'y a rien ; le chapiteau reçoit directement les sommiers. Pourquoi, en effet, y aurait-il ici quelque chose? Il n'y a de motif ni pour un entablement complet, ni même pour une simple architrave, dont le rôle est toujours la réunion de deux colonnes.

Ce portique, irréprochable comme goût, — il est de Bramante, — est la logique même comme composition, et, je le répète, on doit le considérer comme un type du portique à arcades sur colonnes simples.

Fig. 298. — Prisons de Venise.

Vous trouverez encore de très jolis exemples de portiques ainsi composés dans l'architecture toscane; l'ouvrage de Reynaud, celui de Famin et Grandjean vous en montrent d'une extrême élégance. Dans une donnée très monumentale, vous pouvez au contraire étudier les portiques superposés du palais ducal de Venise. (V. plus haut, fig. 221.)

Mais le portique à simples colonnes n'est pas toujours possible; on est souvent conduit à les accoupler, et cela dans deux sens différents : dans le sens de la façade ou en profondeur.

Il est certain que le portique à arcades ne permet pas l'emploi de colonnes très monumentales, puisqu'elles ne peuvent guère avoir en hauteur plus de deux tiers de l'ouverture totale. Un peu grêles, elles sont, surtout au rez-de-chaussée, exposées à un certain roulement, et les portiques à colonnes simples sont toujours d'une grande hardiesse. Il était donc naturel de chercher

Fig. 199. — Loge ouverte de la villa Médicis.

plus d'ampleur pour les piliers, et le moyen était d'accoupler les colonnes.

De plus, un portique comme celui de la Chancellerie ne permet que des sommiers peu larges, et par conséquent des plans de joints peu étendus. La pierre très dure peut seule s'en accommoder. Voilà des causes d'accouplement dans le sens de la façade.

L'accouplement en profondeur est souvent nécessaire à cause de l'épaisseur du mur supérieur, de la poussée des voûtes.

Dans les piliers ainsi composés, les colonnes doivent être réunies, l'architrave est nécessaire pour reconstituer le mur de

LES PORTIQUES EN ARCADES

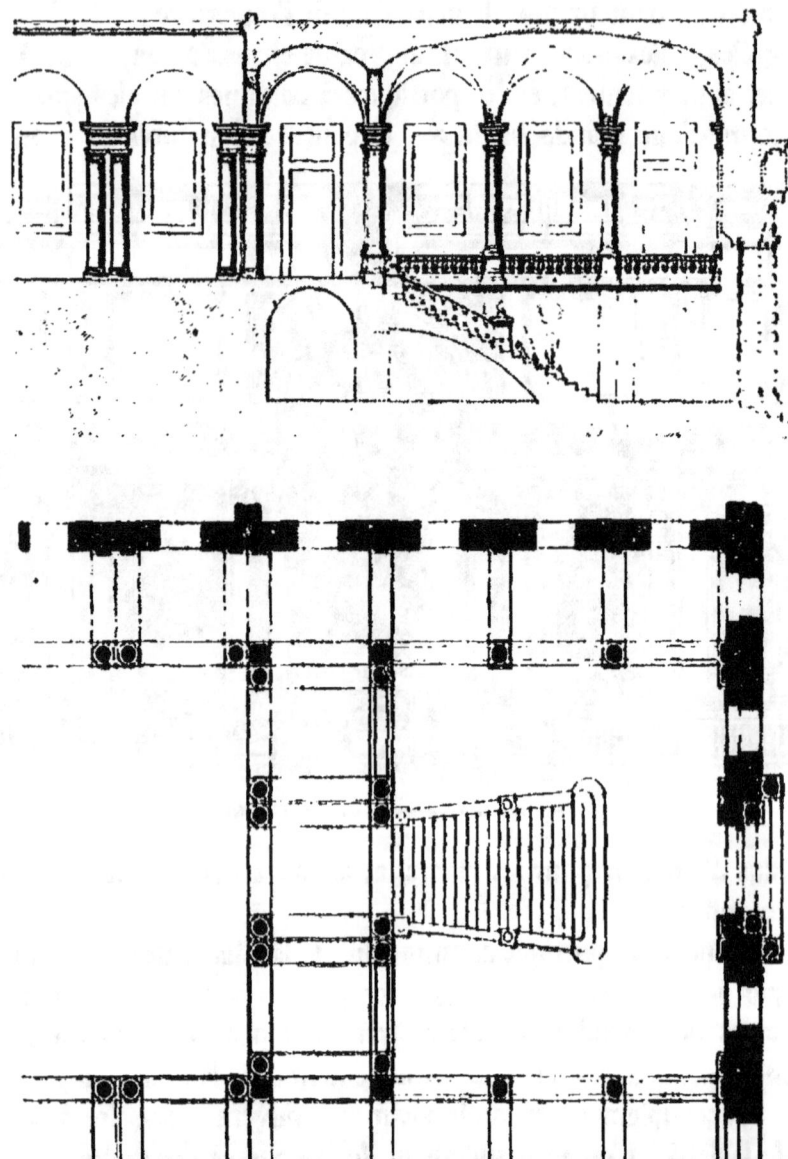

Fig. 300. — Palais de l'Université de Gênes.

retombée. Aussi y a-t-il de nombreux exemples, notamment dans l'architecture génoise, de piliers composés de deux colonnes

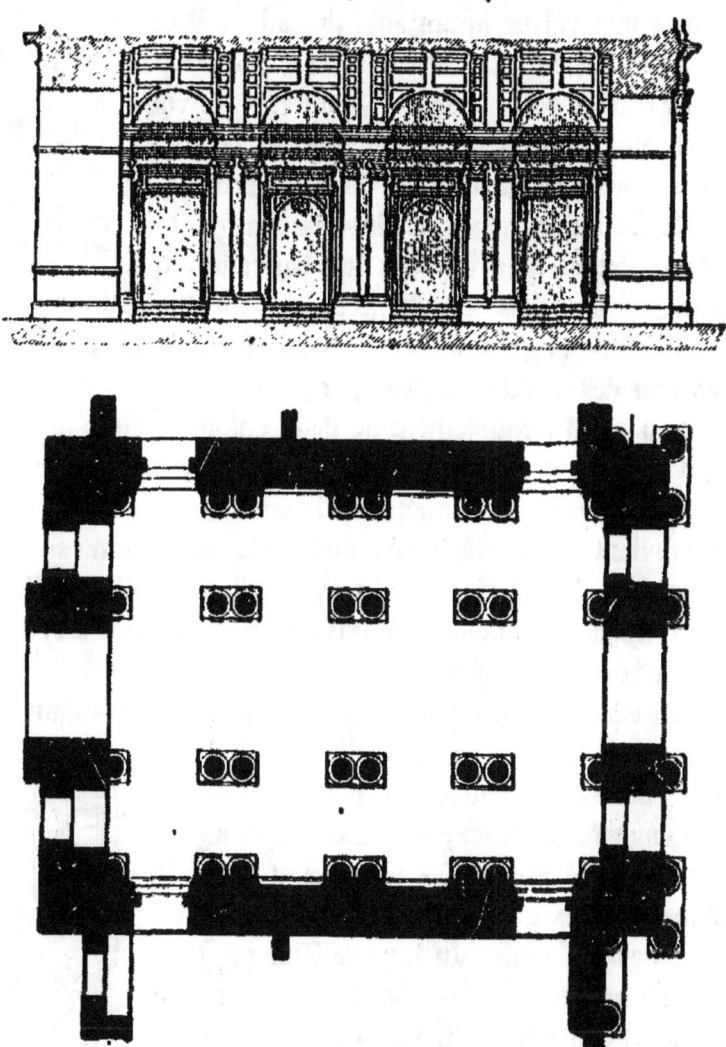

Fig. 301. — Vestibule du Louvre.

surmontées d'une simple architrave qui supporte le sommier; d'autres fois, l'entablement est complet ou la frise seule est supprimée. La corniche forme alors un imposte accentué. En pareil cas, l'architecte emploie l'entablement complet s'il veut donner à l'imposte une valeur importante de saillie; il se borne à l'architrave, s'il préfère, au contraire, ne pas couper la hauteur d'étage par une saillie vigoureuse. Je vous citerai comme exemples d'accouplements, dans le sens de la longueur du mur, la loge ouverte de la villa Médicis (fig. 299), si intéressante à tant d'égards et représentée ici sans les bas-reliefs qui la décorent; le palais de l'Université, à Gênes, dont vous admirerez ainsi (fig. 300) la disposition générale; enfin, au Louvre, l'un des vestibules (fig. 301).

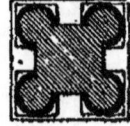

Fig. 302.
Plan d'un pilier,
Cour du Louvre.

Quant au cas d'accouplement de deux colonnes l'une derrière l'autre, il se présente lorsque le mur a une épaisseur plus grande que ne le permettrait le diamètre de la colonne. Mais l'étude du portique revient en somme à celle de l'étude sur colonne simple, si ce n'est qu'ici il faut bien que les deux colonnes soient reliées, et, par conséquent, qu'une architrave tout au moins serve de sommier à la retombée des arcs.

Il n'y a guère d'exemples d'accouplements simultanés dans les deux sens, ce qui revient au pilier des quatre colonnes; on trouve plutôt des piliers où quatre colonnes engagées sont disposées aux quatre angles d'un noyau carré plein. Ces piliers ont alors la disposition de ceux que vous voyez dans un autre des vestibules de la cour du Louvre (fig. 302).

Fig. 303.

Dans ces exemples, l'arcade, à partir de son centre, est telle qu'elle serait sur un pilier carré ou rectangulaire; le pilier est évidé, combiné par des accouplements, mais les architraves reconstituent le mur et les évidements du pilier ne se continuent pas dans les archivoltes, sauf lorsque, par exception, l'arcade maîtresse est rétrécie par un arc doubleau. Ici encore, comme nous l'avons vu pour l'architrave des ordres la pensée a été de reconstituer le mur : une fois cintrées, les ouvertures du portique, on peut supposer qu'on marche sur un mur plein.

Fig. 304. — Arcades intérieures de Saint-Marc de Venise.

Dans les portiques en arcades de l'architecture du moyen âge, l'esprit de la composition est différent. A chaque élément du pilier, correspond un élément des archivoltes. Ainsi, en principe dans cette architecture, à un plan de pilier A (fig. 304) correspondra une coupe B, laquelle reproduira, sauf à équarrir les parties arrondies, les saillies et retraits du plan. Cela n'est pas absolu, mais c'est du moins l'esprit de la construction du moyen âge, très différent, comme vous le voyez, de ce que nous venons d'examiner.

Il y a d'ailleurs dans les portiques du moyen âge une variété de combinaisons encore plus grande que dans les portiques de l'antiquité ou de la Renaissance. Le nombre

Fig. 305. — Chapelle palatine de Palerme.

LES PORTIQUES EN ARCADES

même de ces combinaisons rend difficile d'en dégager les principes. Il faut pourtant l'essayer.

Tandis que dans l'architecture byzantine, par exemple à Sainte-Sophie de Constantinople ou à Saint-Marc (fig. 304), ou dans l'architecture sicilienne de Palerme (fig. 305), ou de Montréal (fig. 306), c'est encore la colonne unique, surmontée d'un chapiteau au tailloir très énergique, qui supporte les retombées d'arcs de section quadrangulaire; — dans l'architecture romane et surtout dans l'architecture gothique, les arcs deviennent de plus en plus profilés et indépendants : les piliers dès lors consistent presque toujours en une sorte de noyau central, accompagné de colonnettes en saillie, très variées, qui sont, à des niveaux souvent différents, les points de départ des arcs correspondants.

Voici (fig. 307) quelques-unes des sections les plus fréquentes des piliers, empruntées à des piliers d'églises entre les nefs et les bas-côtés.

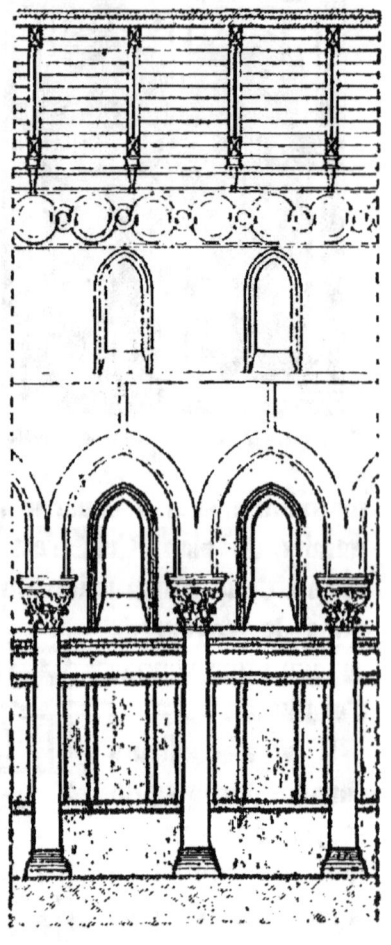

Fig. 306. — Travées de Montréal.

On peut y trouver tous les éléments de l'architecture des portiques, tels que je viens de les indiquer. Plus tard même, au XVe siècle, par exemple à l'église Notre-Dame de Brou, le pilier et les arcs n'ont plus de solution de continuité, il n'y a ni impostes ni chapiteaux ; c'est pour ainsi dire l'application du chambranle aux portiques.

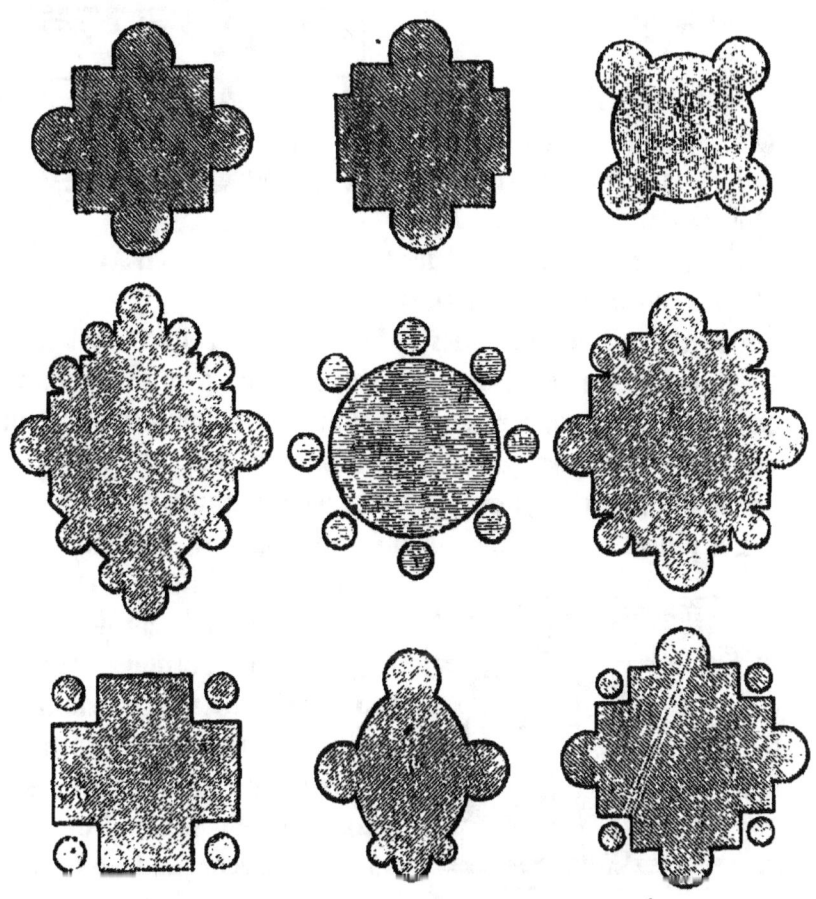

Fig. 307. — Exemples divers de sections de piliers du moyen âge.

Un exemple célèbre des portiques en arcades du moyen âge est la loge des Lanzi à Florence (fig. 308). Je ne saurais vous en citer de plus beau. Le principe en est le même : identité entre la section du pilier et les profils de l'arcature. D'ailleurs ces combinaisons varient à l'infini, et par leur diversité même échappent aux théories d'ensemble, sauf, bien entendu, les droits de la construction.

Une variété très spéciale des portiques nous est produite par l'architecture des cloîtres.

Évidemment, il y a des cloîtres qui ne sont pas traités

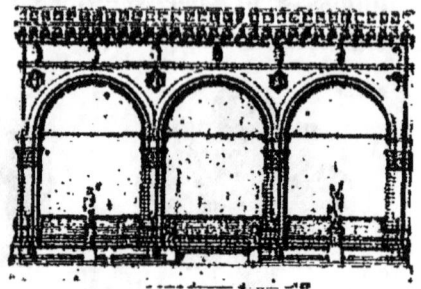

Fig. 308. — Loge des Lanzi à Florence.

autrement que des portiques ordinaires, souvent fort beaux, dans les diverses chartreuses de France et d'Italie, et dans de nombreux couvents. Mais souvent aussi le cloître a une physionomie toute particulière : le portique est plus fermé, les travées sont petites, ou encore il y a deux ou trois arcades par travée.

Les piliers sont établis sur un soubassement, sauf aux entrées spéciales; l'architecture en est intime, tout en laissant de grandes largeurs aux portiques pour la promenade. Le mur du cloître est ordinairement épais, de sorte que les colonnes du cloître sont accouplées en profondeur, contrastant souvent par leur sveltesse avec les robustes piliers qui supportent les retombées des travées.

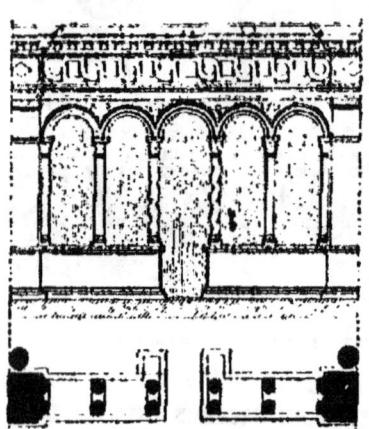

Fig. 309. — Cloître de Saint-Jean de Latran à Rome.

Tels sont, entre tant d'exemples, les cloîtres de Saint-Jean de Latran à Rome (fig. 309), de Saint-Trophime à Arles, ceux du Puy, de Moissac, de Montmayour, de la cathédrale de Laon (fig. 310), ou, dans une donnée très particulière, le petit cloître de Semur (fig. 311), du mont Saint-Michel et tant d'autres. A Paris même, vous pouvez voir, rue des Archives, le joli cloître de l'ancienne maison des *Billettes*. Un cloître d'une disposition très particulière est celui du couvent de *la Pace* à Rome, par Bramante. Un dessin emprunté à Letarouilly me dispensera de toute description (fig. 312). Au surplus, j'aurai à revenir sur les cloîtres en vous parlant de l'architecture religieuse, et je ne fais, quant à présent, que vous signaler cette variété de l'architecture des portiques.

En Italie, le portique prend souvent le nom de *loge*. Ce nom est réservé aux portiques d'agrément ou de repos, plutôt que de circulation. C'est ainsi qu'on dit la loge des *Lanzi*, à Florence, la loge ou *loggia* de Vérone, la *logetta* de Venise, au pied du Campanile, ou les loges pratiquées au haut des édifices, portiques destinés non à la circulation mais à l'agrément, ordinairement en face de beaux points de vue.

Fig 310. — Cloître de la Cathédrale de Laon.

Rien n'est plus varié que les portiques, et dans leur programme et dans leur expression. Ce n'est que par la connaissance des plus beaux exemples que vous pourrez vous faire une

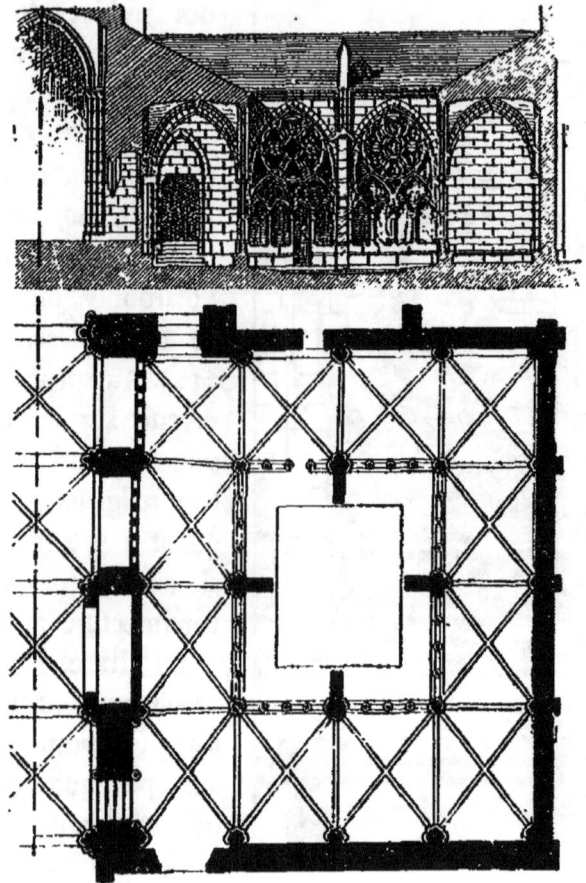

Fig. 311. — Cloître de Semur.

idée juste de cette variété, et de toutes les ressources qu'a mises à la disposition des architectes cet élément si précieux du portique.

Mais je ne vous ai parlé jusqu'ici que du portique en arcades sur piédroits, sur colonnes ou sur piliers. Un autre élément non moins varié est celui de l'arcade avec emploi des ordres, au

Fig. 312. — Cloître de la Pace, à Rome.

moyen de colonnes engagées ou dégagées, ou de pilastres. L'ordre joue ici un rôle plutôt décoratif : l'architecture d'arcades est exprimée avec des éléments appropriés à l'architecture de la plate-bande. On ne peut nier qu'il n'y ait là une certaine contradiction, que des puristes absolus ont cru pouvoir condamner. Ce rigorisme est excessif, car il amoindrirait singulièrement le patrimoine de l'architecture, et il est vraiment sévère de proscrire un motif qui nous a valu le théâtre de Marcellus et la cour du palais Farnèse!

Il est évident toutefois que le portique à arcades n'a pas reçu de l'architecture antique sa consécration immuable comme le portique à plate-bande. Quelle aurait été cette expression si le portique à arcades avait été contemporain de Pestum ou du Parthénon? Nul ne peut le dire. Plus tard venu, il a reçu ou subi des formes et une composition artistique qui n'étaient pas créées pour lui : on n'a rien trouvé de mieux que de lui attribuer à lui aussi cette ordonnance si admirée des portiques à colonnades. Ce fut là sans doute une conséquence du respect des traditions, et une sorte d'instinct d'unité dans l'architecture. Mais la pureté n'est évidemment plus la même, et nous ne trouvons plus ici cette raison souveraine qui me permettait de vous démontrer le pourquoi de chaque élément de l'ordre antique. Ici, si les éléments de l'ordre employé ont encore leurs magnifiques formes, ils n'ont plus leur fonction.

Mais il n'importe, et j'ai à vous montrer comment ce motif a été employé de façons diverses, suivant l'idée qui dominait dans la pensée de l'architecte. Pour cela, sans entrer dans un examen détaillé de tous les beaux exemples de portiques de ce genre, je vous prierai de vous arrêter devant deux types très différents, que je vous ai déjà cités : le théâtre de Marcellus et le palais Farnèse.

Au théâtre de Marcellus (v. plus haut, fig. 45), ce qui apparaît le plus, c'est la construction de l'arcade; les piédroits sont larges, l'imposte accentuée; l'archivolte, extradossée, a toute l'épaisseur qu'exige une construction puissante. La colonne est peu de chose en comparaison des éléments de l'arcade.

A la cour du palais Farnèse (v. plus haut, fig. 46), l'effet est tout contraire : l'arcade n'est presque qu'un remplissage dans l'architecture très accentuée de l'ordre. Le piédroit est étroit, l'archivolte n'a que le minimum nécessaire pour le contact des claveaux.

Fig. 313. — Portique de l'Ara-Cœli, à Rome.

Dans le premier exemple, on peut dire : ce sont des arcades, accompagnées par des colonnes; dans le second : ce sont des colonnades dans lesquelles il y a des arcades.

Je vous citerai encore, cette fois avec des pilastres, le portique de l'Ara-Cœli, par Vignole (fig. 313). Ici, il est évident que l'emploi des pilastres laisse à l'ensemble du piédroit plus d'unité, et que l'ordre compte moins qu'avec l'emploi de la colonne.

Souvent l'ordre a été employé comme motif profilant. Voyez, par exemple, la belle façade de l'église de Rimini, traitée en sorte de portique, et que je vous ai déjà montrée (fig. 51); le portique si fin de Spoleto, attribué à Bramante, et, par contraste, ceux, un peu lourds, de la place du Carrousel. Rien n'est plus légitime; on évite ainsi l'embarras du porte à faux de l'entablement, dont l'architrave ne remplit pas ici la fonction de linteau, et qui ne peut être qu'une saillie en bascule; de plus, l'ensemble profilant de la colonne, avec ou sans piédestal, et de son entablement constitue à chaque travée un contrefort très utile lorsque les voûtes du portique viennent concentrer leurs poussées sur ces piliers. Alors la colonne peut même être dégagée, le contrefort n'en est que plus puissant, et l'effet monumental est d'une grande richesse. Tel est le motif que vous pouvez voir à l'arc de triomphe du Carrousel.

Quant aux exemples, encore assez nombreux, de portiques à arcades avec colonnes dégagées, et entablements non profilés, je ne saurais vous les recommander, malgré tout le talent qui s'y trouve parfois dépensé. Tel est le porche, assez célèbre, de l'église Saint-Gervais à Paris. Malgré tout, la contradiction est trop flagrante entre cette arcade et cette plate-bande plus grande, qui, ici, est bien une plate-bande, appareillée comme telle, et non plus une saillie décorative. La loi des proportions nécessaires est méconnue, et ne l'est pas impunément. Cette combinaison se trouve, je le sais, dans de beaux édifices, aux Invalides, à Versailles, etc. Cela ne suffit pas à l'autoriser : elle reste toujours un contresens.

Beaucoup d'autres dispositions ont été imaginées pour les portiques : arcades entre colonnes accouplées, motifs de travées alternés, arcades grandes et petites; je ne puis entrer dans toutes ces variantes. Quelques mots seulement des portiques à bossages.

Je ne reviendrai pas sur ce que je vous ai dit de l'étude du bossage en lui-même. Au point de vue du portique, il a été fait bien des études différentes, qui peuvent se ramener à deux classes : ceux qui ont des bossages partout, c'est-à-dire sur les colonnes, les piédroits et les voussoirs; ceux qui n'en ont que partiellement, soit que les colonnes restent lisses ou cannelées, l'arcade seule étant à bossages, soit que la colonne ait seule des bossages. Évidemment, le parti du bossage général a plus

Fig. 314. — Porte des Jardins Farnèse, à Rome.

d'unité et de caractère; le plus bel exemple en est peut-être la porte des Jardins Farnèse (fig. 314), ou encore la porte de la citadelle Saint-André à Vérone, par San-Micheli. Très intéressante est aussi la cour du palais Pitti, avec ses bossages carrés d'une vigueur extraordinaire, ou à Vérone le beau rez-de-chaussée du palais *Bevilacqua* (fig. 315). Quant aux combinaisons mixtes, ce sont des considérations d'ensemble dans l'étude générale d'une façade qui peuvent dicter parfois un parti toujours un peu exceptionnel.

Une question toujours délicate à trancher dans l'étude des portiques à arcades avec colonnes engagées est celle des colonnes lisses ou cannelées. Disons tout de suite qu'il y a de beaux exemples des deux partis; dès l'antiquité, nous trouvons au Tabularium la colonne cannelée, et la colonne lisse au théâtre de Marcellus, au Colisée, etc.

La colonne ici n'est plus cet élément si clairement défini de l'ordre antique, le pilier rond portant l'enta-

Fig. 115. — Palais Bevilacqua, à Vérone.

blement. N'étant plus que la moitié d'elle-même, liée à un pilier auquel elle est incorporée par son appareil même, elle doit plutôt, semble-t-il, s'absorber dans l'architecture de ce pilier. Cannelée, comme au Tabularium ou comme au premier étage de l'École des Beaux-arts, elle semble un monolithe juxtaposé contre le mur, détaché de la construction : elle prend l'aspect d'une application. Il semble donc que la colonne engagée doive logiquement s'interdire la cannelure pour garder avec le pilier l'unité d'aspect qui exprime l'unité de construction. Et tels sont bien ces portiques que je vous cite comme types, théâtre de Marcellus ou cour du palais Farnèse.

Mais ceci ne peut être une règle. L'idée de richesse peut faire adopter le parti de cannelures, et d'ailleurs un portique peut se lier à toute une façade qui en commandera la décoration. C'est ainsi que dans la cour du Louvre, l'ordonnance du 1ᵉʳ étage ne permettrait pas des colonnes lisses pour l'étage du rez-de-chaussée étudié en portique.

Vous trouverez encore des portiques où un petit ordre sert

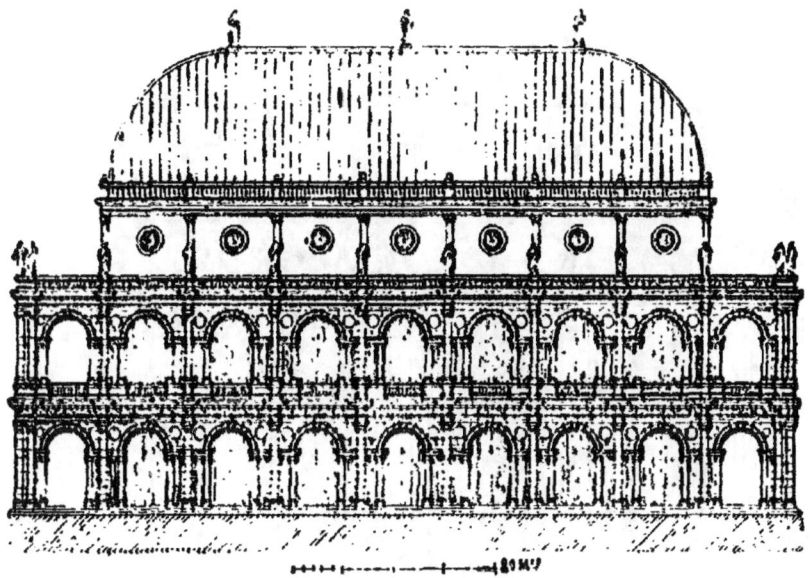

Fig. 316. — Basilique de Vicence.

de piédroit à l'arcade, entre les ordres de la grande ordonnance. Un exemple célèbre de ce motif est la *Basilique* de Vicence, par Palladio, grande salle entourée de portiques (fig. 316), où les travées arrivent à une proportion très large. Dans un parti plus serré, la même disposition se retrouve à la Bibliothèque (*Libreria Vecchia*) de Venise (fig. 317), par Sansovino, qui a été le point de départ du grand édifice des Procuraties, dont je vous ai fait voir les travées.

Comme toujours, vous êtes libres, mais vous devez savoir pourquoi vous vous décidez dans un sens ou dans l'autre.

Fig. 317. — Libreria Vecchia, à Venise.

Et en terminant ce sujet que je ne saurais épuiser, *les portiques*, je veux vous en signaler encore une fois toute l'importance.

Ferez-vous des portiques — colonnades ou arcades? Je vous le souhaite, car aucun sujet n'est plus séduisant pour l'architecte. Hélas! j'en doute un peu : le portique n'est jamais un besoin impérieux, et nous sommes à une époque qui se contente de la marquise!

Mais, que vous en fassiez ou non, dans tout ce que vous étudierez, fût-ce dans un intérieur une cheminée ou un cadre de glace, c'est la connaissance approfondie de l'architecture des portiques qui vous éclairera et vous dirigera. Les siècles ont fait notre art ainsi, vous le recevez tel des mains de vos devanciers. Le sujet est donc d'importance capitale : je ne pouvais vous apprendre à étudier intégralement un portique — vous apprendrez cela toute votre vie — mais je vous ai montré la voie, si je vous ai bien indiqué quels seront vos repères et vos points d'appui : la construction, la proportion, la vérité.

LIVRE V

ÉLÉMENTS DE L'ARCHITECTURE

*Les combles. — Les planchers. — Les voûtes.
Les escaliers. — Éléments divers.*

CHAPITRE PREMIER

LES COMBLES : LEUR COMPOSITION

SOMMAIRE. — Toitures planes. — Appentis. — Combles à deux égouts. — Pignons. — Pavillons. — Rencontres de toitures. — Arêtiers, noues, faîtages. — Avant-corps et pénétrations de combles. — Pentes inégales, intersections. — Toitures courbes. — Combles brisés.

Votre édifice, petit ou grand, est monté. C'est l'objet des études précédentes, murs, portes, fenêtres, portiques, etc. Tout cela, c'est l'architecture verticale. Maintenant, il faut le couvrir. La couverture l'abritera des intempéries, de la pluie surtout; le problème, parfois complexe et malaisé, sera toujours : rejeter le plus rapidement possible l'eau à l'extérieur. Vous y arriverez par l'étude de la disposition la plus simple des plans inclinés de vos toitures : car vos toitures seront toujours inclinées, fussent-elles des terrasses : la terrasse n'est qu'une combinaison de plans faiblement inclinés.

Or, cette disposition aussi simple que possible des toitures, ce n'est que par l'étude géométrique de ses éléments que vous l'obtiendrez; et sauf les cas absolument simples, vous aurez à vous rendre compte, par un *plan des toitures*, de la configuration possible de vos combles.

Les toitures peuvent être planes, courbes ou brisées. Le cas des toitures planes est de beaucoup le plus général, et c'est celui dont nous nous occuperons d'abord.

De toutes les dispositions de couvertures, la plus simple est celle à une seule pente ou versant, ce qu'on nomme *appentis* (fig. 318) : par exemple la couverture d'un portique adossé à un bâtiment plus élevé, de bas-côtés d'église, etc. Mais le plus souvent les bâtiments sont couverts par des toitures à deux versants (fig. 319), dont l'angle dièdre a pour intersection une ligne droite horizontale nommée *faîtage* ; inférieurement, le comble se

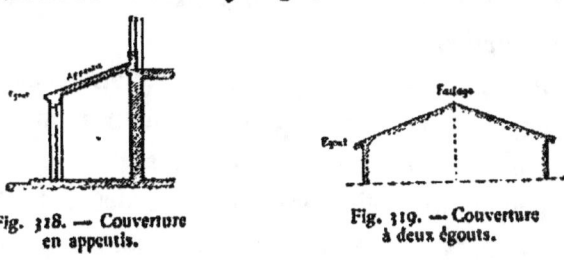

Fig. 318. — Couverture en appentis.

Fig. 319. — Couverture à deux égouts.

termine de chaque côté à une horizontale nommée *ligne d'égouts*. Si le bâtiment est plus long dans un sens que dans l'autre, la couverture doit être profilée sur la plus petite dimension : les lignes d'égout doivent être sur les longs murs, le faîtage leur être parallèle. On évite ainsi les grandes portées de combles, par conséquent on réalise la solution la plus facile — chose toujours à chercher — on évite aussi les grandes hauteurs de toitures qui résultent d'une grande portée.

Supposons donc un bâtiment rectangulaire : la disposition la plus simple consiste à le couvrir par deux versants rectangulaires eux-mêmes ; le faîtage s'étend alors d'un mur de face au mur opposé, et dès lors les murs se terminent en pointe triangulaire (fig. 320) : c'est ce qu'on nomme des *murs-pignons* ou simplement *pignons*. Tel est le cas des temples antiques, et dans

LES COMBLES. LEUR COMPOSITION

l'architecture moderne d'une foule de constructions, soit usuelles telles que hangars, ateliers, magasins, etc., soit monumentales telles que la plupart des églises.

Un plan carré peut également être couvert par deux toitures rectangulaires et avoir par conséquent deux pignons. Mais le plus souvent un plan carré est couvert par quatre versants, formant ainsi une pyramide quadrangulaire dont chaque face est un triangle isocèle. On dit alors que cette construction est couverte en *pavillon* (fig. 321) : les intersections des quatre faces s'appellent *arêtiers*.

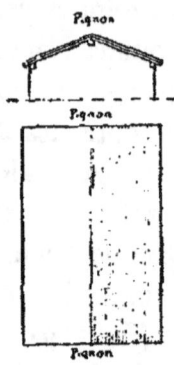

Fig. 320. — Couverture avec pignons.

On peut également couvrir en pavillon un plan rectangulaire

Fig. 321. — Couverture en pavillon.

(fig. 322), pourvu qu'il n'y ait pas une grande différence entre les côtés ; mais dans ce cas les pentes sont différentes deux à deux, ce qui est toujours d'un moins bon effet lorsque les toitures sont franchement visibles et comptent dans la silhouette.

Lorsque le bâtiment a la forme d'un rectangle allongé (fig. 323), la couverture en pavillon n'est plus possible ; alors, si l'on ne veut pas de pignons, on aura encore quatre pentes, mais deux (les plus longues) seront des trapèzes, et les deux plus courtes des triangles ; il y aura un faîtage moins long que le bâtiment. Les quatre pentes peuvent être égales. On appelle alors *longs pans* les plans inclinés qui reposent sur les longs murs, et *croupes* les deux pentes triangulaires d'extrémités.

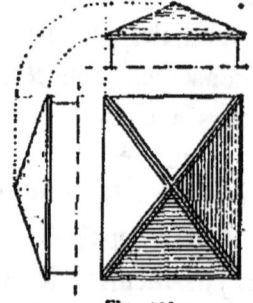

Fig. 322. Pavillon avec pentes inégales.

Quelquefois les croupes sont plus raides que les longs pans.

Pour achever de parler des bâtiments de forme simple, ajoutons que l'édifice circulaire aura une toiture conique; un polygone régulier sera couvert en pyramide avec autant d'arêtiers que le mur extérieur a d'angles;

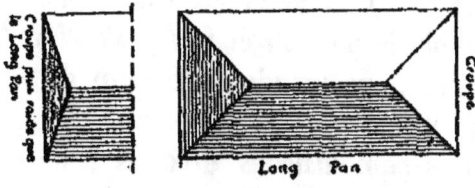

Fig. 323. — Couverture avec longs pans et croupes.

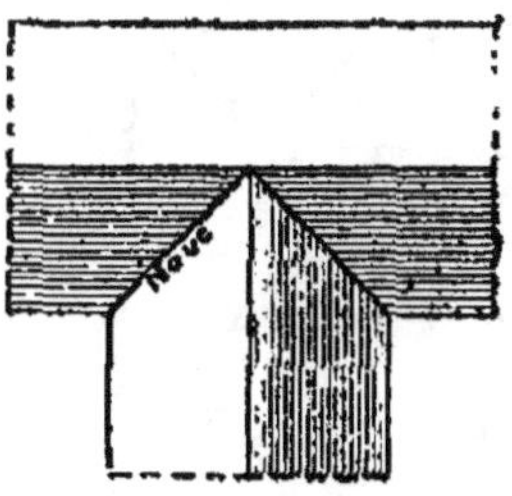

un demi-cercle ou demi-polygone, à l'extrémité d'un vaisseau rectangulaire, sera couvert d'un demi-cône ou demi-pyramide en raccordement avec les longs pans.

Mais lorsque la composition présente un croisement de deux corps de bâtiment d'une hauteur égale, il y aura des rencontres de toitures; en ce cas les plans inclinés auront pour intersection toujours l'arête d'un angle dièdre, mais *concaves* au lieu d'être *convexes* comme un arêtier. Ces intersections concaves s'appellent *noues*.

Ainsi dans le croquis (fig. 324), deux bâtiments se coupent à angle droit : les faîtages se croisent à la rencontre des axes, et les versants ont pour intersections des noues projetées en plan suivant une ligne à 45°. Si les bâtiments sont de largeur inégale (fig. 325), la disposition pourra être la même; alors les faîtages *régneront*, seront de niveau, mais les deux bâtiments seront couverts par des pentes inégales, et les noues ne seront plus dans un plan

Fig. 324.
Rencontre de combles de deux bâtiments de même largeur.

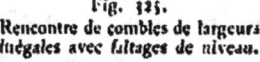

Fig. 325.
Rencontre de combles de largeurs inégales avec faîtages de niveau.

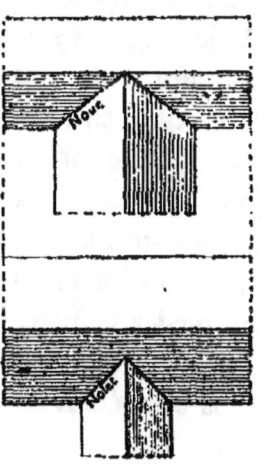

Fig. 326.
Rencontre de combles de largeurs inégales avec pentes égales.

bissecteur à 45°; ou bien les toitures auront la même pente (fig. 326), et alors les faîtages ne seront pas de niveau; le comble le plus étroit fera *pénétration* dans le plus large, et les intersections prendront le nom de *nolets*, du vieux mot *noulet*, ou petite noue.

Ces combinaisons diverses peuvent se rencontrer dans un même plan. Ainsi, lorsqu'un bâtiment entoure une cour, on

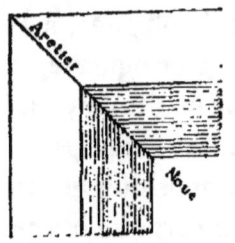

Fig. 327. — Rencontre de combles avec angles saillants et rentrants.

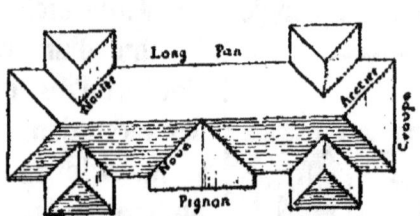

Fig. 328.
Rencontre de combles avec toutes pentes égales.

aura à la fois arêtier et noue (fig. 327) : arêtier vers l'angle saillant, noue vers l'angle rentrant. En effet, un arêtier correspond toujours à un angle saillant, une noue à un angle rentrant.

Voici (fig. 328) un exemple d'un bâtiment principal accoté par quatre petits avant-corps en saillie, et un motif milieu de largeur égale au bâtiment. Vous y reconnaîtrez les longs pans, les croupes, les arêtiers, les nolets, les pignons, les faîtages principaux et secondaires.

En somme, la première étude des combles d'un édifice consiste d'abord à établir un *plan des toitures*; dans ce plan, vous vous rendez compte des intersections horizontales ou inclinées en vous appliquant à assurer l'écoulement des eaux à l'extérieur. Parfois cette étude ne laisse pas d'être compliquée et embarrassante.

D'ailleurs, les pentes ne seront pas toujours égales. Supposons que vous vouliez couvrir le plan ci-dessus avec des pentes très prononcées pour le bâtiment principal, plus plates pour les avant-corps. Le plan deviendra alors celui-ci (fig. 329). Le simple examen comparatif de ces deux plans vous en fera saisir les différences et leurs motifs.

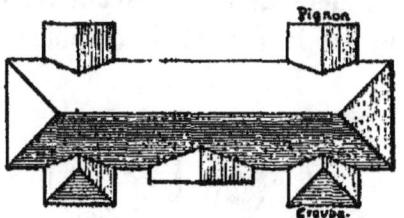
Fig. 329. — Même disposition que Fig. 328 mais avec pentes inégales.

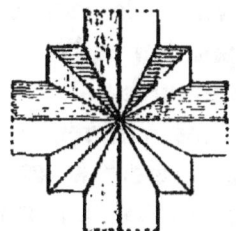
Fig. 330. — Pavillon à la rencontre de deux bâtiments. — Faîtages de niveau.

De même pour un pavillon à la rencontre de deux bâtiments perpendiculaires : vous pourrez faire régner les faîtages (fig. 330); alors les arêtiers et les noues concourent à un seul point, mais il est évident que les pentes du pavillon sont plus faibles que celles des bâtiments perpendiculaires. Ou bien vous aurez partout

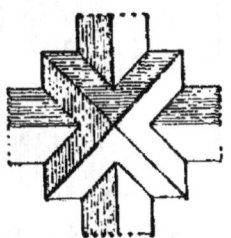
Fig. 331.
Même disposition que fig. 330 mais avec pentes égales.

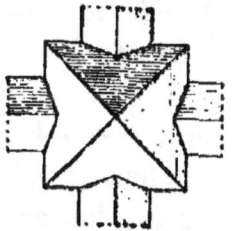
Fig. 332. — Mêmes dispositions que fig. 330 et 331, avec pentes plus raides pour le pavillon.

des pentes égales, et alors les noues comme les arêtiers se projetteront suivant des bissectrices à 45° (fig. 331), les bâtiments perpendiculaires faisant simplement pénétration dans la toiture du pavillon. Enfin, le pavillon pourra être couvert avec des pentes plus raides (fig. 332); la direction des noues dépend alors de la différence des pentes entre les deux toitures.

LES COMBLES. LEUR COMPOSITION

Ces exemples pourraient se varier à l'infini ; c'est toujours par l'étude géométrique des plans de toitures qu'il faut en chercher les solutions. Solutions parfois compliquées, je le répète ; mais le compliqué, qui s'impose quelquefois, doit être évité quand on le peut. Une des considérations qui doivent régir la disposition et l'étude d'un plan est la facilité de combinaison des toitures.

Vous pourrez utilement vous exercer à ces combinaisons, soit au moyen de données arbitraires, soit en cherchant quelle peut être la disposition des toitures d'édifices dont vous aurez les plans. Voici, comme exemple, un plan de toitures d'une partie d'église, présentant réunis la plupart des cas ci-dessus (fig. 333).

Fig. 333. — Plan de toitures d'une église.

Toitures courbes. — Remplacez dans tout ce qui précède les plans inclinés par des portions de cylindres dont les génératrices soient parallèles aux murs d'égouts, vous aurez des toitures courbes. Les arêtiers, les noues seront des intersections cylindriques ; et si les cylindres ont le même profil, leurs intersections seront des courbes *planes* ; dès lors, les arêtiers et les noues, bien que courbes en réalité, se projetteront en plan suivant des lignes droites, tout comme si les toitures étaient planes et de mêmes pentes.

Sur un plan circulaire, la toiture deviendra une surface de révolution, dont la directrice pourra d'ailleurs être circulaire, elliptique, parabolique, à plusieurs centres, etc. Telles sont les *coupoles*.

Les toitures courbes se prêtent peu aux intersections de combles avec des pentes différentes, ou plutôt des profils différents, car alors les intersections, ou les noues et arêtiers, au lieu d'être dans des plans verticaux, seraient courbes elles-mêmes, c'est-à-dire, en réalité, des courbes à *double courbure* (fig. 334), ce qui donnerait lieu à de sérieuses difficultés de construction.

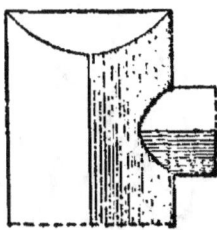

Fig. 334. — Rencontre de combles cylindriques de sections différentes. — Arêtiers et noues à double courbure.

A l'occasion des toitures courbes, c'est-à-dire ayant un profil courbe, et formant par conséquent un cylindre, une recommandation est nécessaire. Si cette courbe de section était un demi-cercle, ou une demie-ellipse, ou une courbe continue à plusieurs centres — en tous cas une courbe continue — la pente d'abord très raide, puisqu'elle partirait de la tangente à la verticale, deviendrait nulle au faîtage, où elle serait tangente à l'horizontale. Donc l'eau ne s'écoulerait pas de cette partie supérieure. Aussi faut-il que les deux pans forment toujours un angle dièdre

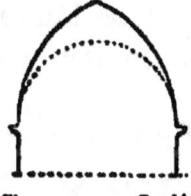 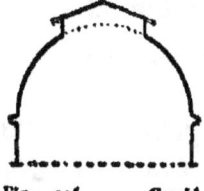 

Fig. 335. — Comble cylindrique à deux égouts.   Fig. 336. — Comble cylindrique avec lanternon.   Fig. 337. — Comble brisé.

au faîtage, soit que la courbe soit tracée comme un arc brisé (fig. 335), soit qu'elle se raccorde avec des plans inclinés, tangents ou surélevés en gradin, cas ordinaire des lanternes vitrées (fig. 336). L'indispensable est en tous cas d'éviter les surfaces horizontales.

Dans les *combles brisés* (fig. 337), la toiture à deux égouts, au lieu de deux plans inclinés, en comporte quatre. On appelle *bris* le pan le plus raide, *terrasson* la partie supérieure plus plate.

Au point de vue des combinaisons de toitures, les problèmes sont les mêmes que pour les couvertures planes, et tous les exemples ci-dessus trouvent ici encore leur application.

Cependant, pour des rencontres de bâtiments inégaux, les combinaisons de combles plans et de combles brisés peuvent motiver des dispositions différentes. Ainsi, dans l'exemple fig. 338, vous voyez les faîtages des petits bâtiments régner avec les *arêtes de bris* du pavillon central; les pentes sur ces bâtiments sont les mêmes que dans les brisis, seul le terrasson a une pente plus plate.

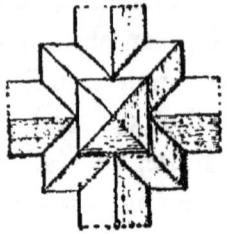
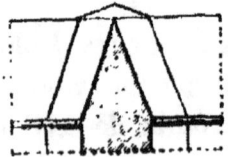

Fig. 338. — Rencontre des combles droits et brisés. — Faîtages au niveau des brisis.

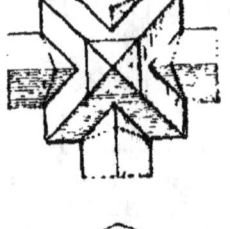

Fig. 339. — Même disposition que fig. 338, mais avec brisis surélevé.

D'ailleurs, on aurait plus de franchise d'effet en relevant la naissance du terrasson nettement au-dessus des petits combles, ainsi que vous le voyez dans la fig. 339, où, de plus, les pentes peuvent être inégales, ainsi que le montrent les lignes pointillées.

CHAPITRE II

LES COMBLES (suite). CONSTRUCTION

SOMMAIRE. — Le plan incliné, voligeage ou lattis. — Appentis simple. — Les fermes. — Poussée et tirants. — Combles polygonaux. — Fermes triangulaires, brisées, à entraits retroussés. — Écartement des fermes.

Principes de la construction des combles. — Qu'il s'agisse de combles grands ou petits, le problème est toujours de constituer la paroi inclinée qui soutiendra la couverture. Cette paroi sera, suivant les cas, *un voligeage*, sorte de parquet brut jointif, ou un *lattis*, sorte de parquet à claire-voie, composé de *lattes* ou *liteaux*. La volige est nécessaire pour le métal, l'ardoise ordinaire, la tuile creuse du midi ; les lattes ou liteaux supportent la tuile plate ou à emboîtement, les ardoises à crochets.

Lattes ou voliges se posent dans le sens horizontal. Dans le cas très simple de l'appentis de peu de largeur, cette paroi sera supportée simplement par des pièces de bois posées suivant la pente de la toiture, espacées de 0^{m}35 à 0^{m}40 environ, qu'on nomme *chevrons* ; sur les chevrons, sont clouées les lattes ou voliges. La force ou l'équarrissage des chevrons dépend de leur portée, de leur pente, du poids de la toiture et des charges accidentelles qu'elle peut subir (passage des hommes, neige, vent, etc.). Mais lorsque ces divers facteurs conduiraient à donner aux chevrons une section trop forte, il ne faudrait plus constituer ce pan de comble à l'aide d'un simple chevronnage; il faudrait recourir à d'autres combinaisons; les chevrons doivent toujours être des bois de faible équarrissage.

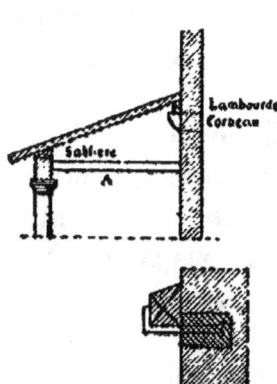

Fig. 340. — Comble en appentis.

Ceci, d'ailleurs, n'est praticable que pour l'appentis : on comprend en effet que les chevrons peuvent reposer ici directement sur deux lignes d'appui : au bas, une pièce dite *sablière*, au haut, une *lambourde*, celle-ci posée contre le mur supérieur et supportée soit par des *corbeaux* ou *consoles* en pierre, soit par des corbeaux en fer scellés de distance en distance (fig. 340). Les chevrons ne doivent pas en effet être engagés dans le mur d'appui, dont ils détruiraient la solidité.

Cette disposition très simple est en effet possible, parce que *l'appentis ne pousse pas*, contrairement à une opinion très fréquente mais erronée. Si, dans la figure théorique de notre appentis, vous admettez que la *lambourde* soit bien attachée au mur, et que les chevrons soit bien attachés à la lambourde, il vous est facile de voir que le seul mouvement que pourrait faire la toiture sous l'action de son poids propre et des charges accidentelles, serait un mouvement *de rotation* autour de la lambourde prise comme charnière. Bien loin donc de tendre au renversement du mur bas, ce mouvement tendrait à le ramener vers le centre de l'édifice : c'est le contraire d'une poussée. Si, par conséquent, vous avez des craintes pour la stabilité du mur bas, ce n'est pas un *tirant* qu'il vous faudra en A, ce sera un *étrésillon*. Ainsi, un tirant en fer, comme vous en avez vu dans des arcs, ne servirait de rien ici. En d'autres termes, la pièce que vous pouvez mettre en A travaillera *à la compression* et non *à l'extension*. J'ai cru devoir faire cette remarque parce que le préjugé contraire est très enraciné : de ce que les combles à deux versants exercent une poussée, et une poussée énergique si elle n'est pas neutralisée, on en conclut que tout comble pousse. C'est une erreur.

Mais dans les toitures à plusieurs pans, il faut des combinaisons de charpente, bois ou fer, pour porter le faîtage et tous les autres éléments du comble. Supposons une toiture sur un bâtiment de 15 à 20 mètres de largeur : les chevrons auront alors une longueur telle qu'ils ne pourraient se soutenir par eux-mêmes ; il faut les appuyer sur une succession de pièces horizontales qu'on nomme *pannes* — le faîtage est une *panne faîtière* —; les pannes sont d'une section plus forte que les chevrons.

S'il y a dans l'édifice des murs de refend assez rapprochés pour que les pannes puissent franchir l'espace de l'un à l'autre, le comble pourra être constitué seulement avec des pannes et le chevronnage. Mais si ces murs n'existent pas ou sont trop éloignés, il faudra porter les pannes au moyen de refends en charpente. Tel est l'objet des *fermes*.

Ainsi, un comble complet se compose :

1° De *fermes*, refends verticaux en bois ou fer, régulièrement espacés ; la silhouette supérieure des fermes résulte des pentes données aux pans de toitures ;

2° De pannes, pièces horizontales allant d'une ferme à l'autre, et se scellant dans les murs pignons lorsque le comble est ainsi terminé. Le nombre de pannes varie suivant la largeur du pan de toiture, leur espacement étant en général d'environ deux mètres pour les combles couverts par un chevronnage en bois.

En tous cas, il y a une panne basse, nommée *plate-forme* ou *sablière*, et une panne *faîtière* ou *faîtage*. Lorsque le comble est brisé, il faut une panne à l'intersection du brisis et du terrasson, on l'appelle *panne de bris*;

3° Enfin, de chevrons, pièces de faible section, dans le sens de la pente de la toiture.

Les arêtiers, les noues donnent lieu à des *fermes d'arêtiers* et *fermes de noues*.

Par dessus cet ensemble de charpente vient la couverture.

Je vous disais plus haut que l'appentis ne pousse pas. Au contraire, le comble à deux pentes pousse les murs en tendant à les renverser au dehors — bien entendu, si cette poussée n'est pas neutralisée. Supposez, en effet, deux plans inclinés, comme deux dalles, posés entre deux murs et contigus à leur sommet (fig. 341). Sous l'action de leur poids, ces plans tendront à s'abaisser : ils ne le pourront qu'en élargissant la base de leur triangle; ils pousseront donc sur les murs, et si les murs n'offrent pas une résistance suffisante, ils les renverseront ou les écarteront, et il y aura déformation de la toiture. Si, au contraire, vous aviez un système (fig. 342) d'un seul morceau, ou rigoureusement indéformable, vous pourriez le poser simplement sur vos murs comme un couvercle, il ne produirait qu'une action purement verticale par sa pesanteur, sans aucune poussée.

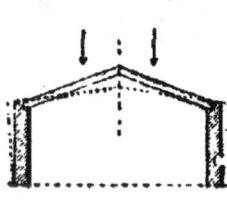

Fig. 341.

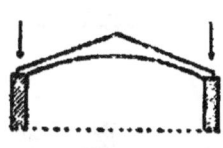

Fig. 342.

Ces considérations théoriques sont nécessaires pour aborder la composition des fermes. Il en résulte deux principes : 1° que vous devez neutraliser ou supprimer la poussée : nous verrons plus loin comment; 2° que toute combinaison de charpente doit être indéformable. Or, une seule figure géométrique a le privilège d'être indéformable, c'est le triangle. Le triangle sera donc l'âme de vos combinaisons.

J'ajouterai tout de suite que sur un plan quelconque de *pavillon régulier*, depuis la forme triangulaire en plan jusqu'au polygone d'autant de côtés que vous voudrez, donnant toujours lieu à un comble pyramidal (ou formé de fuseaux cylindriques), la poussée peut être supprimée par le seul fait d'une *ceinture* indéformable entourant le bas du comble. Ainsi, dans un pavillon octogonal (fig. 343), par exemple, si énergiques que soient les poussées exercées par les fermes d'arêtiers, elles seront sans action sur les murs si la ceinture résiste, car pour que l'une quelconque de ces fermes pût s'allonger en s'aplatissant, il faudrait ou que la ceinture s'allongeât elle-même ou qu'elle se brisât.

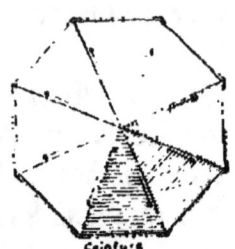

Fig. 343. — Comble polygonal. — Poussée neutralisée par une ceinture.

Le comble en pavillon peut donc être combiné sans poussée, et cela est très important, en permettant de disposer des espaces compris dans le comble.

Après ces explications, nous pouvons aborder l'étude des fermes.

Combinaison des fermes. — Vous avez deux murs parallèles, et, entre ces murs, ni points d'appui ni murs de refend. L'intérieur doit être libre, pour permettre des salles. Il vous reste donc pour la charpente un espace prismatique au-dessus de ces murs — ce qu'on appelle le grenier. La ferme, que j'ai appelée un refend vertical, sera donc un triangle : tel est le cas le plus simple (fig. 344).

La largeur du pan de toiture exige, je suppose, une sablière, deux pannes intermédiaire et un faîtage. Sous les pannes, il faudra une pièce oblique, c'est l'*arbalétrier*. Les deux arbalétriers doivent s'assembler sous le faîtage, mais un assemblage bout à bout serait vicieux : ils s'assemblent donc au moyen d'une pièce verticale nommée *poinçon*, et cet assemblage est encore consolidé par des pièces en décharge, nommées *contrefiches*, *aisseliers*. Toutes ces pièces, dans un même plan vertical, supportent la couverture.

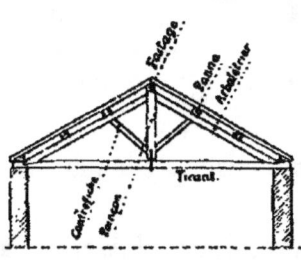

Fig. 344. — Ferme en charpente.

Mais si vous vous en teniez là, je vous l'ai indiqué tout à l'heure, vos arbalétriers, sous le poids de la couverture, tendraient à faire charnière au point d'assemblage; ce point ne pourrait baisser qu'en poussant les murs que le comble tendrait ainsi à renverser. Aussi faut-il que les pieds des deux arbalétriers soient reliés par une pièce horizontale nommée *tirant* ou *entrait*, dont la fonction est d'empêcher l'écartement des murs. Comme d'ailleurs il risquerait de fléchir sous son poids et sa longueur, — ce qui, au lieu d'écarter les murs, les tirerait en dedans — le poinçon le soulage par suspension au milieu de sa longueur; si cette suspension ne suffit pas, on en crée d'intermédiaires.

Cet aperçu d'une ferme très simple vous fait voir le principe qui devra toujours vous guider : faire des combinaisons triangulaires. Le triangle est la seule figure géométrique qui soit indéformable, et en construction il faut toujours supposer qu'un assemblage est une articulation.

Pour de grandes portées, les combinaisons seront plus multiples, mais toujours plus faciles lorsque vous pourrez avoir le tirant à la base du comble. Voici par exemple (fig. 345) une combinaison applicable à une ferme de très grande portée.

LES COMBLES. CONSTRUCTION 449

Pour un comble brisé, la décomposition absolue en triangles ne sera pas possible, car le but de ces combles est de permettre des espaces praticables dans le comble même; il faudra du moins

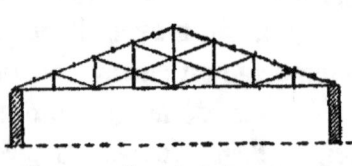

Fig. 345. — Exemple de ferme à grande portée.

Fig. 346. — Ferme de comble brisé.

renforcer les assemblages par des combinaisons triangulaires (fig. 346).

Parfois enfin, les exigences de la composition obligeront à disposer le tirant (qui sert aussi de poutre au dernier plancher) plus bas que la naissance du comble. Vous aurez alors un *entrait retroussé* (fig. 347), sans préjudice de l'entrait ou tirant de pied.

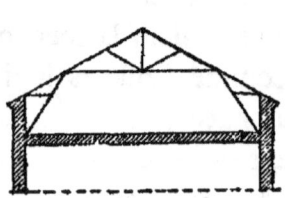

Fig. 347. — Ferme avec entrait retroussé.

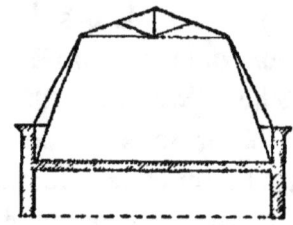

Fig. 348. — Ferme de comble brisé avec entrait retroussé.

Il en sera de même dans une ferme de comble brisé (fig. 348). Mais ces combinaisons, souvent inévitables, sont moins bonnes en théorie et demandent une étude plus méticuleuse.

Il n'entre pas dans le cadre de ce livre de vous exposer toutes les variétés de fermes. Ces exemples suffiront quant à présent pour vous faire voir ce qu'est un comble. Tout ce qui précède est d'ailleurs tiré surtout de la construction en bois; mais avec le fer, si les sections et les assemblages sont tout différents, les principes restent les mêmes. Il faut toujours et avant tout chercher les combinaisons indéformables, et éviter la dangereuse poussée de combles dont les tirants seraient insuffisants.

Quant à l'écartement des fermes, il peut beaucoup varier : question de force des fermes et des pannes. Cependant une considération devra primer les autres : vos fermes devront porter sur les points résistants de la construction, et par conséquent se superposer aux points d'appui des travées de façades. Lorsque vous aurez des croupes (fig. 349), il est bon que les demi-fermes d'arêtiers se réunissent au moyen d'un poinçon commun avec la première ferme de long pan. Mais cette disposition n'est pas toujours possible. Les exigences du plan peuvent à bon droit primer des considérations de facile exécution de la charpente.

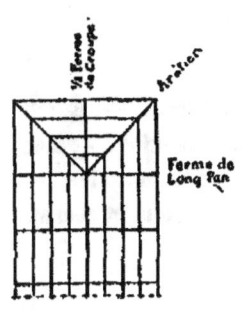

Fig. 349. — Disposition des fermes dans les cas de croupe.

Je ne pouvais me dispenser ici de cette étude un peu prématurée des combles que vous verrez plus tard en vous initiant à la stéréotomie et à la construction. Elle vous est nécessaire pour établir des ensembles qui soient constructibles : c'est tout ce qu'on doit d'abord vous demander ; plus tard, vous apprendrez à en assurer la construction.

CHAPITRE III

LES TOITURES

SOMMAIRE. — Écoulement des eaux. — Égout continu. — Égout localisé. — Toitures à antéfixes ou à chenaux. — La doucine. — Les gargouilles, les tuyaux de descente. — Toitures monumentales. — Les pentes nécessaires. — Grandes pentes, terrasses, brisis et terrassons. — Combles habitables.

Égouts, chenaux, etc. — Autrefois, dans l'antiquité et au moyen âge, on se contentait le plus souvent de rejeter les eaux pluviales au delà de la ligne d'égout du toit, soit uniformément tout le long de la toiture, soit en certains points où l'eau était concentrée au moyen de *chenaux*, et d'où elle était projetée au moyen de *gargouilles* plus ou moins saillantes. Ce procédé n'est plus toléré aujourd'hui, et l'eau pluviale, recueillie dans des chenaux ou gouttières au bas des toitures, est ensuite évacuée par des tuyaux de descente qui la déversent au pied du bâtiment, ou mieux encore dans un égout souterrain. L'écoulement direct est rarement admis, par exemple avec des toitures saillantes, mais jamais sur la voie publique. Il faut d'ailleurs, avec l'écoulement direct, que le pied de l'édifice soit protégé contre la stagnation de l'eau tombant du toit; des revers de pavage prononcés et bien étanches sont indispensables, ainsi qu'une canalisation efficace d'évacuation au moyen de caniveaux, égouts, etc.

Les toitures antiques sont de deux sortes à ce point de vue : celles à écoulement continu ou à *antéfixes*, et celles à chenaux ou à *doucine ou cimaise*.

Fig. 350. — Toiture antique à antéfixes.

Les antéfixes (fig. 350) sont des ornements verticaux qui se dressent en tête de chaque couvre-joint de tuiles ou de feuilles de métal; l'eau s'écoule par chaque rang. Ce système est celui des grands temples grecs, sauf que là les tuiles, les couvre-joints et les antéfixes sont en marbre.

Lorsque les eaux sont évacuées par des gargouilles, il y a un petit chenau, toujours assez peu important, les gargouilles étant très rapprochées et n'ayant par conséquent pas beaucoup d'eau à débiter.

Ce petit chenau, c'est la *doucine*, dont un exemple bien connu est celle de Métaponte (fig. 351), laquelle fait par conséquent partie de la toiture et non de l'entablement. Et en effet, on voit des exemples de doucine en terre cuite, en métal, lorsque l'entablement est en pierre. Il est bien vrai que l'habitude a fini par considérer la doucine comme partie supérieure de la corniche, et que dans les errements modernes, la corniche, même à l'intérieur, se termine toujours par une doucine. Mais il est nécessaire de se rappeler

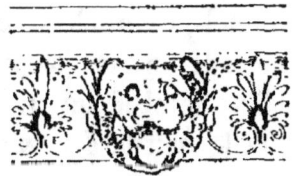

Fig. 351. — Chenau antique de Métaponte.

son origine pour se rendre compte de certaines dispositions architecturales, notamment des *frontons*, dont je vous parlerai plus loin.

Aujourd'hui, les tuyaux de descente étant forcément plus

espacés que les anciennes gargouilles, les chenaux doivent être plus importants : ils reçoivent une plus grande quantité d'eau, et leur pente nécessaire exige de la profondeur. Cette pente ne devrait jamais être moindre de 0.02 par mètre. Les chenaux ont donc pris une grande importance : ce sont de véritables caniveaux au-dessus des corniches; ils peuvent être en pierre, en bois garni de métal, etc. Vous verrez plus loin qu'ils ont donné naissance à de beaux motifs de décoration des façades.

Comme construction, il est mieux que le chenau soit sur la corniche et non sur le mur (fig. 352) : les infiltrations ont ainsi moins de gravité, s'il s'en produit, et on les voit plus immédiatement. Il faut d'ailleurs que la profondeur soit en raison de l'écartement des tuyaux de descente, mais il est bon que cet écartement ne soit pas excessif.

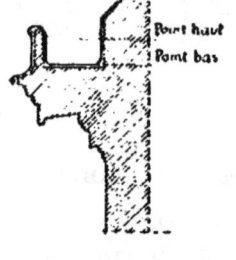

Fig. 352. — Disposition du chenau.

C'est souvent une des plus grosses difficultés de l'étude des façades, et il faut dès le début de la composition prévoir les emplacements possibles des tuyaux de descente. On le néglige trop souvent, et on en est puni.

Comme résumé de tout cela, éliminer l'eau, voilà le problème. Autrefois, ce problème était bien simple : l'eau conduite par les pentes de toitures jusqu'à un aplomb en saillie sur les murs de l'édifice tombait où elle pouvait : tant pis pour les passants.

Telle était la disposition dans les édifices les plus parfaits de l'antiquité; je viens de vous le faire voir au Parthénon, dont les toitures se terminaient par une dernière, ou plutôt une première rangée de tuiles (de marbre), avec des antéfixes à chaque division de couvre-joints. L'eau tombait ainsi également tout le long des toitures.

Fig. 353. — Salle synodale de Sens.

Même dans les plus importants des édifices antiques, tels que le Panthéon de Rome, les Thermes, les Basiliques, il ne semble pas qu'il y ait eu d'autres errements ; et à la Renaissance même, les édifices qui se sont le plus directement inspirés de l'architecture antique, par exemple les palais de Rome, étaient conçus avec un écoulement direct des eaux pluviales sur la voie publique. Telles étaient encore les toitures saillantes de la Toscane. A Fontainebleau, une grande partie des bâtiments n'a pas d'autre issue des eaux. Aujourd'hui, ces édifices sont en général déshonorés par des gouttières affreuses ; nous pouvons le regretter, nous artistes, mais il faut bien reconnaître que le passant a quelque droit de n'être pas inondé, et que des solutions plus respectueuses de la voie publique s'imposent à nous.

Au moyen âge, c'était aussi la voie publique qui recevait l'égout des toitures ; mais ce n'était plus un écoulement uniforme : de courts chenaux localisaient les émissions d'eau en des points déterminés, à chaque travée de l'édifice. Les *gargouilles* recevaient les eaux et les projetaient assez loin des murs, par

Fig. 354. — Lucarne de l'hôtel de Cluny.

exemple au bâtiment dit de la salle synodale, à Sens (fig. 353), ou encore, à Paris même, à l'hôtel Cluny (fig. 354). La chute d'eau n'avait plus lieu partout, mais elle était plus drue. Et c'est cette disposition qui permettait les grandes lucarnes en continuation des murs que nous voyons dans beaucoup d'édifices du moyen âge et dans les châteaux de la Renaissance française. Les eaux des toitures, réunies entre les lucarnes, s'écoulaient par ces intervalles. Vous pouvez voir des exemples de cette disposition dans de nombreux châteaux de la Renaissance, parmi lesquels je vous citerai celui du Pailly, avec sa grande lucarne centrale (fig. 355), ainsi que l'imposante façade du château de Maisons (fig. 356), et vous convaincre une fois de plus de l'action d'un élément de construction sur la composition architecturale elle-même.

Hélas! on ne nous accorde plus les mêmes facilités. Il faut que l'eau de nos toitures soit conduite jusqu'aux égouts, sans qu'il s'en perde une goutte. De là donc ces éléments tout modernes, le long chenau et le tuyau de descente. J'aurai à y revenir.

Les toitures sont d'abord et avant tout une nécessité. Elles sont ou peuvent être aussi un élément d'art. L'antiquité ne paraît avoir connu que la toiture simplement utilitaire. Admirablement conçue comme exécution, elle ne comptait pas ou presque pas pour l'aspect du monument, pas plus du moins que celle de la Madeleine à Paris. Il en fut de même dans l'architecture byzantine (sauf toutefois les coupoles), dans celle qu'on a appelée latine, même dans les premiers édifices romans. Bientôt la pente des toitures devient plus prononcée, et le moyen âge et la Renaissance nous offrent de nombreux exemples de toitures conçues non seulement en vue de la couverture de l'édifice, mais encore pour ajouter un élément important à son aspect et à sa silhouette. Puis il y eut une

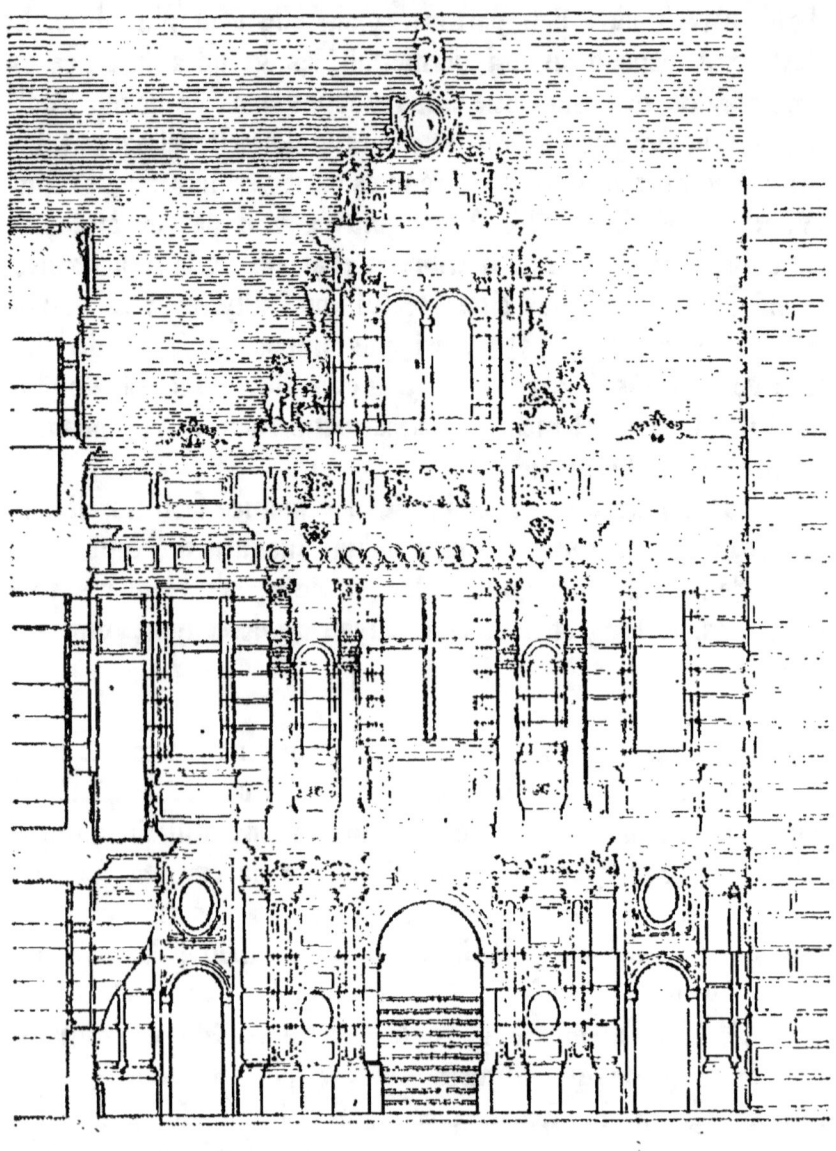

Fig. 355. — Toitures du château du Pailly.

458 ÉLÉMENTS ET THÉORIE DE L'ARCHITECTURE

Fig. 386. — Château de Maisons.

disparition des combles accentués, et pendant longtemps la toiture fut considérée comme un élément négligeable au point

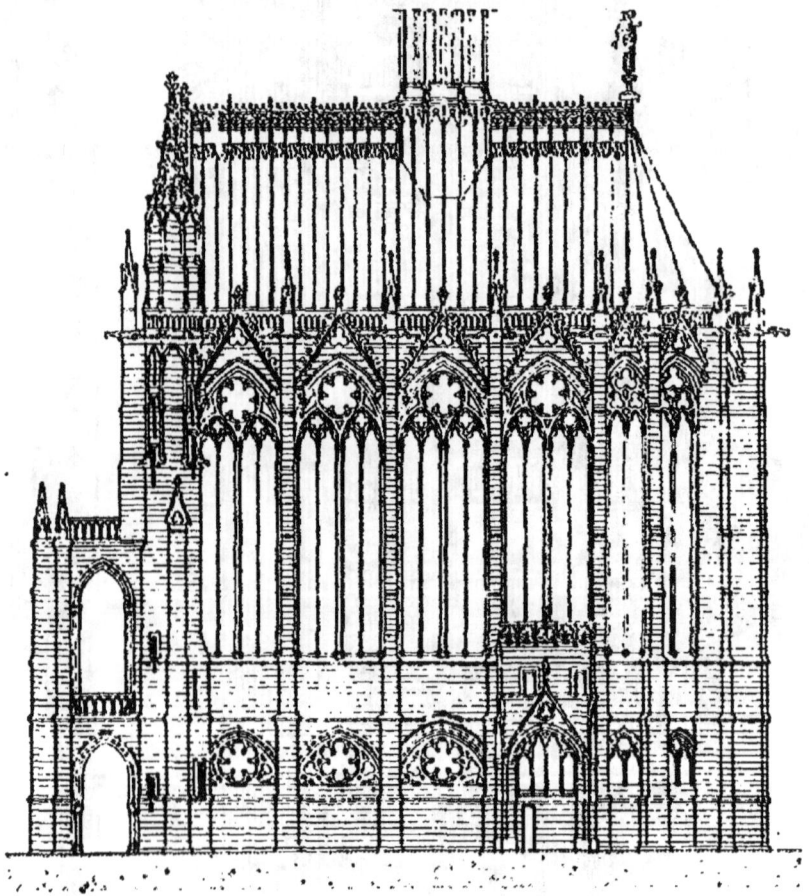

Fig. 357. — Toitures de la Sainte Chapelle

de vue de l'aspect; il fut même admis que le premier soin de l'architecte devrait être de la cacher. Enfin, notre architecture moderne a rendu aux toitures leur importance artistique, en en abusant parfois comme on fait de toutes les bonnes choses.

Les toitures, vous ai-je dit, peuvent être un élément artistique de haute valeur; du moment où on les a assez accentuées pour qu'elles fussent vues, on a bien compris qu'il fallait les faire concourir à la silhouette et à la beauté de l'édifice. Il faudrait vous citer toutes nos grandes églises : vous en avez des exemples à chaque pas. A des époques différentes et avec des

Fig. 358. — Toiture de la chapelle de Versailles.

styles très divers, voyez par exemple la toiture de la Sainte Chapelle (fig. 357) et celle de la chapelle de Versailles (fig. 358). La pensée est la même. Voyez encore les grands combles de l'Hôtel de Ville de Paris et ceux des Hôtels de Villes du Nord, à Bruges, à Ypres, à Louvain, à Bruxelles (fig. 359). Ces exemples suffiront à vous faire voir quel beau et riche parti on a su tirer des toitures. Il y en a aussi de fort laides, qui écrasent l'édifice; il est rare cependant que des toitures nettement accentuées ne soient pas au profit de l'aspect d'un monument.

Vous verrez aussi de belles toitures dans le parti des combles brisés; ainsi, au château de Maisons, au palais du Luxembourg, au pavillon de Flore, à la galerie d'Apollon au Louvre. Je

Fig. 359. — Hôtel de Ville de Bruxelles.

m'arrête, car ces exemples suffisent amplement à ma démonstration.

L'architecte a donc deux questions à se poser à propos de ses toitures : quelle sera leur disposition pour la prompte évacuation des eaux ? et ces toitures doivent-elles concourir à l'effet de l'édifice ?

Et ces deux questions en amènent une autre : quelle sera la pente de ces toitures ?

Au point de vue de l'écoulement des eaux, il faut toujours des pentes *plus que suffisantes*. Les toitures plates sont toujours une chose dangereuse, le moindre défaut y prend une importance grave. Il faut donc toujours se tenir au-dessus et sensiblement au-dessus des *minima* généralement adoptés : environ 0.30 par mètre pour le métal, 0.35 à 0.40 pour les tuiles à emboîtement ou à canaux, 0.50 à 0.60 pour la tuile plate et l'ardoise. En effet, il ne faut pas seulement que l'eau s'écoule rapidement, il faut encore que la toiture se sèche rapidement. Elle ne le fera que si la pente est prononcée. Je puis vous dire que souvent, dans vos projets, nous remarquons des pentes beaucoup trop faibles.

Et les terrasses, direz-vous. Eh bien, je vous répondrai que les terrasses sont une chose très dangereuse et qu'il ne faut pas faire à la légère.

Les terrasses formées par de grands plans très légèrement inclinés, telles qu'on en peut faire avec la mosaïque ou l'enduit de ciment ou d'asphalte, ne sont possibles que sur des constructions inébranlables ; telles étaient les terrasses en mosaïque de certaines parties des thermes romains. Et encore faut-il observer que les infiltrations inévitables en pareil cas par les interstices ou les fissures de ce revêtement s'absorbaient dans les énormes remplissages des voûtes : et enfin que le climat de l'Italie n'est pas celui de la France.

Sur des constructions moins monolithes, et surtout si les terrasses sont portées par des planchers, il faut renoncer à ce système et adopter des ressauts. La terrasse devient une sorte d'escalier très doux. Mais ce travail n'est jamais sans inconvénients; avec la pierre, il y a des joints qui s'ouvrent, et peu de pierres sont à l'abri de toute porosité. Avec le métal, il y a tous les accidents possibles de la dilatation et des soulèvements.

Méfiez-vous des terrasses! Celles de l'arc de l'Étoile lui-même avaient compromis ce monument d'apparence si éternelle, et il n'était que temps d'y remédier.

D'ailleurs, en admettant que les terrasses aient été construites avec tout le soin possible, elles conserveront encore leurs inconvénients inévitables. En été les poussières, en automne les feuilles, en hiver la neige s'y amasseront, et menaceront constamment l'édifice d'engorgement des chenaux et descentes, d'infiltrations d'eau, etc. Il faudra un entretien vigilant, des balayages fréquents. Puis la terrasse invite à la circulation, celle-ci aux caisses de fleurs; bientôt la terrasse sert de dépôt à toutes sortes d'objets qui la compromettent. Quant aux écoulements d'eau, ils sont toujours précaires, et il faut voir par exemple les grandes toitures de Versailles pour constater à quels expédients déplorables conduisait le parti pris de n'avoir pas de toits visibles.

Cependant, tout ce que je vous dis là sur les pentes peut sembler être démenti par les errements des pays à grandes neiges, où en général on fait des toitures assez plates. La contradiction n'est qu'apparente. En Norvège, par exemple, la neige ne subit presque pas de dégels intermittents; la neige d'octobre se recouvre par celle de novembre, et ainsi de suite jusqu'au dégel unique, mais formidable, qui rouvre le printemps. Si les pentes sont prononcées, c'est alors, à la dislocation, une chute très dangereuse de gros blocs de glace, car la toiture est devenue un véritable glacier. Si, au contraire, les pentes sont faibles, la

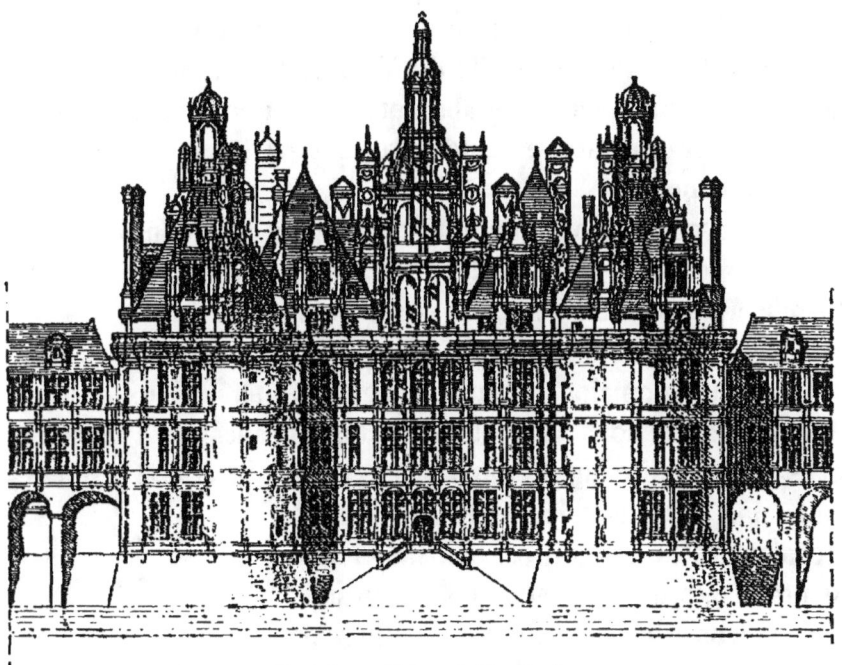

Fig. 360. — Château de Chambord.

neige glacée se fond lentement sur place sans chute et sans à-coups. Question de climat comme vous voyez. C'est encore par un motif analogue que, dans certains pays à neige persistante, on fait les toitures positivement en terrasse, afin que l'amas de neige de grande épaisseur qui se déposera sur ces terrasses en couches stratifiées forme une défense naturelle contre le froid. Cela a l'air paradoxal, et cependant le phénomène est physiquement vrai, la neige étant mauvaise conductrice de la chaleur. Mais ce sont là des exceptions et des coutumes locales basées sur une expérience locale.

Au contraire, dans les conditions normales, les grands combles sont évidemment excellents au point de vue de la protection du bâtiment, et aussi très nobles d'aspect. Voyez de loin les combles de Notre-Dame, de Saint-Eustache, de Chambord (fig. 360), de l'Hôtel de Ville, de la chapelle de Versailles. Quelle belle affirmation du monument qu'ils abritent! Et surtout, lorsqu'on leur laisse leur beau caractère de couverture sans les surcharger de lourds ornements.

Ils n'ont que l'inconvénient de coûter plus cher, et par le cube de la charpente et par la surface de la couverture. Aussi a-t-on cherché à les utiliser; de là, les combles praticables.

L'antiquité romaine connut les pignons latéraux aux voûtes d'arête, tels que nous les avons vus dans les salles des Thermes; mais on peut dire que le moyen âge créa les lucarnes, permettant ainsi d'utiliser les combles; puis la Renaissance ne craignit pas d'installer plusieurs étages dans la hauteur des toitures; il y a dans plusieurs Hôtels de Villes de Belgique jusqu'à quatre rangs de lucarnes, correspondant à quatre étages, dont l'un est au niveau de la naissance du comble, les autres étant constitués par des planchers qui reposent sur les entraits successifs des fermes. Mais avec les toitures à deux pentes,

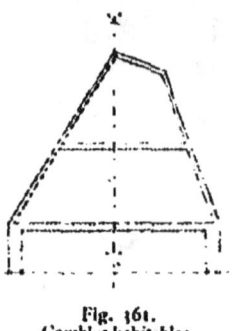

Fig. 161.
Combles habitables.

même très raides, les étages se rétrécissent rapidement, et la profondeur des lucarnes est très grande : l'aération et l'éclairage des pièces sont difficiles. De là les combles brisés ou à la Mansard, composés, comme je vous l'ai dit, de deux pentes très raides (brisis) et de deux pentes plus plates (terrasson).

A vrai dire, le brisis, ordinairement très raide, est presque un

Fig. 362. — Pavillon central du Palais de Justice.

pan de bois ou de fer; et le terrasson couvrant à lui seul presque toute la surface de l'édifice, il n'y a guère de raisons utiles pour ne pas ajouter simplement un étage carré à la place du brisis. Mais il peut se trouver des exigences de façades qui commandent le niveau où devront commencer les toitures, et alors il est certain que le comble brisé est plus utilisable que le comble à deux versants (fig. 361).

Mais il faut bien se convaincre que, en général, là où il n'y a pas lieu de faire un comble habitable, il n'y a pas lieu de faire un comble brisé. Le comble à deux versants, plus simple de construction, plus solide, est d'un aspect beaucoup plus franc : je n'en veux pour preuve que ces grandes toitures d'églises dont je vous parlais tout à l'heure, comparées aux combles brisés du nouveau Louvre par exemple.

Le comble cylindrique n'est pas sans analogie avec le comble brisé. La section du cylindre commence par une partie presque verticale, tandis que la pente s'affaiblit à mesure qu'on approche du faîtage, mais, je vous le rappelle encore, en restant toujours une pente; il résulte de là que la section du comble ne peut être une courbe unique, qui, à son sommet, serait tangente à l'horizontale; il doit toujours se trouver, au faîtage, une intersection de deux pentes. Les conditions d'utilisation sont donc à peu près les mêmes que pour les combles brisés; l'aspect seul est différent, ainsi que la composition des fermes. Le comble cylindrique se fait soit sur des bâtiments étendus tels que les maisons de l'ancienne rue de Rivoli, l'ancien palais des Champs-Élysées, ou la célèbre basilique de Vicence par Palladio; soit sur des pavillons carrés comme au Louvre, au Palais de Justice (fig. 362) ou au Pavillon central de l'École militaire, beau monument si malheureusement sacrifié par tout ce qui le cache de tous côtés (v. plus haut, fig. 54). Dans ce dernier cas, il est presque une variante de la coupole.

CHAPITRE IV

LES COUPOLES ET LES FLÈCHES

SOMMAIRE. — Couvertures sur plan circulaire. — Cônes et pyramides polygonales. — Coupoles antiques. — Le Panthéon, Sainte-Sophie. — Saint-Pierre. — Construction et silhouette. — Les flèches. — Caractère décoratif des toitures modernes.

A la fin du chapitre précédent, en parlant des combles à quatre pans cylindriques, j'ai employé le mot de *coupole*. Ce mot m'amène naturellement à parler des combles d'édifices circulaires. Le cas le plus simple est la couverture conique, plate ou aiguë. Il y en a de nombreux exemples à Paris même, les tours du Palais de Justice, les cirques, les panoramas. Parfois, le cône est plutôt une pyramide à base polygonale d'un grand nombre de côtés, comme au cirque des Filles du Calvaire (fig. 363) : il y a à cela un motif de construction, afin que la sablière et chaque anneau de pannes forme une ceinture inextensible et par conséquent indéformable.

Je ne connais pas d'exemples à vous citer de comble brisé sur plan circulaire.

Par contre, les coupoles sont nombreuses, et c'est un des plus beaux motifs sur lesquels l'architecte puisse s'exercer. Et c'est ici surtout que nous allons bien saisir la différence profonde entre l'esprit antique et l'esprit moderne dans l'architecture.

470 ÉLÉMENTS ET THÉORIE DE L'ARCHITECTURE

Fig. 363. — Coupe du cirque d'hiver.

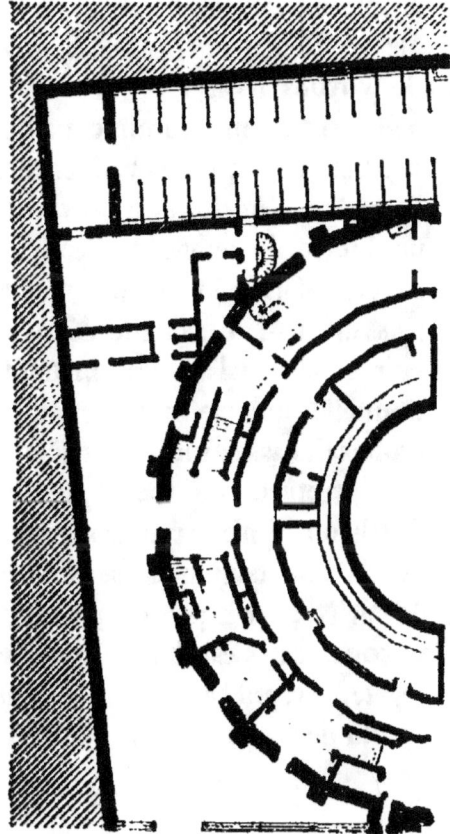

L'antiquité a fait de nombreuses coupoles, car elle a construit de nombreuses salles circulaires voûtées. La plus célèbre, parvenue d'ailleurs intacte jusqu'à nous, est le Panthéon de Rome, dit Panthéon d'Agrippa (fig. 364 et 365). Là, sur un mur cylindrique très épais et savamment évidé, est cintrée une voûte demi-sphérique de quarante mètres environ de diamètre. Ainsi que le veut la construction, la calotte sphérique d'extrados n'est pas concentrique à l'intrados, l'épaisseur augmente à mesure qu'on s'éloigne de la clef; puis, à la partie critique de la voûte, là où pourrait se produire la rupture, cette voûte est épaulée par des gradins en maçonnerie qui surmontent le mur extérieur. Tout cela est admirablement étudié comme construction : l'architecte a satisfait à la construction, rien de plus, rien de moins.

Et, cela fait, sur cette

construction suffisante et nécessaire, — sans aucune préoccupation d'effet extérieur ou d'aspect — il a établi des feuilles de métal pour abriter le monument.

Et c'est tout : voilà l'esprit antique. Et, en fait, je ne connais pas d'édifice où le dédain de l'aspect et de la recherche d'effet soit poussé plus loin qu'au Panthéon de Rome. Cela était habillé de revêtements de marbre. Le monument recevait ainsi une parure superficielle ; mais rien, absolument rien, n'était étudié en vue de ce que nous autres modernes nous appelons la silhouette ou le pittoresque.

Je sais par les beaux travaux de M. Chedanne que le Panthéon tel que nous le voyons n'est qu'un remaniement peut-être malheureux d'un monument antérieur, et que ce qu'on appelle encore Panthéon d'Agrippa est en réalité un édifice du temps de Septime-Sévère. Mais si je suis très reconnaissant à M. Chedanne de m'avoir vengé de l'admiration traditionnelle qui se transmettait à propos des assez médiocres détails d'architecture du péristyle du Panthéon, il n'en reste pas moins que la composition de la *Rotonde* devait être à peu près ce que nous voyons, car c'est bien là, je le répète, l'esprit antique : dédain absolu de la silhouette et de l'effet.

Fig. 364. Le Panthéon de Rome.

Fig. 365. — Le Panthéon de Rome.

Non pas, entendez-le bien, que je veuille dire par là que les édifices antiques n'avaient ni silhouette ni effet extérieur; au contraire, ils en avaient souvent beaucoup; mais par la force des choses, par une résultante non cherchée des moyens employés pour assurer aussi parfaitement que possible l'utilisation de la construction; par la beauté intrinsèque de l'expression supérieurement vraie, qui s'impose malgré tout. Cette architecture cherche avant tout l'utile, puis elle cherche la magnificence des intérieurs, de ce dont jouit le destinataire; au service de cette utilité magnifique et de cette magnificence utile, elle met les moyens d'une puissante construction : cela donne ce que cela donne; s'il y a en plus un grand effet extérieur, de la silhouette, des aspects pittoresques, c'est par surcroît, c'est parce qu'il ne pouvait en être autrement.

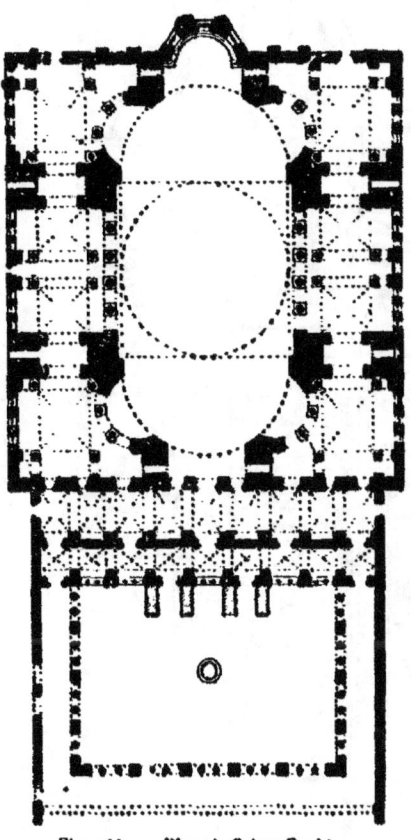

Fig. 366. — Plan de Sainte-Sophie.

Tel est encore cet autre admirable monument, Sainte-Sophie de Constantinople (fig. 366, 367, 368). Placé comme il l'est, avec tous ses éléments de construction, sur l'une des collines qui dominent le Bosphore et la Corne d'Or, il produit, certes, un admirable effet. Eh bien, ce qu'on voit, ce qui semble composé

LES COUPOLES ET LES FLÈCHES

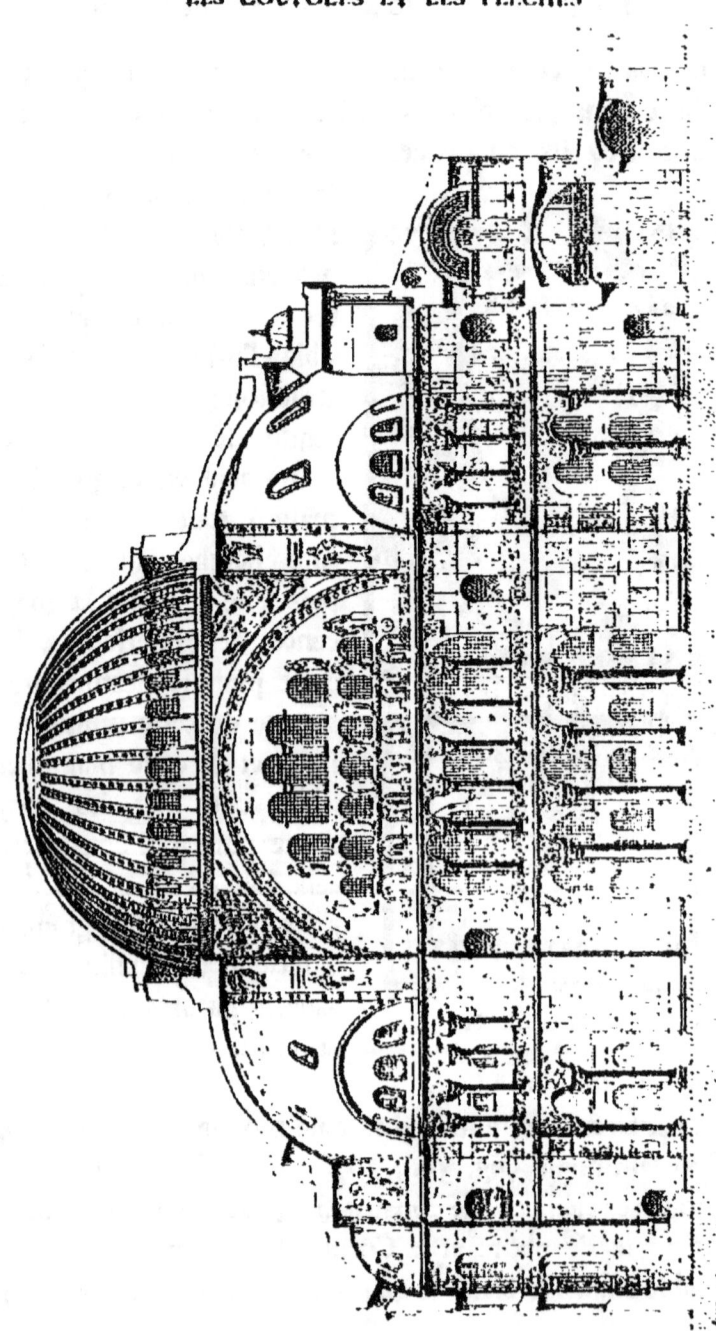

Fig. 367. — Coupe longitudinale de Sainte-Sophie de Constantinople.

si heureusement pour l'aspect et l'effet, c'est tout simplement la construction, la construction nécessaire, sans une seule parcelle

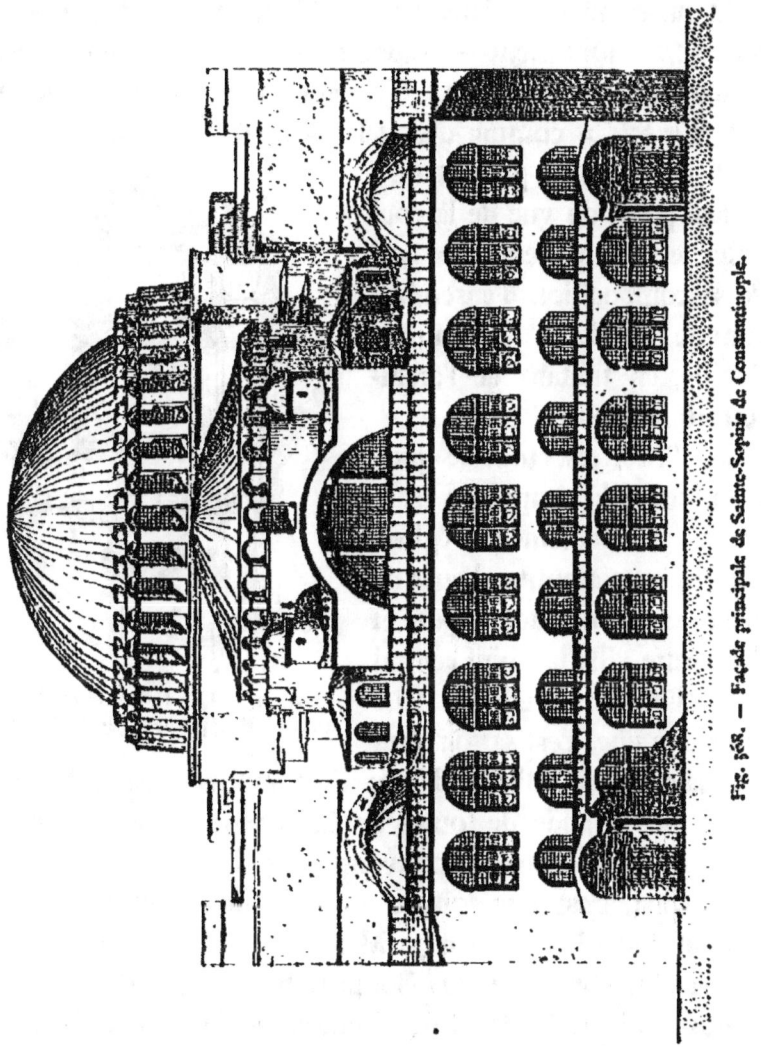

Fig. 568. — Façade principale de Sainte-Sophie de Constantinople.

de pierre qui ne soit uniquement un élément indispensable à la construction. Ici encore, toute la construction — rien de plus, rien de moins — voilà l'aspect du monument. Aspect admirable, mais non cherché; pas un sacrifice, pas une concession, pas même un souci accordé à l'aspect.

Et maintenant, à deux pas du Panthéon de Rome, voyons cet autre monument — moderne celui-ci — Saint-Pierre de Rome (fig. 369, 370, 371). C'est aussi une coupole : c'est même « *la Coupole* » comme disent les Romains. Ne le considérons d'ailleurs quant à présent qu'à ce seul point de vue de la coupole; je vous parlerai plus tard de sa composition d'ensemble, comme d'ailleurs de Sainte-Sophie, en traitant de l'architecture religieuse.

Ici, l'effet est tout le programme; « la coupole » n'annonce pas seulement l'église, elle annonce à quinze lieues de distance la ville des papes, et dans cette ville le point central du catholicisme; elle est faite pour être vue, c'est sa fonction

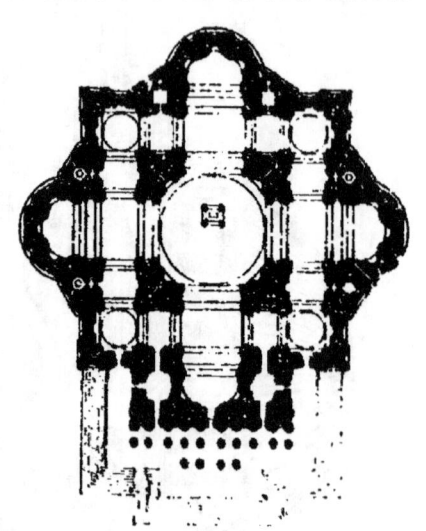

Fig. 369. — Plan de Saint-Pierre de Rome.
(Composition première par Michel-Ange.)

normale et sa raison d'être; c'est moins encore la toiture de la plus grande de toutes les églises que l'abri et le signe de ce point de centre où converge toute l'unité du catholicisme.

Et ainsi, c'est une toiture — une toiture splendide — qui devient entre les mains d'un Michel-Ange l'expression de l'idée que l'architecture a le plus éloquemment proclamée.

Aussi, quelle étude ici de la silhouette (fig. 372)! Comme ce monument conçu pour l'aspect est étudié pour l'aspect! Saint-Pierre, en tant qu'église, a malheureusement des parties regrettables, notamment la façade principale; mais « la coupole » est

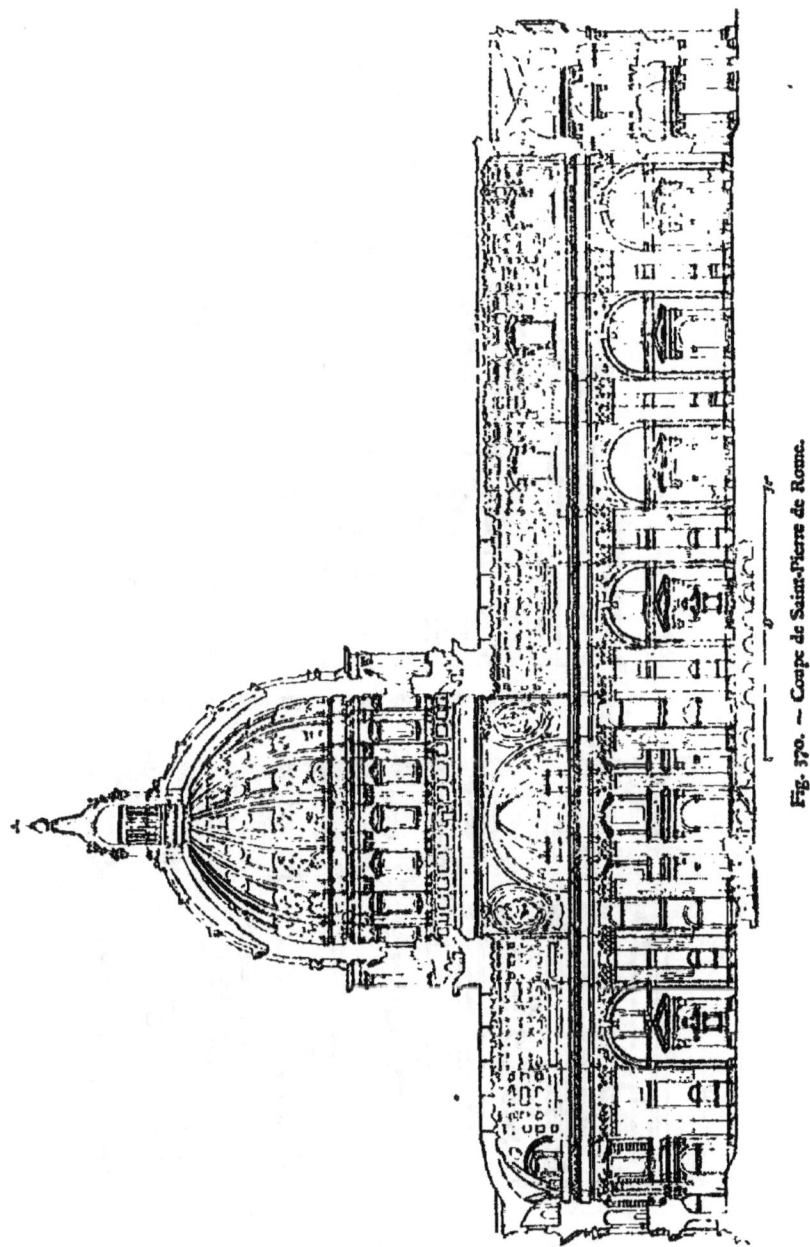

Fig. 370. — Coupe de Saint-Pierre de Rome.

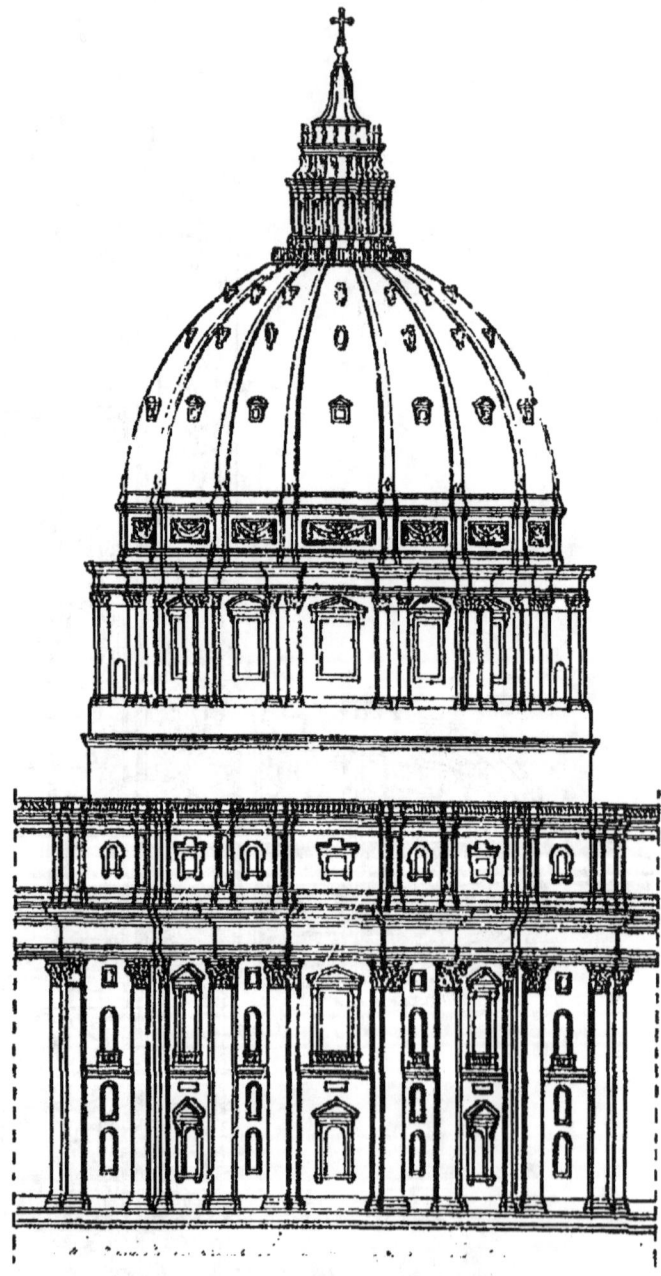

Fig. 371. — Façade sur l'abside de Saint-Pierre de Rome.

un chef-d'œuvre absolu. Je ne sais si Bramante voulait, comme on l'a dit, élever la rotonde du Panthéon sur les voûtes du temple de la Paix : ce n'était là peut-être qu'une phrase de rapport; mais je sais que Michel-Ange a fait œuvre moderne, avec le bonheur qui ne peut trahir un tel artiste lorsque sa pensée même est la pensée de son siècle et de sa civilisation.

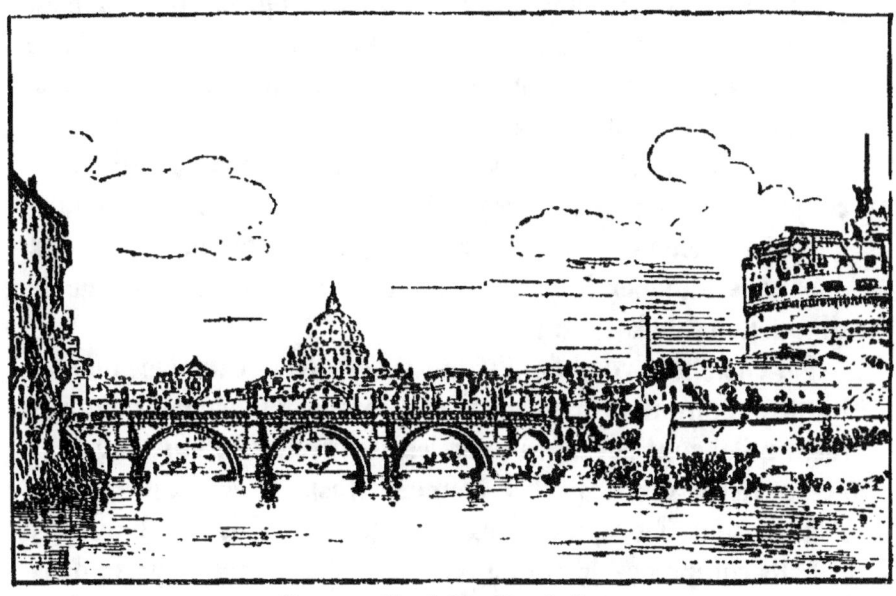

Fig. 372. — Vue de Saint-Pierre de Rome.

Et à Paris même, rien n'est plus élégant d'aspect, rien n'annonce mieux la ville que ses belles coupoles, le Val de Grâce et les Invalides; à un degré moindre, la Sorbonne; dans un autre ordre d'idées, le Panthéon, ou plus exactement Sainte-Geneviève.

Je ne puis vous parler des toitures sans vous arrêter un moment sur les flèches. Ici encore, les toitures, pierre ou métal, sont conçues pour l'effet et la silhouette. C'est un élément purement décoratif, au sens élevé du mot; c'est aussi le signal qui indique de loin la place de l'église; et sans aller jusqu'aux exagérations qui ont engendré les luttes pour dépasser chaque fois la hauteur précédemment atteinte, il est certain que la flèche est un magnifique élément de silhouette et d'effet. Paris n'en possède pas beaucoup, la plus belle est celle de la Sainte Chapelle, qui n'est pas une flèche de grande église; mais il n'est pas un de vous certainement qui ne connaisse quelque belle flèche, élevée et fine, ferme cependant, et qui n'ait été impressionné par la beauté de ce motif.

Je reviendrai d'ailleurs avec plus de détails sur ces sujets, les coupoles et les flèches, lorsque je vous parlerai des églises auxquelles ces éléments se rattachent. Quant à présent, je ne veux que vous indiquer le parti qu'on en peut tirer en vue de la silhouette et de la décoration.

J'ai cherché à vous faire voir par ces divers exemples que les toitures, comprises par l'antiquité comme un élément simplement utile, sont devenues pour les architectes du moyen âge et de la Renaissance un bel élément d'aspect des édifices, une richesse nouvelle ajoutée aux moyens d'effet de l'architecture.

Mais comprenez bien que cette beauté est dans le parti, dans la proportion franchement voulue, et non dans l'ornementation. Un comble est beau ou laid par sa silhouette, par ses pentes, par les proportions de ses arêtiers et de ses faîtages. L'ornement ajoute peu de chose à ces conditions d'aspect; mais si, de plus, l'ornement vient détruire cette franchise d'effet, alourdir cet aspect, rendre indécis les contours qui doivent être nettement accusés, alors l'architecte a lui-même compromis son œuvre : au lieu d'un comble fièrement accentué, il a mis sur son édifice une masse confuse, nuisible à la fonction des toitures, nuisible à leur effet.

Les grands combles des siècles précédents étaient en général étudiés avec beaucoup de sobriété, et peut-être faut-il reconnaître que leur effet est d'autant plus monumental qu'ils sont plus simples et moins décorés. C'est que les toitures ont par elles-mêmes un tel effet de silhouette que cet effet est à lui seul la décoration la plus magnifique du monument. Il est inutile de la surcharger; en tout cas, du moins, faut-il que la décoration soit judicieuse.

Elle sera logique en s'appliquant aux parties constructives de la construction. Ainsi les *épis* décoreront naturellement les poinçons, comme les crêtes décoreront les faîtages. Non seulement ces parties sont vues, et, à ce titre, autorisent une décoration, mais, de plus, la décoration ainsi placée ne gêne en rien l'écoulement des eaux : faîtage et arêtiers sont des *lignes de partage* des versants de toiture. Au contraire, une décoration appliquée à une noue est un contre-sens, car c'est une barrière opposée à l'évacuation des eaux, outre qu'une décoration ainsi placée dans un angle dièdre rentrant est dans de fâcheuses conditions pour être vue. Il est logique encore de décorer les lucarnes qui s'accusent en silhouette tranchée, et il y en a en effet de très beaux exemples; de même les chenaux qui terminent la façade. Mais on comprend moins la décoration qui va chercher les moindres détails, tels que les chatières de simple aération.

En somme, qu'il s'agisse de toitures ou de toute autre chose, la fonction de la décoration doit toujours être d'affirmer la pensée de la composition.

CHAPITRE V

ACCESSOIRES DES COMBLES

SOMMAIRE. — Noues. — Chenaux. — Dispositions à éviter. — Emplacement du chenau. — Balustrades. — Conditions d'établissement des chenaux. — Tuyaux de descente. — Accès des toitures. — Chemins. — Accès des combles. — Lucarnes. — Souches de cheminées. — Frontons et pignons.

Bien que la théorie de l'architecture comprenne tous les éléments qui servent à la construction des édifices, je n'ai pas, dans ce cours, a entrer dans le détail de la construction des combles. Mais leur disposition a une grande importance dans l'étude d'un projet. A ce point de vue, j'aurai quelques observations à vous présenter.

En vous parlant de la composition en général, puis de la disposition des toitures, je vous ai dit combien il était utile que le plan, par sa simplicité, permît une prompte évacuation des eaux. Sur les toitures elles-mêmes, pourvu que les pentes soient suffisantes, il n'y a pas à cet égard de grandes difficultés. Ainsi, les faîtages et les arêtiers, c'est-à-dire les arêtes *saillantes* des angles dièdres formées par les pans de toitures, tout en appelant un grand soin dans l'exécution, ne sont pas un péril pour le bâtiment. Les parties dangereuses sont les noues et surtout les chenaux ; la noue n'est en réalité qu'un chenau plus incliné : c'est toujours le canal d'évacuation des eaux des toitures.

Or, la noue a toujours une pente plus faible que les toitures qu'elle dessert ; si ces toitures ont des pentes plates, la noue est plus plate encore ; si les pentes des toitures sont prononcées, la noue est alors encaissée, l'angle dièdre formé par les toitures devenant aigu. La noue est inévitable, mais vous voyez qu'elle présente des dangers ; il faut qu'elle soit large et d'une évacuation facile, et si une pente assez faible est suffisante pour un comble simple, sans pénétrations, cette même pente pourra ne plus suffire si des rencontres de toitures exigent des noues.

En général, on peut dire que la combinaison de toitures la plus rassurante est le comble à deux égouts, ou l'appentis, terminé par un pignon à chacune de ses extrémités ; puis le comble à quatre pentes, soit qu'il y ait un faîtage ou que ce soit un pavillon pyramidal. Les difficultés naissent des intersections de toitures, qu'on ne peut d'ailleurs éviter, et qu'il faut dès lors étudier avec prudence.

Mais bien plus dangereux encore est le chenau entre deux toitures, véritable noue horizontale. Là, le moindre obstacle à l'écoulement de l'eau a des conséquences très dangereuses, car s'il y a fuite ou débordement, c'est l'intérieur de l'édifice même qui en sera atteint.

De même pour les chenaux contre des murs ; c'est toujours chose dangereuse, et par les mêmes raisons.

Évitez donc autant que possible les dispositions de toitures qui donnent lieu à ces dangers, chenaux entre toitures, chenaux entre une toiture et un mur. Nous en voyons trop souvent des exemples dans vos projets.

Et notez que le chenau par lui-même, dans les conditions les plus normales, est toujours une chose qui ne va pas sans danger. Il n'y a guère de construction qui, tôt ou tard, ne pâtisse un jour de ses chenaux. Voyons donc les conditions les meilleures — peut-être faudrait-il dire les moins mauvaises — de leur établissement.

Le chenau le plus simple est la *gouttière*. Pratiquement, c'est le meilleur de tous, parce qu'il est en dehors de la construction. Il arrive souvent qu'une gouttière s'engorge, se fausse, se crève. A la première pluie, on le voit, on la répare, et tout est dit. Tout est dit parce que l'accident a eu lieu au dehors; l'eau ne pouvant plus trouver son issue normale a débordé, bien visiblement et sans dégâts.

Au contraire, dans les chenaux sur murs, et surtout sur murs intérieurs, le mal a des conséquences bien autrement graves,

Fig. 373. — Chenau de la Cour du Louvre.

et d'ailleurs il pourra ne se révéler qu'après longtemps. Un jour, des traces d'humidité dans une salle, peut-être richement décorée, indiquent *qu'il doit exister* une fuite dans le chenau, peut-être depuis des mois. Mais la gouttière est laide, le chenau ne choque pas, et peut même devenir un fort beau motif (fig. 373). Vous ne sauriez vous en passer.

Le chenau (même mot que *chenal*) est un canal pratiqué tout du long de l'égout d'une toiture pour en recevoir les eaux, et les conduire aux tuyaux de descente, souvent assez éloignés. Ce canal a été fait parfois en pierre dure — cela est extrêmement dangereux, et les chenaux en pierre doivent être intérieurement revêtus de métal. Mais malgré tout, le chenau est toujours exposé aux obstructions, par les amas de détritus ou de poussière, par les feuilles d'arbres, parfois les nids d'oiseaux, enfin par la gelée. Or, tout chenau obstrué déborde, et quoi qu'on fasse, l'éventualité de ce débordement est à prévoir.

Fig. 174. — Chenau de la Bibliothèque Sainte-Geneviève.

Où devra donc être disposé le chenau ? Là où les conséquences de son débordement seront moins dommageables, c'est-à-dire en dehors de la façade. Le chenau, qui

Fig. 175. — Chenau du Palais de l'École des Beaux-Arts.

remplace la gouttière par une expression plus monumentale, doit autant que possible conserver l'innocuité de la gouttière.

La gouttière débordant ne compromet rien. Il en sera à

peu près de même si le chenau est au-dessus de la corniche, en dehors de l'aplomb du mur. Et telle est bien en logique sa vraie place : c'est celle de la doucine au-dessus de la corniche antique; à Paris, vous en voyez un exemple très franchement accusé à la Bibliothèque Sainte-Geneviève (fig. 374) et aussi au Palais de l'École des Beaux-Arts (fig. 375), et au Palais de Justice.

Il en est tout autrement lorsque le chenau est derrière une balustrade. Certes, cela peut se faire, et je ne pense pas à proscrire un parti dont il y a de si beaux exemples : telles sont la plupart des églises du moyen âge, et des monuments de la Renaissance française, ou du temps de Louis XIV. Mais enfin, le chenau est alors à peu près contre un mur, et des précautions spéciales doivent être prises. De plus, comme à cause de la balustrade même, on est conduit à le prendre comme chemin, il faut alors qu'il soit large et facile.

Souvent enfin, le chenau, sans être encaissé, est en retraite de la corniche, et plutôt au-dessus du mur. C'est moins bon

Fig. 376. — Chenau avec ressauts et trop-pleins.

que lorsqu'il est franchement sur la corniche. Vous me permettrez de vous dire un peu en détail ce que doit être un chenau, car nous voyons bien souvent des indications erronées à ce sujet dans vos études.

Étant donné un chenau assez long, et deux tuyaux de descente, il y a dans le chenau un point haut, au milieu, et deux pentes. Mais ces pentes ne sont pas le plus souvent de simples plans inclinés : le chenau *est un escalier*, à cause des ressauts que nécessite l'emploi du métal (fig. 376). De distance en distance, aux recouvrements des bandes de métal, il est pratiqué ainsi un ressaut, véritable marche, et d'un ressaut à l'autre une faible pente. C'est en petit une cascade. S'il y a obstruction, tant que l'eau ne remontera pas plus haut que le ressaut, il n'y aura pas de danger; mais si elle dépasse le ressaut, fût-elle loin encore du niveau du devant du chenau, elle s'infiltrera entre les feuilles de métal.

Pour obvier à ce danger, on dispose des trop-pleins. Mais le plus souvent, on les place mal; on les pratique au haut du chenau; ils ne servent alors à rien. Ils doivent être au bas, et pour donner sécurité complète, il en faudrait auprès (et en aval) de chaque ressaut.

Une autre précaution nécessaire, c'est que l'égout du toit soit plus haut que le devant du chenau, toujours pour obvier à ces inconvénients d'infiltrations.

Enfin, la hauteur des chenaux a un minimum qui dépend dans chaque projet de la longueur des pentes. Il faut toujours que le point haut soit à quelques centimètres en contrebas du devant du chenau, et de là aux tuyaux de descente il faut une pente qui, ressauts compris, doit être de environ 0.02 par mètre.

Quant aux tuyaux de descente, ils constituent une grande difficulté de l'étude des façades. Le plus souvent, il faut bien le dire, on renonce à les arranger. Cependant, bien que le problème soit difficile, il n'est pas insoluble; mais il faut y penser dès l'abord, car c'est souvent dans la composition du plan lui-même que vous trouverez la possibilité d'arranger les tuyaux de descente. Et la difficulté devient plus grande encore lorsqu'il y a des chenaux intérieurs. Prenez bien garde à une foule de motifs, très séduisants, dont vous trouvez des exemples tentateurs dans le passé, lorsque le tuyau de descente n'existait pas, et qui sont incompatibles avec cet élément obligatoire. Les citations pourraient ici venir en foule : ainsi un temple circulaire comme à Tivoli, une cour en colonnade, comment faire cela avec des tuyaux de descente? Comment s'écoulent les eaux de la Magdeleine? Je l'ignore, mais ce n'est certainement pas par des moyens simples ni exempts de périls.

Les tuyaux de descente noyés dans les murs — il en a été fait souvent — sont chose très dangereuse et à éviter absolu-

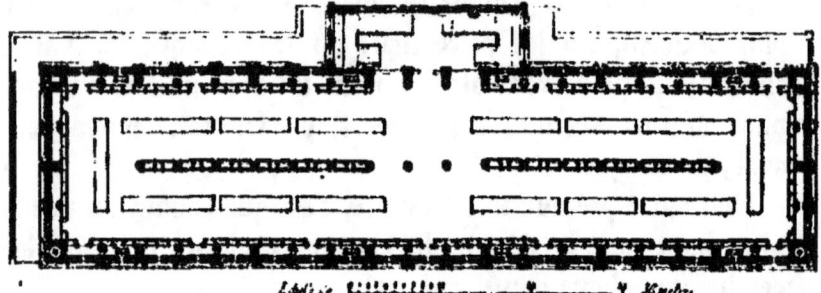

Fig. 377. — Plan de la bibliothèque Sainte-Geneviève.

ment. Lorsqu'on veut les disposer à l'intérieur, il faut les placer dans des endroits où la surveillance en soit facile, et où un accident n'ait pas de conséquences graves. On a parfois pratiqué ainsi de véritables cheminées, accessibles, munies d'échelons. Tel est l'angle de la Bibliothèque Sainte-Geneviève (fig. 377), où l'architecte a pu habilement profiter de la rencontre des contreforts intérieurs de l'édifice pour loger les tuyaux de descente. Cette disposition qui permet de ne pas les montrer en façade est irréprochable.

Et ne vous y trompez pas; cette question peut vous paraître minime : elle est au contraire une des plus graves, et si la composition n'a pas, dès le début, été prévoyante à cet égard, l'architecte s'expose à de graves mécomptes.

Une autre question très importante dans la disposition des

édifices, c'est l'accès des toitures. Pour l'entretien, le balayage, les réparations, il est nécessaire qu'on puisse aller sur les toitures sans pour cela faire chaque fois un échafaudage extérieur. Encore de la prévoyance.

Et non seulement il faut l'accès, mais il faut aussi le chemin. Sans chemins, les passages d'ouvriers constituent un danger pour les hommes et une cause de dégradation pour les couvertures. Les chemins horizontaux se déterminent par les chenaux et les faîtages, et dans le sens de la pente il faut des marches. Lorsque le programme comporte des visites fréquentes, même des rondes de surveillance journalière, ces chemins ne sauraient être trop sérieusement étudiés.

Ces précautions prudentes sont toujours utiles; il y a même des édifices où elles sont réglementaires. C'est ainsi que dans ou plutôt sur les théâtres, il est prescrit de ménager des chemins faciles et garantis par des garde-corps.

C'est aussi une nécessité impérieuse pour les toitures vitrées, dont l'entretien est toujours dangereux, mais le serait encore bien plus si des chemins sagement disposés ne permettaient pas d'aller faire avec toute la sécurité possible l'entretien des vitreries de la toiture.

J'ajouterai que les combles aussi doivent être facilement accessibles. Il ne suffit pas qu'on puisse aller sur la toiture, il faut encore aller dessous. Ainsi, à la Magdeleine ou à la galerie d'Orléans au Palais-Royal, un ouvrier ne peut qu'à grand'peine se glisser dans l'intervalle minime qui existe entre les plafonds et la toiture : il le faut cependant.

Pour les lucarnes également, l'étude doit toujours se préoccuper de l'écoulement des eaux. La lucarne est une fenêtre, encadrée de bois ou de pierre, qui se termine par un petit comble pénétrant dans le grand. Le plus souvent, la face de la lucarne est un pignon, elle est couverte à deux pentes, et se raccorde à la toiture du grand comble par deux petites noues

Fig. 378. — Lucarnes du château de Tanlay.

ou *noulets*. L'eau qui tombe sur la toiture de la lucarne, aussi bien que celle qui tombe sur la toiture du grand comble au droit de cette lucarne, est donc rejetée à droite et à gauche.

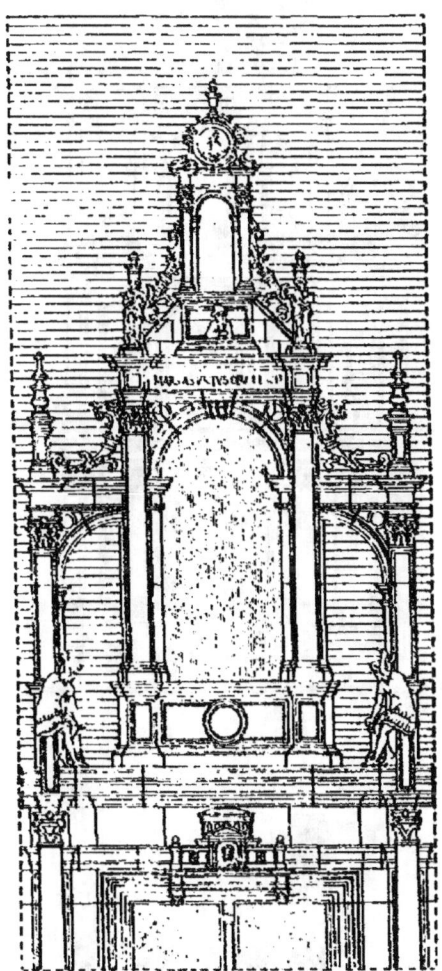

Fig. 379. — Lucarnes de l'hôtel d'Écoville, à Caen.

Fig. 380. — Lucarnes du Palais de Fontainebleau. (Façade sur le Jardin de Diane).

ACCESSOIRES DES COMBLES

Lorsqu'on laissait simplement égoutter l'eau, ou lorsqu'on usait des gargouilles, cela était fort simple, et c'est ainsi que les grandes lucarnes monumentales du moyen âge et de la Renaissance s'élèvent à plomb des façades qu'elles couronnent de leurs masses. Je vous ai cité plus haut des exemples de grandes lucarnes qui sont en quelque sorte des pignons; dans la fonction plus ordinaire de lucarnes-fenêtres, nous trouverons des exemples à l'infini. Je vous citerai, parmi les châteaux de France, celles du château de Tanlay (fig. 378), de l'hôtel d'Écoville à Caen (fig. 379), et celles de Fontainebleau (fig. 380), sur le jardin de Diane; il arrive même qu'une fenêtre pratiquée dans un étage carré forme une sorte de lucarne par son couronnement seul, comme à la maison des Consuls à Chartres. Mais avec nos tuyaux de descente, ce n'est plus possible, à moins d'en avoir un à chaque travée. Nous sommes donc obligés de faire passer les chenaux devant les lucarnes. C'est

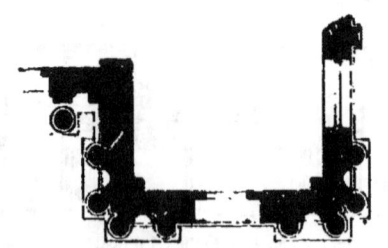

Fig. 381. — Pavillon d'angle de l'Hôtel de Ville de Paris.

moins beau, moins franc comme parti de façade, c'est même

Fig. 582. — Souches de cheminées du château de Saint-Germain.

presque une interdiction de faire de grandes lucarnes monumentales. Elles restent toutefois très possibles sur les faces d'extrémité d'un bâtiment, ou dans le milieu de sa longueur, partout en un mot où le chenau aurait un point haut, car là il peut s'interrompre sans inconvénients. Tel est par exemple le cas des pavillons d'angle de l'Hôtel de Ville de Paris (fig. 381).

A propos des combles, je dois encore vous parler des souches de cheminées. C'est là encore une étude souvent trop négligée, et la réalité punit cruellement l'architecte qui n'a pas été prévoyant à cet égard. Trop souvent, on a traité les souches de cheminées en quantité négligeable, ou bien on s'est dit que, quoi qu'on fît, ce serait toujours une laide chose, que toute étude serait d'avance stérilisée. Eh bien non ; il est

Fig. 313. — Souches de cheminées du château de Martainville.

certain d'une part que les souches de cheminées se voient et comptent, comptent même beaucoup dans l'aspect de l'édifice ; il est certain aussi qu'on peut les arranger et en tirer parti, qu'il y a même là les éléments de beaux motifs, comme par exemple les

Fig. 384. — Souches de cheminées du château d'Anet.

belles cheminées monumentales du château de Saint-Germain (fig. 382) et celles du château de Martainville (fig. 383), toutes deux en briques; celles du château d'Anet (fig. 384), de Chambord (fig. 385), de l'Hôtel de Ville, du Pavillon de Flore, en pierre, et tant d'autres. Même des cheminées étudiées avec moins de luxe, mais avec le respect de la nécessité, concourent encore à l'aspect du monument, par exemple celles très simples, mais très franches, de Fontainebleau. Et puis il en faut, et ce n'est pas en négligeant leur étude que vous esquiverez la difficulté. Vous avez beaucoup trop l'habitude d'étudier vos façades, abstraction faite des souches de cheminées : ancien errement que rien n'excuse, et auquel il faudra bien que vous renonciez.

Adossées ou engagées, les cheminées sortiront mieux des toitures si la longueur de la souche est dans le sens de la pente du toit; en effet, l'obstacle que cette souche oppose forcément à l'écoulement des eaux est réduit à sa largeur, tandis que si elle perce la toiture suivant une horizontale du plan, c'est toute sa longueur qui arrête les eaux et la neige, c'est-à-dire souvent plusieurs mètres. En ce cas, le mieux est de pratiquer au-dessus de cette souche un petit comble en pénétration avec deux nolets renvoyant les eaux de chaque côté, et avec une pente suffisante.

C'est donc dès l'étude de

Fig. 185. — Souches de cheminées du château de Chambord.

vos plans de rez-de-chaussée et des étages que vous devez penser à ces sorties des souches, et, si votre composition le permet, les prévoir dans la meilleure direction. Et ainsi, ici encore il faut de la prévoyance. L'aspect des combles et des souches de cheminées dépendra avant tout de la disposition adoptée dans vos plans pour la répartition des murs. Ce ne sera pas la première des considérations, bien entendu ; mais enfin si dans la disposition de votre plan de rez-de-chaussée, vous avez pu assurer la régularité dans la place des murs, vous n'aurez plus la difficulté qui résulte pour l'étude des combles de souches sortant au hasard de points indéterminés des toitures, et il ne vous restera qu'à étudier ces souches en elles-mêmes.

Or, vous savez qu'une cheminée, pour n'être pas exposée aux rabattements de fumée, doit dominer les faîtages voisins. Il faudra donc des souches élevées, surtout si les toitures ont des pentes prononcées. Eh bien, il ne faut pas ruser avec les programmes, il faut les accepter résolument. Vos souches de cheminées compteront, malgré vous au besoin, dans l'aspect de vos édifices : ne laissez pas cet aspect au hasard, et rappelez-vous qu'un tuyau de cheminée peut devenir un bel élément d'architecture : témoin le Louvre, l'Hôtel de Ville et tant d'autres.

On se fait difficilement une idée de tous les détails que nécessite un plan de toitures ; dans un édifice important, c'est un ensemble considérable, et qui va toujours en augmentant avec le temps, car, sans cesse, on rajoute quelque chose. Pour vous donner une idée de cette complication, je vous montrerai le plan très complet et exactement relevé d'une partie des toitures du Palais-Royal (fig. 386). C'est un simple spécimen de ce que pourrait vous faire voir aussi bien tout autre plan de toitures d'un grand édifice.

LES ACCESSOIRES DES COMBLES 497

Enfin, j'ai réservé pour l'étude des combles les questions relatives aux pignons et frontons, bien que ce soient des parties de murs, mais parce que là les murs sont subordonnés aux combles.

En principe, fronton et pignon sont deux termes synonymes :

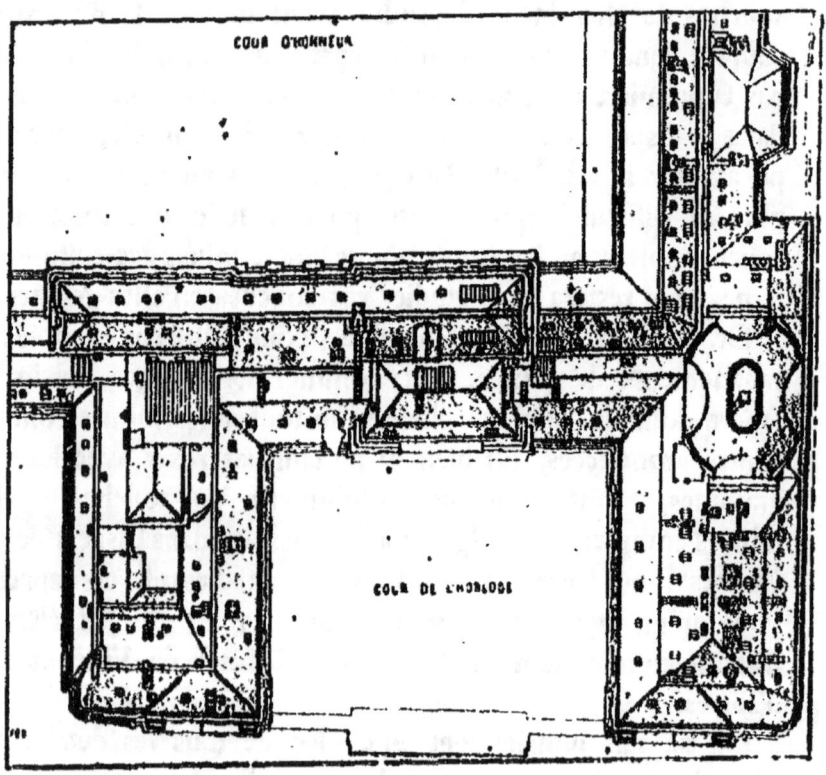

Fig. 186. — Plan d'une partie des toitures du Palais Royal.

c'est toujours l'arrangement du sommet d'un mur de face, ordinairement triangulaire, dont le contour est déterminé par l'about de la toiture : en d'autres termes, c'est une *coupe transversale* du comble, exprimée par la façade.

Fronton ou pignon devraient donc toujours avoir pour inclinaison de leurs rampants la pente même de la toiture. Tels sont les frontons grecs, tels sont les pignons du moyen âge.

Fig. 387. — Pavillon central de la place Vendôme.

Mais la beauté du motif de fronton a séduit les architectes, lors même que leur composition ne se prêtait pas à son emploi logique; puis — peut-être par habitude des yeux — nous ne tolérons pas un fronton avec des pentes prononcées; de là est venu l'emploi du fronton purement décoratif, souvent même en pénétration par ses pentes assez plates dans un comble beaucoup plus incliné, comme au Louvre, au Palais-Royal, à la place Vendôme (fig. 387), etc. Très souvent même un fronton couronne un motif saillant devant un bâtiment plus élevé; il s'adosse donc à un mur; ou encore il couronne seulement une porte, une fenêtre, un motif quelconque de décoration.

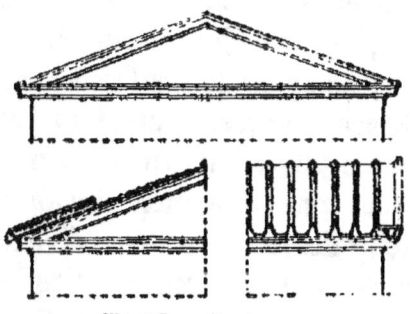

Fig. 388. — Fronton grec.

Mais dans tous les cas, l'étude en est toujours régie par la tradition du fronton rationnel, c'est-à-dire du fronton grec; et il importe de bien comprendre la raison d'être des arrangements spéciaux au fronton.

Prenons donc l'exemple le plus noble de tous, le fronton grec (fig. 388).

Les colonnes sont achevées, l'entablement est posé : sur ses quatre faces, le monument se termine par une corniche, qui de deux côtés (les longs pans) recevra l'égout des toitures.

Sur les deux façades antérieure et postérieure, les murs devront encore être montés en pignons triangulaires; la même corniche (à quelque chose près cependant) couronne obliquement cette partie triangulaire : voilà le fronton complet, *en tant que mur*. Et si par la pensée vous joignez par deux plans les arêtes d'égout et de faîtage aux lignes correspondantes du fronton opposé, vous aurez constitué un prisme parfait ayant à son sommet l'angle dièdre qui résulte de l'intersection faîtière.

Mais l'édifice n'est pas fini, il faut encore la toiture qui a son épaisseur et qui doit être arrêtée par un relief au-dessus des pignons. Ce sera la *doucine* qui, je vous l'ai dit déjà, fait partie de la toiture et non de la corniche.

Aussi dans ce fronton — et dans tous les frontons — il n'y a pas de doucine sur la corniche horizontale, puisque sur cette corniche il n'y a pas de toiture. Il n'y a de doucine que sur les corniches rampantes. Mais la doucine se retourne horizontalement sur les corniches des façades latérales où elle devient *chenau de toiture*, soit sur toute la longueur de ces façades latérales, soit aux extrémités seulement lorsque, comme au Parthénon, l'eau des toitures tombe librement par un simple égout; alors les corniches latérales sont surmontées d'*antéfixes*; les antéfixes forment *la tête* ou *l'about* des *couvre-joints* qui divisent les rangs de tuiles. Dans l'exemple qui nous occupe, les tuiles, les couvre-joints, les antéfixes sont en marbre; mais la disposition reste la même avec la terre cuite.

Telle est la composition initiale de tout fronton : composition absolument logique et pure. Je ne saurais vous en montrer un plus bel exemple que l'angle du fronton du Parthénon (fig. 389), emprunté à la restauration de M. Loviot, qui a cherché à en restituer la coloration — question que je laisse de côté.

Fig. 189. — Fronton du Parthénon.

Plus tard, pour la facilité de l'exécution et la netteté de l'effet, on a été conduit à modifier le dernier profil de la corniche, qu'on termine toujours par un filet plat ou *listel*. La forme de la doucine s'est modifiée aussi (fig. 390), et la corniche se retourne en passant de l'horizontal au rampant suivant un plan vertical déterminé par le dernier listel A. Aussi la ligne supérieure de la corniche horizontale s'arrête au point B, rencontre des deux listels horizontal et rampant.

Telle est la disposition de tous les frontons dont vous voyez de si nombreux exemples dans les motifs les plus variés de l'architecture, et jusque dans le mobilier. C'est toujours le fronton antique avec quelques nuances de moulures. N'est-il pas instructif de constater ainsi la fixité à travers tant de siècles, de principes et de traditions restés immuables, parce qu'ils s'imposaient par la logique et la vérité?

Fig. 390. — Fronton moderne.

Il est rare, en effet, qu'on ait disposé avec succès des profils

Fig. 392. — Église Saint-Laurent à Paris.

rampants que rien n'arrête jusqu'aux extrémités du pignon. Il semble en résulter un effet de glissement toujours désagréable. Aussi, lorsqu'il n'y a pas d'angle saillant, il y a ordinairement un retour horizontal indiquant que le pignon porte sur les assises horizontales du mur (fig. 391). Je vous citerai divers exemples — ils sont très nombreux — à la Sainte Chapelle, à Notre-Dame, à Saint-Laurent (fig. 392), à Saint-Eustache, tous dans la première hypothèse; dans la seconde, les pignons secondaires de diverses églises, et celui de Saint-Étienne-du-Mont (fig. 393).

Parfois, et surtout dans le nord, en Flandre, en Angleterre, en Allemagne, les pignons se terminent en gradins; parfois enfin ils prennent des formes qui ne sont plus que très approximativement un rappel des toitures : tels sont les pignons de la célèbre église de Brou.

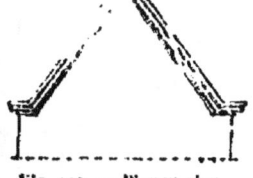

Fig. 391. — Pignon aigu.

Je n'ai pas épuisé tout ce qui serait à vous dire sur les combles. Souvenez-vous seulement toujours qu'un comble n'est jamais trop simple : la formule ignorante d'admiration qui consiste à dire qu'un comble est une forêt de bois est en réalité une critique; aujourd'hui, avec le fer, les portées peuvent être beaucoup plus grandes, et souvent les combles peuvent désormais se faire seulement avec des pannes et des faîtages, sans fermes, en employant d'ailleurs les murs de refend. Les applications sont très variées, et il ne peut y avoir de recettes générales, si ce n'est la simplicité; ici encore je vous dirai : c'est déjà assez difficile de bien faire une construction simple, ne la compliquez pas à plaisir.

Et quand vous faites vos plans d'étages, pensez de bonne

heure à vos toitures : car c'est là que le châtiment vous guette,

Fig. 393. — Église Saint-Étienne-du-Mont.

vous tous qui sacrifiez à la mode du décrochement et de l'irrégularité.

Quant au *pignon*, lorsque les toitures ont des pentes prononcées, sa décoration consiste ordinairement en moulures rampantes, assez sobres, mais venant buter aux deux angles contre un motif saillant qui forme arrêt, ainsi que le montre la figure 391 ci-dessus.

CHAPITRE VI

LES PLANCHERS ET PLAFONDS

SOMMAIRE. — Composition des planchers. — Planchers en bois. — Poutres saillantes. — Saillies rapportées. — Portées. — Corniches intérieures. — Dispositions diverses de planchers. — Construction apparente. — Plafonds décoratifs. — Transition des murs aux plafonds. — Charpentes apparentes.

Des Planchers.

Jusqu'ici, je vous ai parlé des murs, piliers, et des toitures : nous avons vu ainsi ce qui constitue le premier objet de l'architecture, l'abri. Il y a des abris simples, il y a des abris magnifiques ; longtemps peut-être l'architecte n'a pas eu d'autre programme, et notre civilisation, qui doit tant à l'architecture, n'eût-elle pas trouvé dans la construction de ressources plus étendues qu'elle serait encore la civilisation. Avec l'abri, la *demeure* existait, l'état nomade n'était plus la loi, tous les besoins de l'homme en société pouvaient recevoir satisfaction.

Mais pour cette société, l'architecture voulut plus, elle voulut rapprocher encore les hommes en multipliant le sol, elle créa les étages. Ce dut être une hardiesse au début, et qui sait si d'abord cette nouveauté ne fut pas accueillie avec les craintes que suscitent tous les progrès? Il nous paraît tout simple aujourd'hui d'habiter à dix ou vingt mètres au-dessus du sol ; pensez-y pourtant : ces conditions d'habitation qui seules pouvaient permettre les grandes villes sont une victoire de l'art : par quelles armes ? Les planchers, les voûtes, les escaliers.

Bien que *plancher* vienne de *planches*, ce mot ne désigne pas le *parquet*. Le plancher est tout l'ensemble constructif d'un refend horizontal, qui portera aussi bien un carrelage qu'un parquet, et qui, d'ailleurs, peut être ou en fer ou en bois, ou encore de construction mixte. Disons seulement que le fer se substitue de plus en plus au bois dans la construction des planchers.

Mais par suite d'une longue application historique, c'est du bois que procède l'art des planchers, et s'il a été fait des essais très intéressants de planchers où le fer reste apparent et constitue par lui-même l'aspect de l'œuvre, il faut reconnaître que l'expression monumentale des planchers et des plafonds, qui donne de si riches et si beaux aspects, appartient à l'architecture du bois.

Mais mon rôle n'est de vous entretenir ni de la construction proprement dite, ni de la décoration. Devant les plafonds comme ceux de la chambre de Henri II au Louvre, la seule théorie est d'admirer. J'ai à vous montrer plutôt l'influence et l'action des planchers sur la composition architecturale.

Il faut toutefois que je vous rappelle très brièvement les principes qui dirigent l'établissement d'un plancher.

Sous le parquet ou le carrelage — le parquet reposant sur des menues pièces de bois nommées *lambourdes*, le carrelage sur une *forme* en gravier ou plâtras pulvérisé, — il faut une construction réalisant ce que j'appelle un refend horizontal, en un mot un sol factice. C'est à la constitution de ce sol qu'est destinée la construction du plancher.

Planchers en bois. — Sauf les planchers des chalets suisses, composés de *madriers* jointifs, les bois de construction d'un plancher laissent des intervalles (fig. 394). Le plancher est construit au moyen de *solives*, pièces de bois plus ou moins fortes suivant leur longueur, espacées d'environ 0^{m}35 d'axe en axe; sur les solives on pose des *bardeaux*, lames de chêne fendu et non scié, placées jointives; enfin, sur ces bardeaux, on coule une *aire* en plâtre — ou mortier — qui devient le sol artificiel sur lequel on pourra à volonté disposer soit un parquetage, soit des carreaux, de la mosaïque, etc.

Fig. 394. — Plancher élémentaire en bois.

Les solives peuvent rester apparentes; en ce cas, on enduit la *sous-face* des bardeaux, ou encore au lieu de bardeaux on dispose une paroi en bois, plus ou moins travaillée; ou bien on fait un *plafond* au-dessous des solives : ce plafond est formé par des *lattes* clouées sous les solives et qui reçoivent l'enduit.

Le plancher complet se décompose dès lors suivant la fig. 395. (Dans cette figure, les lambourdes sont représentées parallèles au solivage, mais elles leur sont souvent perpendiculaires. Un plancher doit être construit assez résistant pour que les lambourdes puissent être dirigées indifféremment dans un sens ou dans l'autre.) L'épaisseur d'un plancher ainsi constitué ne peut guère être inférieure à 0^{m}40.

Mais cette disposition en simple solivage est rarement admissible. Le plus souvent, les planchers doivent être composés de pièces principales et de solives de remplissage; les pièces principales reposent sur les parties solides de la construction, le plancher se compose alors d'*enchevêtrures* E-E (fig. 396), pièces portantes principales, de *chevêtres* C-C, et enfin de solives ordinaires. Ces

Fig. 395. — Plancher complet en solivages.

diverses pièces règnent par le bas et permettent par conséquent un plafond uni.

Mais dans les planchers à grandes portées, on est souvent obligé d'admettre des poutres saillantes, car il faut donner à ces poutres une hauteur qui dépasserait celle qui convient pour l'épaisseur d'un plancher. L'architecte peut d'ailleurs tirer un heureux parti décoratif de ces poutres en les disposant régulièrement, et en faisant ainsi des compartiments.

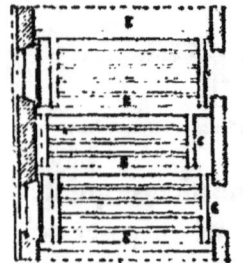

Fig. 396. — Plancher composé.

Ces poutres saillantes peuvent être entièrement en contre-bas des solives (fig. 397), soit que les solives elles-mêmes restent apparentes, ou soient enduites. Ou bien les solives peuvent être assemblées dans la poutre (fig. 398); la poutre alors ne se dessine en contre-bas du solivage que d'une partie de sa hauteur, les solives peuvent rester apparentes ou être enduites (B).

On se décidera pour l'un ou l'autre de ces partis suivant l'espace dont on dispose et l'élévation de l'étage; le premier est

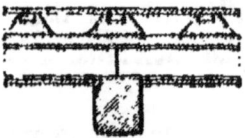

Fig. 397. — Plancher sur poutres apparentes en contre-bas des solives.

Fig. 398. — Plancher avec solives assemblées dans les poutres.

plus monumental d'aspect, mais risquerait de paraître écrasant dans un étage peu élevé : il convient surtout aux grandes salles, et il a été fait ainsi des planchers à poutres et solives apparentes d'une grande beauté, et qui remplissent la première condition de l'art, l'harmonie complète de la décoration avec la construction, notamment le beau plancher à poutres et solives apparentes de la Galerie des Cerfs, au château de Fontainebleau, ou celui, moins connu, de l'Hôtel de Ville de Beaugency (fig. 399).

Cependant, vous verrez aussi de magnifiques plafonds dont les reliefs ne sont que de la décoration pure et n'accusent pas la

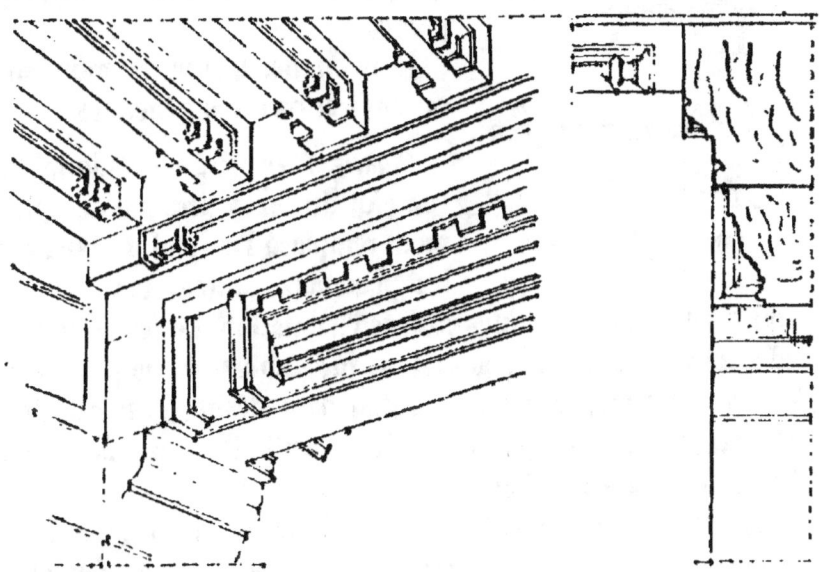

Fig. 399. — Plancher à poutres et solives apparentes de l'Hôtel de Ville de Beaugency.

construction même; ce sont des compartiments, des *caissons* de combinaisons très variées, souvent d'une grande richesse. Mais dans ce cas, le plancher doit d'abord être constitué comme construction, et d'autant plus fort qu'il devra supporter cette décoration suspendue. L'épaisseur totale sera par suite augmentée de toute la hauteur nécessaire pour les compartiments appliqués. C'est donc là une combinaison à réserver pour des intérieurs riches et où la hauteur n'est pas à ménager.

Mais c'est aussi ce qui se fait sur des proportions modestes dans nos habitations, au moyen de moulures *traînées* en plâtre.

Lors donc que dans un de ces plafonds vous voyez des cadres comme dans la fig. 400, c'est le fond B qui est la construction, les cadres A sont ajoutés, et ce serait une faute de vouloir évider en creux dans la construction les fonds B-B, malgré leur apparence d'encaissements.

Je m'en tiens pour le moment à ces indications très générales.

Planchers en fer. — Aujourd'hui, l'emploi du fer a presque complètement remplacé l'emploi du bois pour les planchers, notamment dans les constructions importantes et dans l'habitation. Le fer présente en effet d'immenses avantages : il est incombustible, ne pourrit pas, se prête à toute la rigidité qu'on peut désirer; on calcule sa résistance avec bien plus de certitude, enfin il permet des portées irréalisables avec le bois.

Ici encore, c'est le solivage qui recevra le carrelage ou le parquetage. Les solives sont formées par des barres de fer laminé à *double* T, qu'on espace de 0^m60 à 0^m75 ; le *hourdis* se fait de

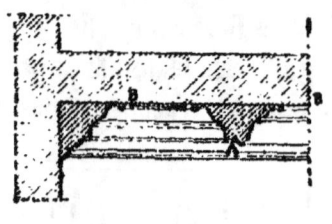

Fig. 400. — Planchers avec cadres saillants.

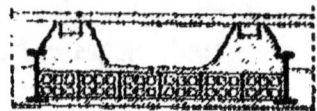

Fig. 401. — Plancher en fer hourdé en briques creuses.

Fig. 402. — Plancher en fer hourdé en plâtras et plâtre.

diverses façons, soit en briques creuses et plâtre (fig. 401), soit en plâtras et plâtre (fig. 402); dans ce cas, pour donner de la solidité au hourdis, on relie les solives par des *entretoises* E en fer carré coudé aux deux bouts, sur lesquelles on pose des

LES PLANCHERS ET PLAFONDS

fentons F en petit fer brut. Cela forme une sorte de grillage ou d'armature. De toute façon, un enduit forme plafond sous le tout.

Les solives en fer peuvent porter de mur en mur avec scellements aux deux bouts, ou être assemblées : on a alors une disposition analogue aux enchevêtrures et chevêtres des planchers en bois. Enfin, on peut avoir des poutres apparentes en contrebas, soit qu'elles soient formées de deux fers à **I**

Fig. 403. — Filet en fers à double T.

suffisamment résistants (fig. 403) maintenus par des *brides* B ou colliers rectangulaires en fer plat et des croisillons C (la poutre s'appelle alors *filet*); soit qu'on dispose des poutres composées de divers fers assemblées entre eux au moyen de *rivets* R (fig. 404). La poutre ou poutrelle ainsi constituée forme en réalité un fer à **I** d'une section plus forte que ne le donnerait le laminage, et se compose d'une *âme*, de quatre *cornières*, et, s'il y a lieu, de deux *couvertures* ou *semelles*.

La poutre peut encore être tubulaire (fig. 405), elle a alors plus de largeur : c'est une poutre à deux âmes.

Fig. 404. — Poutre ou poutrelle métallique.

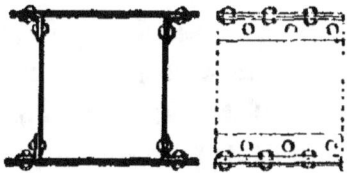
Fig. 405. — Poutre tubulaire.

Enfin, comme vous l'avez vu pour le bois, les solives peuvent être superposées ou assemblées à la poutre. Le cas de superposition est tout simple. Quant à l'assemblage, il se fait au moyen d'*équerres rivées* à la solive, *boulonnées* à la poutre; il est bon d'ailleurs de faire reposer le bout de solives sur une *chaise* S (fig. 406). Dans cette figure, la poutre s'élève plus haut que le solivage de toute la hauteur des cornières supérieures : l'assemblage est ainsi plus correct; mais on peut remonter les solives jusque sous l'*aile* des cornières de la poutre (fig. 407).

Tous les éléments de ces planchers doivent être calculés avec soin. Vous apprendrez plus tard à le faire. Dès maintenant, vous savez qu'un plancher en fer est un véritable *pan de fer*

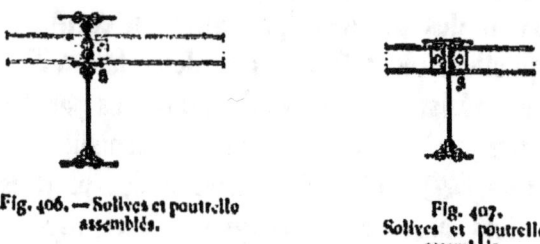

Fig. 406. — Solives et poutrelle assemblés.

Fig. 407. Solives et poutrelle assemblés.

placé horizontalement, et supporté s'il y a lieu par des poutres métalliques.

Parfois, cette construction métallique reste apparente; mais les effets dont elle est susceptible sont peu variés; aussi, le plus souvent, les poutres sont garnies de plâtre et se prêtent dès lors aux moulures, applications d'ornements, etc.

Quant aux ressources par rapport à une décoration appliquée, ce que j'ai dit à propos des planchers en bois s'applique également aux planchers en fer; mais, si la décoration est formée de compartiments ne résultant pas de la construction, il faut alors que l'épaisseur du plancher comprenne non plus seulement les solives, mais les poutres.

Les planchers en fer sont en général un peu moins épais que ceux en bois; du reste, vous ne vous égarerez guère en indiquant dans une étude d'ensemble une épaisseur de $0^m 30$ à $0^m 40$ pour le pan de bois ou de fer horizontal qui doit exister partout;

les épaisseurs nécessaires aux poutres et à la décoration appliquée devant être prises en plus.

En général, les planchers supposent des portées relativement restreintes, tandis qu'un édifice comme les basiliques antiques ou comme certaines églises, couvert par une charpente apparente ou par un plafond suspendu à la charpente du comble, peut avoir de très grandes portées; la basilique de Saint-Paul-hors-les-Murs a près de 24 mètres de portée dans œuvre. Pour un plancher en bois, une portée de 7 à 8 mètres est déjà très grande, car c'est une longueur déjà considérable pour des poutres de bois. En fer, on peut avoir des portées beaucoup plus longues, presque indéfinies, mais alors les poutres prennent des hauteurs énormes, dont on peut rarement disposer dans les constructions civiles, et des portées de planchers en fer de 10 ou 12 et même 15 mètres sont presque des extrêmes dans les constructions de nos monuments, et irréalisables dans nos habitations à cause de l'épaisseur excessive qu'elles entraîneraient pour les planchers.

Aussi l'architecte doit-il savoir trouver, pour supporter ses planchers, des points d'appui judicieusement disposés, qui ne soient ni une gêne pour l'usage, ni un obstacle pour l'effet. Affaire encore de prévoyance et d'ingéniosité.

Au point de vue de la construction, et aussi de l'aspect architectural qui doit en résulter, on peut rattacher les planchers à deux catégories : les planchers avec ou sans maîtresses poutres.

Entre des murs rapprochés, le plancher — fer ou bois — se composera de solivages; une fois ces solives hourdées ou lattées et enduites, vous avez un véritable pan de bois ou de fer horizontal, limité entre deux parements : l'un supérieur, qui est le parquet, l'autre inférieur, qui est l'enduit du plafond. Tels sont les planchers de nos appartements.

Éléments et Théorie de l'Architecture.

En contre-bas de cet enduit de plafond, on applique des moulurations — saillantes, remarquez-le bien — autour de la pièce, dans l'angle dièdre formé par les murs et le plafond, on ajoute — toujours en saillie — une corniche; tout cet ensemble, plus ou moins décoré, est une addition en saillie.

C'est donc une indication très vicieuse que nous voyons souvent dans vos coupes, lorsque vous dessinez des corniches intérieures en gorges, dont le profil viendrait creuser l'épaisseur du plancher (fig. 408). Cette épaisseur, déterminée par la construction, doit être respectée, et vous ne devez pas plus creuser un plancher pour le revêtir de corniches que vous ne creuseriez un mur pour le moulurer. L'indication correcte est celle qui est exprimée par la figure 400 ci-dessus.

C'est le moment de remarquer que la corniche intérieure joue ici un tout autre rôle que la corniche d'une façade, et n'appelle plus les mêmes éléments. Très souvent, ce n'est qu'une grande gorge, mais qui, je le répète, doit être toujours tracée en saillie, et non, comme vous l'indiquez souvent, en creux et au détriment de la construction du plancher. A Versailles, notamment, vous verrez de très belles corniches intérieures. Je vous soumets quelques beaux exemples dans les figures 409 à 413.

Dans les anciens planchers en bois, sans poutres saillantes, on voit assez souvent la construction rester apparente; en ce cas, les solives, par leur saillie, forment décoration et reçoivent parfois une peinture décorative, ainsi que les *entrevous* qui les séparent. Mais, naturellement, ces planchers sans poutres ne peuvent couvrir que des espaces assez étroits, ou de petites pièces, et dès lors ne sauraient motiver des combinaisons monumentales; ce sont plutôt des recherches élégantes et gracieuses qui sont ici de mise.

Quant aux planchers avec maîtresses poutres, il en a été fait

LES PLANCHERS ET PLAFONDS

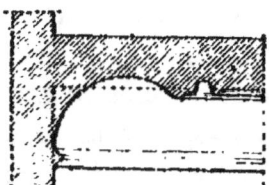

Fig. 408. — Indication vicieuse.

Fig. 409. — Corniche intérieure à Versailles, Salon de la Guerre.

Fig. 410. — Corniche intérieure à Versailles, Cabinet des Médailles.

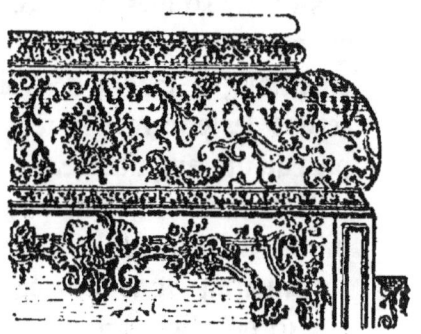

Fig. 411. — Corniche intérieure, à Paris, Ministère des Travaux publics.

Fig. 412. — Corniche intérieure, à Paris, ancien Hôtel des Postes (démoli).

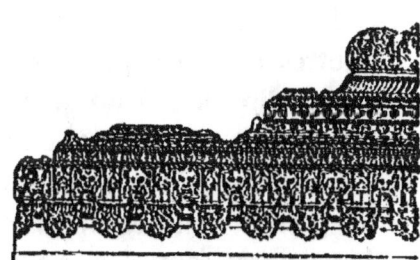

Fig. 413. — Corniche du Plafond de la chambre à coucher de Henri II, au Louvre.

dans deux systèmes très différents; mais, pour les bien saisir, il faut d'abord se bien rendre compte de ce qu'est la structure générale de ces planchers.

Supposons deux murs parallèles, à une distance assez grande, huit mètres par exemple. Le procédé du solivage est ici presque impossible, en bois du moins, car chaque solive devrait être une poutre véritable, ne fût-ce que pour ne pas fléchir sous son propre poids. Il faut donc une combinaison qui permette de laisser aux solives la portée réduite que comporte leur dimension, quatre mètres environ; et par conséquent, pour porter cet ensemble, il faudra des pièces beaucoup plus résistantes, qui seront les poutres; la force sera localisée, et le solivage ne sera plus qu'un remplissage.

Mais ces poutres ne pourront avoir la force voulue qu'à condition d'avoir de la hauteur; les besoins de la construction réclameront donc des épaisseurs différentes : environ $0^m 35$ à $0^m 40$ pour les parties de solivage, qui ne pourraient avoir une plus grande épaisseur sans devenir inutilement lourdes; et $0^m 60$ à 1 mètre peut-être à l'endroit des poutres. Comme le tout doit présenter une surface unie par-dessus, c'est donc par des saillies en dessous que se traduiront nécessairement ces différences d'épaisseurs de la construction.

Tout grand plancher est donc un refend horizontal avec poutres saillantes par dessous. C'est quelque chose d'analogue, sauf la direction, à un grand mur qui a son parement intérieur plan, et qui est renforcé extérieurement par des contreforts.

Cette disposition bien comprise, l'étude la plus naturelle de ces grands planchers consiste à laisser la construction apparente. Les poutres font alors saillie; les solivages entre poutres sont eux-mêmes apparents, ou au contraire reçoivent un enduit de plafond.

LES PLANCHERS ET PLAFONDS

Si tous les bois sont laissés apparents, et sont d'ailleurs posés uniquement pour satisfaire aux besoins de la construction, on a le plancher rustique de nos campagnes ; si le travail est bien exécuté, les espacements réguliers, les bois bien équarris, on a un plancher d'aspect architectural, qui, avec quelques moulures ou un peu de décoration, deviendra aisément un de ces beaux plafonds à

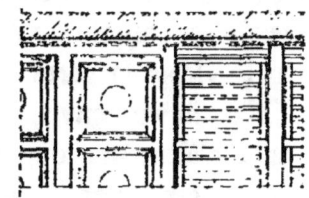

Fig. 414.

charpentes apparentes comme vous en voyez à l'École même, à l'hôtel Cluny, à Fontainebleau, et autour de la cour des Invalides.

Ces beaux plafonds ont pour l'architecte un grand charme, leur vérité même. Ils sont non seulement l'expression de la construction, ils sont la construction même. Tel est ce charme

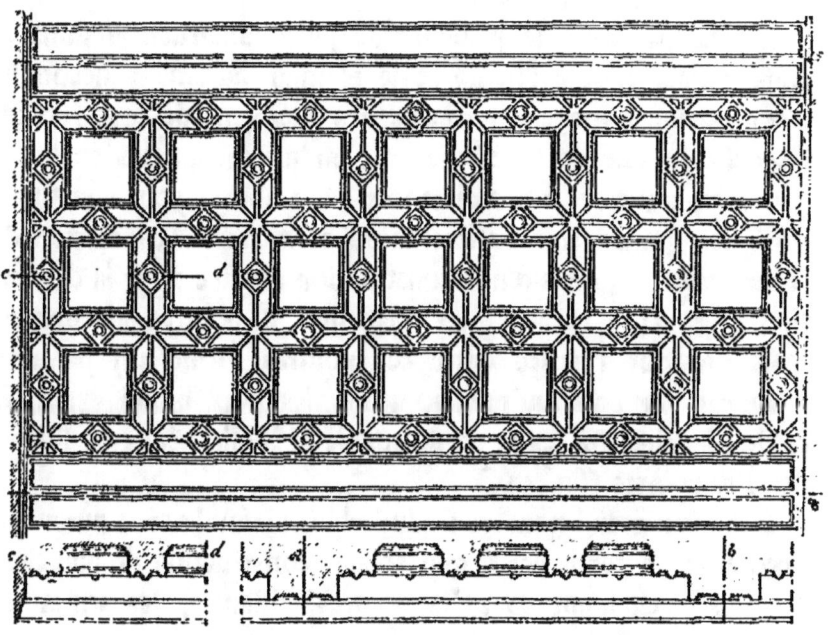

Fig. 415. — Plafond de la Bibliothèque de l'École des Beaux-Arts.

qu'on ne se défend pas de les imiter par des moyens factices, et que même sous des planchers en fer, on voit parfois des imitations de solives en bois, qui sortent de chez le mouleur. On en peut dire, comme de l'hypocrisie, que c'est un hommage rendu par le vice à la vertu.

Mais ils ne peuvent être variés ; ils se composent nécessairement d'éléments toujours les mêmes, des poutres dont l'espacement est déterminé par les entre axes des travées, des solives dont les dimensions et les écartements varient à peine. La décoration elle-même ne peut différer que par le détail et la coloration. Et comme les plafonds sont une occasion de belles combinaisons artistiques et d'une grande richesse décorative, on a cherché à introduire la variété par des éléments qui ne sont plus la construction elle-même du plancher, par des combinaisons purement décoratives.

Cependant, entre le plancher de pure construction dont je vous parlais tout à l'heure et le plafond purement décoratif, il y a quelques moyens termes : des éléments de construction disposés en vue de la décoration, en pratiquant des enchevêtrures ou traverses à des distances déterminées pour constituer ainsi des grands compartiments qui sont encore l'expression de la construction, mais d'une construction étudiée pour la décoration (fig. 414) et aussi les planchers à poutres apparentes, mais où tout l'espace entre ces poutres forme un panneau décoratif, en bois sculpté, dont un des plus beaux exemples est le plancher qui règne au-dessus de la Bibliothèque de l'École des Beaux-Arts (fig. 415).

Enfin, un grand nombre d'admirables plafonds sont purement décoratifs. J'entends par là que, sous la construction du plancher, ou plus exactement sous les poutres saillantes, des armatures spéciales suspendues à ce plancher par des boulons ou autres ferrures, servent à supporter des ouvrages de menuiserie

Fig. 416. — Plafond du grand salon des appartements du Pape, à Fontainebleau.

ÉLÉMENTS ET THÉORIE DE L'ARCHITECTURE

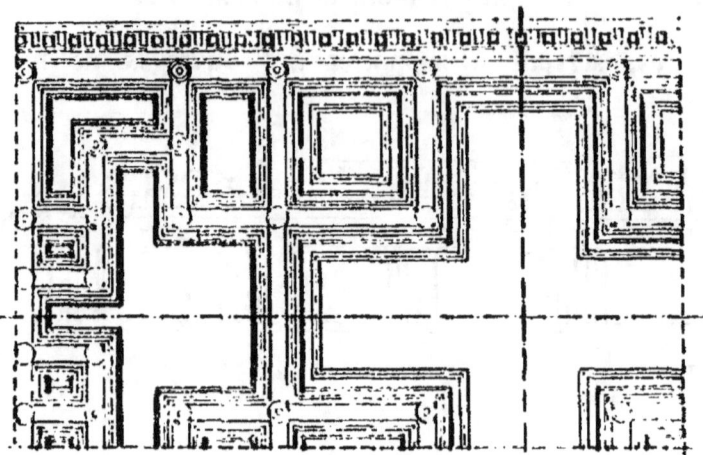

Fig. 417. — Plafond de l'église d'Ara Cœli, à Rome.

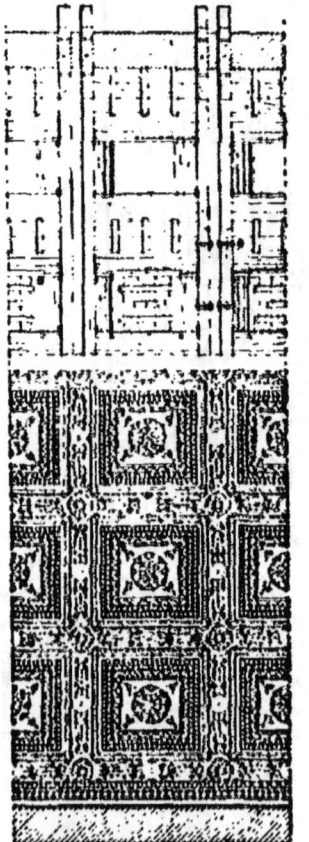

Fig. 418. — Plafond de l'église

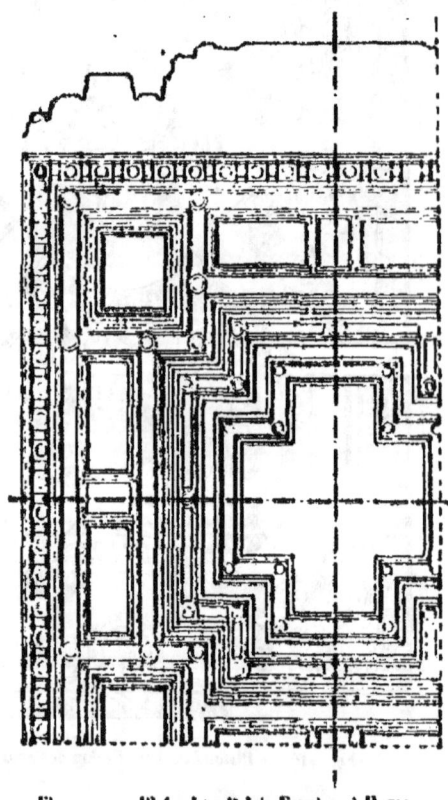

Fig. 419. — Plafond au Palais Farnèse, à Rome.

rapportée, et de sculpture. Ces plafonds sont en réalité de grands panneaux en application. Tel est le plafond que je vous ai déjà cité de la chambre de Henri II au Louvre; tels sont les plafonds de Fontainebleau (fig. 416), ceux de nombreuses églises italiennes, notamment l'*Ara-*

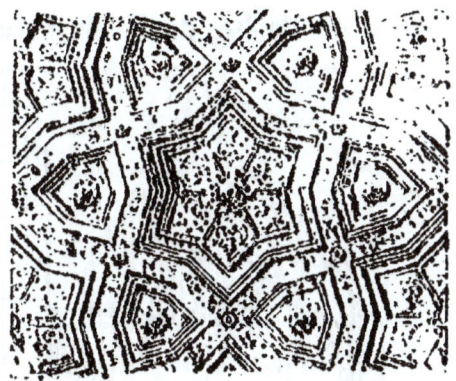

Fig. 420. — Plafond du Palais de Justice de Rouen.

Cæli (fig. 417), Sainte-Marie-Majeure, (fig. 418), Saint-Jean-de-Latran; les plafonds du palais des

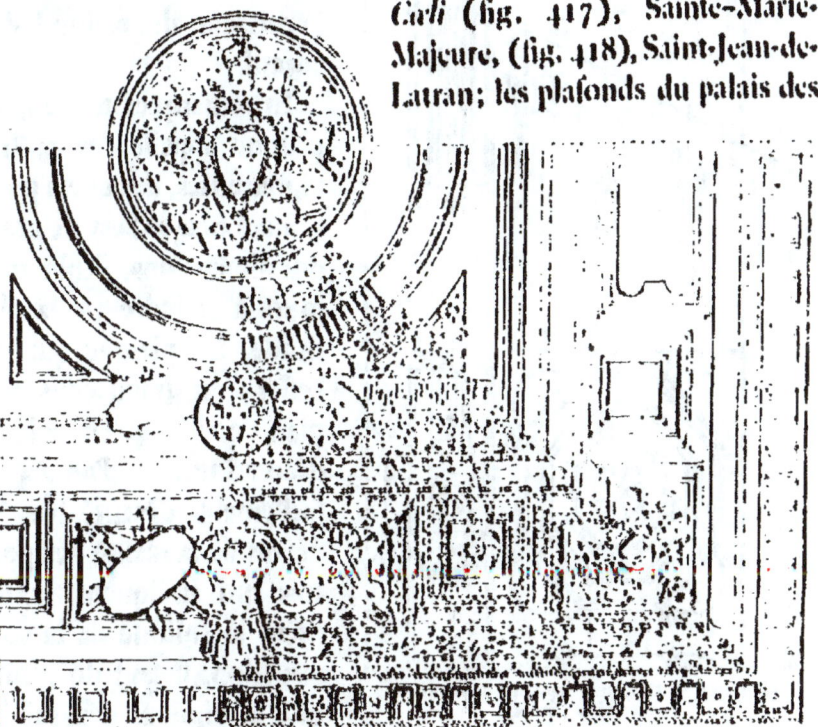

Fig. 421. — Plafond de la chambre à coucher de Henri II, au Louvre.

doges de Venise, du Palais Farnèse (fig. 419), du Palais de Justice de Rouen (fig. 420).

Mais, vous le voyez, pour pouvoir se permettre ces nobles compositions, il faut disposer de hauteurs considérables, puisqu'il vous faut en ce cas toute l'épaisseur de la construction aux endroits les plus saillants, plus toute l'épaisseur du plafond décoratif.

Et remarquez-le bien, un plafond appelle des saillies vigoureuses, des effets puissants. Lorsqu'il est de grandes dimensions, l'effet toujours à craindre est la platitude. Un plafond qui fait l'effet d'un grand couvercle plan, quelle qu'en soit la décoration, est d'un aspect facilement désagréable. A défaut de la réalité des poutres qui indiquent nettement la solidité de la construction, il faut du moins que la vigueur des saillies

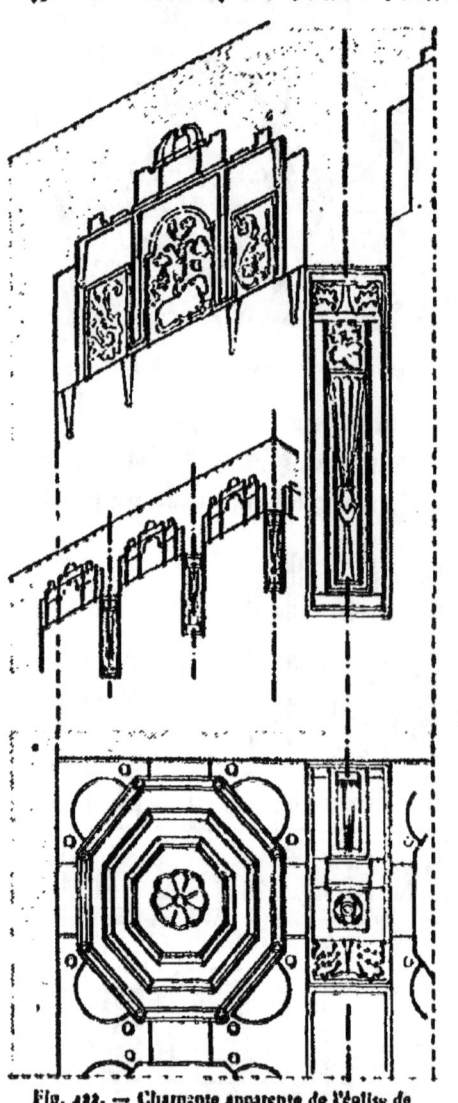

Fig. 422. — Charpente apparente de l'église de Montréale (Sicile).

et des creux présente l'aspect de cette solidité, et par conséquent que vous puissiez disposer d'une hauteur suffisante — sans

Fig. 481. — Charpente apparente de l'église San-Miniato, à Florence.

Fig. 424. — Charpente apparente de la cathédrale de Messine (Sicile).

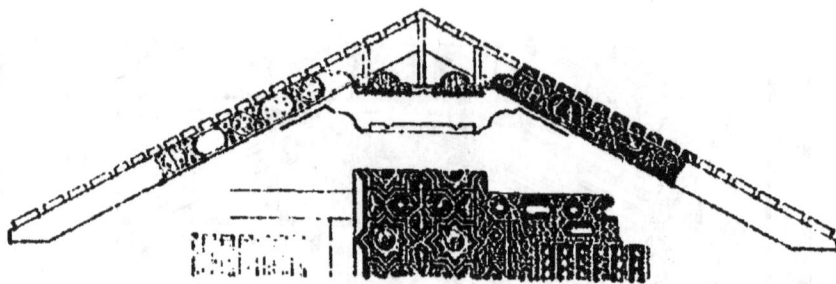

Fig. 425. — Charpente apparente de Westminster-Hall (Angleterre).

cependant arriver à écraser la salle par la puissance du plafond. Question de goût et de proportion.

Une étude toujours délicate, c'est la transition du mur au plafond. Que le mur soit uni ou qu'il soit constitué avec des

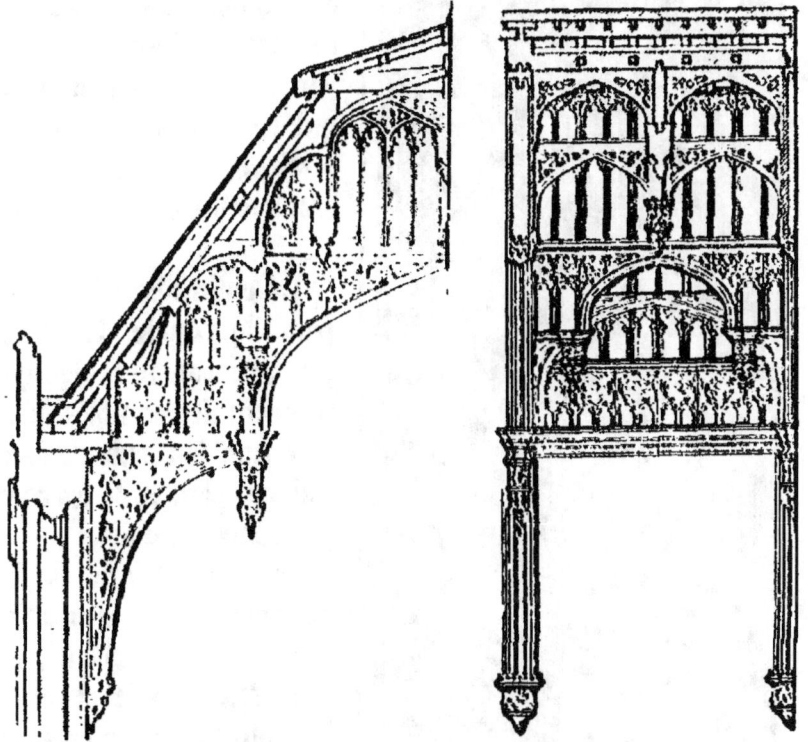

Fig. 426. — Charpente apparente de Hampton-Court (Angleterre).

saillies de colonnes, pilastres, etc., ou enfin par des points d'appui isolés, on arrive toujours à une dernière assise droite et à une sorte de corniche : en somme, un entablement intérieur. Mais qui dit intérieur dit architecture intérieure, et dans les belles œuvres vous reconnaîtrez aisément que l'architecte a bien voulu faire autre chose ici qu'en façade.

Ainsi, en reprenant ce bel exemple de la chambre de Henri II (fig. 421), vous y voyez une frise à riches consoles qui couronne les parois verticales, et qui supporte — non plus un larmier — mais un premier encadrement du plafond : en réalité, c'est le plafond lui-même qui est la dernière partie de l'entablement et qui se substitue à ce qui serait la corniche si cette architecture était extérieure.

J'ai enfin réservé pour ce parallèle l'étude des charpentes apparentes, bien que ce soient des combles, mais en raison de l'élément décoratif qui permet de les comparer aux plafonds.

La seule théorie de ces ouvrages est la disposition même de la charpente, qui doit être simple et éviter la profusion des pièces qui, ici, deviendrait facilement de l'enchevêtrement. Il y en a de fort beaux exemples, notamment à Montréale (fig. 422), à San-Miniato de Florence (fig. 423), à la cathédrale de Messine (fig. 424). Dans

Fig. 417. — Plafond au Palais ducal de Venise.

LES PLANCHERS ET PLAFONDS

l'architecture du moyen âge, il s'est fait parfois de grandes voûtes en bois; je ne puis que vous citer quelques exemples : le Palais de Justice de Rouen, la célèbre grande salle de Westminster ou celle de Hampton-Court en Angleterre (fig. 425, 426), et enfin à la chapelle même de notre École.

Quant aux planchers en fer, ou bien ils sont hourdés, et revêtus alors d'applications décoratives : tels sont ceux de l'Hôtel de Ville, et une grande partie de ceux du Palais de Justice; leur étude alors ne diffère pas sensiblement de celle des plafonds en bois; ou bien les poutres et solives restent apparentes, et alors c'est avant tout une étude de construction qui vous dirigera; je ne saurais émettre à ce sujet de théories spéciales, tellement les considérations de construction proprement dite priment ici toutes les autres. Des essais très méritoires ont été faits pour chercher à ces planchers une expression monumentale; mais s'ils sont souvent très intéressants pour le technicien, il faut bien reconnaître que jusqu'ici ils n'ont rien produit qui puisse faire oublier les beaux plafonds en bois, avec leurs splendides décorations artistiques — surtout lorsque c'est un Paul Véronèse qui vient y peindre la gloire de Venise (fig. 427).

CHAPITRE VII

LES VOUTES EN GÉNÉRAL

SOMMAIRE. — Équilibre des voûtes. — Leurs actions. — Les piedroits, leur force. — Plans d'édifices voûtés. — Plans italiens d'édifices voûtés avec tirants en fer. — Dangers des voûtes. — Modes de construction : voûtes stéréotomiques en pierre appareillée; voûtes en petits matériaux; voûtes du moyen âge sur arcs indépendants. — Poussées et résistances. — Construction en repos, construction en mouvement. — Considérations de hauteur, d'élévation des étages, etc.

Des planchers, nous allons passer aux voûtes. Le sujet est encore plus vaste, et je n'arriverai jamais à vous en dire tout ce qui devrait vous en être dit.

Si, en effet, je me proposais de vous exposer tout ce que comporte ce sujet, les voûtes, des volumes n'y suffiraient pas. C'est à l'occasion des voûtes que le génie des architectes, aux prises avec les difficultés les plus redoutables, a obtenu les plus splendides résultats. Il n'est personne qui ne connaisse quelques exemples de ces ouvrages que l'habitude seule nous empêche de considérer comme des prodiges : voûtes de palais, de ponts ou de cathédrales, coupoles assises sur d'autres voûtes, etc., etc. Rien n'est plus noble, rien n'est plus beau, mais rien n'exige plus de savoir.

Je vous ai montré ce qu'est l'arc, et la voûte élémentaire qui n'est qu'un arc plus profond. Vous avez vu ce qu'est la poussée d'un arc, comment cette poussée doit être neutralisée; mais la résistance, facile à assurer dans un mur percé de baies, devient bien plus aléatoire lorsqu'une voûte agit non plus dans le sens de la longueur d'un mur, mais dans le sens transversal, et travaille par suite au renversement (fig. 428). Si, de plus, les voûtes sont élevées, agissent au sommet des murs comme sur un puissant bras de levier, ce ne sera que par l'ingéniosité des dispositions, la combinaison des contrebutements, qu'on obtiendra la stabilité.

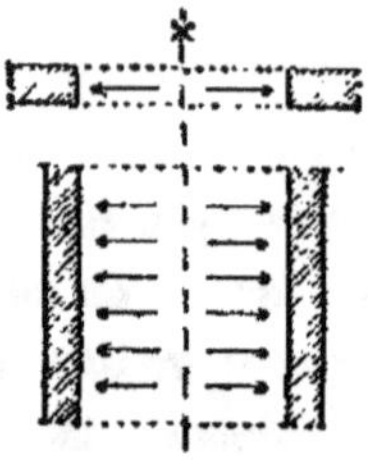

Fig. 428. — Action d'un arc et d'une voûte.

Lorsqu'il s'agit de voûtes, le constructeur ignorant est placé entre deux écueils : trop hardi, ou plutôt téméraire, il s'exposera à l'écroulement — les exemples sont nombreux de voûtes effondrées ou renversant leurs points d'appui pendant la construction même; — trop timide, il cherchera la sécurité dans des épaisseurs exagérées des piliers et des murs, dans des contreforts inutiles, et grèvera son édifice de superfétations coûteuses et encombrantes, si même l'excès des précautions ne vient pas à son tour compromettre la solidité même, comme parfois en étayant trop énergiquement un mur caduc, on le jette en dedans pour l'empêcher de tomber au dehors.

En somme, toute voûte est un ouvrage en équilibre conditionnel; son action permanente serait destructive de l'édifice si des résistances également permanentes ne suffisaient pas à la neutraliser. Or, ces résistances peuvent être de deux sortes : externes, par les surépaisseurs des murs ou piliers, les contreforts, les arc-boutants; internes, par des tirants qui résistent par extension à l'écartement des murs. Sans entrer ici dans la théorie de la stabilité des voûtes, que vous verrez en étudiant la construction, je puis indiquer que la condition première de cette stabilité est que la *résultante* statique des efforts de la voûte, courbe R-R qui se détermine par une épure minutieuse, soit toujours contenue à l'intérieur de la section de la voûte et de son piédroit (fig. 429). Or, cette courbe a son point le plus voisin de l'intrados à la clef, s'en écarte sensiblement vers l'angle de 30° avec l'horizontale, et se continue en oblique dans la hauteur du

piédroit. On considère la solidité comme douteuse si le pied de cette oblique sort du tiers central de la largeur en section du mur divisé en trois parties.

La courbe dont il s'agit est une résultante finale des diverses actions, c'est-à-dire des poussées et des pesanteurs résistantes; la poussée elle-même

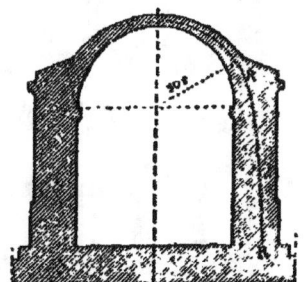

Fig. 429. — Poussée des voûtes.

n'est qu'un mode de pesanteur. Ainsi, plus la voûte sera légère, moins elle poussera; plus les piédroits seront pesants, mieux ils résisteront. La légèreté des voûtes résultera de leur section, qui ne doit pas présenter d'épaisseurs inutiles ou mal réparties; des matériaux qui seront de la pierre légère, des briques plutôt creuses que pleines, ou, comme faisaient les Romains, de la pierre ponce dont la densité est minime; enfin des évidements, qui permettent de laisser à la voûte l'épaisseur nécessaire dans ses parties essentielles, et de constituer des surfaces importantes en simples remplissages plus minces.

Quant à la pesanteur des piédroits, elle résultera de leur masse, de la densité des matériaux, et aussi de la charge supérieure. Ainsi une même voûte, qui exigerait des murs très épais pour une salle unique A (fig. 430), trouvera une résistance suffisante dans des murs moins gros, B, si ces murs sont chargés d'un ou plusieurs étages; et réciproquement, la démolition d'un étage supérieur, loin de soulager un rez-de-chaussée voûté, pourrait le compromettre au point de le faire écrouler.

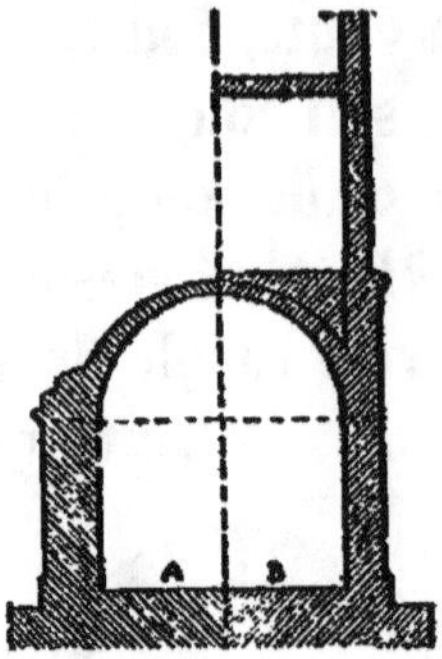

Comme nous l'avons vu pour les arcs, une voûte pousse d'autant plus qu'elle est plus plate; une voûte ogivale, ou elliptique en hauteur, ou enfin en *chaînette* (courbe naturelle d'un chapelet ou d'une chaîne) lorsque l'ouverture est moindre que la hauteur, poussent relativement peu; au contraire, les voûtes très

Fig. 430. — Résistance des piédroits d'une voûte.

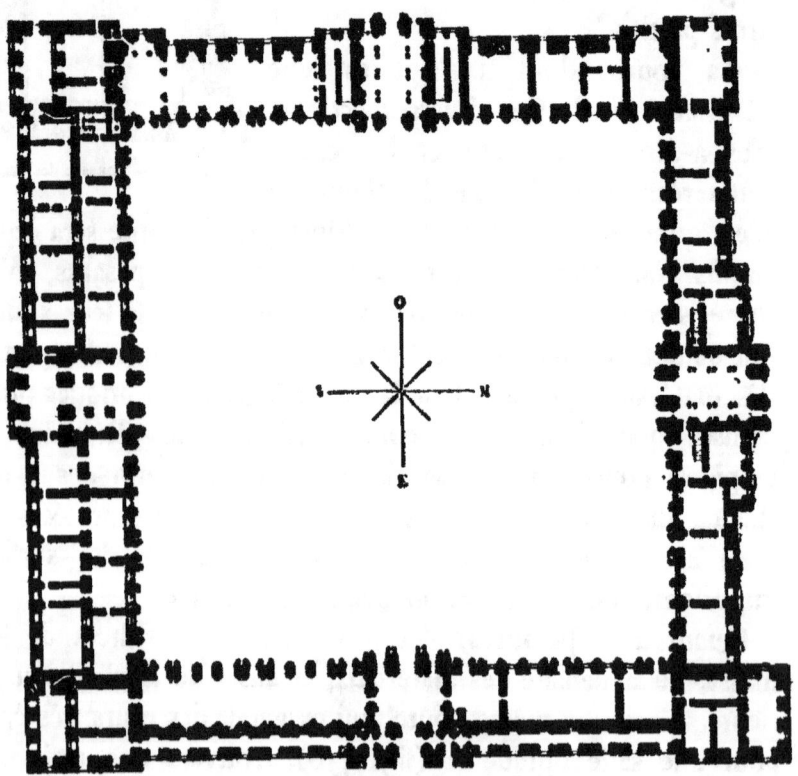

Fig. 431. — Plan du rez-de-chaussée du Louvre.

LES VOUTES EN GÉNÉRAL

surbaissées poussent beaucoup, et le maximum de poussée se trouve dans le plafond appareillé, analogue comme voûte à ce qu'est la plate-bande appareillée comme arc.

Il y a donc tant de cas différents — forme et composition de la voûte, proportion de hauteur et de largeur, élévation des piédroits, charges supérieures, etc. — qu'il est impossible de donner des règles générales ou même des proportions empiriques. Voici toutefois quelques exemples de proportions entre les épaisseurs des murs et la portée des voûtes pour des salles voûtées très connues : ces exemples sont empruntés à des voûtes continues, berceaux ou coupoles, sans surcharges d'étages supérieurs.

MONUMENTS	MATÉRIAUX DE LA VOUTE	DIAMÈTRE DE LA VOUTE	ÉPAISSEUR DU MUR A LA NAISSANCE	RAPPORT DU DIAMÈTRE AU MUR
		Environ	Environ	
Panthéon de Rome (voûte sphérique, murs évidés)	Briques et blocages	44m 60	6m 80	6m 56
Grande salle circulaire des Thermes de Caracalla (Id., Id.)	Id.	35 »	6 50	4 66
Basilique de Constantin (voûte en berceau)	Id.	24 »	4 20	5 71
Temple de Vénus et Rome (berceau)	Id.	20 20	3 »	6 72
Sainte-Sophie de Constantinople, narthex du 1er étage (berceau)	Briques	8 60	2 10	5 99
Lanterne en arc de cloître de Saint-Michel de Pavie	Id.	9 60	1 10	8 72
Sainte-Marie des Fleurs (coupole octogonale)	Id.	42 »	5 20	8 08
Saint-Pierre de Rome, nef (berceau contrebuté)	Id.	17 80	3 60	7 72
Saint-Pierre de Rome, coupole[1], méridien au droit des arcs	Id.	40 60	3 70	10 98
Id. au droit des remplissages		»	2 80	14 50
Coupole des Invalides	Pierre	26 »	4 »	6 50
Salle des Pas perdus du Palais (berceau).				
Au droit des arcs doubleaux	Pierre	12 50	1 90 (variable)	6 58
Id. des remplissages	Briques	13 60	1 »	13 60
Galerie Marchande	Pierre	7 40	1 80	4 11
Luxembourg, grand escalier	Pierre	8 »	1 80	4 44

1. (Nota. — Cette coupole est cerclée par des ceintures en fer.)

(Nota. — Les conséquences à tirer de ce tableau ne sont pas absolues; non seulement en raison des différences de hauteurs, de charges, etc., mais aussi parce que les murs extérieurs sont le plus souvent accompagnés de saillies décoratives qui concourent à la résistance. Il ne faut donc les prendre que comme des renseignements très approximatifs, et sous toutes réserves de contrôle.)

Ces épaisseurs de murs sont toutes différentes de celles que comporteraient des planchers et combles, si chargés qu'ils pussent être. Aussi, un plan voûté doit se reconnaître du premier coup d'œil. Regardez par exemple le plan du rez-de-chaussée du Louvre (fig. 431) ou de Versailles, celui du Palais de Justice de Paris, ceux de la plupart des édifices de Rome, par exemple le Palais Corsini (fig. 432), de Gênes, de Florence, enfin ceux de nos églises et cathédrales, etc. Voilà des plans voûtés et qui tiennent de la voûte leurs proportions et leur aspect.

Cependant, vous serez surpris de trouver dans des livres des plans dont la légèreté vous étonnera, en voyant par les coupes que vous êtes en présence de voûtes. C'est que très souvent, dans l'architecture italienne surtout, la poussée des voûtes est neutralisée par des tirants en fer; les piliers alors n'ont plus qu'à supporter le poids vertical, et peuvent devenir légers; mais par une fâcheuse inexactitude, les gravures de ces édifices ne rendent pas compte en général de cet élément nécessaire, et l'image devient trompeuse par insuffisance.

Beaucoup de compositions célèbres à juste titre, notamment en Toscane, doivent à cet emploi du tirant en fer la condition de leur élégance et aussi de leur économie.

Cependant, des théoriciens absolus ont proscrit l'emploi du tirant pour les voûtes, et vous entendrez encore ces anathèmes.

La science de l'architecte, dit-on, doit combiner des éléments de stabilité suffisants par eux-mêmes sans recourir à des expédients qui sont la négation même du principe de la voûte. Cela

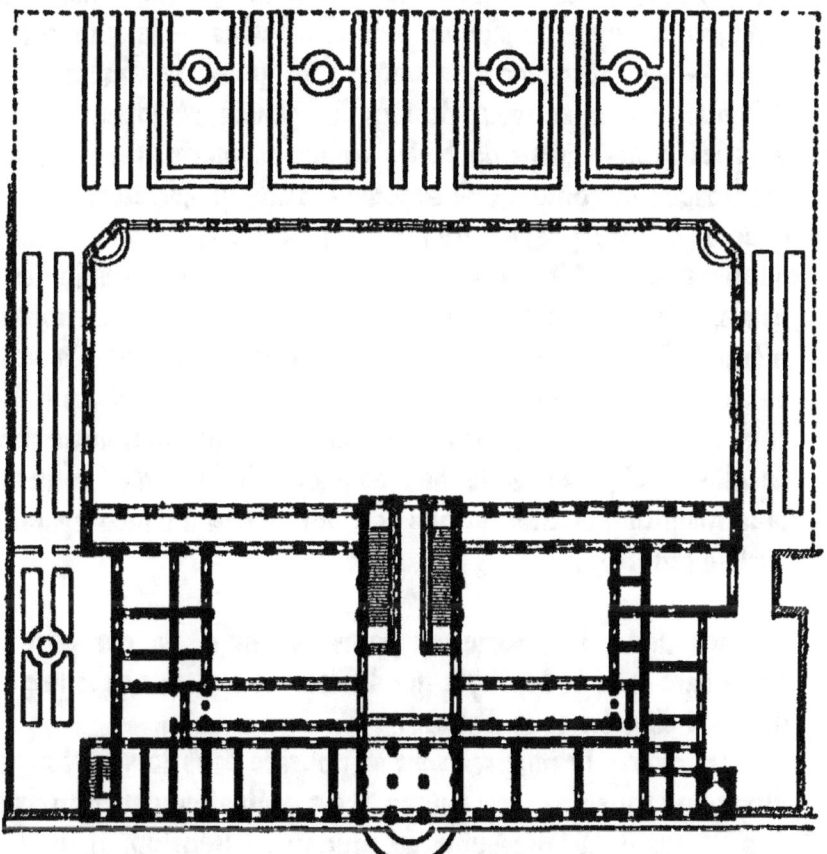

Fig. 432. — Plan du rez-de-chaussée du Palais Corsini, à Rome.

est très fier sans doute; j'admire autant que qui ce soit les voûtes des Romains contenues par leurs inébranlables piliers; mais j'admire aussi le merveilleux portique de la loge des *Lanzi* à Florence (voir plus haut, fig. 308) où quelques minces barres de fer ont pu permettre de si élégantes et délicates proportions.

De toute façon, remarquez-le bien, la voûte est un ouvrage qui n'est jamais sans difficulté. L'architecte est plus certain de se tirer avec honneur d'un plancher ou d'un plafond, surtout aujourd'hui; et là où l'on ne recherche que la construction facile, vous voyez de plus en plus le plancher — la construction plane — se substituer à la voûte : les ponts eux-mêmes sont devenus le plus souvent de simples planchers, lorsqu'autrefois tous les ponts étaient de belles voûtes en pierre. Eh bien, c'est dommage : la voûte a une superbe beauté, un caractère de durée et de grandiose que rien ne peut remplacer. Qui donc oserait se figurer nos cathédrales, nos arcs de triomphe, nos vestibules de palais, nos portiques, sans les voûtes qui en sont la noblesse même? Et, même au point de vue simplement utile, la voûte abrite mieux, défend des intempéries, et pourvu qu'elle soit bien constituée à l'origine, résiste au temps plus que tout autre mode de clôture supérieure de nos édifices. Elle se prête enfin aux plus magnifiques décorations et a donné lieu à d'incomparables chefs-d'œuvre.

Ainsi donc, j'y insiste, au point de vue de la composition, entre l'arc et la voûte il y a des différences capitales qu'il importe de vous signaler tout d'abord.

L'arc exerce le plus souvent sa poussée dans le sens longitudinal d'un mur : par cela même, il est ordinairement contrebuté; et s'il travaille à faire subir au mur une extension, il ne sollicite pas son renversement. La voûte au contraire pousse le plus souvent les murs transversalement, tendant à les faire déverser au dehors. Généralement donc, la voûte est plus dangereuse que l'arc.

D'autre part, l'arc est presque toujours chargé par de la construction supérieure; au contraire, on cherche toujours à ne pas charger les voûtes, ou du moins à les charger le moins possible. Si elles tiennent lieu de planchers entre étages, ou si elles sont établies sous des terrasses, évidemment elles supportent une charge qui augmente l'action renversante de leur poussée : que cette charge du moins soit réduite au minimum. Et quant aux voûtes dont la fonction est seulement de clore la partie supérieure d'un édifice, comme par exemple les voûtes des églises, il faut avoir bien soin de ne leur faire rien porter qu'elles-mêmes; ainsi, ce serait une grosse faute de leur faire supporter la charpente des combles.

Dites-vous bien encore une fois que les voûtes sont un magnifique élément d'architecture, mais dont l'emploi demande de la science et de la prudence; et rappelez-vous que l'architecte doit résolument se refuser à faire des voûtes lorsque sa composition, et par là j'entends surtout son plan, ne le lui permet pas.

Trop souvent, dans les églises par exemple, tout est poussé non à l'économie qui est une sagesse, mais à la parcimonie qui est une imprudence; les murs sont trop minces, les contreforts dérisoires; et cependant on veut des voûtes quand même, parce que les églises célèbres sont voûtées. Qu'arrive-t-il? L'écroulement. Cela est plus fréquent que vous ne pensez.

La voûte est très dangereuse entre les mains d'ignorants, et je ne saurais trop vous engager à étudier avec le plus grand soin les méthodes de vérification que vous enseigne le cours de construction : en vous rappelant toutefois que, avant de vérifier, il faut concevoir, et que c'est votre composition qui seule vous permettra les voûtes faciles et sûres, ou qui, au contraire, vous fera une loi de vous en abstenir.

Indépendamment des questions de forme des voûtes, dont je vous parlerai plus loin, il faut d'abord distinguer trois systèmes de construction, applicables à ces formes diverses des voûtes, et qui en modifient profondément l'action et l'aspect.

Salle des Cariatides au Louvre. — Vue intérieure.

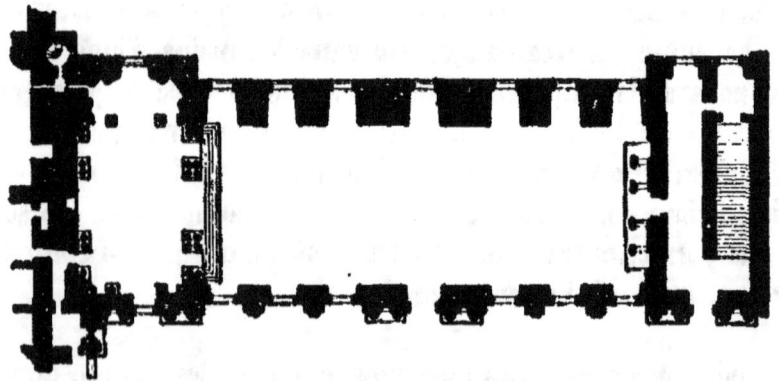

Fig. 433. — Salle des Cariatides au Louvre. — Plan.

LES VOUTES EN GÉNÉRAL

Il y a les voûtes appareillées en pierres de taille, les voûtes en blocages ou petits matériaux, les voûtes du moyen âge supportées par des arcs.

La voûte appareillée, la voûte stéréotomique, d'un grand aspect monumental, est celle qui se voit le plus souvent dans notre architecture française moderne. Sa beauté est avant tout dans son appareil régulier, sa décoration dans la sculpture à même la pierre. Les exemples en abondent, tous nobles et magnifiques : qu'il me suffise de vous citer la salle des Cariatides au Louvre (fig. 433), les nefs du Val-de-Grâce et du Panthéon, l'arc de l'Étoile.

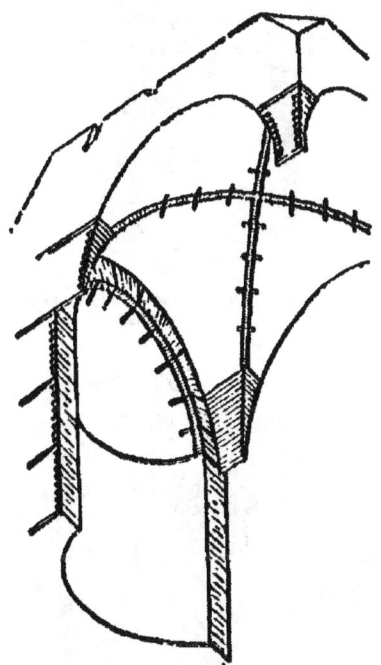

Fig. 414. — Voûtes romaines en briques et blocages.

Mais ces voûtes sont pesantes, même avec l'emploi de pierres dont la densité est peu élevée. De plus, les voussoirs, en contact seulement par des plans de joints, et non insérés les uns dans les autres comme des blocages, n'ont pas de solidarité entre eux ; la voûte ne tient que par la coupe, la science stéréotomique, et pour une même portée et un même cintre, cette voûte en appareil est celle qui pousse le plus. Il faut donc lui opposer des résistances énergiques par la solidité des murs ou des piliers qui la reçoivent.

Les voûtes en blocages sont celles des grands monuments romains représentées synthétiquement dans les exemples (fig. 434, et fig. 435-436) empruntés à l'ouvrage de M. Choisy, l'*Art de bâtir chez les Romains*, tels que le Panthéon, les Thermes, la basilique de Constantin. Là, des ossatures sont accusées par l'emploi de la brique suivant des directrices et des génératrices s'il s'agit de voûtes cylindriques, suivant des méridiens et des parallèles s'il s'agit de voûtes sphériques et d'ingénieuses combinaisons d'arcs de décharge combinés dans la voûte même. Les *arcs* en briques (idée première des voûtes à ossatures du moyen âge) déterminent les parties essentielles de la construction (fig. 437). Les intervalles entre les ossatures sont comblés par un blocage, sorte de béton, où un excellent mortier relie des déchets divers, éclats

Fig. 435. — Voûte romaine en briques et blocages. (Du Palatin.)

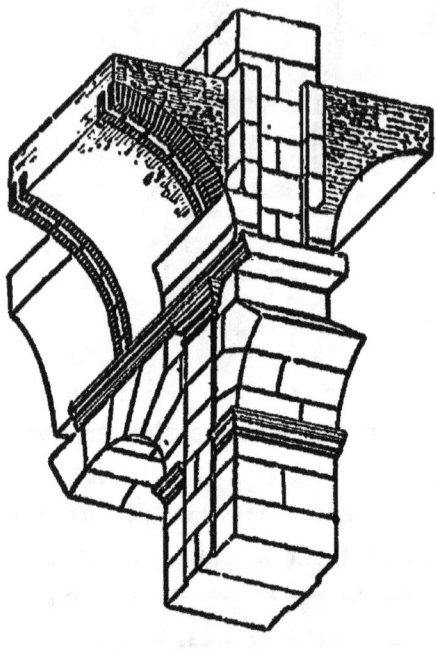

Fig. 436. — Voûte romaine en briques et blocages sur piédroits en pierre. (Du Colisée.)

de pierres, etc., et de préférence la pierre ponce, si légère, qui se trouve abondamment dans les régions volcaniques. L'emploi de ces petits matériaux posés *à bain* de mortier finit par faire de cet ensemble une sorte de monolithe, dont la poussée serait nulle — remarquez-le bien — s'il ne se cassait pas. Je reviendrai tout à l'heure sur ces considérations de poussées.

A ces voûtes en petits matériaux peuvent se rattacher les voûtes en briques telles que sont toutes les voûtes modernes de l'Italie et du midi de la France. Les unes et les autres ont pour caractéristique l'absence d'appareil, la recherche du monolithe, et la nécessité de l'enduit, sauf les rares circonstances

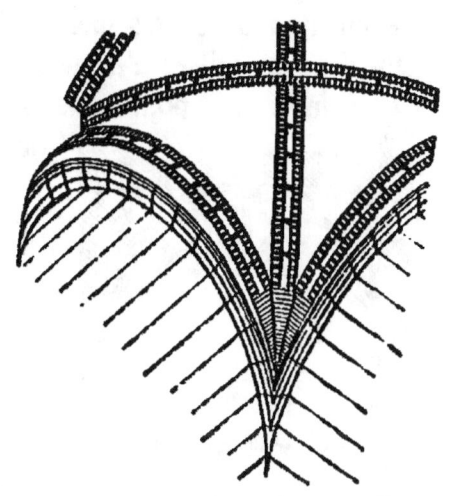

Fig. 437. — Voûte romaine avec arêtiers et formerets en briques. (De l'arc de Janus.)

où des voûtes se présentent avec un intrados en briques apparentes. Malheureusement, il faut le dire, cette sage pratique des voûtes en maçonnerie n'a pas été celle du XVIIe siècle, et les belles voûtes de Versailles et d'autres du même temps sont construites en bois, chevrons et lattis, avec enduit de plâtre. Elles sont ainsi bien moins durables, et assujetties à toutes les causes de précarité qui résultent de l'emploi du bois.

Je parlerai plus loin de la décoration de ces diverses voûtes.

Les voûtes du moyen âge — lorsqu'elles ne sont plus simplement la voûte antique comme dans l'architecture latine et même romane à ses débuts — les voûtes du moyen âge sont une conception complexe, ou plutôt sont moins une conception qu'un résultat final de tâtonnements successifs dont on peut suivre la trace historique, et qui ont fini par aboutir à un système complet qu'on pourrait croire et que parfois on a cru être une création de toutes pièces. On en saisit la genèse notamment dans les églises d'Angers.

Et à mon tour, pour vous faire saisir cette évolution, je suis obligé de vous conduire par un chemin un peu long et peut-être sinueux.

Fig. 438. — Cintre des voûtes.

Vous savez que pour construire une voûte, — qu'il s'agisse d'un pont ou d'une salle, — il faut d'abord la cintrer, c'est-à-dire établir provisoirement, en bois, des surfaces qui sont rigoureusement contiguës à tous les points de l'intrados. Cette surface est formée par des planches ou madriers, supportés aux endroits voulus par des *fermes de cintres* en charpente. Ce travail de charpente est souvent compliqué et demande beaucoup d'ingéniosité. Les fermes de charpente comprennent les cerces ou le cintre proprement dit, et les poteaux, contre-fiches, liens et moises, etc. (fig. 438).

Eh bien, supposez maintenant que les cerces ou cintres véritables, disposés sous les parties de voûtes où l'appui est particulièrement nécessaire, se soient en quelque sorte pétrifiés : ces cintres deviennent des arcs, et les arcs portent la voûte comme la porteraient les cintres. Et voilà les voûtes du moyen âge que nous pouvons définir ainsi :

Des voûtes composées de cintres en pierre supportant des remplissages en petits matériaux.

La voûte du moyen âge emprunte donc à la voûte romaine la conception de l'ossature et du remplissage; à la voûte appareillée elle emprunte la pratique de la coupe de pierres. Son caractère original est dans la saillie de l'ossature qui, dans la voûte romaine, est noyée dans la masse, et dans l'emploi combiné de ces deux éléments; elle a le remplissage et elle a la coupe appareillée. Ses poussées sont plus fortes que celles de la voûte romaine, moins fortes que celles de la voûte stéréotomique. Son caractère et son aspect sont avant tout dans la disposition de ses arcs, ou, comme on dit, de ses nervures, qui arrivent en dernier lieu à des combinaisons très compliquées, d'ailleurs très élégantes et ingénieuses. Dans l'architecture de ces voûtes, ce sont les arcs qui sont la clef de l'étude.

Je reviens aux poussées des voûtes; non pour vous enseigner comment on les calcule, c'est le domaine du cours de construction, mais pour vous montrer comment on doit les prévoir dans la composition. Je ne pourrai sans doute éviter quelques redites, mais l'importance du sujet les excusera. Entrons donc dans les questions d'application. Il faut en effet, je vous l'ai déjà dit, que la composition rende possible l'application des règles de la construction : composer, c'est prévoir. Si vous dédoublez par la pensée votre personnalité, le compositeur prévoit et assure la constructibilité de sa conception, puis le constructeur vérifie la stabilité, retranche ou ajoute aux éléments essentiels, ou même condamne absolument la disposition prise; mais même en ce cas, s'il faut chercher un nouveau parti, ce sera encore le compositeur qui le cherchera — en profitant peut-être de la leçon.

Pourquoi une voûte pousse-t-elle? Parce qu'elle se casse. Pas de déformation, pas de poussée. Supposez, par exemple, qu'une voûte monolithe soit tellement homogène que l'adhérence de ses parties puisse être comparée à l'adhérence moléculaire : cette voûte se posera sur des murs comme un couvercle et n'exercera aucune poussée. Et cela n'est pas une fiction : il y a à Ravenne un édifice circulaire, le tombeau de Théodoric (fig. 439), couvert par une pierre unique taillée en forme de coupole : ce n'est qu'un couvercle, ce n'est pas une voûte.

La voûte pousse donc en raison de la mobilité de ses éléments.

Fig. 439. — Tombeau de Théodoric, à Ravenne.

Toute poussée de voûte est une action multiple d'efforts non parallèles; ces efforts se composent en une résultante qui n'est et ne peut être ni horizontale ni verticale. Elle est plus ou moins oblique, et dès lors, rencontrant le mur ou le piédroit, elle se décompose elle-même en deux actions, l'une verticale, l'autre horizontale. L'action verticale charge le mur, l'action horizontale le pousse. Si le mur est assez résistant pour s'opposer à tout renversement, il s'oppose aussi à toute déformation de la voûte; s'il y a le moindre renversement partiel du mur, il y a par voie de conséquence déformation de la voûte ou réciproquement, et cette déformation se traduit par des fissures : fissures suivant l'appareil dans les voûtes appareillées, fissures irrégulières dans les voûtes en blocages.

Je passe d'ailleurs sous silence les désordres qui peuvent se produire dans une voûte par l'action réciproque de ses éléments les uns sur les autres si les sections sont mal étudiées. C'est un point très important, mais qui relève de la construction seule et non de la composition.

Ainsi, voilà ce qu'il faut bien comprendre : tandis que le mur, la colonnade, le plancher, tout ce que nous avons vu jusqu'ici, sont généralement des éléments d'une construction *en repos*, la voûte est un élément d'une construction *en mouvement*. A un équilibre statique se substitue ici un équilibre dynamique, et l'immobilité de la construction ne sera obtenue que si ce mouvement est non pas supprimé, mais empêché par une résistance suffisante. Cette résistance, c'est avant tout le plan qui vous la donnera, mais ce n'est pas le plan seul.

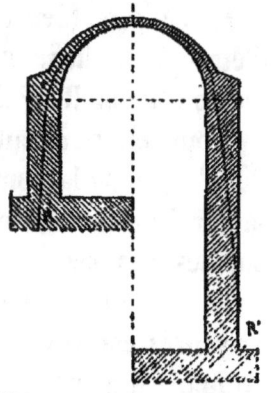

Fig. 440. — Stabilité et instabilité d'une même voûte, suivant la hauteur des piédroits.

Prenons quelques exemples.

Vous voulez faire une salle voûtée, en berceau, sur une largeur donnée. Vous trouvez quelque part une salle précisément de cette largeur, voûtée de même : même cintre, même appareil. Vous en concluez que, en donnant à vos murs les épaisseurs que vous trouvez dans ces murs qui tiennent depuis deux ou trois siècles, vous serez à l'abri de toute crainte.

Et votre voûte va peut-être s'écrouler.

Si votre modèle est peu élevé (fig. 440), et si votre salle à vous est très haute, la résultante R des efforts qui pour votre modèle ne sort pas de la section du mur en sortira pour vous.

Si votre modèle appartient à un rez-de-chaussée surmonté de plusieurs étages, la charge verticale des murs y est considérable, et par conséquent aussi la résistance de ces murs; si votre salle est dans un édifice qui n'ait qu'un rez-de-chaussée, cette résistance R' deviendra insuffisante (voir plus haut, fig. 428).

Si votre modèle est voûté en pierre légère, votre salle en pierre lourde ; si les murs de votre modèle sont en pierre lourde, les vôtres en pierre légère : autant de raisons encore qui peuvent rendre insuffisantes pour vous les épaisseurs suffisantes pour votre modèle.

Et ce sera bien autre chose encore si votre voûte, au lieu d'être plein cintre ou ogivale, est surbaissée, ou si elle est en pierre d'appareil au lieu de blocage.

Tout cela se calcule, se vérifie ; mais déjà dans l'établissement du plan, dans la composition, tout cela doit se prévoir afin que la vérification ultérieure de stabilité n'ait à agir en tous cas que sur des nuances.

Et cela vous montre une fois de plus de combien de prévoyances est faite la composition d'un plan, et comment cette composition est tout d'abord provisoire et ne peut devenir définitive qu'après l'étude de tous les ensembles : étude particulièrement laborieuse à propos des édifices voûtés.

CHAPITRE VIII

LES VOUTES EN GÉNÉRAL
(Suite.)

SOMMAIRE. — Direction des résistances, étude des points d'appui. — Voûtes à poussée uniformément répartie. — Voûtes à poussées localisées. — De la légèreté des voûtes. — Les voûtes romaines. — Matériaux. — Caissons. — Voûtes romaines en pierre de taille : Nîmes, Arles, Syrie. — Caissons dans les voûtes en pierre. — Saillies sur les voûtes. — Connexité de la construction et de la décoration. — Éclairage des voûtes. — Les voûtes indépendantes des murs. — La construction des voûtes doit être différée.

Si l'on ne peut déterminer tout de suite l'intensité des poussées et par conséquent les épaisseurs des murs qui devront leur résister, on peut en revanche établir avec certitude leur direction, et par conséquent la direction réciproque des points d'appui.

A ce point de vue, je diviserai les voûtes en deux groupes :

Les voûtes à poussée uniformément répartie ;

Les voûtes à poussées localisées.

Les premières sont d'abord la voûte

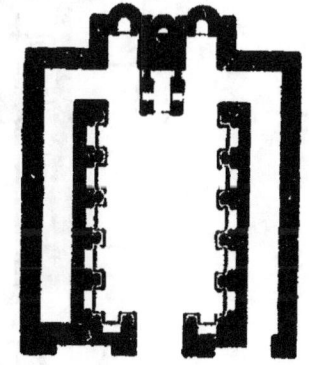

Fig. 441. — Nymphée de Nîmes.

548   ÉLÉMENTS ET THÉORIE DE L'ARCHITECTURE

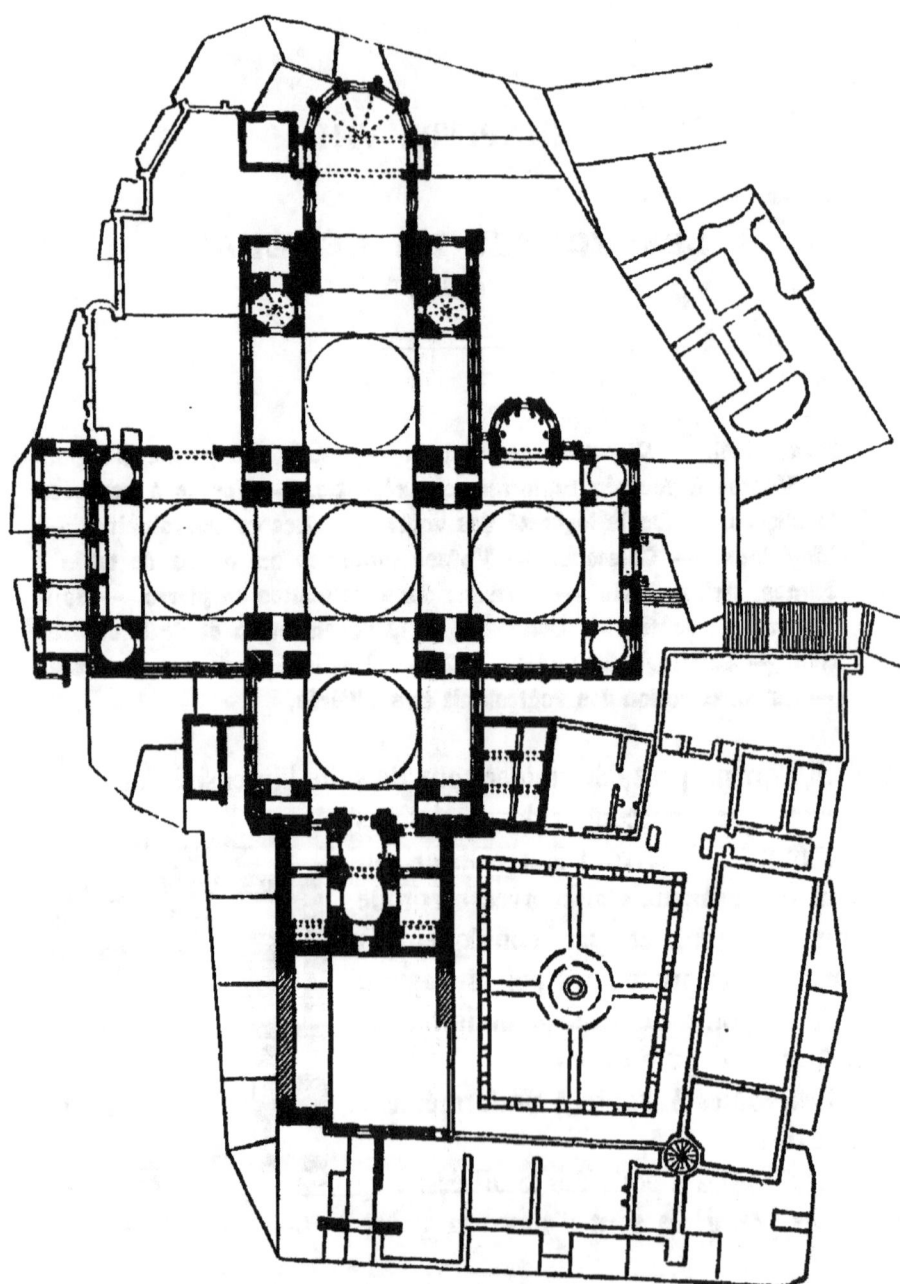

Fig. 442. — Plan de Saint-Front de Périgueux.

en berceau, puis son cas particulier la voûte en arc de cloître; la voûte annulaire; la voûte sphérique, et la voûte sur plan polygonal qui n'est autre qu'une voûte en arc de cloître.

Les secondes sont celles qui résultent de rencontres de voûtes : la voûte d'arêtes, les voûtes avec pénétrations, les voûtes en pendentifs.

Aux poussées uniformes doivent être opposées des résistances uniformes; la voûte en berceau, la voûte sphérique appellent donc des murs d'égale épaisseur. Ainsi la Nymphée de Nîmes (fig. 441), dont la voûte est composée d'une série d'arcs juxtaposés, a des murs épais et homogènes dans toute leur longueur. Voyez au contraire le plan de Saint-Front de Périgueux (fig. 442) : ici des voûtes sur pendentifs, séparées par de larges arcs-doubleaux, reportent en dernière analyse toutes les poussées sur des points déterminés, aux quatre diagonales de chaque coupole. Il est impossible d'imaginer un plan qui rende mieux compte de la construction : ce qui résiste est solidement établi, ce qui ne fait que clore est relativement mince; chaque chose est à sa place et à sa proportion, et on peut dire encore de cette composition ce que je vous disais à propos de l'architecture antique : cela est ainsi, parce que cela ne pouvait pas n'être pas ainsi.

Il n'y a pas de plus bel éloge à faire d'une œuvre d'architecture. Voyez également le plan des nefs des cathédrales d'Albi (fig. 443-444) et de Noyon (fig. 445-446) que je vous cite entre autres à ces mêmes points de vue.

De tout ce qui précède, il se dégage une idée dominante : la lutte perpétuelle de l'architecture contre les dangers de la voûte. Je viens de vous parler des combinaisons qu'on peut chercher dans ce but au moyen des résistances des piliers ou des murs.

La contre-partie consiste à donner aux voûtes la plus grande légèreté possible. Sous ce rapport, les voûtes romaines sont particulièrement instructives.

Pour bien comprendre les efforts faits dans ce sens par les

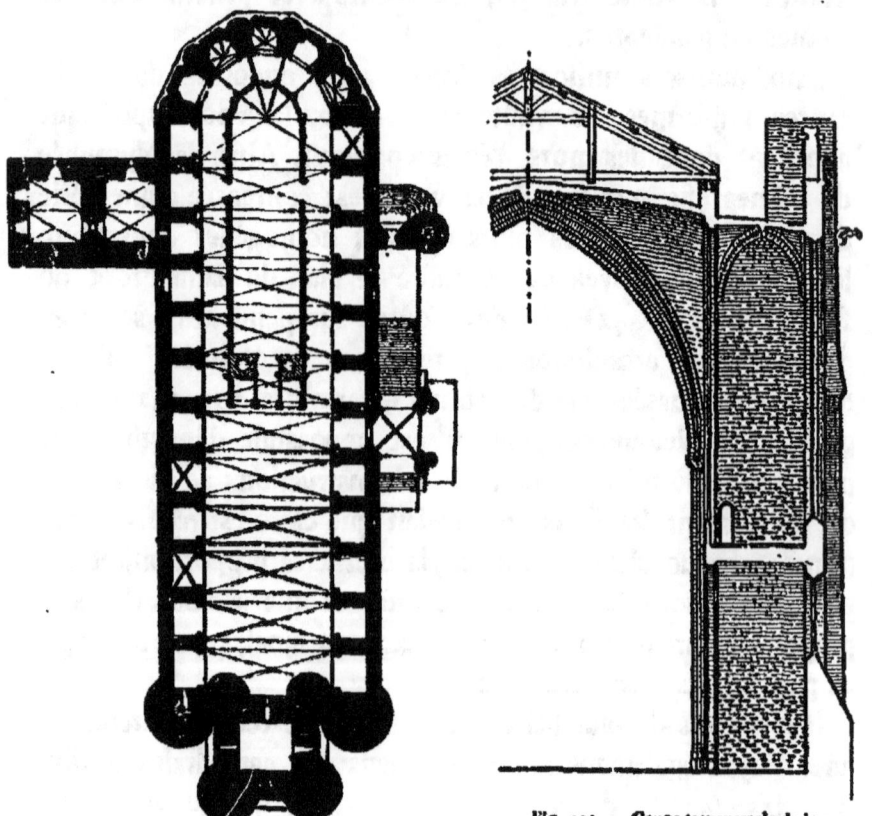

Fig. 443. — Plan de la Cathédrale d'Albi.

Fig. 444. — Coupe transversale de la Cathédrale d'Albi.

architectes de l'antiquité, et pour bien constater l'identité entre les pratiques de la construction et les formes de l'architecture, nous allons les voir à l'œuvre dans deux pays absolument différents, non par le climat, mais par la nature des matériaux qu'offre le sol : à Rome et dans le midi de la France.

A Rome et dans ses environs le sol est volcanique; on y trouve le tuf assez léger, et la pierre ponce plus légère que l'eau et rugueuse à souhait pour la prise du mortier; enfin on y trouve partout la pouzzolane dont le mélange avec la chaux forme cet excellent mortier qu'on a appelé ciment romain. La

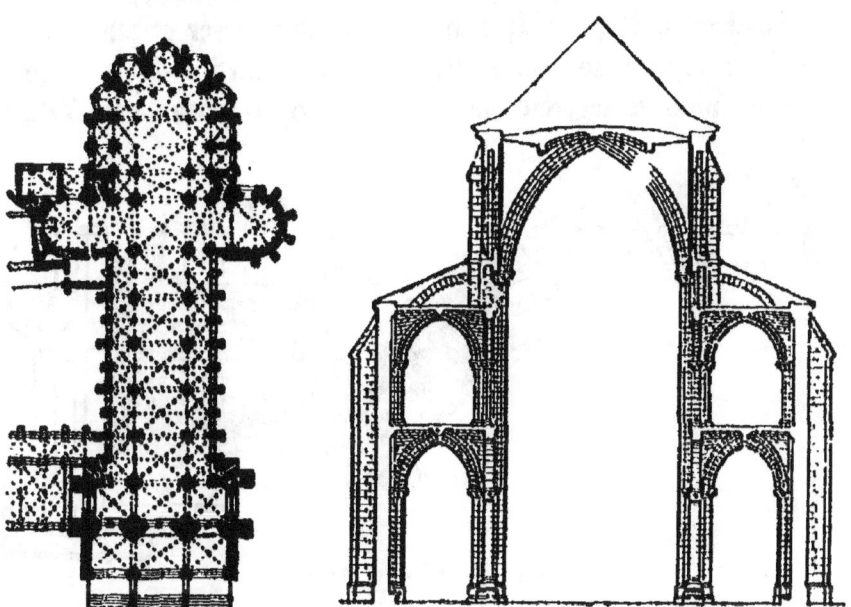

Fig. 445. — Église de Noyon.   Fig. 446. — Coupe transversale de l'Église de Noyon.

pierre calcaire est au contraire assez rare dans cette région.

En Provence, le pays est essentiellement calcaire, la pierre de taille est d'un emploi courant, même pour des bâtiments très modestes. Les matériaux légers font défaut. Le mortier y est excellent, mais il faut extraire le sable du Rhône ou de ses affluents, chose alors moins facile qu'aujourd'hui.

Ces différences bien expliquées, quelles ont été ici et là les solutions de ce même problème ?

A Rome, les grandes voûtes sont en petits matériaux. Prenons pour exemple une salle rectangulaire, voûtée en berceau, par exemple les bas côtés de la Basilique de Constantin, ou Temple de la Paix. L'architecte fait élever un cintre en charpente : sur des fermes de cintre sont disposés des madriers jointifs, ce sont les génératrices du cylindre (fig. 447).

Là-dessus, il pourrait simplement faire verser et pilonner le béton composé de pierres légères et de mortier. Mais il veut donner plus de légèreté encore, et le moyen naturel est d'élégir

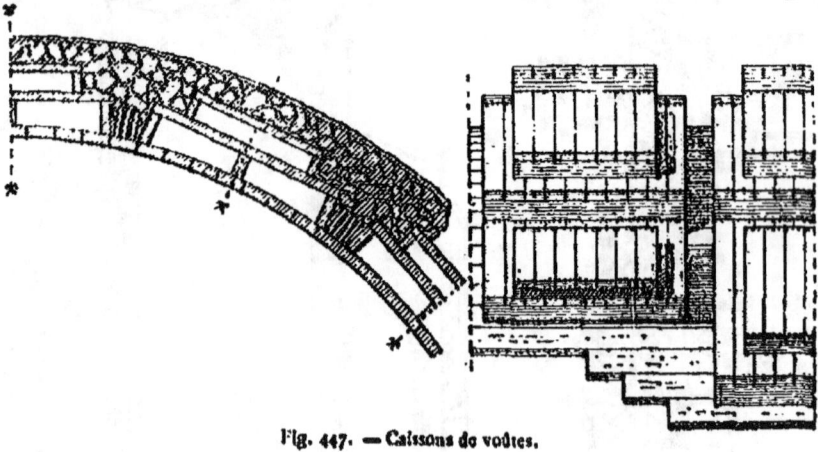

Fig. 447. — Caissons de voûtes.

la voûte par des évidements. Supposez donc que sur le cylindre du cintre on ait disposé régulièrement des boîtes en bois séparées par des intervalles de largeur déterminée par les dimensions de la brique en usage; ces intervalles seront remplis par de la brique, c'est-à-dire dans le sens des directrices du cylindre, par de véritables arcs en briques; et dans le sens des génératrices par des traverses ou chaînes également en briques. Sur chacune de ces boîtes, il peut en être posé une autre encore. Puis on répand alors le blocage ou béton. Au bout d'un certain temps, lorsque les mortiers ont fait prise, le cintre est démonté, et les boîtes se démontent avec lui. Vous trouvez alors en creux dans la voûte la contre-partie, le moule, des saillies établies sur le cintre. Ce sont les *caissons*, dont le nom rappelle bien les boîtes dont je parle, et que les Romains appelaient du nom significatif de *lacunaria*, parties vides de la voûte. Ce mode de construction est exposé clairement dans le livre de M. Choisy, *l'Art de bâtir chez les Romains*, dont je vous recommande l'étude, et auquel j'emprunte la fig. 448 représentant la construction, avec nervures et caissons, des voûtes de la Basilique de Constantin.

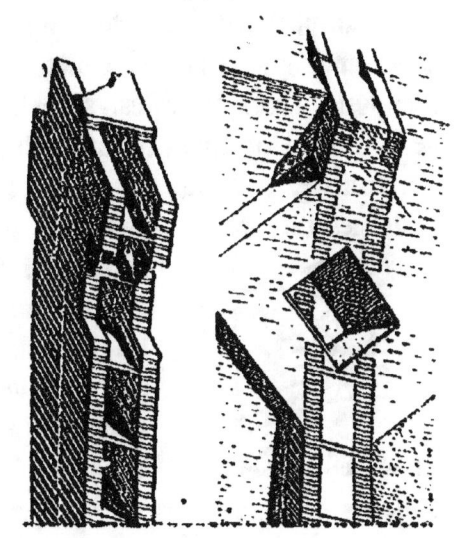

Fig. 448. — Voûtes de la Basilique de Constantin.

Le caisson, vous le voyez, n'est donc pas une décoration de fantaisie ; c'est la construction profitant d'ailleurs au bon aspect et à l'élégance de la voûte, et pouvant se varier de bien des façons. Le caisson dans la voûte en pierres n'est qu'une imitation de la voûte en petits matériaux.

Voyons maintenant, en Provence, ce qui a été fait pour des voûtes en pierre de taille.

Je vous ai déjà cité la Nymphée de Nîmes. La voûte est un berceau, mais ce berceau est composé d'une série d'arcs épais, portant en feuillure des remplissages qui ne sont presque que des dalles (fig. 449). C'est encore l'évidement, mais dans un seul sens ; on

Fig. 449. — Voûte de la Nymphée de Nîmes.

peut dire que c'est une suite de berceaux alternativement épais et minces.

A l'amphithéâtre d'Arles (fig. 450), il y a une disposition assez analogue, mais plus nettement voulue. Il existe là aussi une série d'arcs robustes, séparés par des intervalles réguliers, de la dimension que peut atteindre une dalle. Mais cette dalle est horizontale, et forme le sol de la galerie supérieure. Les deux systèmes ont donc une même section longitudinale, mais les coupes transversales sont très différentes, comme vous pouvez le voir par les croquis ci-contre. Je puis vous citer encore diverses églises de Syrie, de construction antique, par exemple la Basilique de Tafkha, dont les voûtes sont conçues comme celles de la Nymphée de Nîmes.

Fig. 450.
Demi-voûtes des arènes d'Arles.

Quant aux voûtes en pierre avec caissons, il faut reconnaître que malheureusement ce n'est pas là le fait de la construction, et que l'on n'y peut voir, comme je le disais plus haut, que l'imitation des vrais caissons, c'est-à-dire des caissons des voûtes en petits matériaux. Dans une voûte en pierre de taille, appareillée comme un berceau qui devrait rester nu, par assises réglées, on ne peut guère traiter le caisson que comme un ornement évidé en creux ; et la construction n'étant pas établie en tenant compte du caisson, ou plutôt le caisson n'étant pas ici l'ossature même de la voûte, il faut que la voûte trouve encore sa section nécessaire même au fond des caissons ; si bien qu'il faut au contraire lui assurer un surcroît d'épaisseur, toute la partie évidée ne comptant presque pas pour la solidité.

Nous sommes loin, comme vous voyez, de la théorie si

rationnelle des grands plafonds de pierre avec leurs fortes parties portantes et leurs remplissages élégis. Il serait extrêmement intéressant de pouvoir étudier en pierre une voûte avec des caissons qui en fussent l'ossature véritable ; on aurait alors des arcs véritables, avec leurs chaînes transversales : une ossature qui pourrait être complète par elle-même et rester à jour si on le voulait ; puis des dalles ou des petits matériaux formant le fond des remplissages. Ce serait la conception des plafonds du temple de Mars Vengeur appliquée aux voûtes. — Mais ce serait, avec d'autres formes, le système de construction des voûtes du moyen âge : des arcs entre-croisés qui supporteraient la voûte : le caisson-construction, au lieu du caisson-décoration.

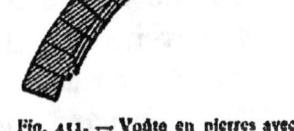

Fig. 451. — Voûte en pierres avec compartiments saillants.

Pour la voûte en pierres appareillées, la décoration rationnelle n'est donc pas le compartiment ou caisson en creux, malgré de très beaux exemples. Ce qui, par contre, est irréprochable, c'est la décoration par compartiments en saillie (fig. 451). La voûte ayant partout son épaisseur voulue, rien n'empêche que, là où des moulures doivent venir encadrer des compartiments, un rang de voussoirs ait une surépaisseur en saillie sur l'intrados. C'est une simple question de pierre à conserver ; mais il faut pour cela que la disposition décorative soit arrêtée par avance, ce qui est rare.

D'une façon générale, on peut dire que les voûtes en pierre de taille n'atteignent toute la beauté dont elles sont susceptibles que si leur décoration et leur construction ont une intime connexité. C'est ce qui, pour moi, fait le grand charme des voûtes du moyen âge, soit simples comme au XIIIe siècle, soit raffinées comme à Saint-Eustache. Malheureusement, la plupart des voûtes en pierres de taille sont décorées par des compositions après coup, et parfois l'appareil vient singulièrement contrarier la décoration.

Ici, permettez-moi une remarque. Remarque déjà faite, d'ailleurs, mais utile à renouveler.

On sépare trop souvent l'étude de la construction et celle de la décoration, et dans notre société moderne où les spécialisations tiennent tant de place, on a créé deux nouveautés : l'art dit *décoratif*, et la profession de *décorateurs*.

Rien n'est plus contraire à la donnée vraie, au principe éternel de l'art.

Construction, décoration, tout cela c'est une seule chose, c'est l'architecture. Quand je vous parle des voûtes, est-ce que je puis séparer dans cette théorie ces deux idées? Le caisson des voûtes romaines est-il de la construction seule, ou de la décoration seule? Les nervures du moyen âge sont-elles de la construction seule, ou de la décoration seule? Chacune de ces idées serait aussi incomplète que l'autre. Ces voûtes, une fois qu'elles sont construites, on peut dire qu'elles sont décorées. Et nulle part cela n'est plus sensible que dans les voûtes du moyen âge. Ces voûtes, nous les trouvons très riches d'effet, ingénieuses, séduisantes, et très certainement l'intention décorative s'y manifeste avec évidence, surtout aux xive et xve siècles. Mais c'est une décoration par la construction, car cette décoration ce sont les nervures, les arcs divers, c'est-à-dire la construction même : construction étudiée à deux fins : en vue de la solidité, en vue de l'aspect décoratif. Et cela fait, que reste-t-il donc à faire en matière de décoration? Rien : au décintrage, la voûte apparaît toute décorée par ses éléments constructifs. Si quelque chose peut y être fait encore, ce n'est plus que de la peindre, c'est-à-dire l'orner parfois, plus souvent la gâter. Mais *le parti* de la décoration est tout entier dans *le parti* de la construction.

Cet exposé général de l'architecture des voûtes appelle encore, avant de passer à l'étude de chaque voûte en particulier, deux considérations essentielles. Vos voûtes devront, en général, être éclairées directement. Nous voyons parfois dans les restaurations de monuments antiques, et dans l'architecture italienne, des voûtes qui sont au-dessus des baies d'éclairage, sans aucune lumière directe, et, à Paris même, je puis vous en citer un très bel exemple, la Galerie d'Apollon. De telles voûtes risquent de rester sombres, du moins chez nous, et il me paraîtrait difficile de risquer à Paris les magnifiques voûtes en arc de cloître du Palais Pitti, de Florence. La Galerie d'Apollon est exceptionnellement éclairée par sa situation même, et, remarquez-le bien, elle est fortement surbaissée. Mais lorsqu'on arrive à la section plein cintre, voyez par exemple la salle des Pas perdus du Palais, Saint-Sulpice, etc., la nécessité de l'éclairage s'est évidemment imposée à l'architecte. Quant à l'éclairage des voûtes d'arête, en pendentifs, etc., nous y reviendrons en parlant de ces voûtes en particulier.

L'autre considération générale que je tiens à vous exposer, et d'autant plus que vous commettez très souvent des fautes graves à ce sujet, c'est que les voûtes doivent être indépendantes du surplus de la construction. A l'exception des sommiers, toute pierre commune aux murs et aux voûtes serait exposée à la rupture. Aussi, pour me bien faire comprendre, je vais tout de suite au bout de ma démonstration, et je vous dis : Réservez la construction de vos voûtes pour plus tard, vous les ferez lorsque votre édifice sera élevé.

Cela peut vous étonner, après que je vous ai tant parlé de solidarité et de liaison entre les diverses parties d'une construction; je dois donc entrer dans quelques développements.

Je vous ai dit plus haut que la voûte est un élément *d'une construction en mouvement*. Je reviens à cette définition, que je vous ai donnée par opposition aux murs, colonnades, etc., qui constituent une *construction au repos*. Je pourrais vous dire : ne solidarisez pas le mouvement et le repos; mais ce serait un peu de la métaphysique. Restons plus terre à terre.

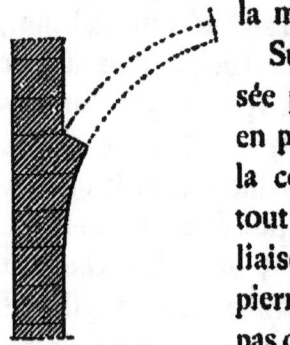

Fig. 452.
Sommiers de voûtes.

Supposons donc que, dans un rez-de-chaussée par exemple, vous avez établi une voûte en pierres de taille, et qu'elle soit montée avec la construction des murs, ne faisant qu'un tout avec cette construction, au moyen de liaisons aussi nombreuses que possible, par des pierres communes. Qu'arrivera-t-il? Il n'y a pas de mur qui ne tasse — verticalement. Il n'y a pas de voûte qui ne tasse — plutôt horizontalement. Et tandis que la pierre commune sera sollicitée à se déplacer verticalement par le tassement du mur, elle sera sollicitée à se déplacer horizontalement par le tassement de la voûte. Résultat : la rupture. Seuls les sommiers (fig. 452) sont soumis, de par le mur et de par la voûte, à un mouvement à peu près unique, de haut en bas. D'ailleurs, le sommier ne peut pas ne pas appartenir à la fois au mur et à la voûte. Vous devez donc monter vos murs, *y compris les sommiers*, et réserver les voûtes.

A cela, il y a d'autres raisons encore. Si vous construisez vos voûtes dès le principe, les murs supérieurs n'étant pas encore montés, les piédroits des voûtes ne sont pas encore chargés, et vous ne pouvez décintrer, ou vous risquez de renverser vos murs par la poussée de vos voûtes. De plus, si vos voûtes sont ainsi construites en même temps que les murs, elles serviront — quoi que vous fassiez — d'échafaudages et de dépôts de matériaux; on les abîmera et on les surchargera. Enfin, si vous procédez ainsi, vos voûtes se trouveront construites avant que le bâtiment ne soit couvert : vos voûtes recevront la pluie ou la neige, au grand préjudice et des pierres et des mortiers.

La conclusion, c'est que des voûtes ne devraient jamais être faites avant que l'édifice n'ait reçu sa couverture. Et pour cela, il faut que l'étude permette de réserver la construction des voûtes en montant les murs; c'est ce que j'ai tenu à exprimer en disant que les voûtes doivent être indépendantes du surplus de la construction. Telle est, du reste, la pratique des époques où les voûtes ont été le plus habilement employées. C'est ainsi par exemple que, à Fontainebleau, la grande salle des fêtes dite Galerie Henri II, a d'abord été conçue pour être voûtée; les sommiers se voient encore; mais la voûte n'était pas faite, et on a préféré plafonner la salle : on a pu le faire sans démolition. Aussi, pour bien me faire comprendre par un exemple d'une simplicité brutale, je vous indique nettement que, si vous avez une voûte en berceau, si cette voûte est à son extrémité fermée par un mur, ce mur doit ignorer qu'une voûte s'adosse à lui, et entre la voûte et le mur il doit y avoir un joint unique, continu et demi-circulaire.

CHAPITRE IX

DÉCORATION DES VOUTES

SOMMAIRE. — Respect de la forme de la voûte. — Les encadrements. — La peinture. — Peinture décorative. — La fresque. — Les peintures de la Renaissance. — Peintures modernes.

Un mot maintenant sur la décoration des voûtes en général. Elle sera très différente de celle des plafonds. Pour les plafonds, je vous ai dit les motifs qui appellent des saillies accentuées : aspect robuste de la construction, jeu à chercher dans la variété des profondeurs des compartiments : toujours, en somme, cette préoccupation : corriger l'impression désagréable et inquiétante que produit un grand plan horizontal, rassurer le spectateur en accusant l'énergie par des reliefs puissants.

Dans la voûte, c'est le contraire. La forme même de la voûte est rassurante, et de plus elle est souple et agréable d'aspect. La décoration ne doit pas la déformer, et ne doit pas chercher non plus des applications dont l'aspect pesant serait une cause d'inquiétude. Aussi, voyez les voûtes les plus riches de décoration : en pierre, celles notamment de l'église du Val-de-Grâce ; en application, celle de la Galerie d'Apollon : les cadres, les moulurations, tout y est d'une saillie en somme très douce, et vous percevez parfaitement partout l'unité harmonieuse du berceau cylindrique que rien ne vient déformer. Et notez bien que ces décorations sont *en saillie*, j'insiste sur ce point. Il ne peut en être autrement; vous faites donc une faute grave lorsque vous indiquez de grands compartiments *en creux* dans une voûte. Il faudrait pour cela une construction inégale qui n'est pas possible (fig. 453) : la décoration doit consister en applications saillantes ainsi que le montre la figure 451, de telle sorte que le fond des compartiments soit la voûte même.

Or, nous voyons souvent dans vos coupes des voûtes, même en berceau, exprimées comme dans le croquis ci-contre

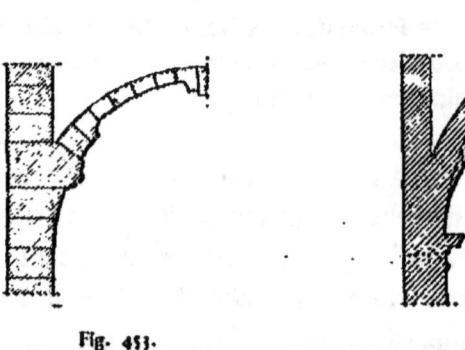

Fig. 453.
Construction vicieuse.

Fig. 454.
Indication vicieuse.

(fig. 454). C'est tout simplement impossible, car il faudrait suspendre à la voûte tout un ensemble énorme. Voyez, je le répète, les beaux modèles et vous vous déshabituerez de cette indication vicieuse. Vicieuse comme construction (je ne puis même pas indiquer d'appareil dans le croquis ci-joint), et dont l'effet — si l'exécution en était possible — serait parfaitement désagréable.

Je ne reviendrai pas sur la décoration tirée de la construction même; je vous ai cité à ce sujet les voûtes du moyen âge. C'est là certainement, en ce qui concerne les voûtes, que vous trouverez la plus complète identité entre la construction et la décoration.

Un mode de décoration très approprié aux voûtes, c'est la peinture. Bien plus que le plafond, la voûte offre un champ admirable à la peinture qui se présente normalement à l'œil du spectateur : à regarder la peinture des voûtes, il n'y a pas de courbature à risquer, et la perspective est facilement contentée. Mais il y a deux espèces de peintures, la peinture purement décorative et la peinture de sujets. Parlons d'abord de la première.

Elle est, au moins pour nous, d'origine gréco-romaine. La voûte en petits matériaux, pour ne pas rester rustique comme une voûte de cave, appelait l'enduit. Cet enduit a donné naissance aux stucs et aux peintures de voûtes : encore un exemple de l'action de la construction sur la décoration.

Le stuc — qu'il ne faut pas entendre au sens actuel — était un enduit de chaux mélangée de poudre de marbre; pendant qu'il était encore frais, on modelait à même cet enduit de délicates sculptures vivement exécutées, et qui devaient à cette improvisation une fraîcheur exquise. Nos moulages de carton-pâte ou de staf ne sauraient aucunement en donner l'idée. C'est un art perdu, qu'il faut regretter profondément. Ce n'est guère qu'à Fontainebleau, monument d'exécution italienne, que vous trouverez près de vous des exemples de ce bel art de la décoration en stuc, notamment dans la voûte de la chapelle.

Mais le plus souvent la décoration de cet enduit consistait en peintures, dont le procédé était la fresque, c'est-à-dire la peinture *sur enduit frais*. C'est en effet pendant que cet enduit est encore frais (*fresco*) qu'il faut le peindre, rapidement et sans retouches, par une sorte d'aquarelle. Les motifs sont étudiés d'avance au moyen de *cartons*, poncés vivement et peints en quelques heures. Aucun mode de peinture n'a l'aspect artistique de la fresque, avec son allure de liberté et d'exécution à la fois primesautière et étudiée. Rien n'y ressemble moins que nos décorations en quelque sorte mécaniques, aux contours secs et d'une régularité fastidieuse.

C'est avec ce moyen que l'art grec a peint sur les voûtes des compositions ornementales qui laissent à la voûte tout son galbe, et se meuvent dans une fantaisie charmante. Telles sont les peintures de Pompei et d'Herculanum, telles devraient être surtout celles de la Maison dorée de Néron et des Thermes de Titus, que Raphaël a connues, et qui ont été le point de départ de ces peintures exquises de la Renaissance, qui ont de si loin dépassé leurs modèles, les loges du Vatican que je vous ai déjà fait voir, les voûtes de la villa Madame (fig. 455). En Italie, les exemples en sont très nombreux dans les palais et les villas, par exemple au Palais du T, à Mantoue, à la célèbre galerie des *Carrache* au Palais Farnèse (fig. 456), à la Villa du pape Jules II, à Caprarola (fig. 457), à la Villa Pia, à la Bibliothèque du Vatican. Mais c'est un art dont malheureusement je ne puis vous indiquer beaucoup d'exemples visibles pour vous : nous n'en avons pas l'équivalent, sauf encore à Fontainebleau.

Mais la Renaissance est allée plus loin, comme vous le savez, et elle a orné les voûtes de peintures historiques ou allégoriques. Il est probable que l'antiquité a connu dans une certaine mesure ces décorations : les mosaïques de l'époque byzantine doivent être une tradition d'un art plus ancien. Entre ces mosaïques et les peintures du siècle de Périclès, il doit y avoir certainement un écart considérable, tout comme en sculpture et en architecture. Telles qu'elles nous sont parvenues, ces décorations byzantines, rigides, hiératiques, ont un grand style et un grand caractère. Elles se développent surtout sur les murs, cependant nous en voyons d'assez nombreux exemples sur les voûtes, presque toujours sur des voûtes sphériques, pendentifs ou absides. Celles de Ravenne, de Saint-Marc, nous donnent une idée de ce que devaient être — de ce que doivent être encore

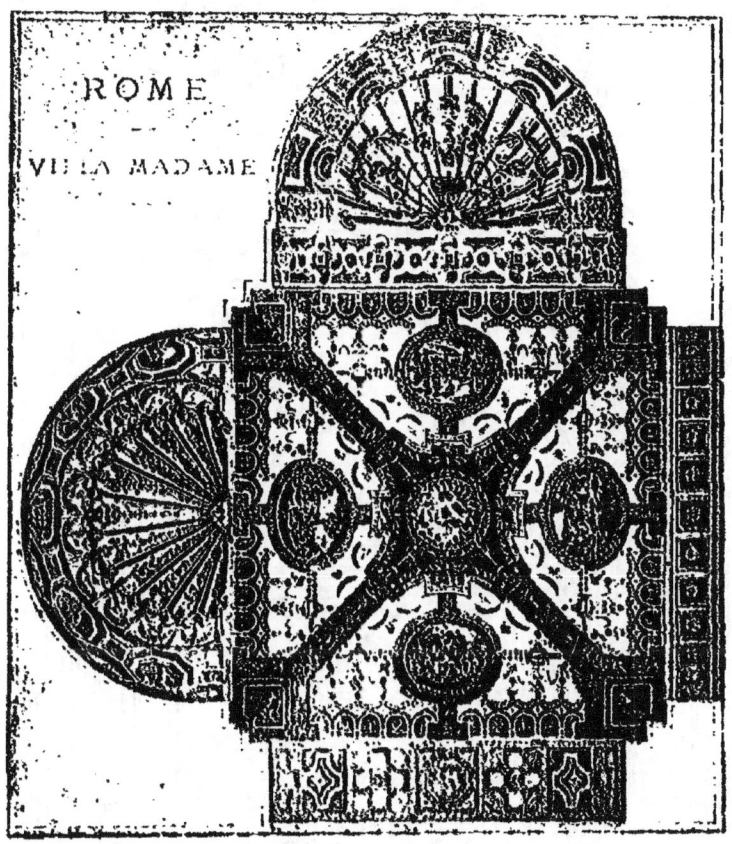

Fig. 455. — Voûtes de la Villa Madame, Rome (d'après un dessin de M. Esquié).

sous le badigeon turc — les mosaïques de Sainte-Sophie de Constantinople. Parmi les plus belles sont celles de Montreale en Sicile, et surtout peut-être celles de la chapelle Palatine à Palerme ; il est bien difficile de vous en donner une idée sans la coloration, je voudrais du moins vous faire juger de leur com-

ÉLÉMENTS ET THÉORIE DE L'ARCHITECTURE

Fig. 456. — Galerie des *Carrache* au Palais Farnèse.

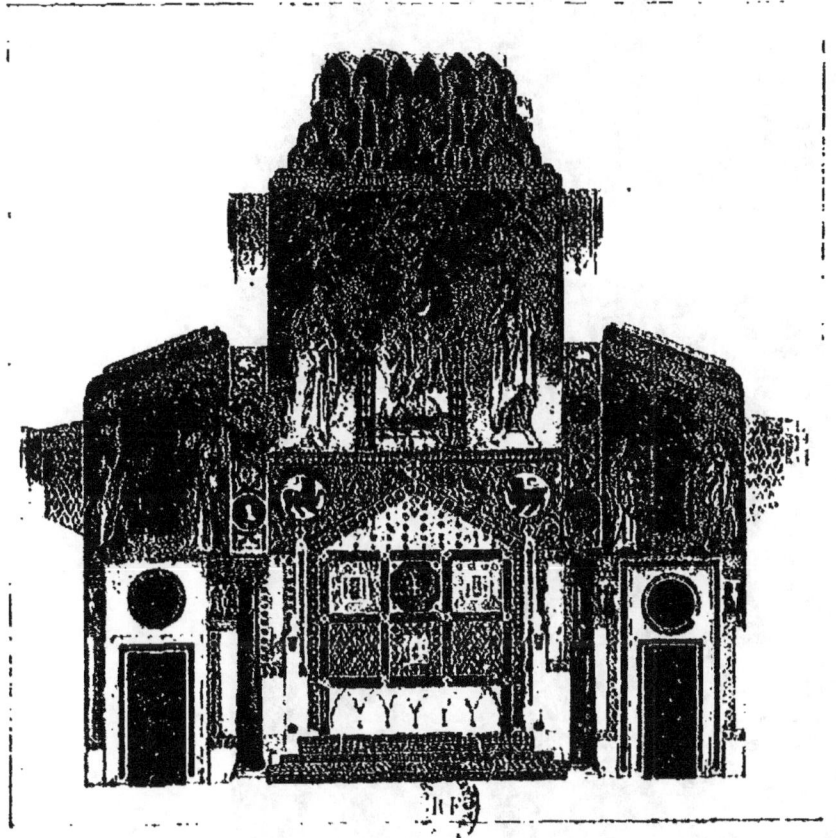

Fig. 458. — Coupe transversale de la chapelle Palatine de Palerme.

Fig. 450. — Voûte sur stalactites de la chapelle Palatine de Palerme.

position par un ensemble de cette dernière chapelle (fig. 458-459). Mais ce n'est là en réalité qu'une imagerie. J'emploie ce mot sans aucune pensée de critique ; je vous ferai voir plus tard quelle était la pensée qui dirigeait la peinture religieuse de ces

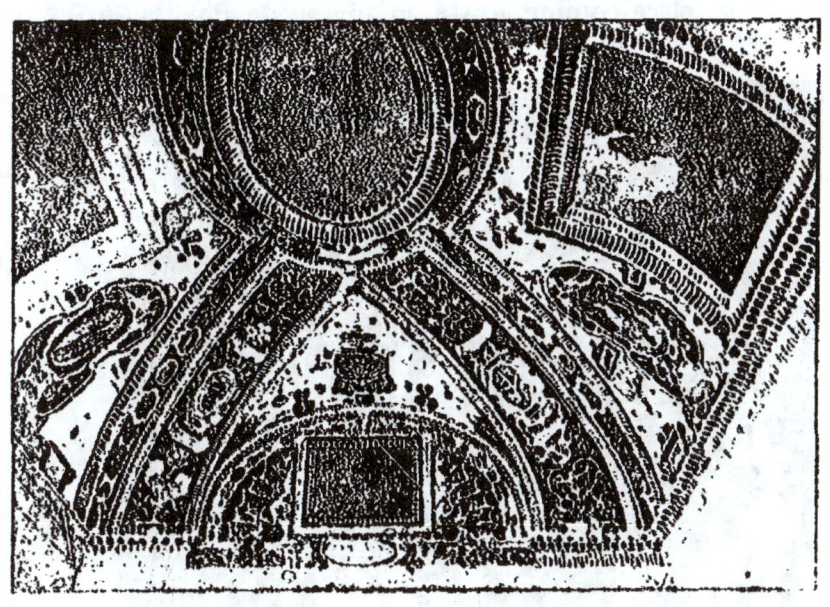

Fig. 457. — Voûte du château de Caprarola, en Italie.

anciens temps : des figures isolées ou groupées se détachent sur fond uni, ordinairement doré : il n'y a ni perspective linéaire ni perspective aérienne : ce n'est pas la peinture avec tous ses moyens. La composition pittoresque apparaît avec la Renaissance chez ces artistes qu'on appelle les *Primitifs*, si respectueux de l'architecture, si soucieux de la proportion et de l'harmonie, en un mot si désintéressés, témoin les admirables peintures d'Assise (fig. 460-461) ; elle se développe et atteint son apogée avec Raphaël et Michel-Ange, son plus grand éclat avec les Vénitiens.

Je n'ai pas à vous parler de la peinture autrement que dans ses rapports avec l'architecture. Que vous dirais-je, d'ailleurs, des voûtes de la chapelle Sixtine? Les grandes douleurs se taisent, dit le poète, les grandes admirations également. L'admirable sculpteur qu'était Michel-Ange, en se faisant peintre s'est encore surpassé; il atteint, dans les fresques de sa voûte, la perfection absolue, et se place comme artiste au niveau de Phidias, qu'il

Fig. 460. — Église supérieure d'Assise.

dépasse moralement de toute la sublimité de sa pensée ! Laissons cela, il y a des émotions qui ne s'analysent pas — faites un jour le pèlerinage de la chapelle Sixtine, mais n'y cherchez ni modèle ni inspiration : sauf pour un homme en vingt siècles — pour un monstre ! — ce sont là des sommets inaccessibles : qui en tente l'ascension retombe brisé à mi-chemin !

Revenons à l'architecture dans cette décoration des voûtes.

Les chefs-d'œuvre en ce genre ont ceci de commun que la peinture ne cache pas la voûte, n'en détruit pas la forme. Les encadrements, qu'ils soient en relief ou en peinture, figurent des lacunes possibles dans la voûte, des ouvertures à travers lesquelles on peut apercevoir un sujet — je ne veux pas employer le mot tableau. — C'est à l'architecte à limiter la part du peintre, à compartimenter sa voûte de telle sorte qu'elle reste possible et rassurante en admettant des parties vides à la

Fig. 461. — Détails des peintures de l'église supérieure d'Assise.

place des peintures; car la peinture, en figurant la distance, figure le vide de la voûte. Et à ce sujet, permettez-moi de vous citer une erreur colossale. Au palais dit du T, à Mantoue, Jules Romain, qui y a peint des voûtes charmantes, a aussi décoré ce qu'on appelle la *Salle des Géants*. La voûte, les murs, tout cela ne fait qu'une seule surface à angles arrondis, sans aucune division. Des figures colossales — les géants — couvrent les murs et les voûtes, le haut du corps sera sur les voûtes, le bas sur les murs. Les portes même sont pratiquées à même cette peinture. C'est affreux, et on n'y peut voir qu'une débauche d'un grand artiste. Le résumé de tout ce qu'on peut dire sur la décoration des voûtes, c'est toujours que l'œil doit suivre la voûte dans sa forme propre, à travers toutes les décorations.

Fig. 462. — Voûte de la Galerie des Glaces de Versailles (en développement).

Aux époques modernes, la peinture a été plus dominante dans la décoration des voûtes, et peu à peu les compartiments ont fait place à des encadrements peints ou sculptés, plutôt composés pour la peinture que la peinture ne l'était d'après les compartiments. Tel est l'esprit de ces peintures des voûtes de Versailles que vous connaissez bien, soit dans les grands salons, soit à la voûte de la chapelle. Malheureusement, en France, — sauf à Fontainebleau — ce n'est plus la fresque, et toute peinture à l'huile noircit. Malheureusement encore, ces magnifiques voûtes de Versailles ne sont pas construites en maçonnerie; elles sont formées d'une série de *cerces*, sortes de chevrons curvilignes en bois, sous lesquels est cloué un lattis qui reçoit l'enduit. C'est un plafond courbe, en tant que construction. Tous les accidents ordinaires au bois s'y produisent et compromettent la durée de ces voûtes et par conséquent des peintures qui les décorent.

Les belles gravures d'après Lebrun vous donnent une idée de

Fig. 463. — Voûte du Palais Barberini, à Rome (d'après un dessin de M. Brune).

ces compositions ; je vous présenterai seulement, très réduit, le développement de la voûte de la Galerie des Glaces (fig. 462), en y joignant comme comparaison le plus bel exemple peut-être de cet art de la décoration pompeuse, la voûte célèbre de Pierre de Cortone au Palais Barberini, d'après un très beau dessin de M. Brune (fig. 463).

CHAPITRE X

LES DIVERSES ESPÈCES DE VOUTES

SOMMAIRE. — La géométrie des voûtes. — Leur génération. — Voûte en berceau. — Arcs-doubleaux. — Voûte en arc de cloître. — Plan carré, rectangulaire, polygonal. — Voûte sphérique. — Lanterne. — Voûte d'arête. — Piliers. — Éclairage. — Les salles de thermes. — Les pénétrations. — Voûtes d'arête et pénétrations surélevées. — Bonnet d'évêque. — Voûte torique ou quasi-torique. — Voûte sphérique sur pendentifs. — Interruptions, tambours et coupoles. — Voûtes sur arcs (moyen âge). — Croisée d'ogives.

Tout ce que je viens de vous dire s'applique aux voûtes en général. Il nous reste à voir les raisons qui feront adopter dans chaque cas particulier un système de voûte plutôt qu'un autre. Pour cela, il me faut passer rapidement en revue les diverses espèces de voûtes, non au point de vue de la stéréotomie, mais dans leurs rapports avec la composition générale.

Ce n'est pas que vous puissiez jamais, en matière de voûte, faire abstraction de la stéréotomie; au contraire, vous ne pourrez jamais ni composer ni étudier des voûtes si vous ne commencez par en comprendre parfaitement la génération géométrique. Les voûtes élémentaires ont une génération bien déterminée; ainsi dans l'antiquité romaine, les voûtes sont nettement cylindriques ou sphériques. Plus tard, la génération des surfaces n'est plus aussi simple; il y a, par exemple, des voûtes d'arête surhaussées, de celles qu'on dit *en bonnet d'évêque* dont la surface est assez incertaine au premier abord; de même des trompes ou certaines pénétrations. Je ne puis à cet égard que vous donner des conseils généraux : d'abord, vous recommander l'étude très sérieuse de la stéréotomie; puis vous conseiller de voir le plus possible de voûtes en vous posant tout d'abord ces questions : quelle est cette surface? Comment cette surface est-elle engendrée ? Est-elle développable ? Et dans le cas contraire, quel peut être le procédé naturel pour son étude ?

Remarquez-le bien en effet : c'est surtout pour l'étude des voûtes que l'architecte a besoin de tout ce qu'il a appris en géométrie, élémentaire et descriptive, et cela pour leur tracé seul, sans parler des méthodes qu'il devra employer pour la vérification de leur stabilité. Il y a un grand art dans les voûtes, mais cet art est interdit à qui n'a pas d'abord la science nécessaire.

La voûte la plus simple est la voûte en berceau, purement cylindrique, que sa section soit plein cintre, elliptique ou à plusieurs centres. Elle appelle des murs de résistance égale; son caractère doit répondre à cette fonction, et généralement sa décoration accuse par son unité même l'unité de composition et d'action de la voûte.

En général, la voûte en berceau est longue; son caractère est d'indiquer une direction, la salle est voûtée dans un sens unique, et il ne doit pas y avoir à cet égard d'hésitation. La voûte en berceau sur un plan carré ou presque carré est donc peu satisfaisante, on se demande alors pourquoi la salle est voûtée sur ce sens plutôt que sur l'autre. Cependant si les tympans sont ajourés pour l'éclairage, la disposition se justifie; ou encore si la voûte en berceau fait suite à d'autres parties voûtées, comme par exemple les chapelles latérales d'une église dont les bas côtés sont voûtés en arête. La voûte en berceau joue alors presque le rôle d'un arc-doubleau.

Si la voûte en berceau est tout unie de construction, sa décoration consistera naturellement soit en caissons, soit en compartiments avec cadres en saillie, soit enfin en peintures. Ce n'est que par un développement que vous pourrez étudier ces dispositions.

Souvent aussi elle sera divisée par des arcs-doubleaux, soit au point de vue de l'aspect, soit parce que à l'étage supérieur il faudra supporter des murs ou cloisons. L'arc-doubleau est donc ou constructif ou simplement décoratif. Cette fonction sera une première condition de son étude, et s'il est chargé d'une façon spéciale, il faudra avant tout satisfaire à cette nécessité, dont l'effet se répercutera sur le plan, en appelant des contreforts ou tout autre moyen de résistance supplémentaire au droit de ces arcs.

Si les arcs-doubleaux ne sont que décoratifs, l'architecte, avant de déterminer leur saillie sur l'intrados de la voûte, doit tout d'abord décider s'il veut de préférence accentuer la longueur du vaisseau ou au contraire accuser la coupure par travées : dans le premier cas, les arcs-doubleaux seront peu saillants; dans le second, ils seront plus prononcés. Et comme la saillie des arcs dépend des saillies ménagées dans le plan, c'est dès l'étude du plan qu'il faudra prévoir cette recherche d'aspect.

La voûte en berceau risque, comme je l'ai dit, d'être obscure. Telles sont souvent les voûtes de la première époque romane. Mais, dans les églises, on s'est habitué, tout au moins en France et dans les pays du Nord, à cette obscurité des voûtes dont on a fait une expression mystique. Ailleurs, ce défaut serait plus vivement senti. Aussi les grandes voûtes en berceau appellent-elles des moyens d'éclairage, grâce à des pénétrations de fenêtres d'espèce particulière, qui souvent seront d'une forme spéciale, comme les œils-de-bœuf. Je ne saurais mieux faire que vous citer la salle des Pas-Perdus du Palais. (Voir plus haut, fig. 73.) Les tympans, à chaque extrémité, sont ouverts au moyen de grands jours demi-circulaires, et dans chaque travée existe un œil-de-bœuf; ces éclairages réunis donnent à la voûte une lumière égale qui permet d'en bien voir la disposition. Un des plus beaux exemples de voûte en berceau avec des jours en pénétration est la voûte du vestibule de Saint-Pierre de Rome.

Le plus souvent, les pénétrations ont la forme de fenêtres cintrées du haut, rectangulaires par en bas. Telles sont celles de nombreuses voûtes d'églises modernes. Ce genre de pénétrations est analogue aux voûtes d'arête dont nous parlerons tout à l'heure.

Enfin, il a été fait, mais rarement, des pénétrations rectangulaires; elles ont toujours un certain aspect de sécheresse contradictoire avec la forme souple de la voûte.

Quant à la décoration des voûtes en berceau, elle est infinie, depuis la disposition monumentale des grands caissons accentuant avant tout le caractère solennel de l'édifice, comme à l'Arc de l'Étoile, jusqu'aux étincelantes richesses de la Galerie d'Apollon, de la Galerie dorée de la Banque, de la Galerie des Glaces de Versailles, — et en passant par les sublimités de la chapelle Sixtine !

La voûte en arc de cloître n'est autre chose que la voûte en berceau sur deux sens au lieu d'un sens unique. C'est l'intersection de deux cylindres dont les génératrices sont respectivement parallèles aux quatre murs d'une salle qui leur servent de retombées.

La voûte en arc de cloître parfaite est établie sur plan carré. Mais souvent, le carré absolu n'est pas possible dans une composition déterminée, et la salle est rectangulaire. La voûte en arc de cloître est dans ce cas composée de deux cylindres de section différente; par exemple, l'un sera demi-circulaire et l'autre demi-elliptique. Mais s'il n'y a pas à cela de difficultés au point de vue de la construction, l'aspect se contente mal de sections trop différentes l'une de l'autre; on est choqué du contraste entre quatre parties d'une voûte totale dont deux sont très cintrées et deux très aplaties. Le rectangle servant de base à une voûte en arc de cloître ne peut pas s'éloigner beaucoup du carré.

Il en est tout autrement de la voûte qui se compose de deux extrémités en arc de cloître aux deux bouts d'une voûte en berceau. Telle est, par exemple, la voûte de la Galerie d'Apollon; alors, le cintre est le même partout, et les deux demi-voûtes en arc de cloître ont leurs clefs reliées en quelque sorte par une ligne de faîtage. Cette combinaison se prête mal à un plan trop voisin du carré, et au contraire convient surtout aux longues galeries, par la franchise qu'acquiert alors le parti.

Le plan polygonal se couvre aussi tout naturellement par une voûte en arc de cloître.

Comme la voûte en berceau, la voûte en arc de cloître risque d'être obscure. Ce que j'ai dit à ce sujet en parlant du berceau s'applique aussi ici, la voûte en arc de cloître se prêtant à toutes les combinaisons d'éclairage par pénétrations qu'admet le berceau.

Et quant à la décoration, on peut dire que la voûte en arc de cloître est la voûte décorative par excellence. Très simple, elle décore déjà par la souplesse et la régularité de ses lignes; vous pouvez en voir des exemples au rez-de-chaussée du Louvre.

Richement décorée, elle se prête admirablement aux plus belles combinaisons, et il me suffira de vous en citer quelques exemples : en Italie, les admirables voûtes du Palais Pitti (fig. 464) et des appartements Borgia au Vatican — et tant d'autres : — sous vos yeux, la Galerie d'Apollon, la Galerie

Fig. 464. — Voûte du Palais Pitti, à Florence (d'après un dessin de M. Daumet).

dorée de la Banque (plutôt berceaux que voûtes en arc de cloître) et surtout les magnifiques salles du premier étage du Palais de Versailles, dites Salons de la Paix et de la Guerre; enfin, dans des données plus modernes, le Salon carré et la Salle des sept cheminées au Louvre. Ayez soin seulement que la décoration fasse valoir le parti de la voûte, en accentuant sa courbure et son élévation. La décoration qui n'accuse pas nettement une voûte la tue : c'est ainsi que, à Florence, la voûte en arc de cloître de la coupole centrale de la cathédrale, qui cependant est très surélevée, est absolument tuée par la peinture de Vasari : on ne sait en la regardant si c'est une voûte ou un plafond, et cela parce que les lignes constitutives de la voûte — qui sont ici les arêtiers concaves — sont masquées par une peinture sans divisions qui, sous prétexte d'unité, n'est plus que du désordre.

Mais la décoration judicieuse, c'est le plan qui la permettra. Si la salle à décorer n'a que des parois unies, avec de simples portes d'accès, la voûte se reporte sur des murs, et la décoration reste très libre. Mais si les parois sont très ouvertes par des arcades ou colonnades, ces divisions pourront commander en partie la décoration; surtout, la décoration sera très gênée si la salle ne présente pas des angles d'une certaine valeur. Le plan est toujours la clef de toutes les prévoyances.

De la voûte d'une salle polygonale à la voûte d'une salle circulaire, la transition est toute naturelle : en géométrie, on considère le cercle comme un polygone d'un nombre infini de côtés. Cependant, entre ces deux voûtes, la différence est profonde. Tandis que la voûte en arc de cloître, comme le berceau, est une surface réglée, développable, la voûte sphérique ou plus généralement toute voûte sur plan circulaire, quelle que soit sa section, est une surface de révolution, non développable, dont chaque portion est courbe en plan aussi bien qu'en élévation. Les voûtes cylindriques ont des génératrices droites s'appuyant sur des directrices courbes; les voûtes en coupole ont des méridiens et des parallèles : les méridiens, circulaires, elliptiques, paraboliques, etc.; les parallèles, circulaires.

De là résulte une propriété spéciale à la coupole : c'est d'être déjà une voûte complète après que chaque rang horizontal de voussoirs est clos, et de pouvoir par conséquent être interrompue à telle hauteur qu'il plaira à l'architecte, sans qu'il soit nécessaire de la clore par une clef finale, comme les voûtes cylindriques.

Supposez, en effet, que vous construisiez une voûte sphérique, stéréotomique (fig. 465). Vous avez élevé dix ou douze assises de voussoirs, et de cette douzième la dernière pierre est posée, cette assise est complète. Arrêtez-vous là, si vous voulez, ne fussiez-vous qu'au tiers ou à la moitié de votre voûte, vous le pouvez. Comment, en effet, une pierre de cette assise pourrait-elle être renversée ? Par une action S dans le sens de la section ou des méridiens ? Non, car cette pierre est plus large en *a* que en *b* ; dans le sens N, normal à la sphère ? Pas davantage, car *c* est plus grand que *b*. Vous pouvez donc faire, dans la voûte en coupole, un *ciel-ouvert* de telle dimension qu'il vous plaira. Nous retrouverons plus loin cette considération.

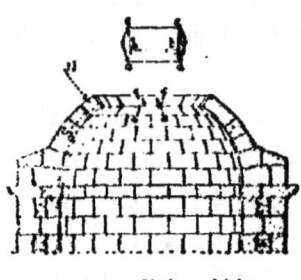

Fig. 465. — Voûte sphérique interrompue.

Souvent donc la voûte en coupole s'éclaire par le haut, au moyen d'une *lanterne* circulaire, parfois aussi par des pénétrations.

Mais à ce sujet, permettez-moi quelques avis à propos des lanternes vitrées ; et pour cela, prenons pour point de départ le Panthéon de Rome, salle circulaire, couverte d'une voûte sphérique avec un ciel-ouvert, au sens absolu du mot, c'est-à-dire *hypètre*. Par cet *oculus* entrent la pluie et aussi les oiseaux.

Chez nous, cela serait difficilement supporté, et de ce ciel-ouvert on ferait sûrement une lanterne vitrée. Et alors qu'arriverait-il ? Tandis qu'à l'intérieur du Panthéon de Rome il pleut

— lorsqu'il pleut — dans cet autre Panthéon avec lanterne vitrée, il pleuvrait par le plus beau temps du monde. Qu'il y ait en effet une grande affluence de monde dans le monument, de la vapeur d'eau en suspension et un courant ascendant vers la lanterne — ce qui est inévitable — la vapeur d'eau se condensera sur ces vitres froides, et retombera en pluie; la pluie n'est pas autre chose que de la vapeur condensée.

Il faut donc que les lanternes séparent la salle d'un espace qui ne soit pas froid : ce ne peut être l'air extérieur, et de là une nécessité de plus d'interposer des combles entre nos voûtes et l'atmosphère.

N'acceptez donc pas légèrement les critiques qu'on a parfois faites au sujet des grandes coupoles, Saint-Pierre, les Invalides, le Val-de-Grâce, le Panthéon, etc., dont la silhouette extérieure ne reproduit pas la section intérieure. Je crois bien que cette différence provient le plus souvent d'une volonté de l'architecte au point de vue de l'effet et de la silhouette. Mais, voulue ou non, il y a cette autre raison, l'égalité de température si nécessaire pour éviter les refroidissements et la condensation. Sous une autre forme, c'est la reproduction de la disposition des églises : la voûte, et au-dessus de la voûte le comble.

Je n'ai rien de particulier à vous dire de la décoration des voûtes circulaires. Leur régularité se prête à la décoration par caissons ou par compartiments, faites en sorte seulement que le sens des méridiens soit bien accusé. Une voûte sphérique qui n'a que des lignes annulaires horizontales, en d'autres termes que des parallèles, paraît plate, quelle que soit sa section. Du reste, l'appareil même de la voûte, lorsqu'il est bien traité, est déjà une décoration, et beaucoup de voûtes circulaires sont d'une grande sobriété décorative.

A la voûte sphérique et à celle en berceau, on peut rattacher la voûte annulaire. En théorie, elle ne diffère pas de la voûte en berceau, et n'appelle aucune remarque particulière.

Les voûtes dont je vous ai parlé jusqu'ici sont, sauf au moyen âge sur lequel je reviendrai, des voûtes à poussée uniforme. Et ici, je crois devoir insister de nouveau sur cette décomposition des voûtes en deux grandes familles : les voûtes à poussées uniformes, les voûtes à poussées localisées. Cela est d'une importance capitale pour l'étude des plans : il est interdit à l'architecte d'arrêter son plan s'il n'est pas fixé sur les variétés de voûtes qu'il emploiera ; c'est ainsi seulement qu'il arrivera à cette perfection de l'étude : éviter les épaisseurs de points d'appui soit inutiles, soit insuffisantes.

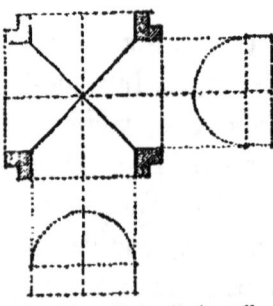

Fig. 466. — Voûte d'arête cylindrique sur plan carré.

Ceci rappelé une fois de plus, supposez qu'une salle ou plutôt une galerie, voûtée en berceau cylindrique, est coupée perpendiculairement à sa longueur par une galerie semblable, voûtée de même, avec même largeur, même naissance et même cintre. L'intersection de ces deux voûtes est la *voûte d'arête*, bien caractérisée en effet par ses arêtes qui se présentent sinon en saillie, du moins en convexité, suivant un angle dièdre qui va en s'ouvrant depuis la naissance où il est de 90° jusqu'à la clef où il est 0°.

La voûte d'arête que je suppose ici est la voûte d'arête parfaite, sur plan carré (fig. 466).

Elle peut être sur plan rectangulaire, l'une des galeries étant plus large que l'autre, mais alors les cintres seront différents. Ils auront même hauteur avec des largeurs différentes, et dès lors si le moins large est plein cintre, le plus large sera elliptique (fig. 467) — elliptique, remarquez-le bien, et non en anse de panier ou à plusieurs centres, car il faut que la courbe des arêtes reste plane, dans un plan vertical : cette courbe arêtière ne peut donc être ici qu'une ellipse, et par conséquent appartenir à un cylindre elliptique, et c'est cette condition qui détermine la section de l'une des voûtes, la première une fois déterminée. Faites-en l'épure et vous vérifierez ce que je vous dis ici.

Enfin, si les deux galeries sont de dimensions très différentes, on sera souvent amené à renoncer à faire la voûte d'arête, qui obligerait à trop surbaisser l'une des voûtes, et établirait de trop

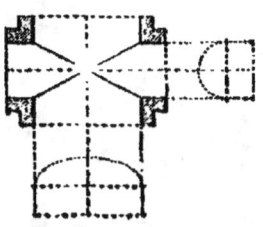
Fig. 467. — Voûte d'arête cylindrique sur plan rectangulaire.

grandes différences entre les assises. On a alors des *pénétrations*. Nous y reviendrons.

Tels sont les éléments originaires de la voûte d'arêtes. Elle a bien d'autres applications, et certainement vous ne la rencontrerez que rarement à l'intersection de deux galeries — par exemple au transept d'une église, — tandis que vous la rencontrez journellement en séries dans un portique.

Mais si je vous la présente d'abord

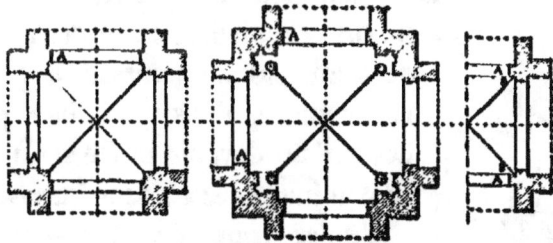
Fig. 468. — Retombées des voûtes d'arête.

ainsi, ce n'est pas sans motif. C'est pour vous bien faire comprendre d'une part qu'elle résulte de l'intersection de deux berceaux normaux l'un à l'autre, et d'autre part que cette voûte appelle des points d'appui en disposition *cruciale* (fig. 468). Ils seront longs, ils seront courts, accompagnés ou non d'arcs-doubleaux (A), peu importe : il faut, dirai-je, que l'arête de la voûte soit continuée par une arête du piédroit. Ce ne sera que dans la hauteur d'un entablement si vous avez une colonne sous la retombée ; mais cette retombée est nécessaire pour l'effet, et rien n'est irrationnel et désagréable comme les voûtes d'arête qui commencent ou retombent avec rien, comme cela s'est fait parfois (B. fig. 468.)

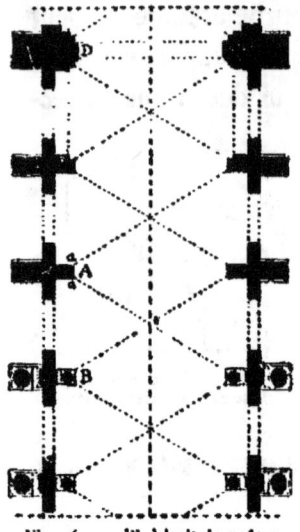

Fig. 469. — Pied droit de voûtes d'arête et contreforts.

Aussi, tandis que la voûte en arc de cloître appelle des angles *concaves* dans ses piédroits et sous ses intersections, la voûte d'arête appelle des angles *convexes*. L'une et l'autre pour le même motif : afin que l'effet, concave ou convexe, de la voûte se continue dans la verticalité des piédroits.

Soit un plan de galerie avec série de voûtes d'arêtes (fig. 469) Vous avez des piédroits saillants A-A, correspondant à des contreforts extérieurs ; entre deux, un simple mur qui ne reçoit pas de poussée et peut par conséquent rester mince. Vous voyez bien par la pensée l'arête des voûtes devenir l'arête *a* du piédroit : la forme se continue avec ou sans imposte.

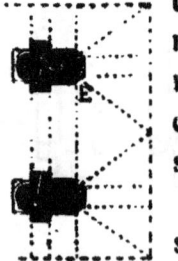

Fig. 470. Retombée illogique de voûte d'arête.

Voulez-vous des arcs-doubleaux ? Ils vont s'ajouter en saillie sur ou plutôt sous vos voûtes, et ils vont commander des saillies D sur vos piédroits ; mais vous aurez soin que vos voûtes d'arête aient toujours une retombée propre, vous ne ferez pas, par exemple, un plan comme ci-contre E (fig. 470) où l'arête finirait à rien.

Voulez-vous, au lieu de simples éperons, des colonnes? C'est facile, car sur vos colonnes (B) l'entablement refait l'éperon de tout à l'heure, et votre plan peut parfaitement devenir le pilier B au lieu du pilier A, il n'y a pour ainsi dire que la décoration de changée.

Les retombées des voûtes d'arête peuvent être de largeurs différentes. Voici, par exemple (fig. 471), en C un point d'appui de portique : vous y voyez les deux arêtes, les arcs-doubleaux $d\ d'$, les retombées r et r', l'un est deux ou trois fois plus large que l'autre, peu importe : votre voûte est portée comme elle doit l'être, tout est d'accord entre la voûte et les piédroits.

Fig. 471. — Retombées de largeurs différentes.

Ces considérations sont très importantes; leur évidence vous frappera, si vous voulez bien par la pensée concevoir vos plans à leur partie supérieure ; c'est ce que je ne cesse de vous répéter : dans l'étude d'un plan, ce sont les parties hautes qu'il faut toujours avoir présentes à l'esprit.

A part notre hypothèse initiale de deux galeries se pénétrant réciproquement, pourquoi fait-on des voûtes d'arête? Pour éclairer les voûtes et les salles, ou pour localiser les efforts de poussée. Une voûte d'arête doit toujours se justifier par l'un ou l'autre de ces motifs, souvent par tous les deux.

Prenons pour exemple une église. Il y a, je suppose, un transept : ici, c'est la rencontre de deux galeries, la voûte d'arête résulte de la pénétration réciproque de deux berceaux. Mais chacune des nefs est elle-même voûtée en voûtes d'arête. Pourquoi ? Il peut y avoir ici plusieurs raisons.

Si l'église ne comporte qu'une nef et pas de bas côtés, comme la cathédrale d'Albi dont je vous montrais le plan, une voûte en berceau avec sa poussée continue et ses résistances continues, ne présenterait pas de difficultés de construction. Cette église est voûtée en voûtes d'arête pour permettre l'éclairage dans la hauteur des voûtes. Mais si, de plus, comme je vous l'ai montré dans le plan de Saint-Front, dans celui de Noyon, on veut, sous une forme ou une autre, des élargissements de la nef, bas côtés ou tribunes, la voûte d'arête répond aux deux besoins : éclairage, report des résistances aux points où les piliers n'encombrent pas. C'est toujours, comme vous voyez, l'art des voûtes mis au service de l'art des plans.

Rien n'est donc plus illogique que ces dispositions trop fréquentes dans vos projets : des voûtes d'arête avec des tympans sans éclairage, ou sans que les combinaisons d'épaisseurs dans vos plans justifie la voûte d'arête. Nous voyons dans vos projets des voûtes d'arête aveugles, et projetées sur un plan de galerie uniformément entourée d'un mur de même épaisseur partout. C'est doublement fautif.

A l'occasion des voûtes d'arête, je dois vous parler de leur plus monumentale expression, les salles des thermes des Romains, ou la basilique de Constantin. Ces salles sont simplement admirables. Voyez-en les plans (fig. 472), avec ces grands éperons qui contrebutent la résultante des voûtes d'arête, reliés eux-mêmes par de grandes voûtes en berceau; puis les huit colonnes partant du sol, qui portent les retombées des voûtes d'arête, dont le centre est encore surhaussé au-dessus des entablements qui forment imposte; dans les tympans des voûtes d'arête, ces grands jours qui éclairent la salle par-dessus les toitures des berceaux secondaires. Tout cela sur des dimensions colossales, avec les moyens d'exécution les plus simples et les plus judicieux. C'est l'architecture prise en flagrant délit de composition parfaite. Je regrette de ne pouvoir vous en citer des

LES DIVERSES ESPÈCES DE VOUTES 587

exemples à votre proximité; mais je vous dis cependant : méditez et étudiez les salles de thermes; elles sont à notre architec-

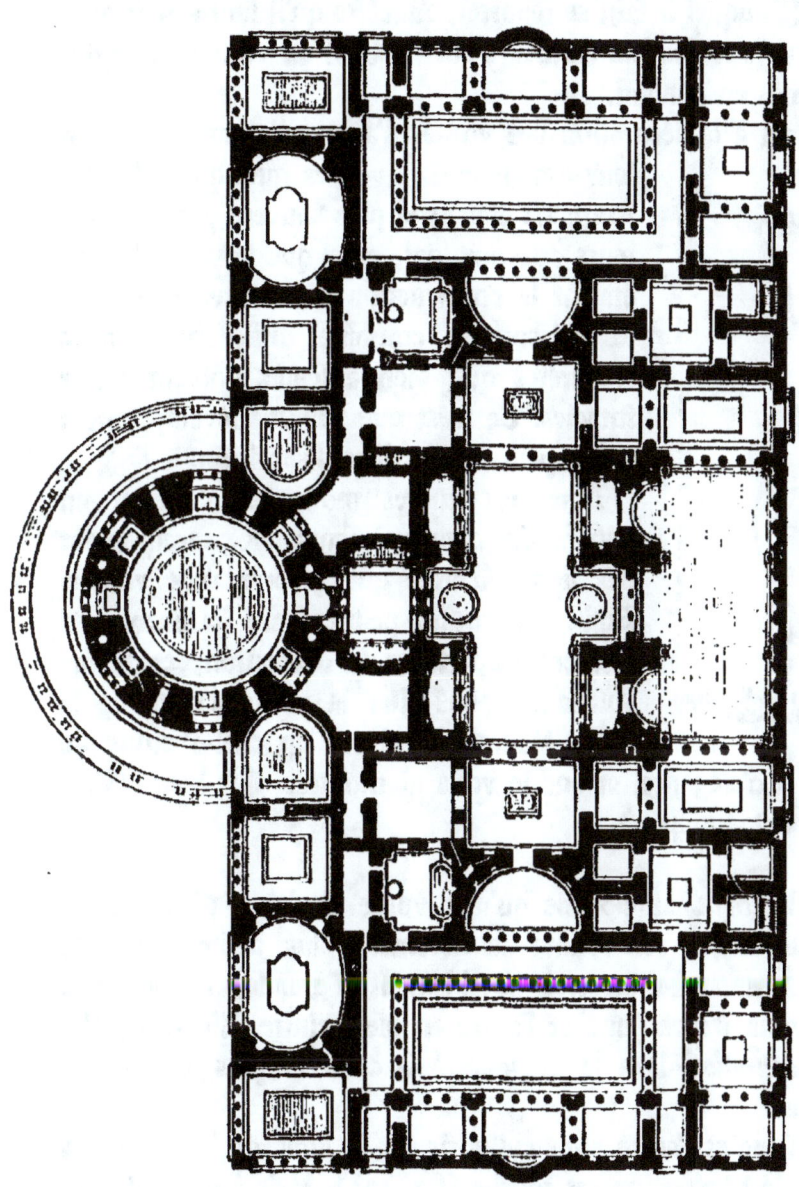

Fig. 472. — Plan de l'édifice central des Thermes de Caracalla.

ture de voûtes ce que les ordres grecs sont à nos colonnades, le modèle auquel il faut se reporter, l'ancêtre qu'il faut saluer avec respect. Je reviendrai d'ailleurs sur ce sujet en vous parlant des Thermes en général.

Quant à la décoration des voûtes d'arête, elle variera suivant leur grandeur. Les voûtes monumentales des Romains étaient le plus souvent décorées par leurs caissons, qui, ainsi que je vous l'ai dit, étaient la construction elle-même. Seulement le caisson se combine difficilement avec les arêtes qui, bien entendu, doivent rester intactes. Ce n'est que par un développement qu'on peut étudier leur disposition.

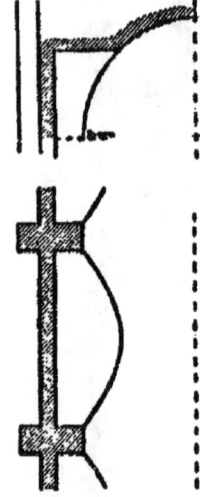

Fig. 473. — Voûtes en pénétration.

Dans les voûtes modernes, ce sont en général des compartiments, avec encadrement des lignes d'arête qui décorent ces voûtes. Enfin les voûtes peintes sont ici encore un élément important de décoration, et il me suffira de vous citer la voûte d'arête de la Villa Madame, qui est un chef-d'œuvre de goût et d'élégance, et que je vous ai montrée plus haut. (Voir plus haut, fig. 455.)

Maintenant, supposons qu'une voûte de large diamètre est rencontrée par une voûte sensiblement plus petite; vous ne voulez pas surbaisser trop notablement la grande, et je suppose que vous tracez l'une et l'autre en plein cintre. Alors la petite fait *pénétration* dans la grande, mais ce n'est plus une voûte d'arêtes.

Si l'une et l'autre sont cylindriques, la ligne de l'intersection ou de la pénétration est courbe (fig. 473). Mais à part cela, les considérations exposées plus haut à propos de la voûte d'arête trouvent encore ici leur application. Les poussées sont localisées sur les mêmes piédroits ou éperons, le mur de tympan n'est également qu'une clôture sans poussée; enfin la voûte en pénétration permet l'éclairage par les tympans; la seule différence est que cet éclairage ne s'élève pas jusqu'au niveau de la clef de la grande voûte, qui conserve le caractère du berceau.

La voûte en pénétration peut se prêter à des combinaisons mixtes avec la voûte en arc de cloître.

 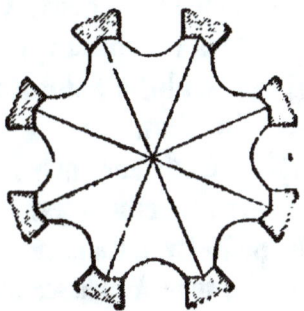

Fig. 474. — Voûte en arc de cloître sur plan carré, avec pénétrations.

Fig. 475. — Voûte en arc de cloître sur plan polygonal, avec pénétrations.

Voici, par exemple, une salle (fig. 474) couverte d'ensemble par une voûte en arc de cloître, mais dans chaque quart de la voûte en arc de cloître, vous avez une pénétration qui vous permet à la fois d'éclairer vos voûtes, et de reporter les poussées sur les massifs d'angles.

Voici encore une salle octogonale (fig. 475), couverte également en arc de cloître. Dans chacun des huit cylindres, vous avez encore une pénétration, et avec les mêmes conséquences.

Disons enfin tout de suite que les pénétrations dans une voûte sphérique donnent une courbe plane, l'intersection d'une sphère par un cylindre de révolution dont l'axe passe par le centre de la sphère étant un cercle. Ceci m'amène à vous dire quelques mots des ouvertures en arcade dans les salles circulaires. On projette souvent des ouvertures en arcades dans le mur dit *en tour ronde* d'une salle cylindrique. Si la courbure de ce mur est prononcée, l'aspect est déplorable, et la solidité très douteuse (fig. 476). La clef de l'arcade est tout à fait rejetée en arrière de l'aplomb de la droite qui joint ses retombées, et de là cette arcade prend un aspect de renversement extrêmement fâcheux. Vous pouvez en voir des exemples dans les chœurs de certaines églises, à Saint-Thomas d'Aquin, à Saint-Roch, et dans la salle des séances de l'Institut.

Fig. 476.
Arcade dans un mur en tour ronde.

Extérieurement, la contre-partie de cet effet de renversement est un effet de surplomb, moins désagréable peut-être, mais non moins dangereux, car, en somme, tout cet arc tend à chasser au vide.

Il en est tout autrement de l'arcade en pénétration dans la voûte sphérique avec laquelle son intersection sera en demi-cercle, et par conséquent une courbe plane, dont l'aspect est complètement satisfaisant et dont la solidité ne doit laisser aucune crainte.

Nous aurons à nous rappeler cette dernière combinaison lorsque nous étudierons la voûte en pendentifs.

Les voûtes d'arête et les pénétrations dont je vous ai parlé jusqu'ici sont purement cylindriques. Mais souvent on cherche à donner plus d'élévation aux pénétrations, soit dans les deux sens, soit sur un seul. Ainsi, une voûte plus petite en pénètre une plus grande, comme par exemple dans une voûte d'église. Si les deux cylindres sont plein cintre, c'est une pénétration; si le plus grand est surbaissé de telle sorte que les clefs soient de niveau, c'est une voûte d'arête, dite *barlongue*. Mais vous pouvez encore conserver à chacun des cylindres sa forme plein cintre, et cependant avoir les arêtes complètes, si la clef de la plus petite voûte s'élève de *a* en *b*, de toute la différence des deux rayons. Alors, la grande voûte restera cylindrique, la petite ne le sera plus (fig. 477).

Elle ne pourra pas non plus être conique ni conoïdale, car il faut que sa directrice puisse être tangente à la clef de la grande voûte et une génératrice de cône ou de conoïde serait tangente

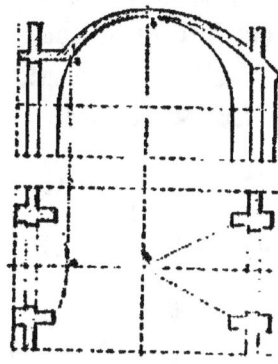

Fig. 477. — Pénétration et voûte d'arête barlongue.

plus bas; on aurait alors une pénétration en ébrasement (fig. 478), entrant plus dans la grande voûte que la pénétration cylindrique, et qui, dans la figure ci-jointe, est conoïde, mais non

Fig. 478. — Pénétrat. surélevées conoïdes.

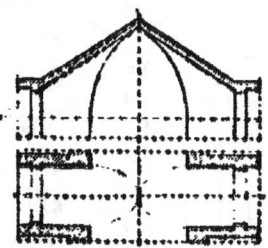

Fig. 479. — Pénétrations surélevées dans une voûte ogivale.

la voûte d'arête surélevée que nous cherchons, à moins que la plus grande voûte ne soit ogivale, ayant pour directrice deux arcs de cercle tels que la génératrice supérieure du cône ou du conoïde puisse être tangente à la clef (fig. 479), et encore faut-il remarquer que les arêtiers ne seront pas des courbes planes.

De toute façon, la petite voûte doit être constituée par une surface dont la section médiane soit tangente à la clef du grand cylindre, et qui puisse être coupée suivant un demi-cercle par le petit cylindre. Si la grande voûte est cylindrique, cette section sera forcément courbe puisqu'elle doit être horizontale à la clef et inclinée au départ.

Ces surfaces de pénétration à double courbure sont parfois très difficiles à bien déterminer géométriquement, et il faut bien dire qu'elles ont été souvent réalisées par tâtonnement plutôt que par méthode. Cependant il faudrait pour leur étude bien connaître la génération de ces surfaces, voir quelles sont les surfaces possibles, et choisir la plus pratique. Pour moi, dans le cas qui nous occupe, je définirais comme suit cette surface.

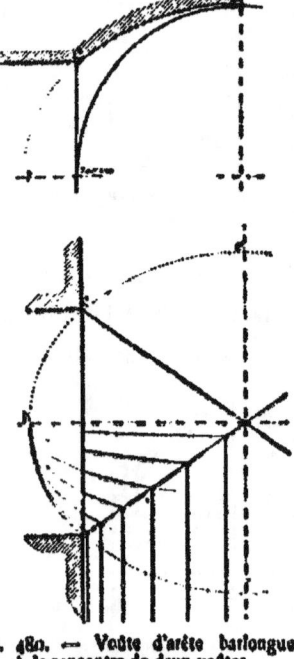

Fig. 480. — Voûte d'arête barlongue à la rencontre de deux voûtes cylindriques.

Pour avoir une courbe C-c (fig. 480) qui puisse être tangente à la clef C, passer par la clef c et permettre une section droite demi-circulaire sur chaque cylindre, et par conséquent elliptique sur la diagonale, je trouve d'abord que cette courbe d'intersection sera une demi-ellipse ; par conséquent, la surface de pénétration sera une portion d'ellipsoïde de révolution ; et comme dans toute surface de révolution, toutes les sections méridiennes sont identiques, cette ellipsoïde aura, en plan, la même section $p\,C\,c$.

Les lignes d'appareil seront dès lors les méridiens de cet ellipsoïde, se coupant sur l'arête avec les lignes d'appareil du cylindre.

La surface ainsi déterminée, vous saurez du moins ce que vous avez à étudier, tandis que, je le répète, si vous ne connaissez pas la génération géométrique des voûtes que vous employez, vous vous trouvez dans l'impuissance de les étudier.

Ces voûtes surélevées se font aussi sur plan carré : on a alors la voûte d'arête dite *en bonnet d'évêque*. Cela donne un aspect d'élévation souvent fort désirable à la voûte, et aussi, lorsque la voûte est au-dessous d'un étage ou d'une terrasse, cela permet de diminuer l'épaisseur du remplissage et par conséquent la charge qui pèse sur la voûte. C'est donc une pratique fort judicieuse, mais qui rend l'étude et l'exécution de la voûte plus difficile ; dans tous les cas, il faut ici encore bien connaître la génération géométrique des surfaces qu'on emploie.

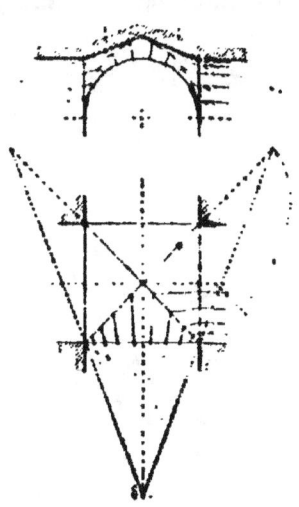

Fig. 481. — Voûte en bonnet d'évêque, génération conique.

La projection horizontale des arêtiers sera la même que pour une voûte d'arête cylindrique. Quant aux surfaces de la voûte, elles peuvent être de diverses sortes ; on peut employer des cônes de révolution dont les sommets S' soient en dehors de la voûte et au niveau des naissances (fig. 481). Les arêtes sont alors des arcs d'ellipses, se rencontrant à la clef sous un angle plus ou moins ouvert ; en réalité, l'arc diagonal est ici un arc ogival elliptique. Mais vous remarquerez que la génératrice supérieure du cône devant être tangente à la clef des intersections diagonales, celles-ci doivent faire un angle brisé, ou une courbe ogivale, sans quoi on retomberait dans le cas ci-dessus de la pénétration conique.

On peut encore constituer chacune des quatre portions de voûtes par un conoïde à plan directeur vertical dont les sections sont respectivement un demi-cercle à la partie basse, et une demi-ellipse au centre. Toute la projection horizontale, arêtes et lignes d'assises, est alors identique à la projection de la voûte d'arêtes cylindrique; seulement les lignes d'appareil au lieu d'être horizontales sont de plus en plus inclinées, et la surface est gauche (non développable). Ce système présente donc des difficultés plus grandes, et vous verriez, en faisant l'épure complète, qu'il est impossible d'avoir partout des *plans* de joints entre les voussoirs. L'appareil en est donc très difficile, et jamais il n'est parfait.

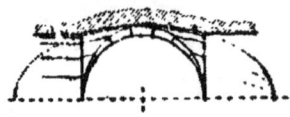

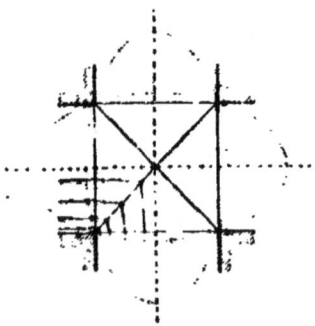

Fig. 482. — Voûte en bonnet d'évêque, insertion de deux ellipsoïdes de révolution.

Ces combinaisons ont d'ailleurs ceci de commun que la ligne des clefs est une ligne droite montante, ce qui donne un aspect de sécheresse à la voûte. On préfère généralement que cette ligne soit courbe, ainsi que nous l'avons vu pour les pénétrations.

Le plus souvent, il faut le dire, on détermine *a priori* les courbes des arêtes, puis la courbe que j'appellerai *faîtière*, et on tâtonne le surplus des surfaces. Mais il vaut toujours mieux employer des surfaces bien définies, et recourir pour cela à des combinaisons géométriques.

La plus facile à concevoir est l'intersection de deux ellipsoïdes de révolution (fig. 482); mais il faut observer que, les ellipses de base étant déterminées, la hauteur de la clef en résulte nécessairement; cette hauteur au-dessus du plan de base sera précisément égale au demi petit axe de l'ellipse de base.

Aussi, ces voûtes ne peuvent être très surélevées. Leur coupe sera identique à la courbe de l'ellipse en plan, laquelle ne peut jamais excéder beaucoup le carré inscrit. Pour obtenir une voûte plus surélevée, il y a un premier moyen, c'est d'employer des portions d'ellipsoïdes (fig. 483). Supposons, en effet, que la trace horizontale A, B, C appartienne à une demi-ellipse dont le demi grand axe sera par exemple C O, la courbe sera plus

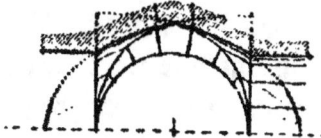

ouverte en plan et aussi en coupe; seulement, ainsi que nous l'avons vu pour les cônes, l'arc diagonal sera un arc brisé, une ogive ellip-

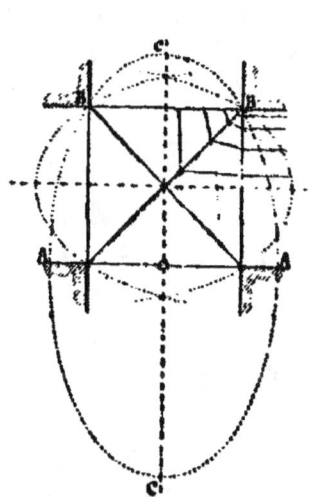

Fig. 483. — Voûte en bonnet d'évêque. Intersection de portions d'ellipsoïdes de révolution.

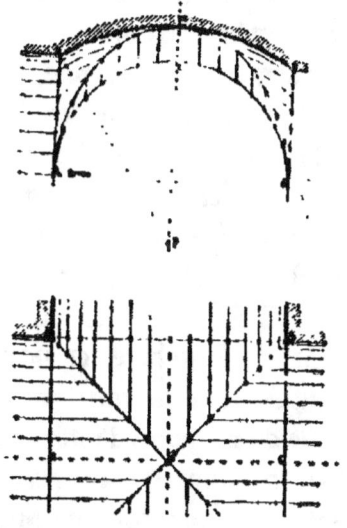

Fig. 484. — Voûte en bonnet d'évêque. Génération quasi-torique.

tique. J'ajouterai que l'angle dièdre variable le long de l'arête est forcément assez obtus.

Enfin, on peut constituer une sorte de tore (fig. 484) et non un tore proprement dit en faisant passer par les clefs c c une portion de circonférence de cercle c C c d'un rayon *tel que son centre* P *tombe plus bas que le plan des naissances.* Si des divers points du cercle de tympan A-*c*, et notamment des points de rencontre des lignes d'appareil, nous faisons partir des cercles tracés de ce point P pour pôle, nous obtenons une surface de révolution dont la coupe oblique A-*c* sera un demi-cercle, et dont la section droite sera une courbe qui ne peut être déterminée que par points. Et si nous construisons une autre surface semblable, perpendiculaire à la première et en tout réciproque, ces deux surfaces se couperont suivant la ligne A-C-A, projection de deux demi-arêtiers elliptiques, dans le cas général. On pourrait même, comme cas particulier, établir *a priori* que cet arêtier sera un demi-cercle, alors la hauteur de la clef est fixée, elle est en proportion des hauteurs de clef des cercles de tête dans le rapport de la diagonale au côté du carré, et le pôle des cercles parallèles est le centre même du plan horizontal des naissances. Mais alors chacune de ces surfaces devient une partie d'une même sphère, et il n'y a plus d'intersection. L'ellipse A C A n'est plus que la projection d'un grand cercle diagonal de la sphère, et nous trouvons en réalité la voûte en pendentifs dont je vous parlerai tout à l'heure et qui est ainsi la *limite* de ce genre d'intersections.

Cette combinaison est peut-être celle qui satisfait le plus facilement aux conditions qu'on désire dans les voûtes surélevées dites en *bonnet d'évêque*. Mais elle est d'un tracé compliqué, et comme la précédente, elle ne livre que des angles obtus pour l'intersection des deux surfaces.

Au point de vue de l'exécution, la voûte ellipsoïde a un avantage incontestable; les lignes de génération, qui seront aussi les lignes d'appareil, étant ici des courbes méridiennes, déterminent pour surface normale des *plans*, ce qui est toujours très désirable, surtout dans les voûtes appareillées, tandis que dans la dernière combinaison de surfaces *quasi-toriques*, les lignes d'appareil étant des parallèles et non des méridiens, les surfaces normales seront coniques, ce qui est d'une exécution plus difficile.

Un genre de voûtes, plus rarement employées, a quelque analogie avec les précédentes. Ce sont les voûtes annulaires en élévation, *toriques* ou *quasi-toriques*. Supposons un espace rectangulaire, pareil en plan à celui que couvrirait une voûte d'arête barlongue. Les grandes faces A-A', B-B' seront cintrées en demi-cercles, les petites A-B, A'-B' également (fig. 485). La surface à double courbure indiquée par les lettres A-B-C'-A'-B' en plan, et B, c, C, S, B', S' en élévation peut être un tore, mais non

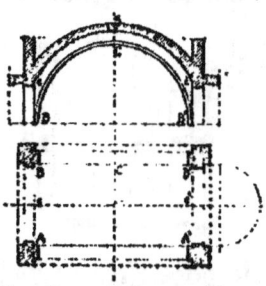

Fig. 485. — Voûte annulaire en élévation *quasi-torique*.

comme on le suppose par erreur en admettant un déplacement parallèle à lui-même du petit cercle A, c, B, car on obtiendrait ainsi une voûte beaucoup trop surélevée (fig. 486), qui ne produirait certainement pas l'effet qu'on en attendrait.

Fig. 486. — Voûte annulaire *quasi-torique*.

Fig. 487. — Tracé d'une voûte torique.

Le problème se pose comme suit : Étant donné que la section A, c, B qui est oblique par rapport au tore, sera un cercle, quelle sera la section droite de ce tore ? Il est facile de voir que ce sera une ellipse dont le grand axe égale le diamètre A B, et le petit axe égale la distance du cercle des centres au cercle méridien (fig. 487). On obtient ainsi une surface de courbure constante, facilement appareillable, tandis que la précédente aurait une section droite constamment variable. Et l'aspect de la voûte ainsi tracée est bien préférable, ainsi qu'il est facile de le voir par les coupes transversales.

Il est clair d'ailleurs que la voûte torique ayant toujours ses retombées tangentes à la verticale, doit être reçue et arrêtée par la saillie d'une archivolte d'arc doubleau ; sa présentation architecturale sera donc à peu près celle de la figure 488.

Fig. 488. — Voûte torique.

Mais une voûte presque semblable, quoique très différente comme génération, peut encore satisfaire au problème si on le pose ainsi : Quelle devra être la surface géométrique telle que quatre plans verticaux parallèles deux à deux la coupent suivant des demi-cercles ? C'est évidemment une sphère. Et alors, on obtient une voûte dont la surface est nettement définie (fig. 489)

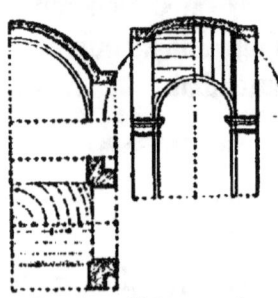

Fig. 489. — Voûte en portion de sphère.

et s'appareillera soit par des voussoirs horizontaux, circulaires en plan, soit par des sections, par des plans verticaux parallèles, donnant des lignes de voussoirs circulaires en élévation.

Seulement cette combinaison rentre dans la série des voûtes sphériques en pendentifs que nous allons voir tout à l'heure.

Notez enfin qu'il ne faut pas confondre ces voûtes avec celle que vous connaissez à la Salle des Pas-Perdus de la Cour d'assises du Palais de Justice, composée de parties de voûtes à doubles courbures et de section plate, qui n'encadrent pas les arcs doubleaux et en sont indépendantes. Ce sont des voûtes légères, portées par des murs en maçonnerie évidés de grands arcs. (V. plus haut, fig. 77-78.)

La voûte en pendentifs, ou sur pendentifs, est une des plus belles inventions de l'architecture; le problème était étrange : étant donnée une salle carrée, la couvrir par une voûte sphérique. L'architecture antique ne s'est pas posé cette question, au moins que je sache, sauf toutefois dans les monuments de la Perse.

C'est vers la fin de l'empire romain que la voûte en pendentifs paraît avoir été introduite dans l'architecture gréco-romaine. Invention féconde, celle qui nous a valu Sainte-Sophie de Constantinople, Saint-Marc de Venise, Saint-Front de Périgueux, Saint-Pierre de Rome!

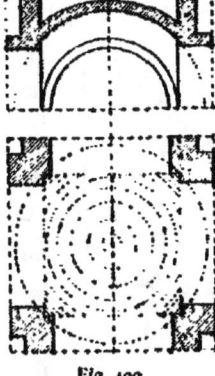

Fig. 490.
Voûte en pendentifs.

Eh bien, vous savez que tout cela est admirable : peut-être ne savez-vous pas bien le comment et le pourquoi de ces admirables choses. Revenons encore à la géométrie.

La voûte en pendentifs pure (fig. 490) *est une voûte sphérique, dont le diamètre est la diagonale de la salle carrée à couvrir.* C'est bien simple, comme vous voyez : il suffisait de le trouver. Supposez en effet que vous circonscriviez à un carré une circonférence dont le diamètre sera la diagonale de ce carré, et que de cette circonférence vous faites la base d'une voûte sphérique; les quatre murs de la salle, qui sont des plans verticaux, couperont la sphère suivant des cercles, la demi-sphère suivant des demi-cercles. Voilà toute la voûte en pendentifs, en plan et en coupe.

Fig. 491. — Coupe diagonale d'une voûte en pendentifs.

Sur la diagonale, sa coupe sera le grand cercle de la sphère (fig. 491).

Remarquons tout de suite que la voûte en pendentifs a de nombreuses analogies avec la voûte d'arêtes : elle a comme celle-ci des tympans qui se prêtent à l'éclairage des salles; elle reporte également les poussées sur les angles, et par conséquent les tympans peuvent être évidés; la voûte en pendentifs peut, comme la voûte d'arêtes, se faire à la rencontre de deux galeries voûtées en berceau. Elle a de plus la surélévation, et en cela elle se rapproche de la voûte en bonnet d'évêque. Et comme cette dernière, elle ne peut se passer, lorsque les tympans sont évidés, d'arcs-doubleaux qui définissent la transition entre le berceau et la voûte surélevée.

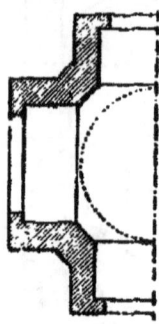

Fig. 492. — Voûte en pendentifs sur pans coupés.

La voûte en pendentifs sur plan carré a l'inconvénient de manquer de retombée pour la voûte sphérique (voir la coupe diagonale). Aussi, on cherche généralement à assurer cette retombée au moyen d'un petit pan coupé (fig. 492). Dès lors, la sphère a pour diamètre la diagonale entre ces pans coupés; et ces pans coupés eux-mêmes doivent en réalité être circulaires.

Aussi, lorsque leur largeur est considérable, comme dans les coupoles d'églises, si le pan coupé est droit en plan, tant qu'il ne joue que le rôle de pilier, il devient circulaire à partir de la naissance de la voûte; l'imposte, par sa saillie, masque cette transition

Fig. 493. — Pilier d'un pan coupé de salle voûtée en pendentifs.

(fig. 493). Le plan et les coupes de la salle s'expriment alors par la figure 494.

Mais je vous ai dit que la voûte sphérique peut être interrompue à l'un quelconque de ses rangs annulaires. Il en est naturellement de même de la voûte en pendentifs. Ainsi, elle peut l'être notamment à partir du cercle tangent aux tympans, le premier qui soit complet.

Ainsi, à Saint-Front de Périgueux (fig. 495), il y a un parti

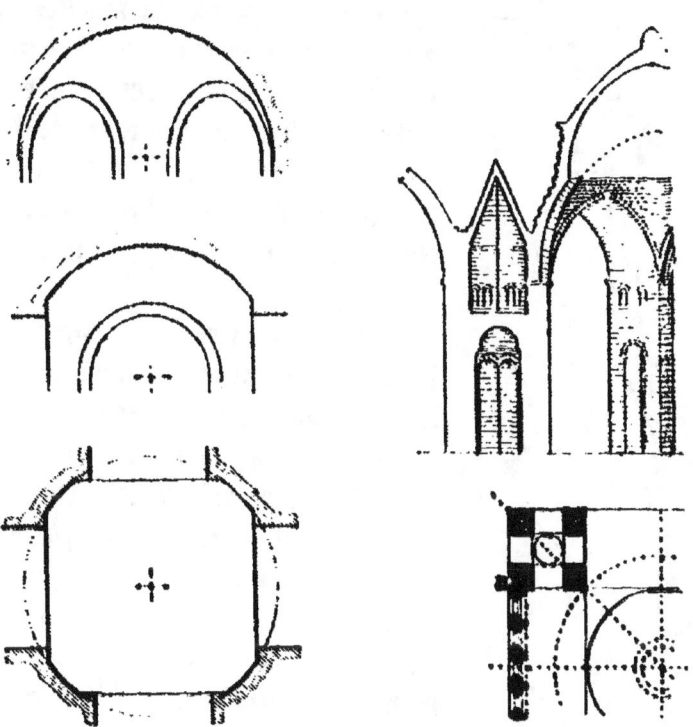

Fig. 494. — Plan et coupes d'une salle voûtée en pendentifs avec pans coupés.

Fig. 495. — Plan et coupe diagonale de la voûte de Saint-Front de Périgueux.

très curieux. Pour assurer à la voûte la plus grande épaisseur qui est nécessaire près des naissances, la voûte en pendentifs est positivement interrompue à partir du cercle tangent aux tympans. Puis une voûte purement sphérique s'appuie sur celle-ci, la doublant là où existe la première, simple dans toute la partie haute.

Cette faculté d'interruption permet donc l'ouverture de jours circulaires horizontaux, et l'éclairage par le haut, comme par exemple à la Magdeleine. Mais on est allé plus loin. Sur cette interruption prise comme base circulaire, on a monté des murs cylindriques, percés de fenêtres, qu'on a couverts eux-mêmes de voûtes sphériques. C'est le parti des grandes coupoles d'églises, Saint-Pierre de Rome, Saint-Paul de Londres, le Val-de-Grâce, les Invalides, le Panthéon. Constructions hardies, qui exigent une grande science.

Pour vous en rendre compte, voyez le schéma purement géométrique d'un de ces monuments coupé sur la diagonale (fig. 496) et son expression en architecture très simple (fig. 497). La voûte en pendentifs supporte tout le poids du tambour et de la voûte sphérique, et en reporte l'action sur ses piliers, qui sont ainsi exposés à des poussées considérables. Ce n'est que par les combinaisons du plan qu'on peut assurer des résistances suffisantes : les plans des monuments que je viens de vous citer sont très remarquables et instructifs; avant tous autres peut-être celui des Invalides, où la combinaison spéciale au pendentif se traduit dans l'architecture depuis la base de l'édifice jusqu'au sommet même de la coupole.

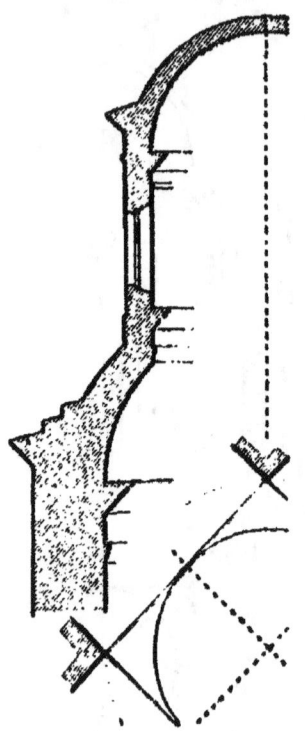

Fig. 496. — Voûte en pendentifs surmontée d'un tambour cylindrique et d'une voûte sphérique.
(Coupe diagonale.)

Vous voyez quelles ressources la voûte en pendentifs a créées, et comme l'architecture a su en profiter. Je vous ai cité

LES DIVERSES ESPÈCES DE VOUTES   603

des exemples admirables, étudiez-les : l'architecture n'a pas de plus nobles sujets à vous proposer.

Je passe sur les voûtes spéciales, telles que berceaux rampants, vis Saint-Gilles, voûtes annulaires, voûtes d'arêtes annulaires, etc.

Fig. 497. — Voûte en pendentifs surmontée d'un tambour cylindrique et d'une voûte sphérique. Plan, coupe diagonale, coupe longitudinale, élévation.

La stéréotomie vous les définit et vous les explique, et au point de vue de la composition, vous saurez facilement reconnaître celles dont la poussée est uniforme ou localisée. Cette exposition est aride et vous la trouvez bien géométrique : elle est nécessaire; la géométrie des voûtes est la première chose à connaître pour qui veut voûter des édifices; ensuite vient la stéréotomie, ou art de les appareiller. Pour la stéréotomie, je ne puis que vous renvoyer aux traités spéciaux; je m'en tiens à ce qui est nécessaire à la composition en appelant toute votre attention sur cette étude; vous ne vous l'assimilerez d'ailleurs qu'en refaisant vous-mêmes les épures qu'elle comporte.

J'arrive à vous parler des voûtes du moyen âge, dont je vous ai déjà dit un mot. Vous savez déjà que ce sont des voûtes où le remplissage est porté par une ossature essentiellement composée d'arcs. On pourrait presque dire — pour se faire mieux comprendre grâce à une exagération — que le moyen âge n'a pas fait de voûtes, qu'il n'a fait que des arcs et des remplissages.

Ces arcs se reportent le plus souvent sur des piliers composés en conséquence, parfois aussi sur de simples consoles ou *culs-de-lampe*.

Les combinaisons de ces voûtes sont très variées, mais cependant elles s'appliquent rarement à la voûte en berceau ou à la voûte en arc de cloître : la transformation de la voûte en arcs a pour conséquence naturelle l'établissement de résistances en certains points seulement, à la retombée des arcs : ce système est donc bien plus conforme à la théorie des poussées localisées qu'à celle des poussées uniformes. Aussi peut-on dire d'une façon générale que, postérieurement aux voûtes en berceau de l'architecture romane, les voûtes du moyen âge sont toujours des voûtes à poussées localisées.

Or, si nous restreignons l'expression « voûtes du moyen âge » aux voûtes de la période dite *ogivale* et à la fin de l'architecture *romane*, nous voyons jusque là surtout deux sortes de voûtes employées dans les églises : la voûte plein-cintre dans un certain nombre d'églises romanes, la voûte en pendentifs dans les églises byzantines, et dans le midi et le sud-ouest de la France.

La voûte en pendentifs, par la localisation des poussées, permettait des plans d'églises bien plus variés et hardis que la voûte en berceau; elle permettait bien mieux aussi l'éclairage des nefs. Abandonnant donc la voûte en berceau, les architectes se sont attachés à des études successives de la voûte en pendentifs; on a d'abord renforcé le pendentif par des arcs-diagonaux, véritables cintres permanents et directrices en pierre, et de là, par des transitions successives — car telle est toujours la marche des évolutions artistiques — on est arrivé à la conception qu'on a appelé la *croisée d'ogive*. Cela me paraît avoir été mis en parfaite évidence par les savantes recherches de M. Corroyer (*Architecture romane, Architecture gothique*).

Cette origine explique ce fait que les voûtes du moyen âge sont toujours surélevées; je ne crois pas qu'il en existe de purement cylindriques, et les plus anciennes, comme celles d'Angers (fig. 498, 499, 500) ou de Laval, sont les plus cintrées : leur section à la clef est précisément celle d'une voûte sphérique sur pendentifs. Ces anciennes voûtes sont d'ailleurs sur plan carré, comme la voûte en pendentifs, et ce n'est que plus tard que les voûtes se sont faites sur plans rectangulaires. Seulement, vous remarquerez qu'ici, le plan carré de la voûte est obtenu par la réunion de deux travées : l'arc de clef, perpendiculaire aux murs latéraux, est en réalité un arc doubleau. Cela démontre encore que la tradition du plan carré, nécessaire à la voûte en pendentifs, se continuait malgré la forme rectangulaire des travées. Cette disposition est d'ailleurs fréquente au moyen âge, et nous le retrouvons notamment à Notre-Dame de Paris.

Je ne vous parle d'ailleurs de ces questions d'origine que pour vous faire comprendre que la voûte du moyen âge ne rentre réellement dans aucune des espèces de voûtes que nous avons passées en revue, et je réserve pour l'étude de l'architecture religieuse les questions esthétiques que comporte ce sujet ; ce n'est pas une voûte d'arêtes, ce n'est pas une voûte sphérique en pendentifs, c'est une combinaison d'arcs, d'un tracé très précis, avec des remplissages dont la génération est beaucoup moins déterminée, parfois très gauche. Une fois les arcs bien tracés, bien exécutés, le remplissage était un peu affaire d'inspiration *sur le tas*, les arcs seuls servant de support, de guide et de gabarrit.

La voûte du moyen âge a pour prototype la *croisée d'ogive*, combinaison de six arcs

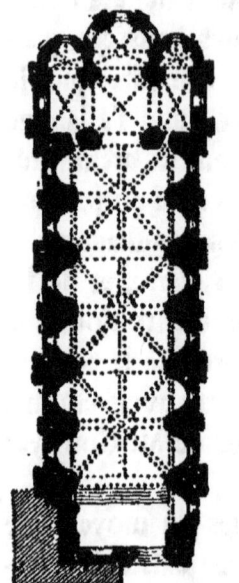

Fig. 498. — Plan de l'église de la Trinité à Angers.

Fig. 499. — Coupe transversale de l'église de la Trinité, à Angers.

Fig. 500. — Coupe longitudinale d'une travée de l'église de la Trinité, à Angers.
(Extrait de l'*Architecture gothique*, d'Ed. Cormyer).

jouant deux à deux le même rôle (fig. 501). Si l'on en fait le plan à la naissance, on remarque d'abord les *arcs-doubleaux* reliant les piliers opposés, puis les *arcs formerets* adossés aux murs latéraux. Les arcs-doubleaux sont jetés d'un mur à l'autre, formant cintre d'appui pour les remplissages. Les arcs formerets sont appuyés *contre* le mur extérieur, et déterminent ainsi une *feuillure* curviligne qui reçoit également le remplissage. Ces arcs sont les uns et les autres plein-cintre dans l'architecture romane, brisés dans l'architecture ogivale. Enfin, il y a les arcs diagonaux, appelés aussi *arcs-ogifs* qui forment les arêtiers. Ceux-ci sont en général elliptiques, et tracés de telle sorte que leur clef domine celle des arcs doubleaux, tandis que souvent la clef des arcs formerets est plus élevée que la clef centrale, afin de rehausser le plus possible la pénétration de la lumière.

Ces divers arcs sont en pierre de taille, appareillés avec soin; les remplissages sont en moellons, parfois en briques.

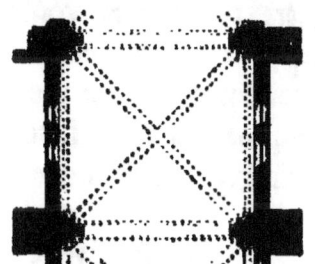

Fig. 501. — Croisée d'ogive. Exemple emprunté à l'église Saint-Maurice d'Angers.

Ceci est la voûte du moyen âge toute simple; souvent elle est beaucoup plus compliquée.

D'abord les arcs-doubleaux sont parfois accompagnés de deux arcs formerets; les clefs sont souvent marquées par des arcs : D, doubleau, F, F, formerets, A arc arêtier ou diagonal, C, C, arcs de clefs (fig. 502).

C'est surtout dans les plus grandes voûtes que les arcs se multiplient, et avec raison. Toute la solidité de ces voûtes est dans les arcs; les remplissages n'ont pas de solidité par eux-mêmes. L'architecte doit donc éviter les remplissages trop grands, de même qu'il doit éviter une multiplicité d'arcs trop encombrante. Question de goût et de jugement. Mais les arcs seront toujours dans des plans verticaux, en d'autres termes des courbes planes.

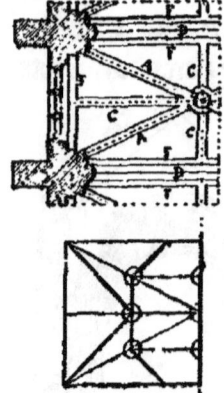

Fig. 502. — Combinaisons d'arcs et de remplissages.

Ces combinaisons d'arcs, par cela même qu'elles sont parfaitement appropriées aux intersections saillantes, comme dans les voûtes d'arête, se prêtent moins aux intersections concaves. Aussi le moyen âge n'a guère pratiqué la voûte en arc de cloître, et même dans le cas par exemple de salles polygonales (fig. 503) les voûtes se reportent encore sur des arcs, et sont encore combinées avec des tympans : ce sont donc encore des voûtes d'arête.

En général, ainsi que je vous l'ai déjà montré, à une composition particulière de la voûte correspond une composition analogue du pilier. Cependant les arcs partent souvent aussi de consoles ou de culs-de-lampe, et c'est notamment le cas lorsque l'arc arêtier part d'un angle concave des piédroits.

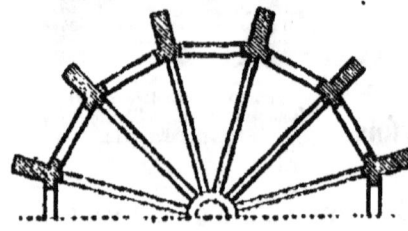

Fig. 503. — Voûte polygonale.

Je ne saurais entrer dans tout le détail de ces voûtes, dont les combinaisons sont infiniment variées. Je ne puis que vous renvoyer aux ouvrages spéciaux. Vous y verrez que là encore, l'architecture a suivi la marche ordinaire de l'esprit humain. Après avoir tâtonné, elle est arrivée à l'expression logique et nécessaire de son œuvre, puis elle a cherché la hardiesse et la variété; elle a produit alors ces combinaisons élégantes et ingénieuses qui nous charment; elle est arrivée aussi au tour de force, à la recherche de la difficulté pour le plaisir d'en triompher. Arrivé là, un art a accompli son évolution, il n'a plus devant lui d'autre alternative que la décadence ou la rénovation. La Renaissance n'a pas été seulement un fait, elle était la nécessité inévitable.

Toutefois la Renaissance n'a pas abandonné tout d'ab... les voûtes du moyen âge. Elle leur a imprimé son cachet, elle leur a donné l'empreinte de son

Fig. 504. — Voûtes de la chapelle du château d'Écouen.

goût et de son élégance, et dans cet ordre d'idées aussi, elle a fait des chefs-d'œuvre, ne fût-ce que les voûtes de Saint-Eustache, ou celles de la chapelle du château d'Écouen (fig. 504). On a même fait des combinaisons très ingénieuses et artistiques d'arcs et de plafonds en dalles. Un des plus remarquables exemples est la voûte de l'église de Tillières (Eure) (fig. 505).

Puis, le système de ces voûtes a complètement disparu, on n'a plus fait que la voûte stéréotomique; tout y a concouru : l'inspiration de l'antiquité — dans ses formes plus que dans sa construction — l'émulation des tailleurs de pierre dans l'art du trait, — surtout la rupture violente de l'esprit moderne avec l'esprit du moyen âge, rupture intellectuelle qui ne pouvait se faire sans qu'il y eût aussi rupture artistique, à tel point que récemment encore cet art du moyen âge si profond, si habile, et à la fin, disons-le, si raffiné, était considéré comme l'expression barbare de ce que Quatremère de Quincy appelait une bâtisse ignorante.

Je n'ai pas à vous dire quelles peuvent être mes préférences personnelles; je crois d'ailleurs que rien n'est à rejeter, que tout ce que nous a transmis notre art mérite étude, à condition de bien le connaître et de savoir quelle en est la portée.

J'ai cherché surtout à vous montrer les différences profondes qui existent entre les diverses voûtes, et en même temps cependant l'unité de ces études. Toujours, qui dit voûte dit lutte contre le danger.

La voûte, je ne saurais trop le répéter, est un élément magnifique, une tentation séduisante, et l'esprit se portera toujours vers la voûte lorsqu'il faudra exprimer le monumental, la grandeur d'aspect, la noblesse de l'édifice. Mais pour triompher des difficultés de la voûte, de ses périls, il faut l'art et la science. La voûte, c'est l'architecture difficile, qui n'est permise qu'aux forts; son étude est faite de prudence et plus encore de prévoyance; c'est dès le début, dès la composition du plan, que vous assurerez la possibilité de vos voûtes en vous rappelant que les moyens ne seront jamais trop simples.

Je m'applaudirai quant à moi si ces quelques leçons sur ces voûtes vous ont montré que c'est là un motif d'études très sérieuses, d'études de fond; que la voûte n'est pas un simple prétexte à décorations, à caprices, à fantaisies; que l'architecte qui conçoit des voûtes doit savoir ce qu'il fait, connaître la

Fig. 503. — Arcatures et plafonds de pierre de l'église de Tillières.

génération géométrique des surfaces qu'il emploiera, prévoir quelles résistances devront s'opposer à leurs actions.

La voûte est un élément superbe, vous la façonnerez à votre idée; mais c'est une lutte que vous abordez : n'y soyez pas vaincus!

CHAPITRE XI

LES ESCALIERS

SOMMAIRE. — Escaliers droits et courbes. — Leurs éléments. — Escaliers entre murs. — Hauteur et largeur des marches. — Perrons extérieurs. — Paliers. — Éclairage des escaliers. — Escaliers en pierre — en bois — mixtes. — Marches palières et bascules. — Rampes douces.

Jusqu'ici, nous avons vu le mur et ses ouvertures, les piliers, les colonnes, les ordres et les portiques, tout ce qui est vertical; les toitures, les planchers et les voûtes, tout ce qui est horizontal. Entre tout cela il y a la liaison, la communication verticale : c'est l'escalier.

Je vous en dirai peu de chose quant à présent, réservant pour plus tard l'étude de l'escalier comme composition particulière et comme cage. Je n'ai à vous en parler ici que comme élément.

Inutile, n'est-ce pas? de vous dire ce que sont des marches, des paliers, etc. Tout cela peut être en pierre, en bois, en fer, en pierre, ou fer et bois; les balustrades également; je tiens plutôt à vous indiquer les rapports de la combinaison des escaliers avec la composition générale.

Les escaliers, dans toute l'antiquité, dans tout le moyen âge, procèdent d'un même système : les marches portent, soit comme des linteaux, soit sur des berceaux rampants, entre deux murs, ou entre un mur et un noyau plein central, lorsque l'escalier est courbe. En latin, en italien, un seul mot, *scala*, signifie à la fois échelle et escalier. C'est que l'escalier n'est d'abord qu'une échelle en pierre; et même dans les plus riches palais il en est ainsi, au Louvre avec l'escalier Henri II, au Palais Farnèse, au Palais des Doges de Venise, ce qui n'empêche pas ces escaliers d'être magnifiques.

Le principe de construction est le même pour les escaliers de Blois et de Chambord, ou pour ceux de Caprarole ou du Palais Barberini, enfin pour les grands escaliers à trois rampes tel que celui de Caserte; partout enfin où la marche forme linteau entre deux murs ou entre un mur et une échiffre.

Puis on imagina — je ne saurais dire où et quand pour la première fois — ce qu'on appela les escaliers suspendus, à limons en pierre, bois ou fer. Tels sont les escaliers dits *à la française*. Je rentrerais trop directement dans la stéréotomie si je cherchais à vous les décrire. Leur caractère commun est que les marches, scellées d'un bout seulement dans le mur de la cage, sont à leur autre extrémité *suspendues* au-dessus du vide, en s'appuyant sur des limons. Ces escaliers ont toujours une rampe (pierre, bois ou fer) du côté du vide.

Au surplus, droits ou courbes, à échiffres ou à limons, les escaliers appellent les mêmes considérations au point de vue de la composition.

Il faut qu'ils soient doux; on admet souvent la proportion de la longueur double de la hauteur. On peut dire que c'est là un minimun : les escaliers de nos monuments, tels que ceux du Louvre, de Versailles, etc., sont beaucoup plus doux.

Voici d'ailleurs un tableau qui vous indiquera les proportions de largeur et hauteur des marches de quelques escaliers célèbres :

TABLEAU A

ESCALIERS INTÉRIEURS   (*Édifices français*)

ÉDIFICES	LARGEUR DE LA MARCHE	HAUTEUR DE LA MARCHE	HAUTEUR PAR MÈTRE
Louvre, escaliers de Henri II....................	0ᵐ 365	0ᵐ 14	0ᵐ 384
Id. escalier de la colonnade................	0 40	0 148	0 37
Versailles, escaliers de marbre................	0 40	0 14	0 35
Invalides (grands escaliers destinés à des vieillards infirmes)................................	0 38	0 12	0 316
Palais Royal, escalier d'honneur..............	0 39 — 0 38	0 145 — 0 14	0 37
Conservatoire des Arts et Métiers, grand escalier, par Antoine............................	0 42	0 135	0 321
Luxembourg, escalier du Sénat................	0 37	0 15	0 405
Id. escalier de la Présidence..............	0 37	0 135	0 365
Hôtel des Monnaies............................	0 33	0 153	0 464

Ces exemples suffisent à montrer que, dans l'architecture monumentale, on a cherché à faire les escaliers très doux. Dans les conditions plus ordinaires, les escaliers sont plus ou moins raides, la proportion courante est de la largeur des marches double de leur hauteur, soit 0ᵐ 50 de hauteur franchie par mètre de développement de l'escalier en plan; et l'on arrive parfois, par exemple pour des escaliers de clochers, à des pentes qui atteignent presque 45°. On le fait quand il le faut et parce qu'on ne peut faire autrement, mais ces escaliers sont pénibles et dangereux.

Il en est de même des escaliers de caves qu'on fait souvent beaucoup trop raides, et qui cependant sont faits pour être montés par des hommes chargés.

Les escaliers italiens, notamment à Rome, sont en général plus doux que les nôtres, à peine s'aperçoit-on qu'on les monte. Ceux qui conduisent aux terrasses de Saint-Pierre de Rome donnent passage à des mulets qui portent les matériaux de réparation, et les montent et descendent sans accidents. J'en réunis quelques exemples dans le tableau B ci-après :

TABLEAU B

ESCALIERS INTÉRIEURS   (*Édifices italiens*)

ÉDIFICES	LARGEUR DE LA MARCHE	HAUTEUR DE LA MARCHE	HAUTEUR PAR MÈTRE
Rome. Palais de la Chancellerie........	0ᵐ 404	0ᵐ 165	0ᵐ 408
— — Giraud...................	0 443	0 151	0 341
— — Doria Panfili............	0 396	0 145	0 366
— — Farnèse (départ).........	0 591	0 133	0 225
— — Id. (marches ordinaires)..	0 54	0 133	0 244
— — Borghèse................	0 41	0 136	0 333
— — Barberini (escalier rectangulaire)...	0 465	0 133	0 286
— — Id. (escalier ovale)......	0 48	0 108	0 225
— — Corsini..................	0 43	0 133	0 309
— — Braschi.................	0 376	0 143	0 38
— Vatican. Palais.................	0 406	0 119	0 293
— — Musée...................	0 37	0 114	0 308
Venise. Scala d'Oro (Musée)..........	0 383	0 17	0 121
— Escalier des Géants............	0 30	0 144	0 48

Les escaliers extérieurs ou perrons doivent être et sont en effet souvent encore plus doux. Là, en effet, la raideur serait plus dangereuse à cause de la pluie qui mouille les marches, et de tout ce qui peut les rendre glissantes : verglas, neige, boue. Il faut d'ailleurs que les marches des perrons portent une pente pour l'écoulement de l'eau.

Quelques exemples seront utiles ici encore; ils sont consignés dans le tableau C (page 617).

Je vous cite de préférence ceux qu'il vous est facile de voir journellement. Ces proportions sont d'ailleurs à très peu de chose près celles que nous trouverions partout, avec plus de douceur toutefois, en Italie.

Quant aux escaliers constitués par des gradins larges ou *scalinate*, ils rentrent plutôt dans les rampes douces. Ainsi, à Versailles, l'escalier en fer à cheval commence par des marches ordinaires de 0ᵐ 40 × 0ᵐ 147; puis il se continue en gradins ou degrés de 1ᵐ 20 de large, sur 0ᵐ 10 de haut, soit une hauteur de 0^m 13 par mètre. Ces degrés sont composés de bandes et traverses en pierre, encadrant des panneaux en pavés de 0^m 10 de côté.

TABLEAU C
ESCALIERS EXTÉRIEURS OU PERRONS

ÉDIFICES	LARGEUR DE LA MARCHE	HAUTEUR DE LA MARCHE	HAUTEUR PAR MÈTRE
Versailles, escalier des Cent marches......	0^m 40	0^m 14	0^m 35
Id. escalier du Fer à cheval........	0 40	0 147	0 367
Id. escalier central des parterres...	0 38	0 14	0 368
Id. — latéral — ...	0 30	0 115	0 375
Fontainebleau, perron de la cour d'honneur	0 435 (partie droite)	0 11 à 0 13	0 289
	0 36 (partie courbe)	0 105	0 293
Id. perron de la cour des Fontaines	0 44	0 ·85	—
Id. — du Parc..........	0 38	0 15	0 307
Palais de Justice, perron de la Cour d'honneur..........	0 41	0 135	0 195 0 334
Id. — de la place du Harlay	0 39	0 14	0 359
Conservatoire des Arts et Métiers, perron de la cour d'honneur......	0 35	0 16	0 455
Tuileries, perron de la terrasse Solférino..	0 37	0 125	0 338

Lorsque l'escalier est courbe, les dimensions de largeur et de hauteur des marches doivent s'appliquer au milieu de leur longueur : c'est ce qu'on appelle la *ligne de foulée*.

Dans les escaliers composés de parties droites et de parties courbes, il faut éviter les transitions brusques d'un tracé de marches à l'autre. Ainsi, après qu'on a divisé les marches sur la ligne de foulée, suivant les points o, A·B·C..... N·O (fig. 506), si l'on trace les marches normalement au limon suivant, les lignes pointillées aboutissant aux points o, 1, 2, 3, ...14, 15, ce tracé sera vicieux : près du limon on passerait subitement d'une pente à une autre : c'est incommode et dangereux. Il faut alors recourir à un balancement (traits pleins) o, a b, c, ...n, o, tracé qui permet de modifier graduellement ces différences.

Lorsque la courbe, tout en étant continue, présente des courbures inégales, par exemple dans un escalier elliptique, il est bon aussi de corriger par un balancement les inégalités. Tel est le plan de l'escalier du Palais Barberini (fig. 507-508), dont le limon est supporté par une colonnade rampante.

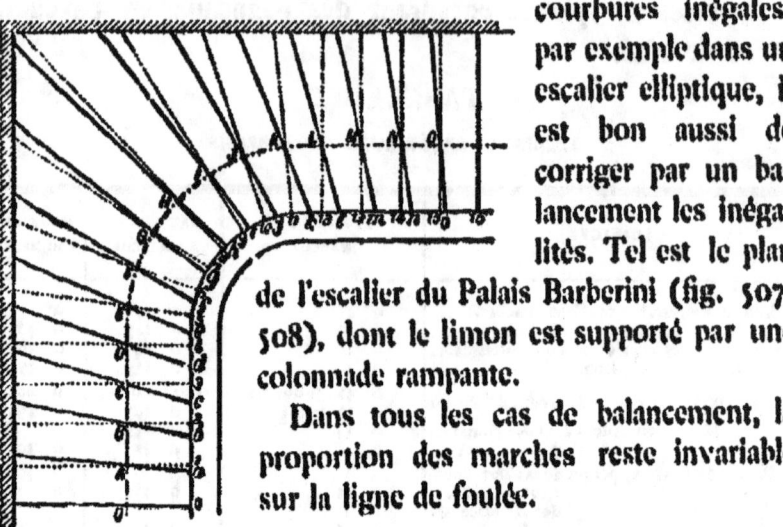

Fig. 506. — Balancement d'escalier.

Dans tous les cas de balancement, la proportion des marches reste invariable sur la ligne de foulée.

Les paliers sont de deux sortes : paliers d'arrivée et paliers de repos. En général, on ne monte guère plus de 3 à 4 mètres sans palier. D'ailleurs un palier doit toujours être assez grand pour permettre quelques pas : c'est le changement d'allure qui repose de la montée. Un palier trop petit ne fait que rompre l'allure sans reposer, et par suite n'est que désagréable.

Les paliers doivent conserver, en largeur, au moins les dimensions de longueur des marches. Plusieurs personnes de front

Fig. 507. — Plan de l'escalier ovale du Palais Barberini, à Rome.

montent ou descendent un escalier : elles doivent pouvoir conserver le même ordre dans les paliers.

Fig. 508. — Coupe de l'escalier ovale du palais Barberini.

Les paliers d'arrivée sont disposés de façon à amener le plus possible au centre des distributions qu'ils desservent; il faut dans tout escalier qu'on trouve facilement le départ et que les arrivées profitent le plus immédiatement possible à la circulation.

L'éclairage des escaliers est très souvent difficile. Rien n'est plus désagréable ni plus incommode qu'un escalier venant couper obliquement les fenêtres d'un étage, qui d'ailleurs ne peuvent dès lors plus s'ouvrir. Au moyen âge, à la Renaissance,

Fig. 509. — Façade de l'escalier du château de Blois.

par exemple au célèbre escalier du château de Blois (fig. 509), ou à ceux du château de Saint-Germain (fig. 510), on n'a pas craint de déniveler les fenêtres des escaliers, parfois même de leur faire suivre le rampant des mains courantes. Cela n'est possible que dans certaines données, et au surplus c'est là une question de goût personnel. Mais les fenêtres ainsi décrochées ont un grand inconvénient pour la solidité de l'édifice, c'est l'interruption des chaînages si nécessaires au niveau de chaque étage. Tous ces inconvénients
sont évités lorsqu'on peut éclairer l'escalier par les paliers d'arrivée. Mais la disposition générale ne le permet pas toujours. Quant à l'éclairage horizontal par une lanterne, il n'est possible que pour de grands escaliers, ou s'il n'y a qu'un étage à desservir. Autrement, la lumière n'arrive pas au bas.

Autant de difficultés, pour lesquelles il n'y a pas de solutions constantes. C'est ici encore la prévoyance de l'architecte qui lui permettra d'adopter, dans chaque cas particulier, les meilleures dispositions possibles.

Fig. 510. — Façade de l'escalier du château de Saint-Germain.

Les escaliers monumentaux sont en général tout en pierre. Dans certaines régions de la France, notamment le Lyonnais et la Provence, les escaliers même très ordinaires sont uniquement en pierre. Naturellement il faut de la pierre dure, qui s'use le moins possible. Si l'escalier est de dimensions restreintes, la pierre peut faire linteau soit entre deux murs, soit entre un mur et le limon. Dans le cas contraire, il faut qu'elle soit supportée par des voûtes rampantes, berceaux rampants, vis Saint-Gilles, ou demi-voussures avec trompes (fig. 511).

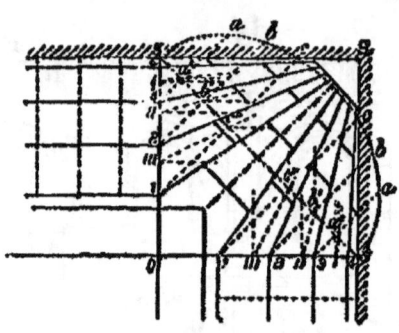

Fig. 511. — Escalier sur trompes.

Vous étudierez ces voûtes spéciales dans les traités de stéréotomie.

En aucun cas il ne convient d'avoir des joints qui divisent les marches dans leur longueur, sauf bien entendu pour les perrons dont la largeur ne permettrait pas des marches monolithes. Mais au moins faut-il que l'appareil soit régulier.

Fig. 512. Marches massives.

Beaucoup d'anciens escaliers sont formés de marches massives, c'est-à-dire que la même pierre (A-B) sur laquelle on marche, fait plafond apparent par-dessous (fig. 512). Cette disposition a un inconvénient sérieux au point de vue de l'entretien : lorsqu'une marche est usée — ce qui finit toujours par arriver — son remplacement est une opération difficile et coûteuse. On évite cet écueil en disposant des *semelles*, dalles en pierre dure qui peuvent être changées facilement (fig. 513), et qui se motivent d'autant mieux que les marches sont en général

Fig. 513. — Marches avec semelles.

astragales, tout au moins dans les escaliers intérieurs. Alors, en cas de réparations, on n'a qu'à changer cette semelle qui n'intéresse en rien la solidité de la construction.

Que les marches soient d'ailleurs soutenues par tel procédé ou tel autre, si la disposition de l'escalier comporte un vide central, les marches se terminent de ce côté — ainsi que les paliers — contre un limon en pierre dure, que vous apprendrez à tracer en étudiant la stéréotomie. Ce limon porte à son tour la rampe en balustrade, qui peut être soit en pierre, soit en fer, de même que la *main-courante* qui la surmonte. Comme je vous l'ai indiqué pour les balcons, il faut qu'il y ait dans ces balustrades des parties plus solides, dés ou piédestaux, qui forment réellement la structure, et des parties de remplissage. C'est aux tournants ou aux angles que doivent être surtout cherchés les éléments de solidité. Vous trouverez (fig. 514) un exemple de rampe en pierre avec balustres; et quant aux rampes en métal, la variété est beaucoup plus grande, depuis les simples barreaux, jusqu'aux panneaux décoratifs les plus riches. Un des modèles les plus intéressants est la magnifique rampe de l'escalier du Palais Royal (fig. 515) en fer poli et bronze, qui est un des plus remarquables ouvrages de ferronnerie du XVIIIe siècle.

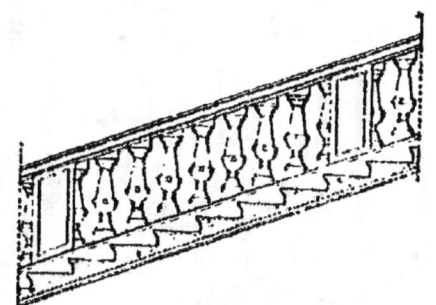

Fig. 514. — Balustrade rampante.

Les escaliers en bois se sont fait autrefois avec des marches massives; cette pratique est abandonnée, ses inconvénients étant plus manifestes encore que pour la pierre. Les emmarchements d'escaliers de bois sont constitués avec des marches de cinq centimètres environ d'épaisseur, et des contremarches — faces verticales de la marche — en bois de moindre épaisseur (fig. 516). Les sous-faces peuvent être apparentes et décorées de moulures, sculptures, etc., prises dans le bois ou rapportées; mais le plus souvent, il est fait un plafond rampant en plâtre sur lattis, qui reçoit toute la décoration qu'on désire à la façon d'un plafond ordinaire. Cette décoration doit toujours d'ailleurs être sobre, et ne comporte guère les reliefs prononcés.

Fig. 515. — Rampe en er et bronze du Grand Escalier du Palais-Royal.

Les marches en bois sont, comme celles en pierre, reçues par des limons en bois. Ces limons sont de deux sortes : saillants au-dessus des marches, à la façon des limons en pierre, ils sont dits *à la française* (fig. 517), et portent directement la rampe, en bois ou en fer. Ou bien ils sont *à crémaillère*, ou *à l'anglaise*, découpés pour recevoir la marche qui passe par-dessus (fig. 518); alors le profil d'astragale de la marche se retourne à l'intérieur du limon.

La construction des escaliers en bois se prête facilement à une disposition de poteaux à chaque angle de palier ou de retour dans la direction des emmarchements. C'est alors l'analogue des escaliers de pierre dont le limon est porté sur des piliers ou colonnes, et les marches s'appuient en fait sur un mur d'un côté et un pan de bois de l'autre. Mais ces poteaux

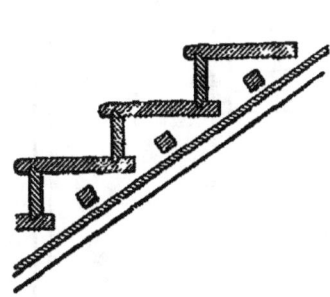

Fig. 516. — Marches et contremarches en bois.

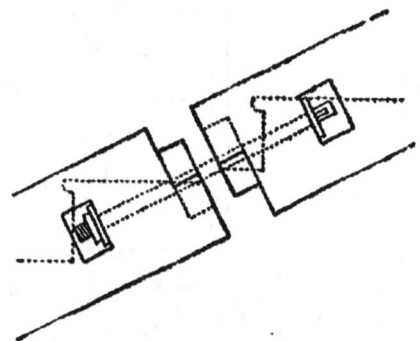

Fig. 517. — Limon à la française.

sont souvent interrompus, et deviennent plutôt des poinçons servant à l'assemblage des limons entre eux, ou à celui des limons avec les marches palières; tel est, par exemple, l'escalier du pavillon dit des Chartreux, au Luxembourg (fig. 519). La rampe est dès lors établie en panneaux, et peut comporter les variétés les plus diverses, soit avec le bois par des balustres ou des sculptures ajourées, soit par l'emploi du métal.

Enfin, il se fait des escaliers dont l'ossature est en fer, et dont les marches sont des semelles en pierre, marbre ou bois (fig. 520). Les limons et les contremarches sont en tôle, assemblées par des

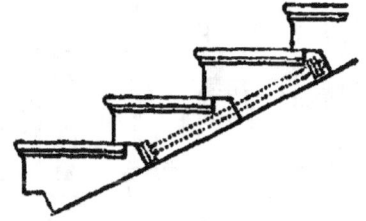

Fig. 518. — Limon à l'anglaise, ou à crémaillère.

équerres, et un ensemble d'entretoises et de fentons forme au-dessous des marches une *paillasse* rampante. Le tout est hourdé, enduit et plafonné par-dessous; les limons se font à la française

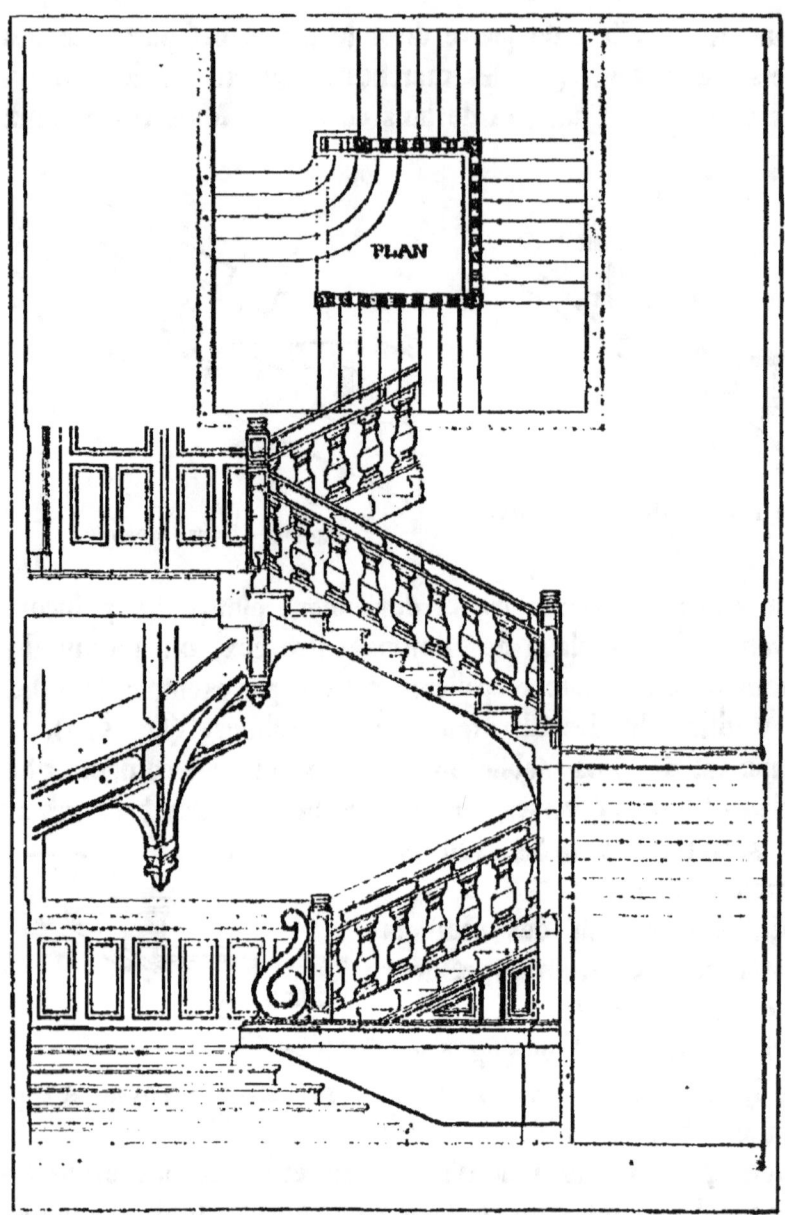

Fig. 519. — Escalier du Pavillon des Chartreux au Luxembourg.
(D'après un relevé de M. Scellier de Gisors.)

ou à crémaillères. La disposition est en somme la même que pour les escaliers en bois.

Dans tous les escaliers dont le limon n'est pas porté — escaliers *suspendus* — la partie précaire est toujours les paliers. Il y en a de deux sortes : les paliers de toute la largeur de la cage de l'escalier (fig. 521), lesquels sont généralement des paliers d'étages, ou parfois de mi-étages, et les paliers secondaires ou simples paliers de repos. Les premiers ne présentent

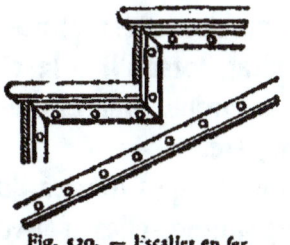

Fig. 520. — Escalier en fer, avec marches en pierre ou bois.

pas de difficultés : une *marche palière* est constituée par une poutre, bois ou fer, qui se scelle dans les deux murs, et qui forme la dernière marche de la révolution inférieure, en même temps que le départ de la révolution suivante. Entre la marche palière et les murs enveloppe du palier, un plancher en solives supporte le palier. Les paliers de repos (fig. 522) sont moins faciles à constituer. Si l'on ne disposait que les pièces formant marches palières, rien n'empêcherait le point de leur rencontre de baisser. On est donc obligé de passer une traverse diagonale, scellée dans les deux murs, puis par-dessus, une pièce perpendiculaire à la précédente, fortement scellée dans le mur, et dont la moitié est en *bascule*. Cette bascule soutient le limon, à condition qu'elle soit assez forte pour ne pas fléchir. Cet artifice de construction ne peut

Fig. 521. — Grands paliers.

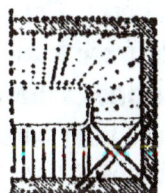

Fig. 522. — Palier d'angle.

évidemment donner une sécurité absolue, et exige une exécution irréprochable. Aussi voit-on souvent des escaliers ainsi disposés dont les marches baissent vers le limon. C'est d'un effet fâcheux et peu rassurant. Mais nous ne pouvons empêcher que cette disposition d'escaliers ne soit souvent nécessaire.

Aux escaliers, il convient de rattacher les rampes douces. La rampe douce est plutôt plus fatigante pour le piéton, qui en général, lorsqu'il a le choix, se servira plutôt de l'escalier que de la rampe. Mais elle est nécessaire pour les voitures, les cavaliers, etc.

Les rampes douces doivent en effet être douces; suivant le programme, elles peuvent être destinées à des transports de voitures chargées, comme celles qui à Paris descendent des quais aux berges, ou même dans un parc comme celui de Versailles les rampes en fer à cheval des grands parterres, qui servent au roulage des caisses d'orangers, des voitures de matériaux, etc., ou elles peuvent servir seulement à des voitures légères ou à des cavaliers. Dans le premier cas, leur pente ne devrait guère dépasser celle qu'on admet au maximum pour les routes, soit $0^m 06$ par mètre; cependant, si une rampe est courte, comme l'effort ne sera pas très prolongé, cette pente peut être légèrement dépassée. Elle pourra être un peu plus forte, sans toutefois dépasser $0^m 08$ par mètre pour les allées carrossières ou cavalières. Cela vous montre qu'il faut pour passer d'un niveau de terrasse à un autre de très grands développements. Le plan des anciennes rampes du château de Saint-Germain (d'ailleurs composées pour les cavaliers, et non pour les voitures) est un des plus typiques à cet égard (fig. 523-524). Lorsque les rampes sont courbes, on doit avoir soin de relever légèrement le niveau de la courbe externe, pour tenir compte de la force centrifuge qui se développe dans une descente rapide. Dans les rampes composées de parties droites et de tournants, il serait mieux que les tournants fussent en paliers, afin d'arrêter la rapidité d'allure

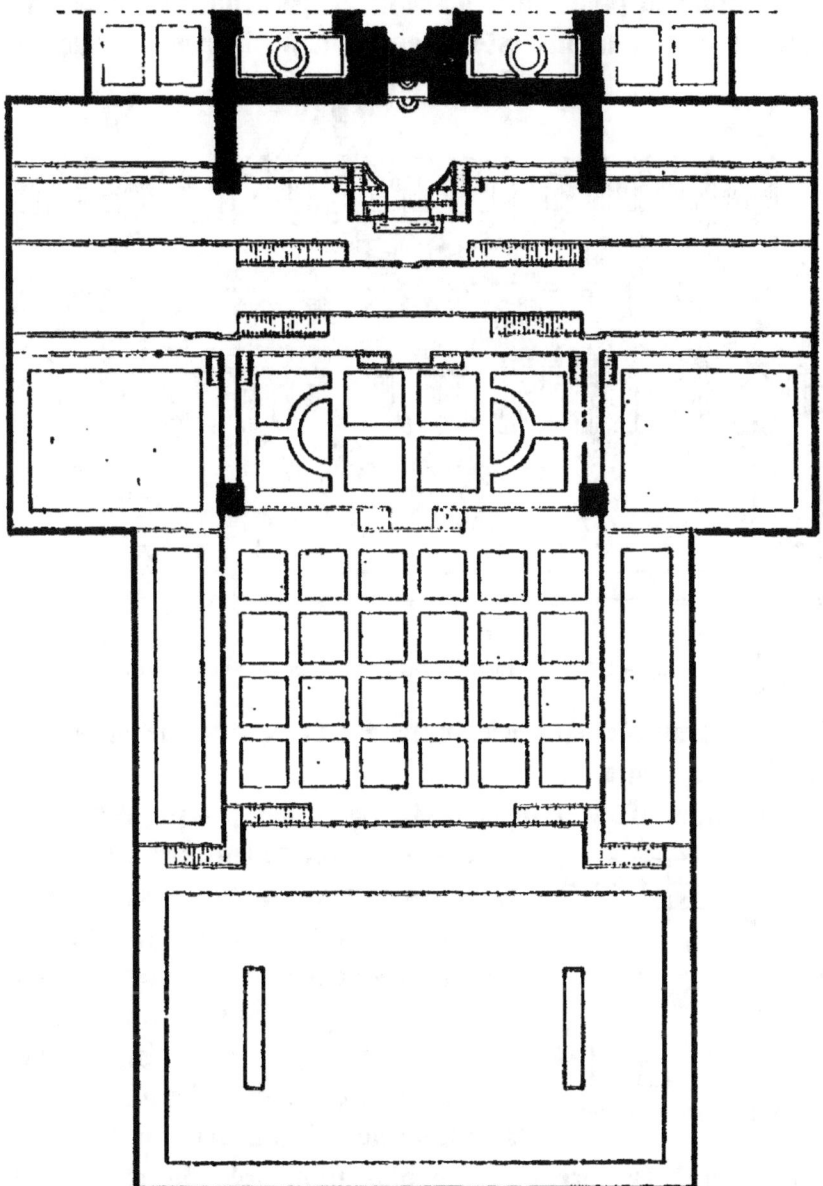

Fig. 523. — Plan des rampes de Saint-Germain.

de la voiture au point où la descente est particulièrement dangereuse. Tout au moins est-il sage de tenir la pente beaucoup

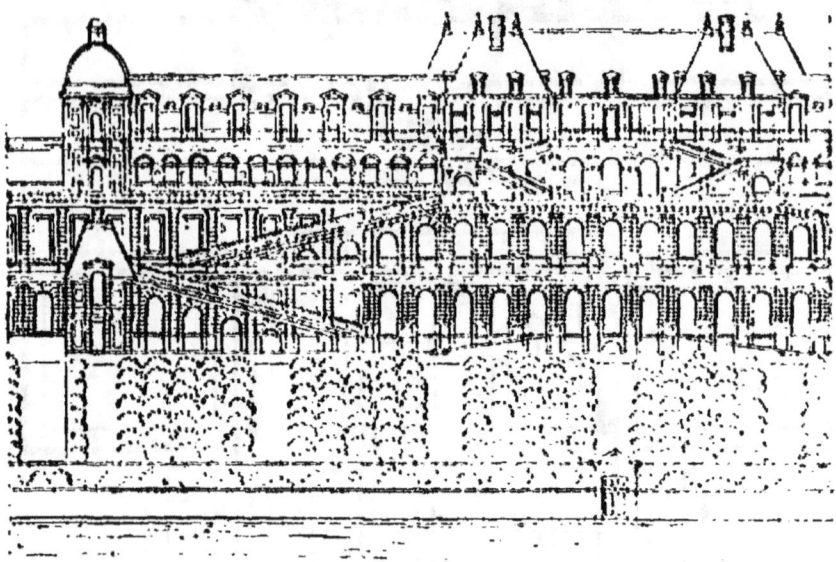

Fig. 524. — Élévation des anciennes rampes du château de Saint-Germain.

moins prononcée dans les tournants, et de recourir là encore aux balancements.

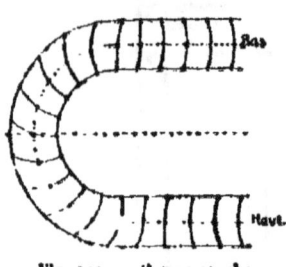

Fig. 525. — Rampe courbe.

Car l'étude d'une rampe, si elle ne se fait pas par des tracés de marches, doit se faire par des tracés de lignes de niveau, à intervalles réguliers de hauteur (fig. 525). Ainsi le croquis ci-annexé vous fait voir un tracé de rampe sur plan courbe, où la pente s'adoucit aux tournants, et forme *canal* dans la partie circulaire, afin d'éviter que la voiture ne soit projetée soit contre le parapet intérieur par la pente plus prononcée du plus court rayon, soit contre le parapet extérieur par la force centrifuge, tandis qu'elle est au contraire bombée dans les parties droites. Ces tracés ne peuvent être d'ailleurs que préparatoires, et il y a toujours lieu de les retoucher par des épures aussi grandes que possible, afin surtout de corriger les *jarrets*. Les rampes douces ont d'ailleurs donné eu à de très beaux

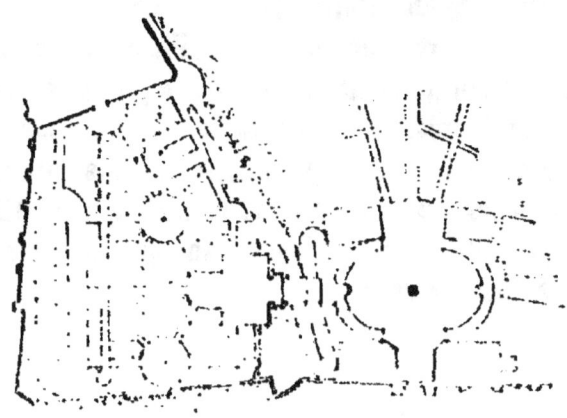

Fig. 526. — Plan des rampes d'accès de la promenade du *Pincio*, à Rome.

Fig. 526. Vue des rampes du *Pincio*, à Rome.

motifs d'architecture, tels par exemple que les accès de la Promenade du Pincio (fig. 526) à Rome.

J'aurai à revenir sur les escaliers, en vous parlant des cages qui les contiennent, et de leur importance dans la composition. Quant à présent, j'ai voulu seulement vous faire voir de quels éléments ils se composent, mais sans pouvoir vous montrer toutes les variétés de leurs formes qui sont infinies, car il n'y a guère de sujet sur lequel l'imagination des architectes se soit plus donné carrière.

CHAPITRE XII

LES ÉLÉMENTS SECONDAIRES
DE L'ARCHITECTURE

SOMMAIRE. — Les pans de bois. — Les pans de fer. — La marbrerie. — Parti à tirer des colorations, blocs et revêtements, dallages. — La menuiserie. — Bâtis et panneaux. — Portes, croisées, lambris. — Plafonds en menuiserie. — La serrurerie. — Grilles fixes et ouvrantes. — L'architecture métallique.

Cet exposé général des éléments de l'architecture serait incomplet si je ne vous parlais pas — très brièvement d'ailleurs — de ces parties secondaires qui n'influent pas sensiblement sur la composition d'un édifice, mais qui importent à son étude, comme par exemple la menuiserie.

Dans cet ordre d'idées, nous trouvons d'abord les pans de bois, ou les façades en bois apparent. Je vous renverrai en effet aux ouvrages de charpente pour la composition des pans de bois hourdés et enduits, qu'ils soient murs de face ou de refend, en y joignant le conseil d'en faire le moins possible, je dirais volontiers : de n'en faire jamais. Mais le pan de bois a donné lieu à des façades en bois apparent — condition bien préférable à tous égards, et a sa place bien marquée dans l'art architectural.

Or, dans son ensemble, tout pan de bois se compose de poteaux principaux et secondaires P, de poteaux d'angle plus résistants, de sablières S au niveau des planchers d'étages, de potelets, appuis et linteaux L pour les baies; puis, entre les pièces principales, de pièces diverses de remplissage, G dont une partie au moins doit être dirigée obliquement pour entretoiser et trianguler la construction (fig. 527).

Voilà tout le principe de la composition d'un pan de bois, et à travers toutes les décorations souvent charmantes dont on les a parés, vous en retrouverez l'application absolue dans les remarquables exemples qu'on vous en peut citer, tels que les façades d'anciennes maisons d'Orléans (fig. 528) et de Beauvais (fig. 529).

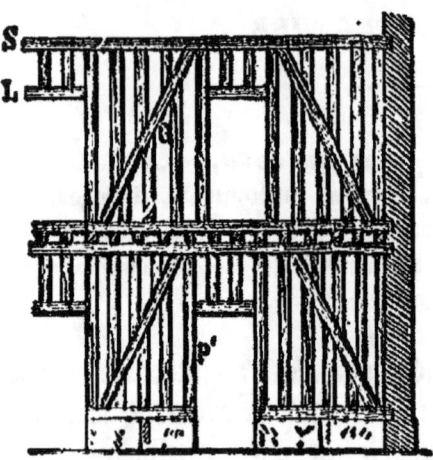

Fig. 527. — Disposition d'un pan de bois.

Le pan de fer, plus utile dans la construction moderne, est aussi composé de pièces maîtresses, diversement composées et assemblées, et de remplissages; mais ici les remplissages sont généralement en briques. On peut dire, au point de vue de la composition, que le pan de fer est un mur en briques; mais c'est un mur de briques dont la solidité est due surtout aux pièces métalliques de son ossature. Sa fonction est très importante dans les refends, les murs extérieurs de courettes, etc., ainsi que dans les constructions ayant un caractère industriel. Étudié avec connaissance des nécessités de la construction, il permet avec des épaisseurs beaucoup moindres que n'en exigerait la maçonnerie même de pierre très dure, de porter des charges considérables. Mais il est froid — ou chaud — et il

LES ÉLÉMENTS SECONDAIRES DE L'ARCHITECTURE

Fig. 528. — Maisons en pan de bois à Orléans.

faut bien reconnaître qu'il se prête peu à de l'architecture de façades. Si on tente de le décorer, on n'agira guère que sur des

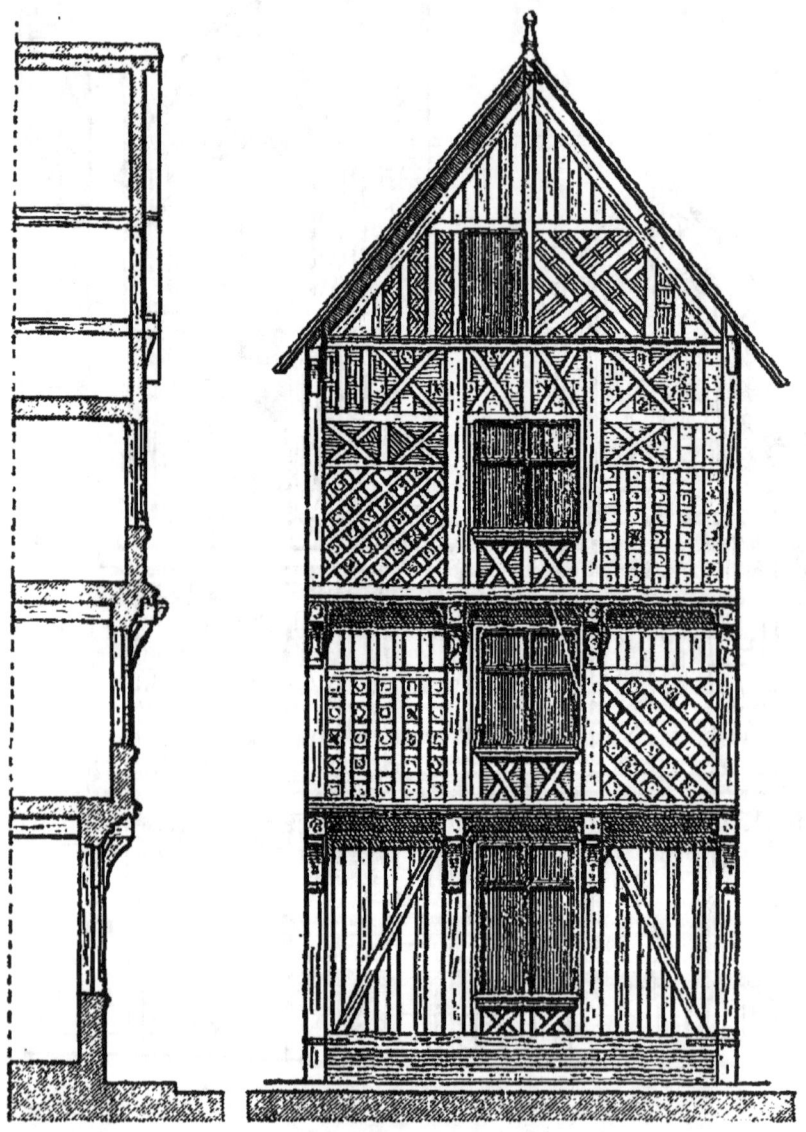

Fig. 529. — Maison en pan de bois à Beauvais.

données obligatoires de piliers et de traverses, et sans grand résultat on perdra en vaines décorations l'économie qui peut résulter de l'emploi du pan de fer. C'est en réalité un élément utilitaire, et peut-être est-il sage de ne pas lui demander d'autre fonction. On dit parfois que l'architecture de l'avenir est l'architecture métallique : oui et non : j'espère que l'ère des façades que nous avons appris à admirer n'est pas encore close.

Dans cette revue rapide, je n'ai pas d'ordre logique à suivre. J'aborde donc sans transition la marbrerie. Chez les Romains, chez les Italiens de la Renaissance, la marbrerie a joué un rôle très important dans l'architecture. Chez nous, c'est au siècle de Louis XIV qu'elle a été le plus en faveur : Versailles et Trianon ont employé des quantités considérables de marbre.

La marbrerie a deux éléments de richesse : la forme et la couleur. Pour beaucoup de constructions monumentales de l'antiquité, et même plus près de nous, le marbre blanc ou presque blanc n'est en somme qu'une pierre dure, fine, admirablement propre à la sculpture, et qu'on choisissait de préférence à toute autre pierre pour les monuments qu'on voulait parfaits : le Parthénon et les autres monuments de l'Acropole, les grands temples romains, les palais de Gênes, la cathédrale de Milan, etc. A ce point de vue, je n'ai rien à vous en dire. Ainsi à Versailles, certains escaliers, certaines balustrades sont en marbre blanc : c'est une richesse de matière, une occasion de sculpture ou de moulurature plus fines ; mais en réalité pour l'architecte, il y a moins de différence du marbre uni à la pierre dure, que de la pierre dure à la pierre tendre.

Où la marbrerie prend un caractère bien à part, c'est lorsqu'elle agit par la coloration. On sait, en effet, quelle est la variété infinie des marbres de couleur. Disons tout de suite que par marbres il faut entendre ici, sans s'arrêter à la composition minéralogique, toute pierre dure, colorée et susceptible de poli : les granits qui ne sont pas chimiquement des marbres sont des marbres pour nous. Et à ce point de vue de l'architecture colorée, les marbres correspondent à deux emplois : les blocs et les revêtements. Avec les blocs se font les colonnes, les piédestaux, balustrades, etc.; l'emploi de marbres colorés pour les parties d'architecture appelle quelques indications.

En règle générale, on ne fait pas en marbre de couleur ce qui comporte de la moulure et de la sculpture ayant une fonction monumentale; ainsi dans une colonnade, les bases et les chapiteaux seront en marbre blanc, de même l'architrave et la corniche; les fûts et la frise pourront être en marbre de couleur. Dans une balustrade, la main courante et le socle seront en marbre blanc, les balustres en couleur, et ainsi du reste — et bien entendu sans attribuer à cette indication générale la valeur d'une règle.

Autre observation d'expérience : les marbres unis ou presque unis sont les plus monumentaux; les marbres heurtés et à effets violents conviennent aux fantaisies ou aux petits objets. Les grandes colonnades étaient nombreuses chez les Romains; lorsque ce ne sont pas des fûts cannelés, et alors en marbre blanc, on y voit surtout le granit (Panthéon, Temple de Vénus et Rome, temple du Forum de Trajan, etc.) ou comme au Temple d'Antonin et Faustine un marbre très monumental, le *Cipollin*, littéralement *pelure d'oignon*, dont les grandes veinures n'altèrent pas le caractère d'unité.

Très rarement le marbre coloré se prêtera à la sculpture; elle est presque forcément perdue, à moins d'être d'un relief très puissant, et dans des marbres de coloration tranquille. Ce n'est pas en effet la couleur qui nuit à l'effet de la sculpture, c'est le

Fig. 531. — Église San-Martino, à Naples.

hasard des veines. La sculpture est aussi parfaite dans le rouge antique ou dans le noir uni que dans le blanc; elle est tout à fait perdue dans le noir antique, par exemple, marbre très décoratif, mais impropre aux finesses du ciseau par ses oppositions violentes de noir et de blanc.

Quant aux revêtements, soit en dallage, soit contre les murs, il en a été fait des quantités avec une très grande variété. Contre les murs, nous avons déjà vu que c'était le parti de la décoration employée par les Romains; il en reste un exemple à l'intérieur du Panthéon (fig. 530. V. aussi plus haut, fig. 277). Une seule chose

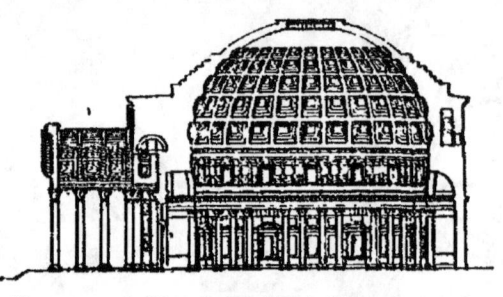

Fig. 530. — Intérieur du Panthéon de Rome, état actuel.

est à en dire, c'est que cette décoration doit être respectueuse de l'architecture, la dessiner et non la contredire. J'aurai plus loin l'occasion de vous parler des marbres appliqués aux façades du Dôme et du Campanile de Florence; c'est toujours la tradition antique, avec moins de variété dans les marbres : chose moins importante qu'on n'est tenté de le croire : toute la marbrerie de ces façades de Florence, d'un effet si riche, est faite avec trois marbres en tout.

Les Italiens modernes ont tiré un très grand parti de la marbrerie en général. Quelques exemples vous en feront juger : le tombeau de sainte Thérèse à Rome, l'église San-Martino à Naples (fig. 531), l'escalier de Caserte que vous trouverez plus loin, etc., etc. En France, c'est surtout à Versailles que vous verrez des exemples de belle marbrerie, notamment dans l'escalier *de marbre*. Du moment que vous pouvez les voir, il serait sans objet de vous les représenter, toute représentation étant en pareille matière forcément bien insuffisante.

En dallages, nous trouvons les anciennes mosaïques, par exemple le célèbre dallage de Saint-Clément à Rome, celles de Saint-Marc, de Palerme, etc., puis la série sans fin des carrelages. Là encore, la richesse des marbres ne fait pas le caractère monumental. Un dallage coloré, ingénieusement compartimenté, sera élégant; la puissance monumentale se trouvera plutôt dans le dallage uni, par grandes tables de marbre ou de pierre dure.

Fig. 532. — Siège épiscopal dans l'église San-Domenico, à Naples.

Enfin, on a employé le marbre en découpures inserties dans un fond, sorte de marqueterie qu'on appelle mosaïque florentine. Bien que ce soit plutôt de la marbrerie de meuble, il s'en est fait aussi dans l'architecture; je me bornerai à un exemple, un siège épiscopal ou abbatial dans l'église San-Domenico à Naples (fig. 532).

Dans l'architecture en quelque sorte mobilière, cheminées, autels, chaires à prêcher, etc., l'emploi de la marbrerie est infiniment varié. Là s'exerce surtout la fantaisie, parfois le caprice; souvent aussi la haute expression monumentale. Un exemple remarquable en est *l'ambon* ou chaire à prêcher de la basilique Saint-Clément à Rome (fig. 533).

LES ÉLÉMENTS SECONDAIRES DE L'ARCHITECTURE 641

Toute cette histoire bien abrégée de la marbrerie ne comporte qu'une seule théorie : on emploie des marbres de couleur pour avoir des effets de couleur ; il faut que ces effets soient étudiés par l'architecte dans l'intérêt de son architecture : ce sera un *rendu* heureux. Mais les contresens sont ici bien dan-

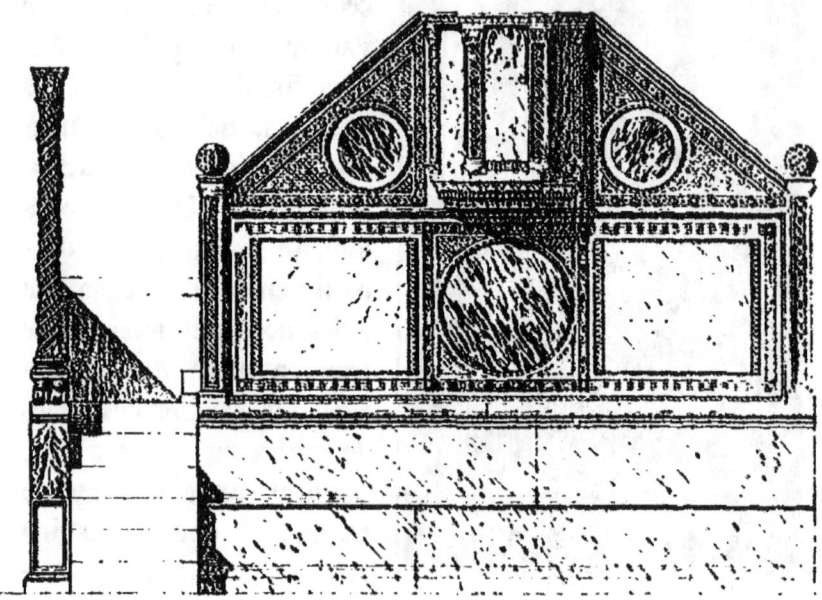

Fig. 533. — Ambon de la Basilique Saint-Clément à Rome.

gereux, et il peut arriver que des dépenses énormes de marbrerie n'auront servi qu'à rendre insupportable ce qui peut-être aurait été très goûté sans ces malheureux marbres. Il n'est pas permis à l'architecte de perdre de vue l'architecture.

J'ajouterai enfin que les marbres en plein air se conservent peu chez nous, ou tout au moins perdent vite leur coloration. Peut-être serait-il plus sage de se dire — à regret — que ce genre de décoration n'est pas fait pour nous. En tous cas, il faut choisir les marbres qui résistent le mieux, et ne pas se dissimuler qu'on travaille pour un bien court avenir.

La menuiserie joue un très grand rôle dans l'architecture. Elle assure la clôture des édifices par les portes et les croisées, les persiennes et les volets; elle les revêt aussi de ses lambris.

Je ne puis vous faire un traité de menuiserie; rappelez-vous seulement que son étude doit avant tout lutter contre le retrait inévitable des bois. En général, avec simplicité ou richesse, la menuiserie, lorsqu'elle n'est pas vitrée, se compose de *bâtis* et de *panneaux*. Cela est vrai des portes, des volets, des lambris, des meubles. Les bâtis sont en général traités simplement, et ce sont les panneaux qui peuvent recevoir toute la richesse de décoration que vous leur supposerez.

Simple ou décoré, il faut que le panneau puisse subir son

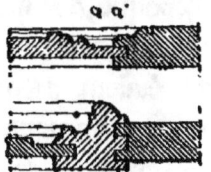

Fig. 534. — Embrèvement en menuiserie.

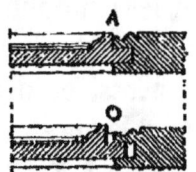

Fig. 535. — Embrèvement vicieux.

retrait naturel sans se fendre ou sans arracher les bâtis; il faut donc que les bâtis forment un cadre dans lequel les panneaux puissent se mouvoir avec quelque liberté. Le moyen, c'est l'*embrèvement* (fig. 534). Supposez, par exemple, un lambris adossé. Le panneau, supposé ici décoré de moulures saillantes, de sculpture, etc., est embrevé dans le bâtis; s'il se retire, la distance a-a' s'augmentera. Mais si l'embrèvement est assez profond, le panneau ne sortira pas, et en même temps, pouvant librement prendre son retrait, il ne se fendra pas comme il le ferait forcément s'il était assujetti invariablement au bâtis. Ne faites donc pas d'indications comme celle A de la figure 535). Là, dès que le panneau aura subi son retrait, vous aurez une ouverture O très désagréable.

Voilà à peu près tout ce qui peut vous être dit au point de vue général : voyez-en l'application. Je crois bien que la menuiserie est un art français par excellence, car je ne crois pas qu'on trouve ailleurs des ouvrages de la valeur des menuiseries de la cathédrale de Beauvais, d'Anet (conservée à l'École des Beaux-Arts) ou d'Écouen, de la chambre de Henri II au Louvre, des portes de Saint-Maclou à Rouen (fig. 536), ou, à une époque plus récente, des anciennes portes de la Sorbonne (fig. 537), et de tant d'admirables boiseries de Versailles et de bien d'autres édifices. Je ne puis ni tout vous citer, ni vous montrer tout ce que je vous cite.

Un point important est de loger les menuiseries mobiles. Dans les anciens monuments, à l'époque des murs très épais, les portes, les volets, pouvaient en général se rabattre dans leurs ébrasements, et des caissons étaient ménagés pour les recevoir. Pour les portes intérieures notamment, rien ne vaut cette disposition : à Versailles, lorsqu'entre un salon et un autre la porte est ouverte, ses vantaux, rabattus contre l'épaisseur du mur et encadrés par un caisson, décorent les ébrasements de chaque côté, en harmonie avec un plafond de cette même baie, généralement en menuiserie aussi. Ces dispositions monumentales sont rarement possibles dans nos constructions modernes, et les portes et croisées ouvrent en se développant dans les pièces. Pour les portes, le choix du sens de l'ouverture est très important; il faut éviter qu'elles ne se heurtent l'une l'autre, qu'elles ne soient gênantes pour le mobilier, etc. C'est en plan que cette étude peut et doit être faite, mais aucune règle n'est possible à ce sujet. Pour les persiennes ou volets extérieurs, leur rabattement contre la muraille n'est vraiment possible que si les murs sont nus, comme on en voit souvent dans l'architecture du temps de Louis XVI. Si les persiennes se rabattent

Fig. 536. — Porte de l'église Saint-Maclou à Rouen.

Fig. 517. — Porte de la Sorbonne.

contre des chambranles ou autres motifs d'architecture, il en résulte un contresens fâcheux, et mieux vaut recourir aux persiennes brisées qui se logent dans le tableau de la fenêtre. Seulement il faut prévoir une largeur de baie un peu plus grande (fig. 538).

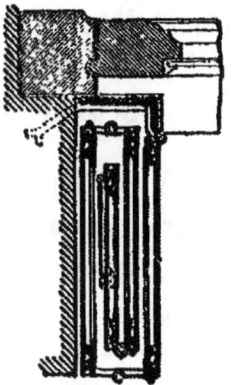

Fig. 538. — Persienne brisée.

Les lambris forment de magnifiques revêtements contre les murs. Ils n'appellent pas de théorie particulière : ce sont toujours des bâtis et des panneaux. Il y en a de très beaux exemples, et en très grand nombre. Ceux de l'hôtel Soubise (fig. 539) sont au nombre des plus remarquables.

Enfin les plafonds ont souvent donné lieu à de très beaux ouvrages de menuiserie, ou de charpente et menuiserie combi-

Fig. 539. — Lambris de l'hôtel Soubise.

nées. Sur une disposition une fois étudiée, il s'agit de disposer un bâtis général qui se prête à recevoir les panneaux à leurs plans différents. Ici encore, je ne puis vous indiquer des règles : je vous en ai déjà montré un bel exemple, celui de la Grande Salle du Palais de Justice de Rouen (v. plus haut, fig. 419).

Avec la quincaillerie, je tomberais dans trop de détails. D'ailleurs, simple ou riche, la quincaillerie est sans action sur la composition. C'est une question de pratique et d'expérience. Mais la serrurerie prend une importance monumentale avec les grilles, fixes ou ouvrantes. Les grandes grilles fixes se font ou avec des piliers en pierre, et alors les parties de serrurerie ne sont en quelque sorte que des remplissages plus ou moins riches entre ces piliers ; ou les piliers sont eux-mêmes en serrurerie. Dans ce cas, quelque robustes qu'ils puissent être, ils ne suffiraient pas à empêcher le gauchissement de la grille, s'ils ne formaient de véritables éperons de distance en distance. Dans une donnée simple, et cependant très monumentale, je vous citerai la grille du Val-de-Grâce, ou celle assez analogue de la Bibliothèque nationale sur la rue Vivienne. Remarquez en passant que lorsqu'une grille doit jouer le rôle de clôture extérieure, elle doit être composée de telle sorte qu'elle ne facilite pas l'escalade. On doit donc éviter les traverses intermédiaires et les ornements qui feraient marchepied.

Les grilles ouvrantes sont composées d'une façon analogue, souvent avec un soubassement plein. Mais ici surtout, il faut des piliers robustes. Un vantail de grille est lourd, et lorsqu'il est ouvert d'équerre, il tend au renversement du pilier. Celui-ci doit donc être armé *d'arcs-boutants* ou de grandes consoles qui l'étayent à l'intérieur. Les grilles ont été souvent traitées avec beaucoup de richesse. Il me suffit de vous citer celles que vous pouvez facilement voir, au Palais de Justice, à l'entrée de la cour d'honneur de Versailles; ailleurs, les grilles intérieures de la cathédrale d'Amiens ou les célèbres grilles de Nancy (fig. 540).

Les rampes d'escaliers, les balcons ont donné lieu à de jolies compositions : je ne puis sans sortir de mon cadre m'étendre sur ce sujet si varié.

A la serrurerie se rattache l'architecture en fer et fonte des salles et portiques. Elle permet des proportions plus larges, des points d'appui moins massifs que la maçonnerie. Elle convient donc pour les portiques légers, comme par exemple les circulations d'utilité dans les hospices et hôpitaux, les écoles, etc., à une condition, c'est que les proportions en soient franchement celles que réclame le métal. Ne faites pas en métal une fausse architecture de pierre. Les linteaux sont ici des poutres ou poutrelles qui se prêtent aux grandes portées; la forme rationnelle est la ligne droite et non l'arc. Cependant, l'arc sera de mise si la salle doit être couverte par des voussures curvilignes. Ainsi est comprise la belle salle de lecture de la Bibliothèque nationale (fig. 541), une des plus belles œuvres de l'architecture

Fig. 540. — Grille de Nancy.

moderne. De même, il a été fait des salles très intéressantes avec étude de planchers en fer apparents. C'est par la construction loyalement exprimée, et par les proportions justes que ces ensembles peuvent acquérir leur valeur. Un des plus beaux exemples que je puisse vous citer est la grande salle avec plu-

Fig. 141. — Salle de lecture de la Bibliothèque nationale.

sieurs rangs de galeries du Musée de zoologie au Muséum d'histoire naturelle.

Mais, il faut le dire, ce sont là des études qui ne sont guère à la portée des commençants. Nous n'avons pas ici de longues traditions, et les créations ne sont permises qu'aux hommes qui se sont rendus maîtres de leur talent par les fortes études traditionnelles qui doivent avant tout être votre programme. Pour tous ces sujets qui réclament l'architecture en fer, il faut deux choses : posséder la construction, et avoir le goût assez formé pour pouvoir créer là où il n'y a pas d'errements séculaires. Le programme est beau et séduisant; quand vous l'aborderez à votre tour, sachez vous l'assimiler complètement, et apporter à l'étude du métal le même esprit de vérité qui, vous devez en être convaincus, est toujours le guide du véritable architecte.

Je ne vous parlerai pas de la plomberie, du chauffage, etc., sauf plus loin en vous signalant les prévoyances qui s'imposent à l'architecte dans ses compositions. Entrer dans le détail serait faire une encyclopédie de construction : chacun de ces sujets mérite des ouvrages spéciaux que vous étudierez le cas échéant. Rien à vous dire non plus de l'éclairage nocturne — toujours sauf les nécessités de composition — de la peinture, des stucs, etc. Ce n'est plus la composition d'architecture, c'est sa mise en œuvre, et je ne veux pas sortir de mon cadre, déjà assez vaste. Je ne puis avoir la prétention que ce modeste ouvrage vous tienne lieu de toute une bibliothèque d'architecture.

Je suis donc arrivé au terme ou à peu près de ce que j'ai appelé les *Éléments de l'architecture*. Certes, je n'ai épuisé aucun sujet, et j'ai dû passer trop rapidement sur tous. C'est que la *Théorie de l'architecture* à vrai dire est chose infinie : rien ne montre mieux que ce cours la multitude énorme de connaissances qui sont nécessaires à l'architecte. On ne peut dans un cours que vous en exposer les principes et non vous donner des recettes; mon ambition est de faire de vous des artistes qui pensent et réfléchissent. Le détail du cours pourra vous échapper, sortir de votre mémoire : peu importe, vous le retrouverez si vous possédez bien ces principes conducteurs qui sont l'essence même de toutes les belles choses, de tout ce que j'ai défini le classique, de tout ce qui doit être vos études.

Voilà donc terminée la première partie de ce cours, la plus aride sans doute ; permettez-moi de vous dire qu'il m'a été interdit de m'y préparer d'avance, sinon par la longue préparation de quarante années d'études, et que j'ai dû presque improviser devant vous, non seulement par la parole, mais par la méthode et l'enchaînement des sujets.

A cette étape, un professeur doit se poser cette question, la seule qui vaille dans l'enseignement : « Ai-je été utile ? » Très sincèrement, je l'espère.

Dans notre enseignement, il y a deux parts, la doctrine pure, la vérité intrinsèque et éternelle, et aussi la vérité de l'heure présente. La longue expérience de vos études permet de savoir sur quoi il faut insister, ce qui au contraire n'a pas besoin de vous être enseigné : aussi ce cours ne doit pas être aujourd'hui ce qu'il sera dans dix ou vingt ans, ce qu'il aurait été il y a dix ou vingt ans. Il doit correspondre à l'état général de vos études, à vos tendances surtout.

Eh bien, si sous certains rapports — l'habileté, l'ingéniosité et la recherche — l'École est en progrès continu, d'autre part la préoccupation du brillant et parfois du singulier détourne facilement votre esprit des vérités premières, vous perdez de vue les principes, la fonction et le but de l'architecture : l'École se fait plus brillante et fantaisiste que sérieuse, et c'est pour vous un désappointement lorsqu'un programme vous invite à traiter un de ces magnifiques sujets où tout doit être médité et réfléchi. Ce qu'il vous faut donc, ce sont les fortes et sévères études, l'enseignement austère, le rappel aux principes. L'idée que vous vous faites de votre art n'est pas assez haute, il faut vous montrer que sa noblesse n'est pas faite de fantaisie et de mode éphémère, que ses lois existent, profondément logiques, que les plus belles œuvres en sont le témoignage et la démonstration.

Votre pensée est-elle plus haute après ces premières leçons ? Si cela est, mon but est atteint. Ce n'est pas le détail que je prétends vous enseigner : le détail, cela s'oublie, et cela se retrouve aussi, et d'ailleurs l'enseignement théorique ne remplace pas l'expérience et le savoir acquis par la pratique des études. Je n'ai pas de recettes pour faire tout d'un coup d'un novice un habile. Mais à certaines habiletés il manque le principe conducteur, la lumière directrice, et ces habiletés-là vont se perdre à l'aventure : ni le phare, ni la boussole ne rendent habile le marin novice; mais que serait le plus habile marin sans leur direction ? Votre phare, c'est la lumière des chefs-d'œuvre; votre boussole, c'est l'orientation des grands esprits qu'on salue du nom de maîtres. Et c'est leur enseignement, entendez-le bien, que je m'efforce de vous transmettre dans sa magnifique unité. Ou je me suis bien mal fait comprendre, ou vous avez déjà compris que de tous les chefs-d'œuvre, en dépit de toutes les différences de temps, de climats, de matériaux, de méthodes, de civilisation même, ce sont les mêmes conseils et les mêmes leçons qui se dégagent.

Pour moi, pendant une trentaine de leçons, je vous ai parlé du mieux que j'ai pu des éléments de votre art; je sais que de ce que je vous ai dit vous ne retiendrez pas tout. Qu'importe ? Je serai heureux, et je serai fier si, repassant en esprit ces trente leçons et cherchant à vous les résumer à vous-mêmes, vous ne trouvez pour en condenser la substance que ce seul mot, ou plutôt ce seul vœu : Vérité !

ERRATA

Page 241, dernière ligne : *au lieu de* : de la fig. 123, *lire* : de la fig. 127.

Page 367, légende de la fig. 257 : *au lieu de* : dorique, *lire* : ionique.

TABLE DES MATIÈRES
DU PREMIER VOLUME

PRÉFACE... 1

LIVRE Ier
LES ÉTUDES PRÉPARATOIRES

CHAPITRE Ier
INSTRUCTION PRÉALABLE

PAGES

Nécessité d'études préalables. — Instruction générale. — Études scientifiques ; mathématiques ; géométrie descriptive. — Applications à l'architecture. — Tracé des ombres. — Notions de perspective. — Le dessin et le modelage............ 17

CHAPITRE II
DES INSTRUMENTS DE DESSIN ET DE LEUR EMPLOI

Les Instruments de travail. — Indications pratiques. — Papier à dessin. — Usage de la planche, du T, des équerres, des compas, etc. — Le trait. — L'encre de Chine. — Pratique du lavis... 25

CHAPITRE III
DU DESSIN D'ARCHITECTURE

Le dessin géométral. — Ses exigences. — Échelles. — Le plan. — La coupe. — L'élévation. — Nécessité de plusieurs projections pour une représentation complète. — Les axes. — Dessin par les axes : exemples. — Aplombs et saillies. — Lignes limites des contours. — Projections obliques. — Développements. Des croquis. — Méthode à suivre. — Croquis de mémoire. — Choix des croquis.... 35

CHAPITRE IV
DU MODELÉ EN GÉNÉRAL ET DU LAVIS

Le modelé. — Ombres à 45°. — Ombre et lumière. — Valeurs. — Ombres portées, ombres propres, reflets. — Modelé des parties en lumière ; des ombres. — Exemples. — Rendu des distances... 55

CHAPITRE V
DU DESSIN D'IMITATION

Le dessin en général. — Forme et proportions. — Mise en place. — Choix des modèles. — Conclusion de tout ce qui précède.. 65

LIVRE II

PRINCIPES GÉNÉRAUX

CHAPITRE Ier
PROGRAMME DU COURS DE THÉORIE D'ARCHITECTURE

Exposé général. — Leçon d'ouverture du cours de Théorie de l'Architecture à l'École des Beaux-Arts. — Programme général.. 75

CHAPITRE II
PRINCIPES DIRECTEURS

L'affranchissement des formules chiffrées. — Le beau en architecture, son identité avec le vrai. — De la méthode dans la composition en architecture, de l'ensemble aux détails. — Le programme. — L'emplacement, le terrain, la situation, le climat. — La vérité de la construction exprimée par l'architecture. — Les mensonges artistiques. — La stabilité matérielle et l'aspect de stabilité.................................. 95

CHAPITRE III
LES GRANDES RÈGLES DE LA COMPOSITION

Les surfaces utiles et les circulations. — De l'économie dans la composition. — L'éclairage, l'aération. — L'écoulement facile des eaux. — Détermination de l'importance des parties du programme en vue de la disposition. — Les sacrifices. — Dispositions utiles, dispositions belles. — La symétrie. — Ce qu'on doit entendre par un beau plan. — Du pittoresque. — De la variété. — Du caractère. — Le caractère condition de la diversité. — La tradition. — Action de l'état social sur l'architecture de chaque époque... 117

CHAPITRE IV
LES PROPORTIONS GÉNÉRALES

Définition de la proportion. — Proportions raisonnées, proportions traditionnelles. — L'architecte maître et responsable des proportions. — De la proportion dans la composition : exemples. — Difficulté d'étude des partis impliquant des proportions fausses. — Les proportions réciproques des intérieurs et extérieurs, des cours et des salles. — Proportions d'un même objet suivant le voisinage et le milieu ou la distance. — Exemples de compositions identiques différenciées par les proportions..... 137

CHAPITRE V
LES PROPORTIONS SPÉCIFIQUES

Recherche des causes qui devront faire varier ces proportions. — Application aux ordres pris pour exemples. — La dimension effective ; les superpositions ; le nombre des points d'appui ; le caractère artistique. — Étude des proportions dans les intérieurs. — Colonnades accouplées. — Ordres au-dessus d'un soubassement ou d'un étage.
Les proportions dans les portes et fenêtres, tirées de leur usage effectif. — Portes monumentales, ordinaires, de service. — Application aux proportions des fenêtres. — Lien de ces proportions et des hauteurs d'étages.
Proportions des arcades. — Fonction de l'arcade. — Les grands arcs. — Les proportions monumentales dans les arcades. — Les portails d'églises. — Proportion des arcades-fenêtres.
Proportions entre les divers éléments d'un édifice, notamment les arcades et les plates-bandes. — Exceptions. — Variété infinie.
Conclusion : le vrai, règle des proportions. 149

CHAPITRE VI
LES PROPORTIONS DANS LES SALLES

Besoins matériels, besoins moraux. — La proportion et le caractère : les églises. — Proportions nécessaires de certaines salles. — Salles montant de fond. — Variation des proportions suivant la dimension effective ; les exigences hygiéniques ; la pénétration de la lumière extérieure. — Les proportions régies par la nature de la construction. — Proportions des salles voûtées ou plafonnées, etc...................... 177

CHAPITRE VII
COROLLAIRES DE L'ÉTUDE DES PROPORTIONS

L'étude des plans, coupes et élévations, n'est qu'une seule et même étude. — Leur dépendance réciproque. — Vraie méthode d'étude.
L'étude des proportions exige un sens délicat que crée seule celle du dessin. — Identité du dessin et de l'étude des proportions. — Nécessité du dessin et des croquis.
Critique d'errements condamnables. — De l'abus de l'énorme, et de la vraie grandeur en architecture. — De la négligence dans le dessin.............................. 183

CHAPITRE VIII
L'ART ET LA SCIENCE DE LA CONSTRUCTION

Les CONSTRUCTIONS sont le but de l'architecture ; la CONSTRUCTION en est le moyen. — La construction art et science. — Insuffisance de l'art seul, de la science seule. — Étude artistique de la CONSTRUCTIBILITÉ ; étude scientifique des méthodes de contrôle de la stabilité.
En réalité, l'art et la science de l'architecture....................................... 193

Éléments et Théorie de l'Architecture.

… TABLE DES MATIÈRES

LIVRE III

ÉLÉMENTS DE L'ARCHITECTURE

I. — LES MURS ET LES OUVERTURES ISOLÉES

CHAPITRE Ier
LES MURS
PRINCIPES ÉLÉMENTAIRES. — MURS ISOLÉS

Importance et variété de l'étude des murs. — Les murs isolés. — Construction pyramidale. — Socles, retraites, empattements. — Liaison et solidarité. — Appareils. — Appareil antique à pierres sèches. — Couverture du mur ; les corniches, leur raison d'être.. 201

CHAPITRE II
LES MURS (suite).
MURS ASSEMBLÉS. — MURS COMBINÉS

Les murs assemblés. — Les divers cas de rencontre des murs. — Danger des décrochements. — Partis francs, simplicité. — Les murs combinés en divers matériaux. — De l'égalité de tassement. — Combinaisons horizontales, verticales. — Système de construction des murs romains. — Les chaînes............................ 219

CHAPITRE III
LES MURS (suite).
ÉTUDE ET ÉPAISSEUR DES MURS

Épaisseur des murs déterminée par les exigences de la construction, du climat ; l'obtention d'un effet ou d'un aspect désiré ; les conséquences d'une décoration architecturale. — Les actions de la construction sur les murs. — Cas d'équilibre. — Murs extérieurs et intérieurs. — Murs avec cheminées. — Stabilité des murs isolés. — Éperons. — Aspect des murs. — Puissance monumentale des grandes épaisseurs. — Épaisseur résultant d'empattements successifs. — Les porte-à-faux............ 231

CHAPITRE IV
LES MURS (suite).
CARACTÈRE ET DÉCORATION DES MURS

Le caractère des murs réside avant tout dans leur construction. — Le mur antique. — L'art du nu en architecture. — Caractère des matériaux. — Les socles et soubassements. — Les refends et bossages. — Les chaînes d'angles et intermédiaires. — Les cordons, bandeaux et corniches.. 245

TABLE DES MATIÈRES 659

CHAPITRE V
DES OUVERTURES DANS LES MURS
LEUR CONSTRUCTION

Baies rectangulaires, piédroits et linteaux. — Exemples très anciens. — Largeur limitée par le linteau. — Expédients primitifs pour la dépasser. — Inclinaison des piédroits, encorbellements. — L'arc. — Les diverses formes d'arcs. — Plein-cintre, arc en segment, arc brisé. — Impostes, claveaux, clefs, intrados, extrados. — Appareil des arcs. — Arcs surbaissés. — Plate-bande appareillée. — Arcs de décharge...... 261

CHAPITRE VI
APPLICATIONS AUX PORTES ET FENÊTRES
ET OUVERTURES DIVERSES

Baies isolées (portes, fenêtres). — Portes intérieures et extérieures. — A un vantail et à deux vantaux. — Portes cintrées. Impostes et arrière-voussures. — Fenêtres rectangulaires, construction antique. — Appuis, meneaux. — Balustrades et balcons. — Grandes ouvertures et grands vitrages... 271

CHAPITRE VII
DÉCORATION DES PORTES ET FENÊTRES

Origine antique. — Jambages et linteau, chambranles et crossettes. — Corniches. — Les portes antiques de Cefalù. — Corniches à consoles. — Portes avec frontons, encadrées de colonnes ou pilastres.
Décoration et caractère des arcs. — Arcs antiques de Palères et Pérouse. — Arcs richement décorés. — Principes à suivre. — Les arcs dans l'architecture latine et byzantine. — Les arcs romans. — Les arcs gothiques.
Comparaison des tendances de l'architecture antique et de celle du moyen âge.
Décoration des fenêtres cintrées... 287

LIVRE IV

ÉLÉMENTS DE L'ARCHITECTURE (suite).

BAIES GROUPÉES OU PORTIQUES. — LES ORDRES

CHAPITRE Ier
LES PORTIQUES. — LEUR CONSTRUCTION

Les piliers, leurs formes diverses. — Portiques en arcs : résistance des angles. — Portiques contrebutés par des bâtiments, en façade ou dans les cours. — Portiques sur plan circulaire. — Superpositions.
Prévoyance nécessaire dans l'étude du plan... 317

CHAPITRE II
L'ORDRE ANTIQUE

Colonne, chapiteau, architrave ; mur reconstitué. — Tribune des Cariatides à Athènes. — Entablements avec frises. — Fonction de chaque partie. — Composition commune aux divers ordres... 327

CHAPITRE III
L'ORDRE DORIQUE

L'ordre dorique grec, son caractère. — La frise sans fonction. — Imitation de l'architecture en bois. — La colonne. — Chapiteau. — Architrave. — La frise ; triglyphes et métopes. — Hypothèse sur l'origine de la frise et de la corniche doriques. — Constructions successives de l'entablement. — Transition du bois à la pierre....... 337

CHAPITRE IV
LE TEMPLE DORIQUE, L'ARCHITECTURE DORIQUE

Démonstration complémentaire de l'imitation du bois. — Le Parthénon. — Exclusion du bois. — Temples hypètres. — La ferme inconnue. — Le dorique à Rome. — L'étude du dorique : le triglyphe. — Colonne d'angle. — Inclinaisons et courbes... 349

CHAPITRE V
L'ORDRE IONIQUE

Origine. — Ionique simple. — Ionique décoré. — Base, fût, chapiteau. — Volute d'angle. — Entablement. — Les plafonds des portiques........ 365

CHAPITRE VI
L'ORDRE CORINTHIEN

Son caractère. — Le chapiteau. — Exemples variés. — L'entablement. — Les modillons. — Corinthien monumental. — Fantaisie et élégance. — Les fûts, leur étude. — Variétés dites ORDRE COMPOSITE.................................... 373

CHAPITRE VII
L'ORDRE TOSCAN

Son caractère. — Colonnes en pierre, entablements en bois. — Recherches de M. Lesueur. — Finesse et aération résultant de ce mode de construction. — Toitures saillantes. — Toscane moderne. — Pratiques erronées. — Applications....... 385

CHAPITRE VIII
APPLICATIONS DES ORDRES

Exemples classiques des ordres. — Rapprochements. — Tableaux des dimensions réelles. — Tableaux des dimensions proportionnelles. — Examen de quelques monuments.. 393

CHAPITRE IX
LES PORTIQUES EN ARCADES

Portiques avec arcades sur piédroits. — Sur colonnes isolées, accouplées en largeur ou en profondeur. — Portiques du moyen âge. — Cloîtres. — Portiques avec encadrement de colonnes ou pilastres. — Importance de l'étude des portiques............ 409

LIVRE V
ÉLÉMENTS DE L'ARCHITECTURE (suite).

COMBLES. — PLANCHERS. — VOUTES. — ESCALIERS. — ÉLÉMENTS DIVERS

CHAPITRE Iᵉʳ
LES COMBLES. — LEUR COMPOSITION

Toitures planes. — Appentis. — Combles à deux égouts. — Pignons. — Pavillons. — Rencontres de toitures. — Arêtiers, noues, faîtages. — Avant-corps et pénétrations de combles. — Pentes inégales, intersections. — Toitures courbes. — Combles brisés.. 433

CHAPITRE II
LES COMBLES (suite). CONSTRUCTION

Le plan incliné, voligeage ou lattis. — Appentis simple. — Les fermes. — Poussée et tirants. — Combles polygonaux. — Fermes triangulaires, brisées, à entraits retroussés. — Écartement des fermes.. 443

CHAPITRE III
LES TOITURES

Écoulement des eaux. — Égout continu. — Égout localisé. — Toitures à antéfixes ou à chéneaux. — La doucine. — Les gargouilles, les tuyaux de descente. — Toitures monumentales. — Les pentes nécessaires. — Grandes pentes, terrasses, brisis et terrasses. — Combles habitables.. 451

CHAPITRE IV
LES COUPOLES ET LES FLÈCHES

Couvertures sur plan circulaire. — Cônes et pyramides polygonales. — Coupoles antiques. — Le Panthéon, Sainte-Sophie. — Saint-Pierre. — Construction et silhouette. — Les flèches. — Caractère décoratif des toitures modernes............ 469

CHAPITRE V
ACCESSOIRES DES COMBLES

Noues. — Chenaux. — Dispositions à éviter. — Emplacement du chenau. — Balustrades. — Conditions d'établissement des chenaux. — Tuyaux de descente. — Accès des toitures. — Chemins. — Accès des combles. — Lucarnes. — Souches de cheminées. — Frontons et pignons... 481

CHAPITRE VI
LES PLANCHERS ET PLAFONDS

Composition des planchers. — Planchers en bois. — Poutres saillantes. — Saillies rapportées. — Portées. — Corniches intérieures. — Dispositions diverses de planchers. — Construction apparente. — Plafonds décoratifs. — Transition des murs aux plafonds. — Charpentes apparentes... 505

CHAPITRE VII
LES VOUTES EN GÉNÉRAL

Équilibre des voûtes. — Leurs actions. — Les piédroits, leur force. — Plans d'édifices voûtés. — Plans italiens d'édifices voûtés avec tirants en fer. — Dangers des voûtes. — Modes de construction : voûtes stéréotomiques en pierre appareillée ; voûtes en petits matériaux ; voûtes du moyen âge sur arcs indépendants. — Poussées et résistances. — Construction en repos, construction en mouvement. — Considérations de hauteur, d'élévation des étages, etc.. 529

CHAPITRE VIII
LES VOUTES EN GÉNÉRAL (suite).

Direction des résistances, étude des points d'appui. — Voûtes à poussée uniformément répartie. — Voûtes à poussées localisées. — De la légèreté des voûtes. — Les voûtes romaines. — Matériaux. — Caissons. — Voûtes romaines en pierre de taille : Nimes, Arles, Syrie. — Caissons dans les voûtes en pierre. — Saillies sur les voûtes. — Connexité de la construction et de la décoration. — Éclairage des voûtes. — Les voûtes indépendantes des murs. — La construction des voûtes doit être différée.... 547

CHAPITRE IX
DÉCORATION DES VOUTES

Respect de la forme de la voûte. — Les encadrements. — La peinture. — Peinture décorative. — La fresque. — Les peintures de la Renaissance. — Peintures modernes.. 561

TABLE DES MATIÈRES

CHAPITRE X
LES DIVERSES ESPÈCES DE VOUTES

La géométrie des voûtes. — Leur génération. — Voûte en berceau. — Arcs-doubleaux. — Voûte en arc de cloître. — Plan carré, rectangulaire, polygonal. — Voûte sphérique. — Lanterne. — Voûte d'arête. — Piliers. — Éclairage. — Les salles de thermes. — Les pénétrations. — Voûtes d'arête et pénétrations surélevées. — Bonnet d'évêque. — Voûte torique ou quasi-torique. — Voûte sphérique sur pendentifs. — Interruptions, tambours et coupoles. — Voûtes sur arcs (moyen âge). — Croisée d'ogives... 573

CHAPITRE XI
LES ESCALIERS

Escaliers droits et courbes. — Leurs éléments. — Escaliers entre murs. — Hauteur et largeur des marches. — Perrons extérieurs. — Paliers. — Éclairage des escaliers. — Escaliers en pierre — en bois — mixtes. — Marches palières et bascules. — Rampes douces... 613

CHAPITRE XII
LES ÉLÉMENTS SECONDAIRES DE L'ARCHITECTURE

Les pans de bois. — Les pans de fer. — La marbrerie. — Parti à tirer des colorations, blocs et revêtements, dallages. — La menuiserie. — Bâtis et panneaux. — Portes, croisées, lambris. — Plafonds en menuiserie. — La serrurerie. — Grilles fixes et ouvrantes. — L'architecture métallique............................ 633

MACON, PROTAT FRÈRES, IMPRIMEURS

www.ingramcontent.com/pod-product-compliance
Lightning Source LLC
Chambersburg PA
CBHW060217230426
43664CB00011B/1464